中国开放褐皮书

（2022—2023）

维护与发展
多边主义国际经贸规则

综合开发研究院（中国·深圳）◎著

China's Opening-up Beige Book(2022—2023)

Upholding and Developing Multilateralism in International Economic and Trade Rules

中国经济出版社
CHINA ECONOMIC PUBLISHING HOUSE
北京

图书在版编目（CIP）数据

中国开放褐皮书．2022—2023 / 综合开发研究院（中国·深圳）著．-- 北京 ：中国经济出版社，2025．3．-- ISBN 978-7-5136-8051-6

Ⅰ．F125

中国国家版本馆 CIP 数据核字第 20258SY708 号

责任编辑　赵静宜
责任印制　李　伟
封面设计　久品轩

出版发行　中国经济出版社
印 刷 者　北京艾普海德印刷有限公司
经 销 者　各地新华书店
开　　本　787mm×1092mm　1/16
印　　张　19.25
字　　数　399 千字
版　　次　2025 年 3 月第 1 版
印　　次　2025 年 3 月第 1 次
定　　价　99.00 元
广告经营许可证　京西工商广字第 8179 号

中国经济出版社 **网址** http://epc.sinopec.com/epc/ **社址** 北京市东城区安定门外大街 58 号 **邮编** 100011
本版图书如存在印装质量问题，请与本社销售中心联系调换（联系电话：010-57512564）

总序

陈锦华

2012 年 9 月 29 日，我到综合开发研究院座谈，建议研究院编撰一本《中国开放报告》，系统研究中国的开放问题。我当时设想的是这样一本书：能够及时反映中国开放的理念、制度、政策和举措，能够长期跟踪分析中国开放的发展轨迹、成就和问题，能够充分展示中国开放的包容性、多元性和创新性。

这样一本书，最适合深圳来做，为什么？现在我们要向世界宣传中国，拿深圳来做样板是最有说服力的。深圳几十年以前是个“渔村”、边陲小镇，现在已经快速发展成为一个大都市，靠的是什么？靠的是开放，靠的是以开放促改革。深圳是中国改革开放的重要窗口，是中国和平崛起、快速发展的前沿标兵城市。证明中国的和平崛起，证明开放对经济社会发展的推动作用，还有比深圳更好的例子吗？综合开发研究院地处深圳，伴随深圳开放而成长、壮大，最有条件，也最应该研究开放问题。这一问题的研究不仅是深圳未来发展路径选择和文化、制度软实力提升的现实需要，而且对推动全国其他地区的开放发展具有非常重要的意义。因此我建议研究院把开放问题的研究作为一个品牌来打造，长期坚持做下去。

2010 年，我和综合开发研究院的专家合作撰写了一本书，就是《开放与国家盛衰》。在这本书的序言中我说过，通过研究世界各国历史，可以发现一个带有规律性的现象，这就是凡是追求富国强兵的国家，适应世界潮流、实行对外开放，不断调整和完善开放理念、政策和方法，制定相应的内政改革举措，消除不适合本国国情的负面影响，这个国家就充满生机和活力，经济发展，国力昌盛，人民生活不断改善，即使国土疆域不大，也能登上世界舞台，在全球博弈中建立强势地位。相反地，只重个人统治、实行劣政治理，视对外开放为洪水猛兽，甚至闭关锁国，就必定背离世界潮流，思想保守，国家肌体丧失活力，不能与别国互通有无、互惠发展，经济社会状况每况愈下，人民生活难以改善，在世界格局中处于劣势地位，直至被强国欺凌宰割。

回首中华民族的发展模式与开放史，自汉唐以降的历代盛世，无不与对应朝代实行开明、开放政策呈正相关效应，而由封闭导致国家与社会逆势而行，国策反动、积贫积弱的历史教训比比皆是。中国在晚清时期国力一落千丈，由世界首位大国败落成为受西方列国侵略压迫的半殖民地半封建社会，其根子并不完全在19世纪中期以后百年间的荏弱无能，而应溯源到18世纪后半叶的乾隆盛世。自15世纪“世界地理大发现”以来的500年间，中国因王朝更迭、体制和政策执行者的因循守旧，三次丧失了主动对外开放的战略机遇，包括明代海禁首次错失开放机遇，清代康乾时期再失开放机遇，晚清时期又失强国机遇。一而再，再而三丧失开放机遇，错过了与世界保持同步发展的时机，最终导致国运式微。了解历史，就会发现开放对一个国家的发展、民族繁荣和人民福祉有多么重要。

回到现实，开放对于中国的发展又起了怎样的作用呢？我国改革开放30多年，有几个重要的节点：第一个是1978年的改革开放，第二个是1992年提出建立社会主义市场经济体制，第三个是2001年中国加入世界贸易组织（WTO）。在这几个重要节点之间，中国经济获得了怎样的发展？1978年中国经济总量是3600亿元，到1992年中共十四大确定建立社会主义市场经济体制的时候，中国经济总量是2.7万亿元，由3000多亿元到接近3万亿元，大约用了15年。2001年加入WTO，中国经济总量是11万亿元，到2012年，中国经济总量达到52万亿元。也就是说前20多年总共增加了10万亿元，后10年增加了40多万亿元。哪一阶段发展最快？显然是加入WTO后的最近10年。这说明什么？说明开放尤其是对外开放，极大地促进了中国和平崛起和跨越发展。中国开放发展，又不断为地区和世界带来新的机遇，全方位、多层次地实行互补、互惠，造福广大合作伙伴国（地区），为人类的共同发展和繁荣增添持续的动力。

因此，我认为无论是历史还是现实，开放对国家的发展和民族的福祉都十分重要，这也是我提出研究开放这个问题的根本原因。2008 年纪念中共十一届三中全会召开 30 周年的时候，我曾经讲过我的一个观点，就是“改革”讲得多，“开放”没怎么讲，讲得不够、不深、不透。实际上，改革和开放是中国走向现代化的两个轮子，二者相互促进，缺一不可。没有开放的改革不会走得太远，没有改革的开放将会失去底气。

党的十八届三中全会通过的《中共中央关于全面深化改革若干重大问题的决定》（以下简称《决定》）明确指出，“改革开放是党在新的时代条件下带领全国各族人民进行的新的伟大革命，是当代中国最鲜明的特色”。习近平同志 2012 年在广东考察时指出，“改革开放是决定当代中国命运的关键一招，也是决定实现‘两个 100 年’奋斗目标、实现中华民族伟大复兴的关键一招”，他强调要做到“实践发展永无止境，解放思想永无止境，改革开放也永无止境”，做到“改革不停顿，开放不止步”。作为一个发展中的大国，开放是中国的长期任务，是国家的基本国策，是符合人类进步规律、符合中国历史发展的规律的必然选择。

我希望研究院要高度重视《中国开放报告》这个公共研究项目，不仅要坚持下去，而且要越做越好，既为推进国家的开放事业向纵深发展作出自己的贡献，又充分展示研究院作为中国特色现代智库的研究水平和研究能力。

是为序。

二〇一五年七月

目录

第一部分

总 论

第二部分

中国经济社会领域的开放

第三部分

中国区域的开放

第一部分

总　论

第一章　应对冲击与挑战，维护与发展多边主义国际经贸规则

第一节　全球经贸格局与区域多边贸易体制变化

全球化是世界发展大势，各国经济实现高速融合。近年来，在宏观政策收紧、新冠疫情形势延宕反复、地缘政治冲突升级、重大气候灾害频发等短期因素的冲击下，发达国家居民消费价格指数（CPI）持续大幅上涨、大国地缘政治经济博弈加剧、金融市场动荡加剧、美元指数急速攀升和大宗商品价格巨幅涨落等相互交织。尤其是新冠疫情、乌克兰危机导致各国发展失衡程度加大，保护主义、单边主义抬头，经济全球化面临困境。但总的来说，全球化仍然是生产力发展的客观要求和科技进步的必然结果，是不可逆转的时代潮流。随着后新冠疫情时期和数字经济的蓬勃发展，新的技术革新将促进全球化在曲折中开启新征程。

一、近年全球经贸增长概况和特点

（一）区域化、群体化、诸边化成为全球经贸新特征

相较于全球化，区域一体化进一步降低了运输成本，实现了更高水平的关税减免，凸显了产业内贸易分工的优势。根据世界贸易组织的统计数据，截至 2023 年 6 月，全球累计生效的区域贸易协定数量达 360 个。特别是自 2018 年以来，《全面与进步跨太平洋伙伴关系协定》（CPTPP）、《日欧经济伙伴关系协定》（EPA）、《美墨加协定》（USMCA）、《区域全面经济伙伴关系协定》（RCEP）等超大型区域经贸协定先后生效实施，一定程度上形成了经济区域化对经济全球化的替代，并逐步形成全球高标准经贸规则的主流体系。尽管全球贸易受到了冲击，但是区域一体化的发展步伐并未停滞，区域内经贸自由化和便利化水平不断提升。随着亚太地区规模最大、开放水平最高、覆盖人口最多的 RCEP 的正式生效，区域内关税壁垒和非关税壁垒将明显减少。同时，RCEP 的签署和生效也标志着东亚地区对于区域一体化路径的新探索取得了重大突破，对于进一步推动区域内自由贸易、稳定产业链供应链都具有重大意义。

（二）全球贸易投资合作呈现新动向

近年来，世界经济的不确定性风险加剧，部分经济体开始追求“本土化”和“脱钩”，国际贸易投资面临的不确定性增多。一是国际贸易增长动力衰减。自关税及贸易总协定生效以来，经过几十年的发展，贸易自由化便利化走上机制化轨道，开放与合作的多边贸易体制逐渐成为世界贸易发展的主旋律。但国际金融危机以后，尤其是2020年新冠疫情暴发以来，全球经济发展动力减弱，货物贸易、服务贸易都不可避免地受到了冲击。二是货物贸易整体呈现波动性缓慢增长、工业品贸易占比提升的新趋势。从总量来看，货物贸易水平有所恢复，但预期可能增速放缓、波动剧烈。2020年，因新冠疫情影响，国际货物贸易进出口总额同比下降7.3%，至35.5万亿美元。2021年，随着全球经济的复苏，国际货物贸易进出口总额大幅上升26.2%至44.8万亿美元，货物贸易占全球国家生产总值（GDP）之比也由2020年的41.8%上升至46.6%。2022年，乌克兰危机导致货物贸易遭受一定冲击，尤其是粮食、燃料以及能源等大宗商品贸易。WTO利用全球经济模拟模型预测，从短期来看，全球贸易增长率可能会下降近一半，降至2.4%~3%；从长远影响来看，冲突和制裁可能会进一步恶化全球经济，限制国际产业竞争，抑制全球科技创新，导致全球GDP的增长率降低0.7~1.3个百分点。三是在服务贸易领域，新冠疫情的不利影响持续发酵，呈现总量收缩、结构调整的特点。从总量来看，2020年，全球服务贸易进出口总额下降19.8%，至9.89万亿美元。2021年有所回升，增长至11.42万亿元，增长了15.5%，已恢复至2020年新冠疫情暴发前的水平。

（三）数字经济、数实融合为全球化注入新动力

新一轮科技革命和产业变革突飞猛进，科学技术和经济社会发展加速渗透融合，形成经济全球化新增长点。新冠疫情发生以后，为了阻止病毒大流行，各国政府纷纷采取措施限制人员流动，刺激了对数字产品和服务的需求。数字经济促使后新冠疫情时代消费模式转变。各大网络社交平台报告在线消息、语音和视频通话服务明显增长、移动网络通信流量涨幅过半，新冠疫情正在改变居民的生活习惯和消费模式，人们对网络的依赖凸显。数字经济成为各国经济发展新引擎：从2019年42个国家正式通过的第一套人工智能政府间政策指南，到如今倡导探索全球数据治理方针与架构，全球数字经济在逆势中实现平稳发展。为了紧跟科技进步和时代步伐，意大利等欧盟国家都将数字经济作为恢复发展的重要引擎，加快推动地区数字化转型。据统计，2022年，全球51个国家数字经济增加值规模达到42.4万亿美元，同比名义增长7.4%，占GDP比重为46.1%，相比之下，2022年全球GDP增长率为3.4%。在全球经济增长乏力的情况下，数字经济成为全球经济复苏的有力抓手，是拉动经济增长的关键力量。

（四）全球投资环境的不确定性风险显著增强

2008年国际金融危机爆发后，全球外国直接投资（FDI）在波动中呈现疲弱的态势。

2020年以来，世界经济剧烈波动，加上新冠疫情因素和乌克兰危机，国际营商环境受到影响，经济制裁可能导致一些主要经济体基于地缘政治考虑而走向“脱钩”，追求生产和贸易更大程度上的自给自足。一是全球FDI下降。联合国贸发会议（UNCTAD）最新发布报告显示，2023年全球外国直接投资总量估计为1.37万亿美元，较2022年略有增长（+3%），但仍然低于2021年的1.58万亿美元。二是从流向上看，国际投资重心逐渐由发达国家向发展中国家转移，区域流向更趋均衡。从全球FDI流出来看，二战后发达经济体占比从90%以上降至目前的平均70%。2020年，由于新冠疫情影响，发达经济体的FDI流量急剧降低到3121.7亿美元，较2019年降低了58.3%，缩水了一半以上。而新兴经济体的引资能力则较为稳定，依然保持着6625.6亿美元，占全球总FDI流量的66.3%。三是从结构上看，投资方向从劳动密集型产业逐渐向技术密集型产业和服务业转变，投资结构出现方向性调整。目前，服务业FDI存量所占比重从20世纪70年代初的25%左右增至目前的60%以上，初级部门的FDI存量仅剩6%左右，制造业约占26%。四是在南北合作领域，发展中国家参与世界贸易的比重增加，南北发展更加平衡。2020年，发达国家与发展中国家的货物进出口贸易额分别约为20.9万亿美元和14.7万亿美元，分别占58.7%与41.3%，二者贸易总量差距不大。2022年，发达国家与发展中国家的货物贸易总额则达到了25.7万亿美元和19.1万亿美元，分别占57.4%和42.6%，二者差距进一步缩小。相较之下，发展中国家在服务贸易中所占的比重仅为28.6%，明显小于占比高达71.4%的发达国家，仍有较大的发展空间。

二、主要区域多边贸易体系的新进展与新情况

近年来，多边贸易体制的权威性和有效性受到严重挑战，区域经贸合作的发展面临新机遇与新挑战。推进实现全面、开放、高水平的亚太自贸区，是维护和推进开放包容的全球贸易秩序的重要一环。全球产业链供应链的不稳定性上升，全球供应链向欧洲、北美、东亚、东南亚等区域回缩，推动区域贸易投资合作快速发展。

（一）世界贸易组织

1. 第12届部长级会议

世界贸易组织第12届部长级会议（以下简称MC12）于2022年6月12日在瑞士日内瓦开幕，会议为期4天，各成员就新冠疫苗知识产权豁免、新冠疫情应对、渔业补贴、农业、粮食安全和世贸组织改革等议题进行磋商。会议取得的成果不仅让世贸组织“绝境逢生”，更有力提振了国际社会对多边贸易体制和多边主义的信心。一是明确维护多边贸易体制，推进世贸组织改革。MC12达成的会议成果文件中，各方重申加强以世贸组织为核心的多边贸易体制，重申特殊与差别待遇是世贸组织协定不可或缺的部分。各方表示将支持对世贸组织进行必要改革，承诺将在2024年前拥有一个全体成员均可使用的、完整的、运转良好的争端解决机制。二是共同应对新冠疫情。通过

提高政策透明度、尽可能取消出口限制、促进贸易便利化、发挥服务贸易的作用、支持包容性复苏、加强与国际组织合作、实施未来行动计划等方式，积极推动应对新冠疫情，并对将来可能出现的新冠疫情做好准备。三是渔业补贴方面。《渔业补贴协定》包含两大核心纪律：禁止向非法、未报告和无管制（IUU）捕捞提供补贴，禁止对已过度捕捞鱼类种群捕捞提供补贴。明确协定生效后两年内，发展中成员提供的相关补贴不适用世贸组织争端解决程序。四是农业与粮食安全。各成员部长承诺采取步骤，以便利农产品贸易，改善全球粮食和农产品市场运转，提高长期韧性；重申不实施与世贸组织规则不符的出口禁止或限制措施；保证将为应对粮食安全问题而采取的任何紧急措施的贸易扭曲作用尽可能降至最小，并符合世贸组织规则。五是电子商务。重振《电子商务工作计划》相关工作，强调发展维度，加强电子传输临时免征关税的讨论，定期审议有关研究报告，并同意将电子传输临时免征关税的做法延续至下一届部长级会议。

2. 第 13 届部长级会议

世界贸易组织第 13 届部长级会议（以下简称 MC13）于 2024 年 2 月 26 日至 3 月 2 日在阿联酋阿布扎比举行。会议发表《阿布扎比部长宣言》，就投资便利化、争端解决机制改革、最不发达国家毕业平稳过渡、电子商务、监管合作、中小经济体等议题取得务实成果，提振了国际社会对多边贸易体制的信心，为促进全球贸易投资自由化便利化注入强劲动力。

关于《阿布扎比部长宣言》。在世贸组织成立 30 周年之际，会议成功发表《阿布扎比部长宣言》，对世贸组织未来工作作出规划。这是世贸组织时隔 8 年后再次达成全面的部长宣言，体现出各方携手维护多边贸易体制、推动世贸组织更好发挥作用的强烈意愿。宣言包括 23 段，涵盖世贸组织工作的方方面面。成员承诺将维护和加强以世贸组织为核心的多边贸易体制，继续推进世贸组织改革，为应对全球挑战注入动力。各方强调发展在世贸组织的中心地位，重申给予发展中成员和最不发达国家特殊和差别待遇的必要性。部长宣言还首次纳入供应链相关内容，强调全球供应链开放和韧性的重要性。此外，成员还就贸易与可持续发展、妇女经济赋权、中小微企业、服务业相关内容等做出政治承诺。

关于促进发展的投资便利化协定。会议期间，127 个世贸组织成员（超过世贸组织成员数量的 3/4）宣布达成《促进发展的投资便利化协定》。该协定将有效改善参加协定成员的营商环境，提振全球投资者跨境投资的信心。主要规则涵盖提高投资措施的透明度和可预见性、简化和加快行政审批程序、促进可持续投资等内容。协定聚焦发展内涵，倡导包容共赢，特别设置了发展章节，将帮助发展中成员提升实施协定的能力，并对标国际高标准改善营商环境、吸引外资，以实现可持续发展。经世贸组织测算，协定生效后将每年促进全球私营部门消费增长 1.73%。根据国外相关研究，协定实施可推动全球经济增长 2950 亿至 1.04 万亿美元。该协定是世贸组织第一个由发展中成员引领的投资规则谈判，是第一个以发展为核心的经贸协定，也是第一个全球多边投资协定，将填补全球投资便利化规则空白，降低国际投资规则碎片化带来的不利影响。在当前全球投资增长前景不明朗的情况下，协定将发挥促进全球投资稳定增长、推动世贸组织规则向更包容普惠方向发展的重要作用。中方是该谈判的主要发起方之一，在谈判过程中发挥了促谈促成的积极作用，与其他发展中成员一道，持续努力推动协定规则制定向更包容普惠方向发展。下一步，中方将与协定参加方一道，继续推动该协定尽快纳入世贸组织规则体系并生效实施。

关于争端解决改革的部长决定。MC13 达成了《关于争端解决改革的部长决定》。部长决定以“重申授权、肯定进展、指导未来”为框架，明确将上述议题列为待决问题，并纳入“2024 年实现改革目标”的明确指示，将有力提振成员在年内完成谈判的决心和信心。

关于电子商务工作计划的部长决定。MC13 再次就《电子商务工作计划》达成共识，同意将电子传输暂免关税做法延续至下一届部长级会议，并承诺将加强对电子传输暂免关税的范围、定义和对发展的影响等讨论，重振《电子商务工作计划》其他领域工作，优先解决发展中成员和最不发达成员发展数字经济面临的挑战。电子传输暂免关税是世贸组织自 1998 年起做出的临时安排。该项决定明确对电子传输免征关税，但须经历届部长级会议协商一致后，方可继续维持该做法。该项决定受到数字互联网产业界高度关注，本届部长级会议延续电子传输暂免关税决定，将有助于创造稳定和可预期的数字贸易政策环境，降低企业交易成本，促进电子商务的广泛应用，增加消费者福利，为数字经济发展提供强有力支撑。中方积极支持世贸组织关于电子传输暂免关税的决定，体现了中国加快发展数字贸易，以高水平对外开放推进高质量发展的坚定决心。

关于服务贸易国内规制成果生效。服务贸易国内规制是包括中国在内的 72 个世贸组织成员于 2017 年启动的谈判议题，参加方服务贸易规模占世界服务贸易总额的 92.5%。MC13 期间，中国、美国和欧盟等 52 个主要参加方首先完成谈判成果核准程序，谈判成果正式生效，剩余参加方也将在近期完成谈判生效程序。服务贸易国内规制是当前全球各界高度关注的服务贸易领域规则议题，谈判目标是降低服务贸易壁垒，解决服务贸易存在的“准入不准营”问题。该谈判成果聚焦提升服务贸易相关许可（如营业许可）、资质（如从业资格）和技术标准（如行业操作标准）的政策透明度，提高国际服务贸易企业获取相关从业许可和资质的可预见性，降低其获得从业许可和资质的时间和成本。该谈判成果生效标志着服务贸易国际规则制定取得重要突破，世贸组织已形成全球影响力最大、内容最全面的服务贸易国内规制规则，将对全球服务贸易发展起到积极促进作用。根据世贸组织研究报告，谈判成果的实施将为全球企业参与服务贸易每年节省 1270 亿美元成本，其中中低收入经济体服务贸易成本将减少 10%，中高收入经济体将减少 14%。到 2032 年，谈判成果的实施预计将促进全球实际收入增长 0.3%（3010 亿美元），推动全球服务贸易出口增长 0.8%（2060 亿美元）。

关于 WTO 有利于自最不发达国家类别毕业成员平稳过渡支持措施的部长决定。MC13 达成《关于世贸组织有利于自最不发达国家类别毕业成员平稳过渡支持措施的部长决定》（以下简称《决定》），允许最不发达国家毕业后 3 年内继续适用《争端解决谅解》第 24 条中规定的涉及最不发达国家的特殊程序，并继续有资格获得世贸组织针对最不发达国家的技术援助和能力建设。《决定》要求最不发达国家分委会在总理事会指导下继续讨论其他平稳过渡支持措施，向第 14 届部长级会议报告进展情况。《决定》的达成，是世贸组织发展领域多年来取得的重要实质性成果，自此世贸组织建立了帮助最不发达国家毕业后平稳过渡的机制，将更有效地帮助最不发达国家在毕业后融入多边贸易体制。

关于小经济体工作计划的部长决定。MC13 达成《关于小经济体工作计划的部长决定》，重申此前部长承诺，指示小经济体专门会议详细审议现有和未来提案、监督世贸组织相关机构和谈判中有关小经济体提案的进展情况，尽快回应小经济体在贸易上面临的挑战并评估相关举措的有效性。《关于小经济体工作计划的部长决定》特别要求世贸组织秘书处提供信息和事实分析，加强与相关国际组织合作，重点关注小经济体在电子商务和数字生态、粮食安全、应对气候变化等领域面临的机遇和挑战。《关于小经济体工作计划的部长决定》的达成将有效提高弱小成员参与世贸组织工作的能力，帮助其更好融入多边贸易体制，特别是加强应对数字鸿沟、粮食危机和气候变化和灾害等。

关于《实施卫生与植物卫生措施协定》和《技术性贸易壁垒协定》的特殊和差别待遇条款明确、有效和可操作实施的宣言。MC13 达成《关于〈实施卫生与植物卫生措施协定和〈技术性贸易壁垒协定〉的特殊和差别待遇条款精确、有效和可操作实施的宣言》（以下简称《宣言》）。《宣言》关注改进世贸组织提供的培训和技术援助、改进成员在有关卫生与植物卫生措施和技术性贸易壁垒措施通报中给予的合规评议期限，以协助发展中成员克服在参与相关事项中面临的挑战，并指示成员继续在贸易与发展委员会特别会议等场所开展工作，进一步改善特殊和差别待遇对发展中成员的适用和实施，并向第 14 届部长级会议报告进展。《宣言》的达成，是落实世贸组织多哈部长宣言的重要进展，是发展领域多年来取得的又一重要实质性成果，将切实帮助发展中成员，特别是最不发达国家有效提升参与卫生与植物卫生措施和技术性贸易壁垒措施相关工作的能力。

关于加强监管合作减少技术性贸易壁垒的部长宣言。近年来，随着关税水平不断降低，世贸组织各成员新出台的技术法规、标准与合格评定程序等技术性贸易壁垒措施逐渐成为影响贸易和经济增长的重要因素，这在环境保护、气候变化、可持续发展以及数字经济等新兴挑战面前尤为凸显。为此，MC13 通过了《关于加强监管合作减少技术性贸易壁垒的部长宣言》，倡导成员利用多边平台不断加强技术性贸易壁垒领域的规制合作，就各自监管体系、制度和相关良好实践加强交流，提高能力建设水平，并通过相互理解和对话增强信任，促进监管措施的兼容和互认，以共同应对风险挑战，进一步推动全球贸易和经济增长。宣言由中方牵头提出、全力推动，最终获全体成员通过，成为世贸组织成立以来关于技术性贸易壁垒领域的首份部长宣言。

《与贸易有关的知识产权协定》非违反之诉和情势之诉的部长决定。《关于〈与贸易有关的知识产权协定〉非违反之诉和情势之诉的部长决定》明确了在《与贸易有关的知识产权协定》（以下简称《TRIPS 协定》）项下继续暂缓适用非违反之诉和情势之诉，TRIPS 理事会继续审查非违反之诉和情势之诉的范围和模式，并向下届部长级会议提交建议。在此期间，各成员不在《TRIPS 协定》项下提起此类诉讼。

3. 其他相关议题谈判取得进展

除 MC12 达成的一揽子协议外，近年来世贸组织相关成员推动投资便利化、服务贸易国内规制等领域谈判，取得积极进展。一是投资便利化。2021 年 12 月，中国、欧盟、俄罗斯、日本等 112 个世贸组织成员联署《投资便利化联合声明》，旨在建立国际规则，在世界范围内提高投资政策透明度，简化并加快投资审批程序，进一步促进国际投资合作。该联合声明是 2016 年二十国集团杭州峰会关于《二十国集团全球投资指导原则》的成果转化。预期达成的多边投资便利化协定，将为全球投资创造更加透明、稳定、可预期的环境，促进全球投资和贸易发展，并为世贸组织其他领域谈判与改革提供有益借鉴。二是服务贸易国内规制。2021 年 12 月，中国、美国等 67 个世贸组织成员共同宣布达成《服务贸易国内规制参考文件》，表示各参与方将在一年内完成各自的正式核准工作。文件有助于全球企业每年节省约 1500 亿美元成本，协议有望吸引更多经济体加入其中，不断增强其代表性和多边性。三是贸易与环境。2021 年 12 月，《贸易与环境可持续结构化讨论倡议》（TESSD）、《塑料污染与环境可持续塑料贸易倡议》（IDP）以及《化石燃料补贴改革倡议》（FFSR）同时发布三份部长声明，在推动国际贸易助力解决全球环境挑战方面取得成效。四是透明度。2020 年的《美、欧、日提案》作为规范的程序性提案，有可能成为透明度议题讨论的基础规则文本，在获得各成员认可的情况下或上升为多边规则。2019 年的《印度南非提案》则是宣示发展中国家观点、表明诉求的立场文件，明确提出在世贸组织透明度规则议题上的利益诉求。2019 年的《中国关于世贸组织改革的建议文件》为解决发展中成员能力不足问题提供了有益参考，在维护发展中成员利益诉求和推进必要的透明度规则改革间寻求平衡点。

4. WTO 现有决策机制和争端解决机制需要一场深刻变革

作为全球经济治理的重要组成部分，世界贸易组织遭遇诸多挑战，包括核心领导力缺失、内在驱动力不足等，世贸组织运行面临诸多矛盾与障碍。一是成员之间的规则制订权和话语权之争日趋激烈。世贸组织中部分发达成员既希望维护对自身利好的旧规则，又继续主导制定新规则的设计，试图长期占据全球经济治理体系的话语制高点；新兴经济体成员则呼吁对全球经济治理体系进行改革，发展中成员普遍不愿再做规则的“被动接受者”，希望更加主动、深入地参与规则制定，纠正现有规则的不平衡问题。二是协商一致的决策机制影响谈判进展。世贸组织采取协商一致决策方式，任何成员都享有“一票否决权”。该机制在保障各经济体无论大小、平等参与决策的同时，也对诸多重大复杂、利益交错的谈判进程形成掣肘。多哈回合谈判启动20多年来，在农业、发展、规则等议题上进展缓慢，长期陷入僵局，电子商务、投资便利化、贸易与环境、中小微企业等新议题没有得到及时回应，谈判等机制运行效率亟待提高。三是上诉机构几近停摆导致争端解决机制匮乏。2017年以来，个别国家以上诉机构“越权裁决”以及法官“超期服役”等为理由，滥用“一票否决权”持续阻挠启动新法官的遴选程序，导致上诉机构于2019年底停摆，严重削弱了争端解决机制的有效性。作为临时机制，由中欧等世贸成员联手达成的“多方临时上诉仲裁安排”（MPIA）有助于在上诉机构停摆期间维护争端解决机制的有效运转。然而，MPIA反适用于解决参加方之间的上诉案件，而美国、日本、韩国和印度等成员目前尚未加入其中，MPIA并不能替代上诉机构，成员仍需就恢复争端解决机制的完整运行找到方案。四是审议和通报机制存在短板。世贸组织各成员基于不同的透明度利益诉求，分别提倡纪律约束与能力提升两条路线。其中发达成员的纪律约束路线未考虑成员通报能力差异，重点聚焦提高违规成本，还一度提议以惩罚性条款“鞭策”成员履行通报义务。发展中成员提倡能力提升路线，强调对履行通报义务提供必要能力支持。

（二）区域全面经济伙伴关系协定（RCEP）

RCEP是由东盟与中国、日本、韩国、澳大利亚、新西兰等自贸伙伴共同推动达成的大型区域贸易协定，是一个现代、全面、高质量、互惠的自贸协定，也是目前全球经济体量最大的自贸区。不仅涵盖贸易领域，还涵盖投资和劳动力流动、知识产权、环境保护等领域，对经济发展至关重要。

1. RCEP主要开放承诺条款

RCEP签署前，东盟同中国、韩国、日本、澳大利亚和新西兰已达成双边“10+1”自贸协定并生效实施。RCEP进一步整合了区域内现有的双边自贸协定，与之形成相互补充、相互促进的关系，使得区域内总体开放水平显著提高。

（1）货物贸易领域开放承诺

RCEP的15个成员国采用两两出价方式作出货物贸易降税承诺。总体来看，RCEP生效后区域内90%以上的货物贸易最终会实现零关税，且主要是立即实施零关税和10年内降为零关税，这意味着RCEP成员国有望在较短时间兑现大部分货物贸易自由化承诺，大幅降低区域内贸易成本和商品价格。

从东盟国家来看，各国承诺的最终自由化水平参差不齐。其中，新加坡对所有成员均为100%的自由化率，文莱对所有成员为98.2%的自由化率，保持了较高的自由化水平。菲律宾、马来西亚、印尼自由化水平为90%左右，与RCEP整体自由化水平保持一致。东盟国家中，关税承诺较低的是越南、缅甸、老挝，承诺的自由化率多在

86%~87%（见表 1-1）。

表 1-1 东盟成员在 RCEP 中的货物贸易自由化中的承诺

单位：%

东盟国家	中国	日本	韩国	澳大利亚	新西兰	平均
新加坡	100.0	100.0	100.0	100.0	100.0	100.0
文莱	98.2	98.2	98.2	98.2	98.2	98.2
菲律宾	91.3	91.1	90	91.1	91.1	90.9
马来西亚	90.2	90.2	90.2	90.2	90.2	90.2
印度尼西亚	89.5	89.5	89.5	90.8	91.5	90.2
泰国	85.3	89.8	90.3	91.3	91.3	89.6
越南	86.4	86.7	86.7	89.6	89.6	87.8
柬埔寨	87.1	87.1	87.1	87.1	87.1	87.1
缅甸	86.0	86.0	86.0	86.0	86.0	86.0
老挝	86.0	86.0	86.0	86.0	86.0	86.0

数据来源：根据 RCEP 协定内容整理。

在降税期方面，除新加坡在协定生效后立即取消全部商品关税外，大多数国家的主要商品在 10 年内实现零关税。

从最终自由化率来看，各国承诺水平仍有一定差异。非东盟成员方面，中国对 RCEP 成员承诺的自由化率在 86%~91%，日本对 RCEP 成员承诺的自由化率在 81%~88%，韩国对 RCEP 成员承诺的自由化率在 83%~91%，澳大利亚和新西兰对 RCEP 成员承诺的自由化率分别约为 98%和 92%（见表 1-2）。

表 1-2 非东盟成员在 RCEP 中的货物贸易自由化中的承诺

单位：%

成员国	东盟	中国	日本	韩国	澳大利亚	新西兰
中国	90.5	—	86.0	86.0	90.0	90.0
日本	88.0	88.0	—	81.0	88.0	88.0
韩国	90.7	86.0	83.0	—	90.5	90.6
澳大利亚	98.3	98.3	98.3	98.3	—	98.3
新西兰	91.8	91.8	91.8	91.8	91.8	—

数据来源：根据 RCEP 协定内容整理。

（2）服务贸易领域开放承诺

在服务贸易领域，通过给予部分成员过渡期的方式，RCEP 成员最终将以负面清单模式实现高水平开放。其中，日本、韩国、澳大利亚、新加坡、文莱、马来西亚、印尼等 7 个成员直接采用负面清单方式承诺，而新西兰、中国、菲律宾、泰国、越南、老挝、柬埔寨、缅甸等 8 个成员暂时采用正面清单方式承诺，将分别在协定生效后 6 年内和 15 年内逐步过渡到负面清单开放模式。中国、新西兰和泰国虽然以正面清单方式承诺，但以“FL”（进一步自由化）的列表方式，确定了进一步自由化的部门或分部门，以锁定开放成果。总体来看，15 个成员在服务贸易领域的开放承诺不仅在各的 WTO 服务贸易总协定（GATS）承诺出价基础上有了大幅改进，而且也做出了高于各自原有“10+1”自贸协定水平的开放承诺。

（3）投资领域开放承诺

在投资领域，RCEP 成员均采取了负面清单的开放模式。日本、澳大利亚、韩国、文莱、新加坡、马来西亚、印尼等 7 个成员以负面清单方式对所有投资部门作出开放承诺，而新西兰、中国、菲律宾、泰国、越南、老挝、柬埔寨、缅甸等 8 个成员则以负面清单方式对制造业、农业、林业、渔业、采矿业 5 个非服务业领域投资作出较高水平的开放承诺。RCEP 成员在投资章节的开放承诺水平不仅超出以往签署的“10+1”自贸协定，而且部分 RCEP 成员达到与 CPTPP 接近的承诺水平。

2. RCEP 对区域经济影响的模型分析结论

商务部国际贸易经济合作研究院于 2021 年 11 月发布的《RCEP 对区域经济影响评估报告》，使用全球动态一般均衡模型（GDYN），基于全球贸易模型（GTAP）第 10 版数据库，模拟分析 RCEP 生效区域的经济效益影响。

（1）RCEP 生效将带动区域整体经济、贸易和投资增长

整体来看，RCEP 生效后，区域内 90%以上的货物贸易最终会实现零关税，这不仅将显著拉动区域整体的经济、贸易和投资增长，对于全球贸易和福利增长也将起到积极的促进作用。预测结果显示，到 2035 年，RCEP 将带动区域整体的实际 GDP、出口和进口增量分别较基准情景累计增长 0. 86%、18. 30%和 9. 63%，出口和进口累计增量规模将分别达到 8571 亿美元和 9837 亿美元；区域投资将累计增长 1. 47%，区域经济福利将累计增加 2503 亿美元。在全球层面，到 2035 年，RCEP 将带动世界实际 GDP 和进出口贸易分别较基准情景累计增长 0. 12%和 2. 91%。

（2）RCEP 生效后成员国将共同获益

模拟结果显示，在 RCEP 成员国中，东盟国家在宏观经济层面相对受益最大，实际 GDP、进出口、投资等都呈现大幅增长，中国、日本、韩国、澳大利亚、新西兰在经济福利总量增加方面则更为显著。从实际 GDP 的增长率来看，东盟国家受益最大。相较于基准情景，到 2035 年，东盟 GDP 累计增长率将因 RCEP 实施增加 4. 47%。其中，柬埔寨、菲律宾、泰国、越南的 GDP 获益较大，分别为 7. 98%、7. 04%、6. 38%和 6. 33%。对中国、日本、韩国、新西兰和澳大利亚实际 GDP 增长也均有积极贡献。从进出口增长率来看，在东盟成员中，菲律宾、柬埔寨、泰国、越南累计增幅均超过 20%；在非东盟成员中，韩国的出口累计增幅最大，而中国的进口累计增幅最大。到 2035 年，菲律宾、柬埔寨、泰国和越南的出口增幅将分别高达 57. 81%、30. 82%、24. 23%和 22. 12%；进口增幅分别为 67. 71%、33. 15%、27. 94%和 23. 38%。印尼、马来西亚和其他东盟地区的进出口增幅则在 10%以上。非东盟成员中，韩国的出口增幅

最大，为 7.84%；而中国的进口增幅最大，达到 10.55%。从经济福利的角度看，RCEP 对主要成员国经济福利的影响均为正向效应，其中，中国、东盟和日本改善幅度最为显著。模拟结果显示，到 2035 年，中国、东盟和日本经济福利较基准情景分别累计增长 996 亿美元、549 亿美元和 512 亿美元。

（3）RCEP 将促进中国贸易投资增长，对中国经济增长、产业发展和经济福利改善发挥积极作用

当前，中国与东盟、日本、韩国、澳大利亚、新西兰等 RCEP 成员建立了紧密的贸易投资与产业链供应链合作关系，RCEP 生效将进一步对促进中国经济高质量发展和改善国民福利发挥积极作用。模拟结果显示，到 2035 年，RCEP 将使中国实际 GDP、出口和进口增量分别较基准情景累计增长 0.35%、7.59%和 10.55%，出口和进口累计增量将分别达到 3154 亿美元和 3068 亿美元，经济福利将累计增加 996 亿美元。作为全球规模最大的自由贸易协定，RCEP 对区域经济发展以及产业链供应链格局将产生重要影响。RCEP 生效后，通过降低贸易投资壁垒，提高区域经济一体化水平，推动形成统一的区域大市场，将促进中国农业、轻工、纺织、汽车、机械、电子信息、石化等重点行业的进出口贸易增长，为产业发展带来难得的机遇，但石化、机械等部分产业需在更加激烈的市场竞争中不断提高自身能力，轻工、纺织、电子信息、汽车等行业也需与东盟、日本、韩国等 RCEP 成员推动共建互利共赢的区域产业链供应链合作体系。

3. RECP 有利于促进亚太地区经贸产业和制度规则的融合互促

例如，贸易和投资制度决定经济一体化的程度，竞争规则影响经济运行效率，知识产权规则对促进创新发挥重要作用，环境和劳动规则有助于促进环境和社会发展，数字经济规则促进新技术发展。一是有助于亚太地区经济开放融合。RCEP 是亚太地区 15 国达成的全面、现代、高质量、互惠的自由贸易协定。RCEP 构建了全球开放包容的区域治理机制新模板，各成员国积极推进协定的落地实施，展示了在世界经济复杂多变情况下，各国深化本地区经济合作的良好意愿。二是有助于促进亚太及全球经济贸易增长。RCEP 所涉及的经济体量、人口和贸易总额均达到了全球总量的约 1/3，是全球规模最大的区域贸易协定。根据国际货币基金组织（IMF）的基础预测数据汇总，2021 年 RCEP、美墨加、欧盟以及 CPTPP 这四个全球主要区域经济合作机制成员 GDP 占全球比重依次为 30.5%、27.6%、18%和 12.6%。RCEP 将发挥深度区域一体化所带来的规模效应、促进竞争效应、价值链整合效应及制度协调效应。三是有助于促进亚太区域产业融合升级。RCEP 成员国之间经济结构具有较强的互补性，区域内劳动、资本、土地、知识、技术、管理、数据等生产要素齐全。RCEP 更加便利化的贸易和投资安排，将有助于促进地区之间各类生产要素和人员的流动，提高企业生产效率，促进各国之间产业链深度融合，有助于形成以亚洲地区为核心的、优势互补的、促进包容发展的生产、消费和供应网络，促进区域经济的协同发展。四是有助于促进亚太地区经贸规则与制度协调。通过设定清晰、透明的规则程序，RCEP 为成员方之间的经贸合

作提供了制度保障体系，提升供应链效率；在关税减让、服务开放等方面提升了开放水平，在投资领域引入了负面清单方式；拓展了原有多个“10+1”自贸协定的规则领域，对标国际高标准经贸规则，纳入了知识产权、电子商务、贸易救济、竞争、政府采购等议题，作出符合区域特点的规定。五是有助于形成开放包容的区域治理新机制。由于成员国经济发展阶段具有较大的差异性，RCEP 充分考虑各经济体的发展阶段和国内改革水平，最大限度地满足本地区成员国的利益，在规则设计中强调了发展导向，为构建体现发展多样性的国际经贸合作机制提供了模板，有助于促进多边贸易体制创新发展，提升多边合作的有效性。

（三）全面与进步跨太平洋伙伴关系协定（CPTPP）

CPTPP 是由亚太地区 11 国达成的高标准自由贸易协定，目前对澳大利亚、加拿大、日本、墨西哥、新西兰、新加坡、越南和秘鲁 8 个成员国生效。

1. 工作进展

（1）2021 年 6 月 2 日第四次 CPTPP 委员会会议

在由日本主办的 CPTPP 委员会第四次会议上举行了虚拟会议。委员会决心继续为经济和贸易复苏而努力，包括加强供应链的复原力和促进电子商务。强调了推进 CPTPP 的 21 世纪高标准规则，并进一步促进亚太地区和其他地区的自由贸易、开放和竞争性市场以及经济一体化的目标。申请国需要全面满足 CPTPP 的规则要求，并获得现有成员国的政治认可作为加入条件。CPTPP 认为，英国的潜在加入将有助于实现最高标准的全面市场准入，消除货物、服务贸易和投资领域的关税及其他壁垒。他们认为英国是一个可以忠实贡献于此目标的伙伴。此外，英国的加入也将支持 CPTPP 成员国的共同利益和价值观，有助于维护基于规则的贸易体系，推动市场导向原则，抑制保护主义和不公正的贸易限制措施。CPTPP 委员会希望 CPTPP 协定能够尽快在所有签署国之间全面生效，这有利于 CPTPP 组织的团结一致和未来的扩大。对于那些尚未完成批准的缔约方，CPTPP 委员会鼓励他们尽快推进国内批准程序，成为 CPTPP 的正式成员国。

（2）2021 年 9 月 1 日第五次 CPTPP 委员会会议

2021 年 7 月 21 日 CPTPP 适用法律程序完成后，于 2021 年 9 月 19 日对秘鲁生效。他们坚信，秘鲁成为第八个缔约方，并稳步执行该协议，将实现更多的互利，并保持和进一步加强 CPTPP 全体成员的团结。鼓励其余签署方加紧努力，完成国内程序，以便该协议尽快对所有签署方生效。CPTPP 成员国认为 CPTPP 对于支撑新冠疫情后的经济复苏具有重要作用，并承诺通过 CPTPP 的有效实施和未来合作来应对当前面临的挑战。CPTPP 成员国重申了 CPTPP 在应对 COVID-19 新冠疫情给全球经济带来的不确定性中的重要作用。他们坚定支持以世贸组织为核心的基于规则的多边贸易体系，并致力于在第 12 届 WTO 部长级会议取得成功。同时，他们承诺通过 CPTPP 的稳步实施和有效推进，加强供应链抗风险能力，促进中小企业参与全球供应链，推动电子商务发展，并与私营部门合作，为疫苗研发、生产和交付创造有利的贸易和投资环境。此外，CPTPP 成员国还承诺确保应对 COVID-19 的贸易限制性措施是有针对性、合比例、透明和临时性的，不会对贸易和全球供应链造成不必要的障碍，并落实 CPTPP 相关条款，便利必需商品和服务在新冠疫情期间的跨境流动。CPTPP 成员国认识到 COVID-19 新冠疫情加速了数字化进程和数字解决方案的采用，决定充分发挥 CPTPP 这个拥有先进电子商务规则的区域贸易协定的优势，使其成员国成为推动贸易电子化、建立稳定可信的商业环境的先行者。为此，他们致力于推动亚太地区数字化进程，并为全球在这一领域的规则制定做出贡献。例如，通过 4 月召开的 CPTPP 电子商务网络研讨会探讨相关规则的利弊，以及决定成立电子商务委员会，以促进电子商务章节的实施和操作，并进一步探讨如何在该区域推动数字化，使 CPTPP 在全球电子商务规则制定中发挥核心作用，体现了 CPTPP 在新冠疫情后经济复苏中的重要作用。

（3）2022 年 10 月 8 日第六次委员会会议

会议于 2022 年 10 月 8 日由新加坡主办。CPTPP 下属的 13 个附属机构开展了广泛合作，在电子商务和专业服务领域取得重要成果。在电子商务方面，成员启动了委员会的工作，并就成员国的相关法规展开研究，以推动数字贸易的便利化。在专业服务领域，成员方采纳了相互认证协议准则，为资格互认提供了切实指引。CPTPP 赋予成员加强区域经济合作的平台，有助于应对新冠疫情引发的供应链冲击。为此，竞争与商务便利化委员会正在进行实证分析 CPTPP 对供应链的影响，为完善风险管理机制，促进中小企业参与全球供应链提供依据。CPTPP 成员致力于在数字经济和绿色经济等新兴领域加强合作，推进协调发展。在数字经济方面，2022 年 6 月新加坡举办的电子商务研讨会取得了成果，探讨了数字贸易便利化、新兴技术和数据等议题。CPTPP 在这一领域发挥着重要的规则制定作用，成员承诺进一步深化数字领域的合作。在绿色经济领域，贸易与环境之间的关联愈加密切，CPTPP 为促进环境商品和服务贸易，支持地区应对气候变化的努力发挥着重要作用。2022 年 8 月在新加坡召开的绿色经济网络研讨会就碳定价和碳市场、低碳能源转型、贸易政策应对气候变化等议题进行了交流。CPTPP 成员支持在环境章节开展能力建设和合作倡议，期待通过 CPTPP 进一步推动环保商品服务和技术的贸易投资。面对全球经济不确定性增加，CPTPP 成员重申致力于发挥伙伴关系优势，为贸易投资创造有利环境，维护经济安全，遏制保护主义。他们坚定支持以规则为基础的多边贸易体系，确保应对新冠疫情的措施符合 WTO 规则，同时促进必需商品和服务的流通。

（4）2023 年 7 月 6 日第七次委员会会议

本次会议欢迎了智利和文莱的加入，完成了最初将亚洲、美洲和太平洋地区连接起来的目标。同时，英国也正式成为 CPTPP 的新成员，显示该协定的影响力已超出原有的地理范围。在复杂多变的当前形势下，CPTPP 成员重申了维护以 WTO 为核心的基于规则的多边贸易体系的承诺，包括应对经济胁迫的手段。他们强调，作为当前和未来主要经济增长引擎的亚太地区，CPTPP 成员将致力于确保该地区保持开放、稳定和繁荣，共同遵守既定的规则、标准和法律。CPTPP 成员还承诺继续推动经济一体化，促进供应链韧性及全球价值链的稳定，为广泛的集体繁荣和安全奠定基础。同时，他们重申了确保贸易利益在全社会公平分享的承诺，尤其关注女性、土著人民、中小企业等弱势群体。此外，CPTPP 成员强调了贸易与环境政策的协调重要性，并欢迎 WTO 最近达成的《渔业补贴协定》。他们将审查该协定的环境章节，评估其在应对气候变化、生物多样性丧失等方面的实施情况。CPTPP 成员还在推进数字经济条款，包括审查电子商务章节、探讨促进数字贸易的方法，并将成立临时工作组降低企业参与成本。他们期待进行 CPTPP 第三年常规审查，关注中小企业参与以及为妇女、土著经济和环境可持续性带来的成果。

2. CPTPP 与 RCEP

在亚太地区已经相继签署了 CPTPP 和 RCEP 这两个超大型 FTA，它们在不同程度上覆盖了亚太地区诸多经济体，通常被视为实现亚太经济一体化的主要路径选择。也就是说，CPTPP 与 RCEP 分别代表着整合亚太地区的两种潜在方案。区分 CPTPP 与 RCEP 的差异有助于明晰二者各自在实现亚太经济一体化目标上的特点，一定程度上也能帮助找寻两大制度实现融合的条件及可能性。亚太地区主要自贸协定见图 1-1。

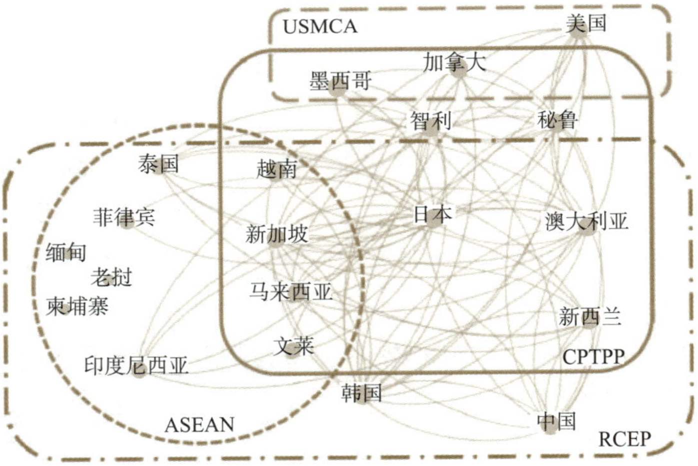

注：国家主体间的连线表示两国存在双边FTA联系；——表示圈内国家已签署CPTPP；–·–表示圈内国家已签署RCEP；– –表示圈内国家已签署USMCA；- - -表示圈内国家均为东盟成员国。圆点的大小表示该国在亚太自贸协定网络中的中心度（centrality）情况，中心度越高，圆点越大，意味着该国与其他国家的自贸联系越多。该图为笔者根据WTO网站提供的区域贸易协定数据库（Regional Trade Agreements Database）自制，可参见网址 http://rtais.wto.org/UI/PublicMaintainRTAHome.aspx。

图 1-1　亚太地区主要自贸协定示意图

（1）两者的制度主导力量有所不同

CPTPP 和 RCEP 分别由日本、东盟牵头主导建立。CPTPP 最初是要确保由美国实行对高标准规则制定的全方位主导，但在美国“退群”之后，日本不得不挑起继续推进 TPP 谈判的重担。它设置的规则目标及要求更高，更适合发达国家及部分经济发展水平较高的发展中国家实现深度一体化。从日本的行动逻辑上看，应是希望通过主导 CPTPP 率先成行，再以 CPTPP 的高标准贸易规则来框定 RCEP 的演变方向，由此加快亚太自贸区的实现步伐，在亚太一体化进程中赢得主动。此外，CPTPP 也是日本保持本国经济温和复苏、提升本国地区及国际影响力的重要制度工具。RCEP 与 CPTPP 明显不同，RCEP 由东盟发起并主导推动，在贸易和投资自由化过程中更重视落后发展中国家的利益诉求，更多地反映着发展中国家以灵活性、渐进性和调适性实现区域经济整合的努力。东盟国家客观上经济发展水平悬殊，这就需要在 RCEP 的制度推进过程中体现出对所有成员国的能力与舒适度的照顾；在这一点上，东盟内部长期合作形成的"东盟方式"恰恰能较好地回应这一关切。以磋商和对话为合作基础的"东盟方式"使得 RCEP 在谈判进程中可以尽可能平衡各方利益，对各成员国不同程度的自由化便利化诉求通过特殊安排或条款的方式予以满足，最大限度上做到了制度灵活与包容。除了东盟牵头主导，中国作为制度框架内最有经济分量的国家，也在 RCEP 进程中发挥积极和建设性作用，并且始终坚持和维护东盟的"中心地位"。

（2）两者的规则水平存在差距

相较而言，CPTPP 是迄今为止开放程度和规则水平最高的自贸协定，可引领 21 世纪国际经贸规则，在自由贸易的深度和广度上都超过了 RCEP。例如，在传统货物贸易的关税水平上，RCEP 规定区域内 90%以上的货物贸易将最终实现零关税，而 CPTPP 各成员零关税产品税目数和贸易额占比都将达到 99.5%；在服务贸易和投资准入方面，RCEP 采取"正面引导+负面清单"模式逐步开放，而 CPTPP 直接采取负面清单承诺；此外，CPTPP 还将一些对经济发展比较重要的部门或项目，如纺织服装、金融服务、电信服务等单独设章，体现了对这些议题规则的重视。深度一体化议题更多涉及成员国国内政策，即向边境后措施延伸和拓展，包括政府采购、竞争政策、知识产权、劳工、环境等条款。CPTPP 在政府采购、竞争政策、知识产权等议题上的严格程度明显高于 RCEP。例如，在政府采购章节，CPTPP 各成员均有一份实质性开放清单，而 RCEP 仅有软性合作条款；CPTPP 针对劳工和环境设置了独立的章节内容，而 RCEP 却没有这样的章节。不过，RCEP 保留了自身的一些特色，如在知识产权领域，RCEP 将遗传资源、传统知识和民间文学艺术也列入了保护范围；在竞争政策方面，RCEP 也对缅甸、柬埔寨、文莱、老挝等成员的国内立法和完善监管体系提供了过渡期。如果进一步考察，还可以发现 CPTPP 较之于 RCEP 具备更多核心条款；而且，在多项核心条款的规定上，CPTPP 的规则门槛也比 RCEP 要高。因此，从规则上看，更高标准是 CPTPP 的特色；相对而言，RCEP 则更多体现出了对成员差异性的灵活包容。

（3）两者的规则制定模式有所差异

两大自贸协定在推动亚太区域经济一体化上形成了两种不同的路径或模式。CPTPP 的规则门槛相对更高，这实际上体现着一种高法律化水平的一体化路径，其缔约成本较高而治理成本较低，协定内各成员一旦完成谈判，后续无须过多为进一步明确协定内容进行协商，事后条约的治理收益得以体现；而 RCEP 呈现的是一种低法律化水平的一体化路径，其缔约成本较低而治理成本较高，各方为尽快强化彼此间的伙伴关系，能在一些基本原则上较快达成共识，允许有所保留，而这就意味着各成员不可避免还要进行后续协商以对协定内容进行确认，因而治理成本较高。

（四）上海合作组织

1. 主要进展

2023 年 11 月 8 日，第二十一次上海合作组织（以下简称“上合组织”）成员国总检察长会议在西安开幕。促进上合组织各国检察机关充分发挥检察职能作用，以法治力量更好地服务本国现代化。本次会议同步召开上合组织成员国军事检察长圆桌会议，围绕“联合反恐演习和维护边境秩序中的防务安全司法协作”主题开展研讨，推进各成员国军事检察机关增进互信、深化合作。上合组织部分成员国如伊朗、哈萨克斯坦、吉尔吉斯斯坦、俄罗斯、塔吉克斯坦、乌兹别克斯坦、白俄罗斯、蒙古国总检察长，巴基斯坦副总检察长、印度代表出席会议。上合组织成员国总检察长会议机制是上合组织框架下一项重要专业性机制。自 2002 年成立以来，各成员国检察机关在“上海精神”的指引下，在打击恐怖主义、分裂主义、极端主义，惩治跨国犯罪，以及加强企业保护、环境保护和未成年人权益保护的检察监督等方面，开展务实合作，取得丰硕成果。当前，各国都在朝着实现现代化的方向迈进。本次会议专题研讨“检察机关在服务国家现代化中的作用”，就是要既着眼过去、巩固深化司法合作成果，又放眼未来、不断加大司法合作力度。

2023 年 10 月 26 日，上合组织成员国政府首脑（总理）理事会第二十二次会议在比什凯克举行。会议发布了联合公告，考虑到成员国的意见，对共同推动构建相互尊重、公平正义、合作共赢的新型国际关系，形成构建人类命运共同体的共同理念具有重要现实意义，并根据“同一个地球，同一个家园，同一个未来”理念开展对话。根据《上合组织宪章》原则，继续加强政策沟通、安全合作、贸易畅通、资金融通、民心相通。上合组织作为当今国际关系体系中有影响力和负责任的参与者，将恪守《联合国宪章》等公认的国际法准则。成员国支持进一步完善和改革全球经济治理体系，并将继续维护和巩固以国际公认的原则和规则为基础的开放、透明、公正、包容、非歧视的多边贸易体制，促进开放型世界经济发展，保障公平市场准入和对发展中成员的特殊和差别待遇，反对破坏多边贸易体系、威胁世界经济发展的单边保护主义行为和贸易限制措施。支持加强电子商务、数字技术应用经验和知识交流、电商领域消费者权益保护、在线解决纠纷等领域合作。团长们责成采取措施，加强上合组织电子商务工作组工作。支持创新产业将有助于成员国提高经济竞争力，促进中小企业发展，扩大偏远和农村地区的就业市场。成员国在卫生防疫领域开展合作，对实现医疗卫生系统数字化、非传染性疾病防治、上合组织地区医疗旅游发展、传染病预防和应对具有重要意义。

2023 年 8 月 17 日—8 月 18 日，2023 中国—上合组织国际物流圆桌会议在连云港举办。此次会议以“加强上合组织内部协作，共建亚欧陆海联运新通道”为主题。构建海陆联运新通道有利于深入推进贸易和投资自由化便利化，加快口岸基础设施和区域国际物流大通道建设，保障区域产业链供应链稳定畅通。

2023 年 7 月 4 日，上合组织成员国元首理事会第二十三次会议召开。届时，伊朗正式成为上合组织第九个正式成员国。峰会共通过了 14 份文件，其中包括《上海合作组织成员国元首理事会关于打击引发恐怖主义、分裂主义和极端主义的极端化合作的声明》《上海合作组织成员国元首理事会关于数字化转型领域合作的声明》以及上合组织在多个领域开展工作的决议。

2. 上合组织挑战与机遇并存

在全球化倒退、世界经济增长放缓、地缘政治风险上升等背景下，各国对经济安全的考虑往往超越禀赋优势、产业互补、地理临近等传统因素，成为决定国际贸易与国际投资流向的重要依据。国际贸易与投资更倾向于在地缘结盟国家之间进行，全球产业链、供应链布局也在向集团化、“友岸化”发展演进，区域合作机制地位上升。上合组织作为重要的区域合作机制，在东欧、中亚、南亚及中东地区的重要性日趋凸显，影响力也在逐渐加强。在能源领域，欧盟竭力摆脱对俄的能源依赖，俄为开拓市场填补欧盟留下的缺口，将能源出口的重心转向亚太地区，积极与中国、印度两个能源消费大国合作。因此，上合组织经济合作对俄的重要性将上升，以往上合组织框架内一些来自俄罗斯方面的阻力将有所减弱。在机制建设方面，上合组织建立以来已形成一整套经贸、交通、财政、央行、农业、科技、能源等部长级协调机制，实业家委员会和银行联合体等非官方机制等。在基础设施建设方面，上合组织成员国间一批重要的互联互通基础设施合作项目相继竣工，初步形成由铁路、公路、油气管道和电力网络组成的复合型基础设施网。在贸易和投资领域，规模快速增长，商品结构不断优化。在能源合作领域，各国在石油、天然气、核能及可再生能源等领域开展深度合作。在金融合作领域，本币结算不断扩大，货币互换顺利开展，银联体合作稳步推进，金融机构间合作更加密切。多年来取得的丰硕成果将为未来上合组织经济合作奠定坚实基础。

第二节　多边经贸体系面临的冲击和挑战

一、原有多边经贸体系长期运行产生的内在矛盾带来的冲击

1. 全球经贸格局的变化带来国家间的经济摩擦增加

全球化经贸规则体系最初由发达国家主导制定，以维护当时的全球经济秩序。这

一体系在设计之初，在一定程度上考虑了发展中国家和不发达国家在经济发展、贫困解决方面的需求，为其提供较为宽松的市场准入机会和允许一定范围的发展性政策工具，以帮助这些国家或地区融入全球市场。然而，随着发展中国家或新兴市场经济的崛起，全球经济格局发生了重要变化，老牌发达国家和发展中国家间的经济摩擦加重。

2000 年，美国、德国、英国、法国、日本、意大利、加拿大组成的七国集团 GDP 占全球生产总值的 65%，而 2022 年这一比重降至 44%。相比之下，新兴市场与发展中国家占全球 GDP 的比重在 2000 年为 43.65%，到 2022 年则达到 58.21%，占比增加了将近 15%。其中，中国的崛起尤为显著，并在加入 WTO 九年之后的 2010 年，跃升为全球第二大经济体。全球经济格局出现了从发达国家向发展中国家和新兴经济体的转移趋势。部分发达国家认为发展中国家的进一步崛起会损害其经济利益，对本是由发达国家自己主导制定的多边经贸体系提出了适应性和公平性的质疑，并越发不满现有规则。国际贸易争端的加剧，即反映了这一冲突的盛行。

2. WTO 改革艰难，区域贸易协定激增

自 1995 年成立以来，WTO 在降低全球关税、促进全球贸易自由化、确保贸易规则透明化和公平化、监督各成员国贸易政策方面取得了很多成就。1995 年至今，全球平均关税水平有显著下降（见图 1-2）。中国在 2001 年加入 WTO，平均关税水平自 2002 年起一直保持在较低水平。WTO 现有成员国或地区 164 个，各成员国经济发展水平、产业结构等差异巨大，因而利益诉求也大相径庭。可想而知，要在各个成员国间就贸易相关政策取得一致意见，难度巨大。尤其近年来全球经济放缓，地缘政治复杂化等因素更是使 WTO 的功能遇到了严重困境。从图 1-2 可以看出，2018—2020 年印度与美国平均关税明显上升，也对该困境可见一斑。

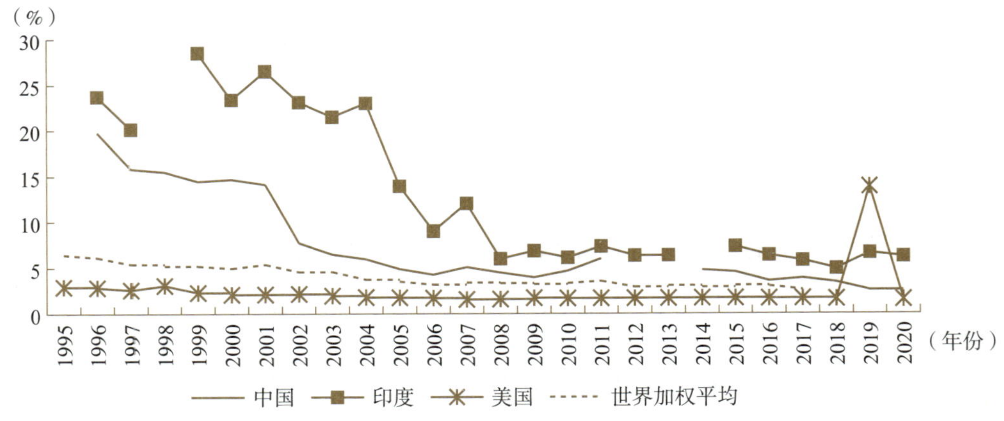

图 1-2　1995—2020 年主要国家平均关税水平

数据来源：世界银行数据库。

2002 年初，WTO 启动首轮多边贸易谈判——多哈回合，试图就包括农业、非农产品市场准入、贸易与发展等在内的各项议题进行谈判，以期进一步提高贸易自由化水平，完善贸易规则。然而，原本预期 2005 年即可结束的多哈回合，由于议题广泛，而农业、市场准入等议题触及大多数成员国的核心利益且错综复杂，使得多哈回合进展缓慢，并在 2008 年陷入停顿。虽然此后谈判于 2011 年重启，但也并未获得实质性进展。

多哈回合的谈判进程将 WTO 面临的困境展露无遗。作为多边贸易体制解决成员冲突的支柱之一，WTO 争端解决机构自 2017 年起危机频现，执行贸易争端仲裁的上诉机构的法官不断离任或卸任。而由于美国的阻挠，2019 年上诉机构法官连任也未实现，上诉机构陷入停摆，2019 年、2021 年、2022 年 WTO 的仲裁数量均为 0 件。WTO 争端解决机构面临的改革难题并不只如此。2018 年，美国贸易代表办公室在其年度报告中指责 WTO 专家组和上诉机构并未依照文本执行 WTO 协议，而是增减了成员国的权利和义务，存在"造法"的问题[①]，并在其 2020 年发布的《世界贸易组织上诉机构报告》重申了这一问题，严重挑战了上诉机构仲裁结论的合法性。上诉机制危机显现后，WTO 成员探索了各项解决方案，比如"沃克方案"、多方临时上诉仲裁安排（MPIA）等[②]，但并未根本解决危机。专家组与上诉机构报告适用的"反向协商一致"原则，即"一票赞成"制引起的"造法"问题、WTO 争端解决结论对当事成员国缺乏约束力等仍未得到实质性改变。此外，WTO 审议和通报机制存在短板。世贸组织各成员基于不同的透明度利益诉求，分别提倡纪律约束与能力提升两条路线。其中发达成员的纪律约束路线未考虑成员通报能力差异，重点聚焦提高违规成本，还一度提议以惩罚性条款"鞭策"成员履行通报义务。

在全球治理体系快速变革背景下，WTO 多边贸易体制安排的深层危机在其他各方面也显露出来。WTO 在除争端解决机制外的各方面仍旧实行"协商一致"原则，即 WTO 的决议需所有成员国协商过后形成一致意见才能通过。这项原本为保证所有成员国都具有平等投票权利的规则，在全球经济政治形势更为复杂化的当下，被不同成员国利用，"一票否决"的现象频发，严重阻碍了 WTO 决议的效率。而 WTO 在将非歧视性原则作为其各项制度安排宗旨的同时，允许成员国在区域贸易协定等情况下偏离此原则，使被区域贸易协定排除在外的 WTO 成员国无法享受同等贸易便利措施，给成员国通过成立区域贸易协定达到经济、政治"拉帮结派"的目的留下了空间。

---

① 2018 Trade Policy Agenda and 2017 Annual Report of the President of the United States on the Trade Agreements Program，22-23. 孙嘉珣．世界贸易组织争端解决机制的"造法"困境［J］. 国际法研究，2022（2）：113-128.

② 杨国华．世界贸易组织上诉机构的危机过程与未来发展［J］. 经贸法律评论，2023（3）：37-58.

在 WTO 多边贸易体制功能多方面受阻的同时，双边和多边区域贸易协定激增，成为 WTO 成员国促进各自贸易发展的备选项。图 1-3 显示了 1958—2022 年仍在生效的区域贸易协定每年增加的情况。截至 2024 年 1 月底，全球通报给 WTO 的区域贸易协定共有 361 个。其中，双边贸易协定为 212 个，有 39 个为 2020 年以来建立。2003—2016 年，区域贸易协定以每年 10 个以上的数量保持高位增加，且在 2006 年、2009 年、2012 年分别增加 17 个、19 个和 16 个。

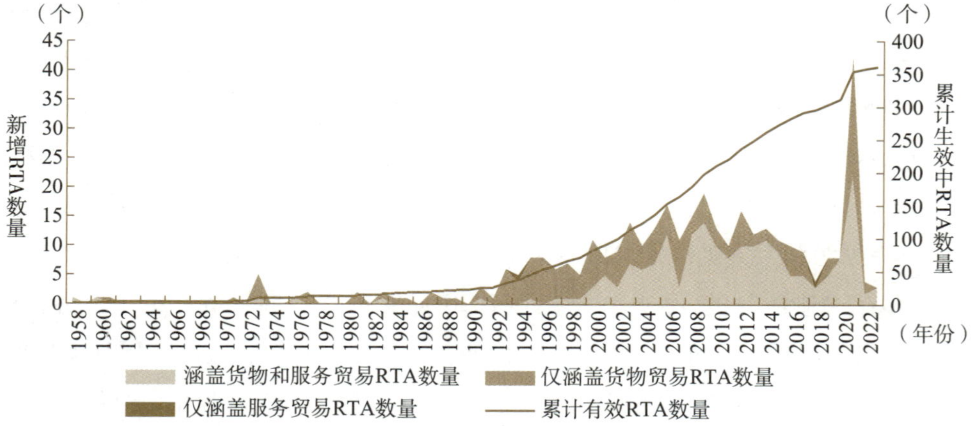

图 1-3　1958—2022 年全球区域贸易协定数量

数据来源：根据 WTO-Regional Trade Agreements（RTA）Database 2024 年 1 月底整理绘制。

2021 年，全球区域贸易协定数量激增 42 个，其中 20 个为仅涵盖货物贸易的协定，22 个为同时涵盖货物和服务贸易的协定。这些区域贸易协定大部分为英国和其他国家间的协定。

区域双边或多边贸易协定在政策的深度与广度上都比 WTO 更高。根据世界银行深度贸易协定数据库对区域贸易协定政策范围和强度的统计①，2015 年所有有效执行的 279 个区域贸易协定中，所有协定都涵盖了对制造品降低关税的内容，有 200 多个协定涵盖了农产品关税、出口税收、反倾销税等方面的政策。这些政策与 WTO 的政策范围一致，但在促进贸易自由化的强度上更高。在还未被纳入 WTO 管辖范围的政策方面，有 200 多个协定涵盖了竞争政策，100 多个协定涵盖了资本流动、投资、知识产权保护、环境保护方面的内容。其他被区域贸易协定覆盖的主要政策领域包括信息安全、签证与庇护、区域合作、农业、劳动力市场、研发与创新、经济政策对话、产业合作、能源、教育和培训、公共服务等。除此以外，少数区域协定还在文化合作、中小企业、金融援助、税收等方面达成一致。这些政策范围的扩大无论在发达国家还是发展中国

① Hofmann C，Osnago A，Ruta M. Horizontal depth：A new database on the content of preferential trade agreements［R］. World Bank Policy Research Working Paper，2017：7981.

家所签订的协定中均有所体现（见图 1-4）。

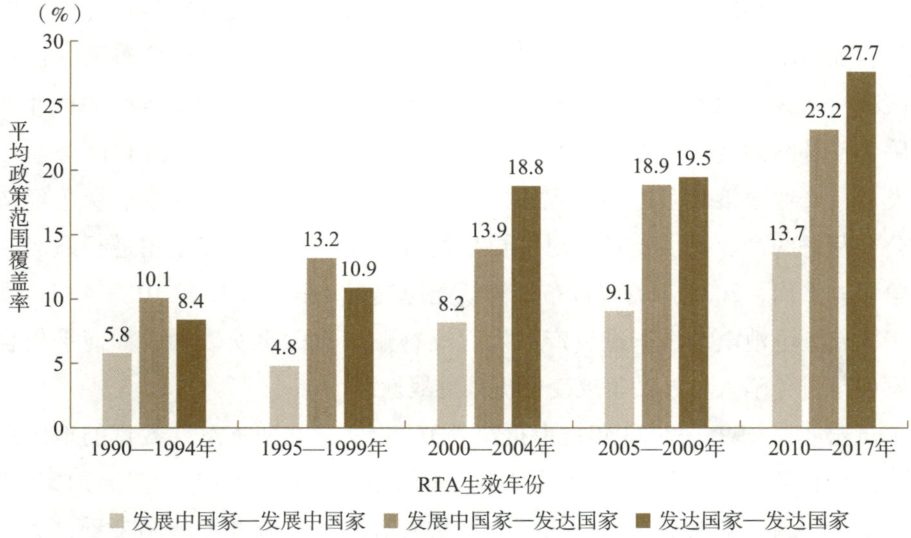

图 1-4　1990—2017 年区域贸易协定政策范围覆盖率

注：本图根据 Mattoo A，Rocha N，Ruta M[①] 等基于世界银行深度贸易协定数据库的研究重新绘制。Mattoo A，Rocha N，Ruta M（2020）将所有贸易协定涉及的政策划分为 18 个领域，包括出口税收、服务贸易、投资、资本流动、产权保护等。平均政策范围覆盖率指平均每个区域贸易协定的条款对 18 个政策领域的覆盖率。

2018 年 12 月，由墨西哥、日本、新加坡、新西兰、加拿大、澳大利亚、越南、秘鲁、马来西亚、智利和文莱 11 个环太平洋国家签署的 CPTPP 生效。该协定共 30 章，涵盖了货物贸易、服务贸易、电子商务、竞争政策、国有企业和指定垄断、知识产权、环境、中小企业、监管一致性等内容，成为当前全球内容最广泛、标准最高的贸易协定之一。2008 年，美国奥巴马政府宣布加入 CPTPP 的前身——《跨太平洋伙伴关系协定》（Trans－Pacific Partnership Agreement，TPP）的谈判，试图拉拢东南亚国家。2017 年，特朗普政府宣布退出 TPP 谈判，但 CPTPP 约 90%的条款均来自 TPP 谈判期间已形成的条款。TPP 谈判期间，10 个东盟国家与包括中国在内的 6 个东盟伙伴国在 2012 年的东盟相关会议上提出启动《区域全面经济伙伴关系协定》的谈判工作，作为对 TPP 谈判的回应。2022 年 1 月 1 日，《区域全面经济伙伴关系协定》正式开始实施，成为全球最大的区域自由贸易区。这个由东盟十国主持发起的自由贸易协定，将东盟十国以及中国、日本、韩国、澳大利亚、新西兰之间的双边或多边自由贸易协定进行了整合，形成了一个可与欧盟、北美自由贸易圈相抗衡的亚洲新兴贸易区。在协定内容上，RCEP 共包含 20 章，以降低货物和服务贸易壁垒为主，不如 CPTPP 广泛且高标准。但相比 CPTPP，RCEP 成员国间经济发展水平差异更大，更加凸显了冲突年代不同经济体求同存异、共同发展经济的意愿。

① Mattoo A，Rocha N，Ruta M. The evolution of deep trade agreements［J］. World Bank，2020.

3. 产业政策、国有企业与竞争中性等相关规则争议增加

为促进本国经济增长、提高或巩固本国竞争地位，产业政策在各国经济实践中被广泛运用，如 2014 年印度推出了“印度制造”计划、美国 2022 年发布了《国家先进制造业战略》等。而以补贴形式实施的产业政策，则极可能令相关行业的产业在国际贸易中陷入反补贴调查。随着绿色经济、低碳环保、数字产业、人工智能等新形势与技术的发展，产业政策和多边补贴规则的执行也面临困境。各国为发展绿色经济等具有明显公共利益的产业提供支持，对可再生能源的研发、生产和使用进行适当补贴较少引起争议。然而，2022 年英国宣布取消新能源汽车补贴，2023 年 10 月 4 日，欧盟委员会对中国新型电池电动汽车进口产品发起反补贴调查的事实表明，如何平衡合理支持产业发展与避免陷入反补贴争议变得更具挑战性。

表 1-3 显示了 1995—2023 年被上报至 WTO 的反补贴调查案件数量的地区和行业分布情况。数据显示，历年来，中国与印度是被发起反补贴调查最多的国家，其中，美国发起了对两国一半以上的反补贴调查。从所有反补贴调查发起国来看，美国占据绝对主导地位，共发起了 319 起反补贴调查，远高于第二位欧盟的 93 起。近年来，在全球经济与政策冲突更为复杂的背景下，虽然美国、欧盟等发达国家或地区仍是反补贴调查的主要发起者，但印度与巴西这两个发展中国家也出现在反补贴调查发起国前三的名单中［见图 1-5（a）］。在主要被调查国方面，除中国、印度、印度尼西亚传统被调查国外，越南、土耳其和俄罗斯也出现在被调查国前三的列表中［见图 1-5（b）］。

表 1-3　1995—2003 年全球反补贴调查数量的地区和行业分布

分出口国或地区反补贴调查数量			反补贴调查主要发起国		分行业反补贴调查数量	
出口国家或地区	数量（起）	主要发起国（起）	反补贴调查国家或地区	数量（起）	行业	数量（起）
中国	205	美国（108）	美国	319	贱金属及其制品	304
印度	103	美国（45）	欧盟	93	化学或相关行业产品	73
韩国	33	美国（21）	加拿大	80	塑料、橡胶及其制品	65
印度尼西亚	32	美国（12）	澳大利亚	41	预制食品；饮料、烈酒和醋；烟草和烟草制品	42
土耳其	28	美国（17）	印度	32	机械及机械器具；电子设备及零配件；录音机、电视图像和声音记录机、重放机及其零配件	40
泰国	24	美国（8）	中国	17	纺织品	28
美国	24	中国（10）	巴西	15	木浆或其他纤维状纤维素材料的纸浆；回收（废碎）纸或纸板；纸和纸板及其制品	21
越南	23	美国（8）	南非	13	车辆、飞机、船舶及相关运输设备	17
马来西亚	20	印度（8）	埃及	12	活体动物；动物产品	16
意大利	16	美国（9）	秘鲁	10	—	

数据来源：WTO 贸易救济数据库。

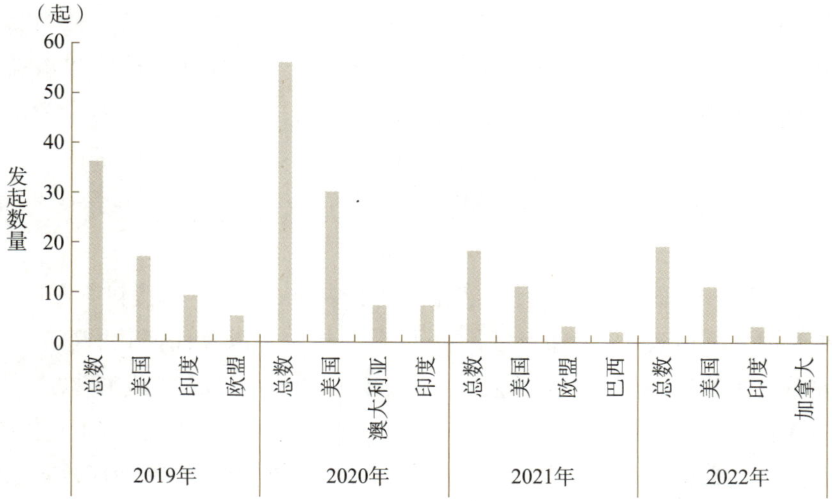

（a）发起年份

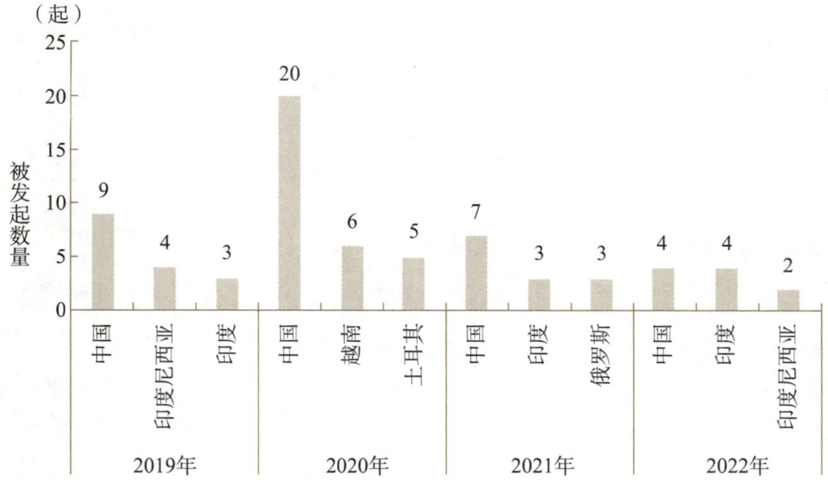

（b）被发起年份

图 1-5　2019—2022 年反补贴主要发起和被发起国家或地区分布

数据来源：WTO 贸易救济数据库。

发达国家在多边补贴和反补贴规则调整方面的话语权之争也直接反映了全球经贸格局变化对现有多边经贸体系规则的挑战。自 2017 年起，美国、欧盟、日本联合发布多项声明，要求 WTO 对补贴在内的规则进行修改，要求将国有企业、国有商业银行等也纳入补贴主体的调查，并将禁止性补贴扩展到金融领域等。这项由欧美日联合发表的声明，将其他国家排除在规则讨论的范畴之外，显示了这几大国家或地区在国际规则制定方面的强势地位，也反映了在全球多边规则制定实务中，不同国家可能面临的利益冲突。

国有企业竞争中性原则的执行也引发越来越多的争议。国有企业作为企业所有制形式之一，因而所有多边或双边贸易与投资协议都未对其作出排除性规定。然而，随着以中国为主的发展中国家在世界经济中的地位提高，这些经济体中的国有企业是否利用特权、补贴等获得不正当竞争优势，在以欧美为主的发达经济体中引发了疑虑；

在涉及不同类型经济体的多边协定规则制定中，也使相关竞争政策、补贴与反补贴竞争政策制定更为复杂化。根据前文对全球多边贸易协定的统计，竞争政策在所有多边协定涉及的政策领域中占据首位。这些竞争政策涵盖关于反竞争商业行为的规定、增强协定国或地区竞争法的同质性、建立或维持独立的竞争主管机构等内容。各国对于公平竞争、竞争中性等的期待不言而喻。而国有企业政策规范、竞争中性原则保持、企业补贴规则等，本质上都是对公平竞争规则的维护。

自 2023 年 7 月 12 日起，欧盟开始实施《外国补贴条例》，将提供补贴的“第三国”定义从中央政府和其他政府机关扩大到了外国公共机构，以及任何政府享有控制权且执行了公共政策目标的私人实体。从欧盟委员会发起反补贴调查的实践来看，《外国补贴条例》将调查主体也扩展到了国有企业。在其 2021 年就该条例草案发布的评估报告中，援引了一家非欧盟国有企业以比竞争对手低于 40% 的报价获得欧盟某地区价值数千万欧元的运输网络工程合同的案例。欧盟在各类国际规则制定中拥有强大话语权，其《外国补贴条例》的强制执行，对国有企业占据重要地位的经济体带来重要挑战。在 WTO 全球多边对话机制受损的当下，这些经济体在规则制定过程中也被置于劣势地位。

二、近年来重大外部因素对多边经贸体系产生的冲击

1. 中美大国竞争、俄乌冲突等地缘政治带来的冲击

近年来，全球经贸体系受到地缘政治、重大突发事件等外部因素冲击影响的频率加快、强度增高，且相关的摩擦与冲突并不完全以促进本国经济发展为考量，甚至有时会出现“杀敌一千，自损八百”的情况，更多是以政治因素和维护国家话语统治权为目的。

在中国经济不断崛起的背景下，美国为了限制中国的发展，采取了“小院高墙”的对抗策略，旨在遏制中国的高科技项目，打压中国的科技进步，破坏中国与其他国家在科技研发领域的国际合作。美国商务部工业和安全局自 1997 年首次公布实体清单以来，最初该清单旨在限制与大规模杀伤性武器相关的个人、实体或政府与美国的技术交易，但随后其范围不断扩大，成为美国打压中国技术发展的主要工具之一。2019 年和 2020 年，华为和中国最大的半导体制造公司之一的中芯国际分别被加入实体清单。截至 2024 年 8 月 24 日，共有 1300 多家中国企业、科研机构等被列入美国实体清单，涵盖 AI、芯片、量子计算等前沿科技领域①。在贸易领域，美国更是在 2018 年初发起了对中国的贸易战，对大量中国进口商品征收高额关税，试图以此促进美国制造业的回流。由于关税、配额等贸易政策的实施大多依据原产地规则来判断实施对象，为规避中美贸易摩擦的影响，以制造业为主的中国企业通过对外投资，向海外转移生产，改变产品的“原产地”。

图 1-6 显示了 2010—2022 年中国对外直接投资（OFDI）情况。自 2010 年起，中

① 林志佳．突遭制裁！美国政府再将超过 80 个中国芯片电子领域实体列入清单，总数量已超 1300 家丨硅基世界［EB/OL］．（2024-08-24）．https：//m. tmtpost. com/7222969. html. https：//i. ifeng. com/c/8cIwt7et5uS.

国对外直接投资流量总额持续增加，在 2016 年达到峰值。虽然之后有所回落，但仍然保持了较高的水平，随后在新冠疫情期间有所上升。从中国对外直接投资流量总额占全球份额来看，在中美贸易摩擦爆发的 2018 年，中国对外直接投资有明显增长，在新冠疫情暴发的 2020 年突破新高，达到 20. 2%。

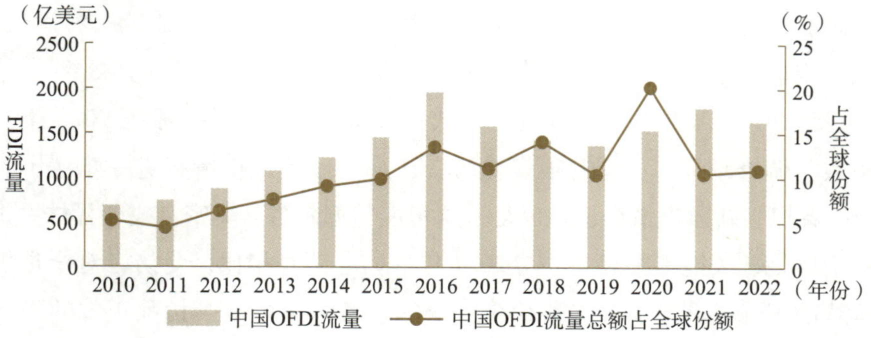

图 1-6　2010—2022 年中国对外直接投资情况

数据来源：2022 年中国直接投资报告。

大国竞争叠加俄乌冲突等地缘政治导致各种制裁数量持续增加。根据全球制裁数据库①，自金融危机爆发以来，全球范围内各项制裁持续增加，尤其在 2022 年俄乌冲突全面爆发后达到飙升（见图 1-7）。这些制裁涵盖范围较广，涉及金融、旅行、军事、武器和贸易以及其他等各类制裁，这些制裁对原有的世界经贸体系产生了很大的冲击，对国际贸易的复苏蒙上了阴影。

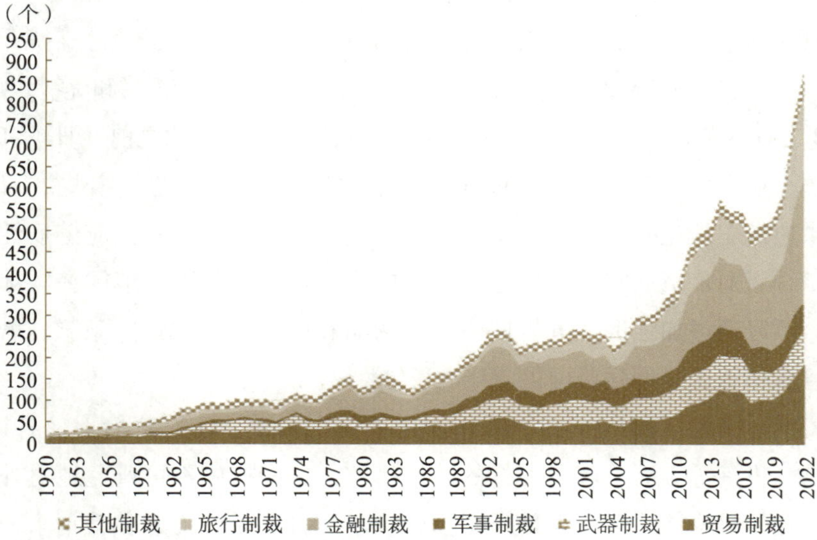

图 1-7　全球制裁数量变化

数据来源：全球制裁数据库。

① Agnosteva D E, Anderson J E, Yotov Y V. Intra-national trade costs: Assaying regional frictions [J]. European Economic Review, 2019 (112): 32-50.

2. 新冠疫情对全球供应链产生深远影响

过去几十年是国际贸易的黄金期，全球消费者都对可能延展至全球各地的产业链分布习以为常，生产者基于生产与运输成本最小化原则在全球范围内组织生产也是全球化经济浪潮中的常态。然而，新冠疫情的突然到来给全球各地的生产活动带来了不同程度的限制，海运、空运、陆运等各种跨境运输方式受到严重影响。海运运力短缺、集装箱供不应求、运费暴涨、港口堵塞等现象屡见不鲜①。

新冠疫情冲击也导致国际贸易的合作伙伴关系脆弱性加剧。根据 2022 年“全球经济信心指数”调查结果，尽管有很多受访者认为全球新冠疫情将进一步缓解，但仍有 53%的受访者担心新冠疫情会出现反复，这可能与德尔塔、奥密克戎变异株叠加流行致使新冠疫情反复、久拖不决有关，与 2021 年的信心调查相比，受访者对全球供应链紊乱情况延续的担忧显著增加。这种社会公众的恐慌情绪可能会扰乱正常的经济社会秩序，对经济参与主体的心理预期造成冲击，从而加剧跨国贸易联系的脆弱性。新冠疫情带来的悲观预测影响着投资者的信心，导致其更倾向于持有资金、观望市场，从而抑制了对外投资和经济活动。

为应对供应链与国际合作关系面临的挑战，政策制定者、生产者在产业链规划过程中，不再仅仅考虑成本因素，而是更加重视产业链的稳定与安全问题。2021 年，拜登政府发布了一份旨在提高供应链韧性的报告，提出优先对高容量电池、半导体、关键矿物和材料以及制药原料药四个行业实现产业链区域化的目标，保证产业链安全。

为提高供应链韧性的区域性合作在供应链危机发生之后快速出现。2020 年，澳大利亚、文莱、加拿大、智利、缅甸、新西兰和新加坡联合签署了一份维持开放与连续供应链的声明，表示在特殊时期鼎力支持全球供应链的可持续性和完整性。2021 年 4 月，印度、日本和澳大利亚达成了一项供应链韧性倡议。在此之前，日本和澳大利亚分别为本国企业提供了 22 亿美元和 1.07 亿美元的“供应链韧性”补贴，以为其国内企业实现供应链本地化提供引导与资金支持。世界经合组织在其供应链韧性政策工具说明中，结合新冠疫情期间发生供应链危机的事实，提出各国或地区在国际贸易与投资协定中，可以通过加强保证危机期间必需物品和服务贸易的保障条款、增强贸易便利化和监管合作等途径增强跨国供应链的稳定性②。

新冠疫情也引发了国际投资争端并加速了规则调整。新冠疫情促使各国在卫生、旅行、贸易、投资等方面采取了大量的防控措施，这些措施不可避免地对外国投资造成了障碍。在新冠疫情后期，大量外国投资者基于投资条约提起仲裁请求，指控东道国违反投资保护义务，并要求东道国承担责任，这可能增加外国投资者与东道国之间

① 刘志强．应对国际集装箱海运不畅，各地各部门及相关企业积极行动——增运力 稳市场 保畅通［N］．人民日报，2021-12-08（18）．

② OECD，供应链韧性关键：备灾与响应的政策工具。

的投资争端。加之消极的抗疫现状使新冠疫情防控的周期加长、风险提高，由此造成的物流不畅、经济活动受阻等不利影响将加重外国投资者的损失，极有可能进一步引发投资争端。东道国对外国投资者的多项投资保护义务可以成为投资者索赔的有力法律基础。尽管最近几年签署的国际投资协定在保护投资者权益的同时也更加注重对东道国监管权的维护，但是实施效果并不明显。基于此，在投资者与国家间投资争端解决机制方面，国际社会正在酝酿系统性、体制性的变革。

3. 气候问题与碳税规则重要性增加

过去二十年间，洪水、干旱、森林大火、反常天气等自然灾害频发①，给农作物生产、农产品贸易、水电生产等带来巨大的负面影响。全球变暖、海平面上升等气候变化及其对经济的负面影响（见图 1-8）在近年来受到更多关注，对气候保护、低碳经济的需求也更加紧迫。WTO 在《2022 年世界贸易报告》中，专门审视了国际贸易、贸易政策协作与环境保护之间的互利共赢的潜力。新能源产品可以通过国际贸易网络形成基于比较优势的有效生产与分配；区域多边气候监测与信息共享有助于提高农作物生产的效率；降低气候友好型企业贸易与投资壁垒可以促进资源有效分配，助力低碳经济发展；环保法规、争端解决、气候影响评估等方面的协作也都有助于气候保护目标的实现。

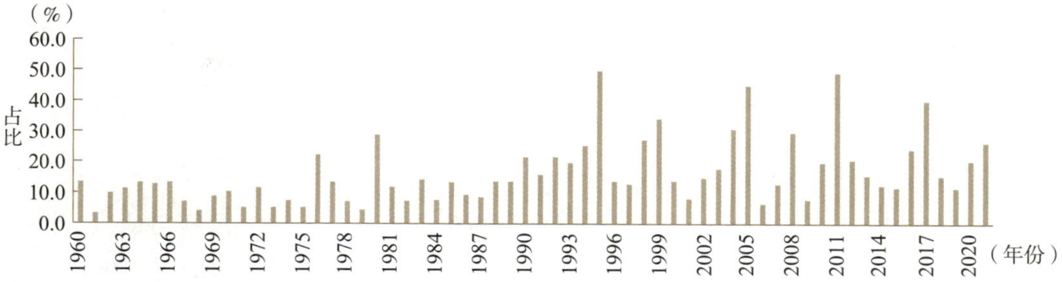

图 1-8　1960—2020 年自然灾害对全球经济的影响幅度

数据来源：Our World in Data-自然灾害数据库。

环境保护已成为区域贸易协定会涉及的主要政策领域之一。在 1941—2021 年有效的 775 个区域贸易协定中，有 671 个涵盖了至少一类环境相关的协议。环境相关协议的数量随时间增加：1990—1999 年生效的区域贸易协定平均包含 8 条环境相关的协议，2000—2009 年达到 19 条，2010 年以来生效的区域贸易协定包含的环境相关的协议则在 44 条以上②。

2017 年，欧洲委员会在其《跨大西洋贸易和投资伙伴关系贸易可持续性影响评估》中指出，由于经济活动增加、远程运输增加等因素，TTIP 会增加碳排放，因此需

① 美国洪水灾害频率数据：Historical Flood Risk and Costs | FEMA. gov。

② 世界经合组织，区域贸易协定与环境。

要关注贸易的环境影响。全球范围内，已有超过 250 个多边环境协议①。根据 WTO 统计，1997—2022 年，成员国通过各自的贸易政策审查报告或其他方式，共向 WTO 提供了 8936 条环境相关通知，通知数量和占所有通知数量的比重逐年增加（见图 1-9）。2015 年，194 个缔约方通过《巴黎协定》承诺将全球变暖控制在 1.5℃以内，碳排放在 2030 年前减少 45%，并在 2050 年实现净零排放。在当前气候与能源形势下，提高国际贸易与政策的“气候友好”程度，已在 WTO 各成员国中形成广泛共识。

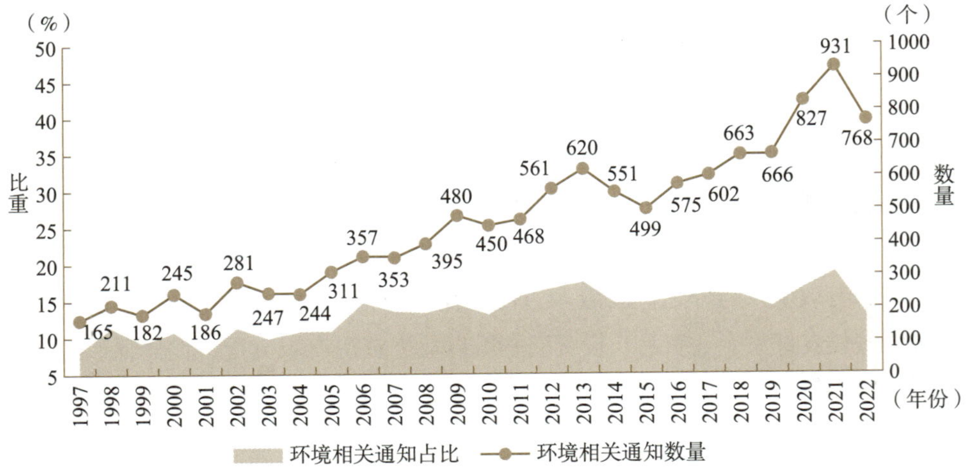

图 1-9　1997—2022 年 WTO 成员国环境相关通知数量与占比

数据来源：WTO 环境数据库。

在 2009—2019 年通报给 WTO 的环境相关通知中，共有 4355 条②气候相关贸易措施，包括节能增效、空气污染改善、替代和可再生能源、气候变化缓解与适应、植树造林与再造林，以及臭氧层保护。这些措施基本分布于多边贸易协定的《补贴和反补贴措施》（1961 条，45.0%）、《技术性贸易壁垒协定》（1576 条，36.2%）、《农业协定》（331 条，7.6%）和《进口许可证程序协定》（266 条，6.1%）模块中。由于补贴与反补贴规则面临的挑战，将气候规则纳入补贴和反补贴的语境，也可能为未来贸易争端埋下隐患。而碳税、碳排放目标及其他气候目标会对企业生产方式与成本产生直接影响，多边协议成员国在制定气候相关规则时需面对更多经济成本与社会成本平衡的考量。2023 年 10 月 1 日起，欧盟碳边境调节机制开始生效，对电力、钢铁、铝等高碳行业的产品征收碳关税。绿色国际贸易壁垒一方面可以通过提高碳价敦促全球高碳产品生产商通过技术创新等降低碳排放，另一方面也可能成为新的贸易保护工具。如何平衡环境保护、碳排放目标实现以及降低贸易壁垒，成为绿色经济时代多边贸易规则面临的另一个挑战。

① WTO 若干多边环境协定采取的与贸易有关的措施汇总表。
② “通知”和“措施”含义不同。一个“通知”（notification）中包含一个或多个“措施”（measure）。

4. 人工智能等数字技术发展迅速、数字治理相关规则需求提高

数字化技术的发展通过电子化便利了贸易流程、拉近了中小企业与全球消费者的距离、创造了新的经济活动与行业，极大地丰富了国际贸易的内涵。1998 年，WTO 成员国就注意到了电子数据传输可能带来的相关贸易问题，并提出了应当避免对电子传输开征关税。然而，当时全球仅有约 100 万宽带连接，而到了 2020 年，全球宽带连接数量达到了 70 亿，连接着 40 亿人口。世界范围内依赖网络开展的商业活动获得爆炸式增长。数据分析、云计算、网络平台以及依赖网络数据的人工智能等新兴数字产业，成为信息技术时代不同经济体争相鼓励发展的产业。

数字资源面临着信息安全、数据保护等方面的要求，但同时也极易形成跨境流动。直接忽视数字贸易与以其他形式实现的数字资源跨境流动被多数国家排除在外。比如，2016 年，中国颁布了《网络安全法》，从网络安全的角度对数据跨境流动进行了规范；2019 年，法国开始对在其境内提供广告服务、数字平台服务等的信息技术企业征收数字服务税；2018 年，印度尼西亚开始对跨境提供的软件、视频、音乐等电子产品征收关税。数字经济的发展，从促进贸易电子化、数字贸易自由化、信息安全、消费者隐私保护、数字服务市场准入等方面扩展了多边贸易规则谈判的范围。例如，2018 年底开始生效的 CPTPP 第十四章电子商务部分，就数字产品的关税、非歧视待遇、在线消费者保护、跨境电子信息传输等进行了规定。在 2019 年的达沃斯世界经济论上，六十多个 WTO 成员国承诺将就电子商务与数字贸易相关议题进行跨区域贸易谈判①。

与此同时，数字技术日新月异的变化也对贸易政策、多边贸易协定规则的制定产生了冲击。数字技术的广泛应用，对其在多边贸易规则范畴内的有效治理基础在于能准确界定与衡量数字贸易。然而，在 WTO 联合世界经合组织等其他国际组织发布的《数字贸易测量手册（第二版）》中，尽管从电子商务的角度对数字订购交易（digitally ordered trade）、数字化交易（digitally delivered trade）、数字中介平台（digital intermediation platforms）明确了定义，并提供了数据测量指南与数据汇报模板，但在云计算、虚拟资产、数据资产、知识产权的定义与跨境流动的测量方面仍处于初级阶段。

由于数字贸易含义广泛，数字技术更新迭代速度快，其对经济的影响范围较大，各国政府将数字经济发展上升到国家战略层面，出现了规则制定的竞争现象，以抢占先机。2019 年，美国发布了《第一年联邦数据战略行动计划》，“将数据作为战略资源开发”。2020 年，欧盟委员会在《塑造欧洲的数字未来》中提出了“数字技术主权”的概念，明确了提高欧盟国家存储、处理和使用数据等经济活动的目标。2021 年，中国国务院印发了《“十四五”数字经济发展规划》，提出了数字中国发展的中长期目标。

各国在数字经济领域的发展程度不一，对多边贸易规则的诉求存在巨大差别，引

① 世界经济论坛网站—达沃斯与会者呼吁达成数字贸易协议，2019 年 6 月 23 日。

起相关多边规则制定面临更多矛盾。各国在数字经济发展政策上的竞争也反映在多边贸易规则的制定上，导致数字经济领域多边协议的形成变得困难。在人工智能领域，美国、欧盟和其他西方发达国家已经在源代码与算法的知识产权保护方面实行不同措施，包括禁止政府要求公司披露源代码与算法，加强保护交易秘密的法律等。数据和算法是人工智能发展的重要组成部分。这类强调算法保护而忽视数据安全的条款，忽略了数据资源提供国的利益，限制了人工智能后发国家在相关产业的发展。数字经济相关的竞争政策、透明原则、数据保护、如何保护消费者和劳动力不被大数据算法剥削等，也是数字经济相关多边规则需要协调的问题。在数据流动方面，欧美等西方国家拥有世界主要的先进技术公司，如谷歌、微软等。为了推进“数字霸权”，它们积极推动在全球范围内加强数据自由流动。在美墨加自由贸易协定中，各成员国剔除了“跨境数据自由流动”条款中“考虑各方监管需求”的例外规定，并在“数据存储非强制本地化”条款中剔除了“监管例外”和“公共安全例外”的规定。对于数字经济发展相对落后的国家或地区而言，此类条款容易导致这些国家或地区的数据过度流出，形成数据安全问题。

第三节　坚持多边贸易体制的政策主张与建议

一、坚持经济全球化大方向，主张自由贸易和真正的多边主义。反对“脱钩断链”和“小院高墙”，反对将经贸问题政治化、武器化、泛安全化

在全球经济放缓、部分地区经济增长陷入停滞的背景下，“去全球化”和区域主义的声音不绝于耳。然而，全球化浪潮的产生，是人类社会经历二次世界大战痛苦之后的理性选择，是全世界人民对通过合作和平解决争端冲突的探索与美好向往。自1945年至今不足百年的全球化进程中，它在促进各国工业化发展、提高生产力、扩大消费者福利、减少贫困等方面发挥了积极作用。从国际贸易占GDP比重、对外投资占GDP比重、全球价值链分布等不同全球化指标来看，即便在近年贸易保护主义抬头的背景下，全球化的趋势并未有明显下降①。

全球化带来的积极影响远比贸易与投资全球化广泛得多。在科技与研发领域，远到对宇宙的探索，近到人工智能的开发、自动化发展等，不同国家或地区的个人、企业与政府合作已深入渗透，成为人类共同面临未来挑战的必然选择。在社会与文化领域，“数字游民”“世界居民”的兴起，已形成自下向上支撑全球化不可或缺的力量。尽管在大国博弈过程中欧盟总是以世界主要经济体的统一形象出现，但作为二十多个

① Francc-Bedoya S. Measuring globalization when it is needed the most［R］. World Bank Policy Research Working Paper 10451，2023.

欧洲国家的统一联盟，它的存在本身也代表了全球化的一部分。

在 WTO 规则范围内，成员国间发生的经济贸易争端主要以反倾销、反补贴与保障措施的形式呈现。此外，《关税及贸易总协定》第 XXI（b）（iii）条的国家安全条款也被许多国家用来对其他国家或地区的企业实施制裁，形成贸易限制。全球经济格局重塑引发的贸易保护抬头、俄乌冲突等地缘因素直接导致这些争端解决措施的政治化、泛安全化。世界主要经济体应该主动承担维护全球化和支持 WTO 既定规则的“大国责任”，防止争端解决措施泛安全化的趋势。而 WTO 或其他独立研究机构可以基于客观的评价标准与方法，量化评估贸易争端救济措施与制裁政策的“政治化”程度及其偏离 WTO 或其他多边贸易协定规则的程度，并发布评估结果，对过度政治化这些措施的国家或地区形成国际舆论压力，并为未来多边规则的制定提供讨论基础。

二、提高多边贸易协定中关于竞争政策的规范化、一致化，允许合理的产业政策，平衡补贴与竞争中立

竞争政策是 WTO 和区域贸易协定主要涵盖的政策领域之一。在 2015 年所有有效执行的 279 个区域贸易协定中，有 200 多个包含了竞争政策相关的条款。这些条款大致围绕防止贸易自由化受到非竞争性政策（如卡塔尔、限制生产）侵蚀、维护经济效率和消费者福利、为国内外企业提供透明与非歧视且公平的营业环境展开。除竞争政策相关条款外，多边贸易协定中关于投资、产业合作、金融支持、税收等领域的政策也影响一国企业的竞争力。与此同时，不同经济体会出于提高某些产业竞争优势、促进本地经济发展或巩固全球竞争力的目的，制定了各种类型的产业政策，从而陷入支持不正当竞争的风险。

因而，对多边贸易协定中的竞争相关规则进行梳理，在各方承认其利益可能存在冲突的前提下，识别实施产业政策的空间，对补贴与竞争中立政策进行创新性探索，可能是新时代实现多边利益平衡的途径之一。与此同时，各国对气候保护、碳减排目标的一致性，使其对“绿色补贴”的宽容性相比其他行业更高。虽然已经出现针对新能源车的反补贴调查，但绿色经济的内涵丰富，且在环境保护方面具有正的外溢性，因而在多边贸易规则下，值得对补贴与多边合作进行创新性探索。

另外，WTO 规则与多边贸易规则本质上属于国际法范畴，是由各国相关领域内的专业人员谈判形成，并以法律的形式对相关成员国形成约束。从 WTO 的前身关贸总协定（GATT）到 WTO，其主要规则框架都由欧美为主的发达国家主导。欧美在国际规则制定上占据绝对的主导地位，并积累了大量专业人才。对于其他后发国家而言，为了提高话语权，在全球或多边规则制定上提高专业化水平，实现“以夷制夷”，大力促进国际法、国际商务谈判领域人才的培养至关重要。

三、积极融合经济新特征，推动数字贸易规范化，实现跨境数字经济标准多边协调和数字经济治理合作

数字经济蓬勃发展，但数字贸易规范在许多领域仍处于初级发展阶段，这意味着在多边规则制定过程中存在“阐释”的机会。虽然世界主要数字经济企业分布在欧美等发达国家，但发展中国家也可以通过加强信息与通信基础设施建设等来提高享受数字贸易发展红利的机会。在 WTO《贸易便利化协定》指导下，实现海关程序的现代化，使用贸发会议（UNCTAD）的海关数据自动化系统，采用数字单一窗口系统来保持进出口商与海关间有效沟通，是发展中国家利用数字技术降低进出口行政处理成本、促进贸易最便利的方式之一。

在发展数字经济、推进数字经济治理合作方面，不同国家可以从较少产生利益冲突的领域着手。无论各国经济处于何种发展阶段，数字技术在提高生产效率等方面的好处毋庸置疑。因此，各国在促进各产业数字化转型、升级“数字化基础设施”的政策方面，引发争议的可能性会较小。此外，保护消费者或生产者免受网络犯罪侵害、保护消费者在数字贸易领域的消费者权利等方面也较易引发争议。此外，人工智能、云计算等细分行业的发展关系关乎一国在未来经济发展中的竞争力，因而在规则制定过程中存在利益冲突的可能性较高。但通过对这些行业进行进一步分析，将其细化到基础数据、源代码、算法、硬件、信息安全等领域的规范与治理，可以有助于不同利益方找到一致合作的方向。

四、重视供应链成本与韧性优化，客观分析供应链冲击来源，避免供应链过度本地化

新冠疫情将全球供应链的脆弱性暴露无遗，许多经济体开始实行供应链韧性、供应链本地化或区域化策略。然而，新冠疫情期间全球供应链受到的冲击并非对供应链全球化的反驳，更非对供应链本地化的“呼吁”，而是对新冠疫情前全球供应链过度重视成本效应、忽略其在面临外部冲击时所具备的韧性的一种提醒。新冠疫情引发的生产中断、物流受阻等情况，在洪水、炎热天气等自然灾害发生时也可能出现。而过于本地化的供应链，也可能在该国面临政治冲突或贸易摩擦时，导致其国际贸易严重受扰。因而，在新多边贸易规则形成过程中，各国可以对如何提高供应链韧性更加重视，但不能盲目加强供应链本地化或区域化。

从规避贸易摩擦与供应链转移的角度而言，各国可以鼓励本国企业积极开展对外投资，在目标市场或其“邻近市场”投资建厂，或者与需求方商讨增强供应链合作的其他方案。从搭建供应链“备选”链条的角度而言，国际贸易买方企业可以丰富供应商所处国家、地理位置的多样性，降低对单个地域供应商的依赖。而数字技术与电子商务的发展，为买方企业通过提高采购、仓储、物流效率从而提高供应链效率提供了

空间，这也是企业可以提高供应链韧性的方式之一。在多边贸易规则制定的角度，各方可以就供应链冲击来源进行分析，就保证危机情况下供应链的稳定性进行商讨与决议，从政策角度保证供应链稳定。

第四节 中国的制度型开放与对接国际高标准经贸规则

我国的对外开放建设可以划分为“局部开放—全面开放—制度型开放”三个阶段。在全新的制度型开放阶段，我国对外开放平台建设取得显著进展：一是国际区域经济合作平台建设实现新突破。“人类命运共同体”理念得到“一带一路”沿线国家的广泛响应（杨艳红等，2018），为构建多元稳定的开放格局提供了重要支撑，有效促进了我国与世界各国在广泛领域开展多边合作，保障了我国国际经贸关系的健康发展。二是国家级新区和城市群建设加快重塑国内区域开放格局的步伐。为推动东中西部地区的协同开放，我国持续加强内陆、沿边地区的对外开放平台建设，促进内陆、沿边地区对外贸易发展。三是国内各地区对外开放平台全面提质升级。在改革进入深水区、体制机制障碍日益凸显的背景下，自由贸易试验区（以下简称“自贸试验区”）开辟了地方政府良性竞争的新领域，各地竞相在促进贸易投资自由化便利化、优化国际营商环境、培育区域特色优势产业等方面开展积极探索，成为我国新一轮改革开放的“试验田”。

一、制度型开放模式的国际比较

从世界范围来看，各国的开放制度设计都服务于自身的政治经济目标。由于资源禀赋、经济发展水平、对外关系等的不同，各国的制度型开放模式存在显著差异，其中最具代表性的有三种类型：以美国为代表的国内制度国际化模式、以日韩为代表的对接国际经贸规则模式和以中国为代表的包容性制度开放模式，并由此形成了各有侧重的对外开放平台建设策略和路径。

（一）以美国为代表的国内制度国际化模式

二战后，在国际经济秩序重建过程中，美国凭借其经济优势推行以国内规则为蓝本的制度型开放战略。在“本国为先”的原则基础上，美国通过制定高标准经贸规则，设置贸易壁垒，实施贸易制裁，一方面将发展中国家锁定为低端供给来源国，另一方面将潜在竞争对手排除在外。近年来，美国的逆全球化政策取向更加突出，公开宣扬“美国利益优先”和“让美国再次伟大”，大肆实施单边制裁和“长臂管辖”措施，造成了美国与其经贸伙伴国的关系紧张。该模式以复杂的“长臂管辖”体系干预国际经贸运行为主要特征，其目标是输出美国制度，维持美国优势，保障美国利益，对多边主义国际治理机制形成巨大冲击，存在明显的单边主义倾向和历史局限性。

（二）以日韩为代表的对接国际经贸规则模式

日本和韩国在国际经贸规则制定上的话语权和能力明显弱于美国，难以采取美国向外部强力推广本国经贸规则和市场经济制度的模式。二战后，日本和韩国实行经济赶超战略，制度型开放主要以国际经贸规则为蓝本，强调政府干预，力图用高标准的经贸规则倒逼国内企业转型和产业升级。其核心是积极借鉴发达经济体的市场制度和治理体系，通过与贸易伙伴国，尤其是发达经济体签订多边、双边的区域贸易协定来促进对外贸易，进而消解国内市场规模不足的约束。因此，日本和韩国的开放模式天然的具有对其他发达经济体的依附性，开放制度存在明显的追随倾向。

（三）以中国为代表的包容性制度开放模式

作为社会主义国家，中国始终支持并积极参与构建包容互惠的国际经贸规则体系，彰显出中国式现代化的时代特质与世界意义。自党的十八大以来，中国全面推动制度型开放，形成了鲜明的价值取向和政策主张。一是拥护多边贸易体系，顺应经济全球化、贸易自由化的发展趋势，始终与贸易保护主义、单边主义作斗争，支持世界贸易组织改革发展，推动国际经贸规则融合。二是改进对外经贸制度，优化营商环境，顺应国际贸易、国际投资对营商环境的要求，持续推动政府职能转变，深化简政放权，建立和完善市场化、法治化、国际化的经贸规则体系和市场体系。三是构建多维驱动的制度创新体系，在推动全面开放、系统开放的同时，持续挖掘地方政府制度创新潜力，因地制宜探索区域开放政策，打造功能互补、各有侧重的对外开放平台，形成整体引领、局部驱动、东西并进、点线结合的开放格局。总体来看，中国的制度型开放具有突出的包容性特征，开放平台建设也充分体现了包容共赢、协调发展的价值导向，更能代表广大发展中国家的利益，更有利于实现内外兼顾和互利共赢，既能对接国际高标准规则，维护多元稳定的国际经贸关系，又有利于立足国内市场构建“双循环”新发展格局。

二、以中国特色制度型开放推进对外开放的基本经验

中国的制度型开放正在积极推进和持续深化。2013 年提出的“一带一路”倡议，同年设立的中国（上海）自贸试验区，为推动中国深化内外联动、多区域经贸合作和探索制度型开放注入了强大动力。中国不断放宽市场准入，扩大对外开放，持续减少外资准入限制，修订市场准入清单，积极扩大进口，下调进口关税税率，显著提高了贸易自由化水平。加快政府职能转变，改善营商环境。打造不同类型的高水平对外开放平台是开拓中国式现代化道路的重要支点，在全面促进高质量发展和全力推动中国式现代化进程中，更好地发挥对外开放平台的引领作用。

（一）积极开展先行先试，构建高水平的制度型对外开放平台体系

以深入对接高标准国际经贸规则为核心，加强规制设计和管理优化，制定高水平

的对外开放平台标准，倾力打造高水平制度型对外开放平台。持续推动开放制度创新，以自贸试验区为重点，积极开展开放政策压力测试和模式创新，构建和完善开放制度体系；继续推动简政放权贸易和投资自由化便利化，加强自贸试验区制度创新，积极探索多方共赢的开放规则、规制、管理和标准。全面对接高标准国际经贸规则体系，推动 RCEP 高质量落地实施，争取加入 CPTPP，全面推动《数字经济伙伴关系协定》（DEPA）谈判，提高对接国际经贸规则的能力和水平。进而，通过制度创新促进对外贸易更加便利化，用更深层次、更全面系统的制度体系支撑对外开放平台的功能优化和效能提升，依托“自贸区+试验区+创新区”等新型对外开放模式构建高水平的制度型对外开放平台体系。

（二）推动多区叠加和东西合作，促进对外开放平台红利溢出

不同类型不同地区的对外开放平台发展具有不同的定位和功能，推动各类对外开放平台多区叠加建设，深化横向协同联动，利用对外开放平台的红利溢出化解东西区域分化、市场分割和差距扩大等不平衡不充分的发展问题。促进多区叠加，充分发挥类型多样、各有侧重的对外开放平台的整体优势与合作效应，推动综合保税区、自贸试验区、跨境电商综合试验区及沿边重点开发开放试验区等实现多区联动创新发展，实现各平台之间的制度耦合协调，通过叠加互补形成集成效应，提升对外开放平台建设的质量和效益。深化东西合作，鼓励东部援助西部的对外开放平台建设，发挥东部地区平台的引领示范作用，提升西部地区平台建设水平，积极探索东西联合的对外开放平台建设路径。通过对外开放平台的协同发展推动区域协调发展，以平台共建共享深化价值链供应链合作，以制度协调融合推进全国统一大市场建设，实现东西互促的区域协调发展。

（三）深化对外开放平台的跨境合作，维护多元稳定的国际经贸关系

当前，我国已经建立包括跨境经济合作区、边境合作区、境外园区等多种类型的跨境经济合作平台。对外开放平台的跨境合作有利于更好地对接国际区域经济合作机制，推动对外开放平台的国际共建共治共享。在利用国内优势打造对外开放平台的同时，放眼全球，积极与海外重要港口、跨境经济合作区等贸易平台开展跨境合作，简化商品通关流程，降低跨境贸易成本，扩大境内外分工协作，引进外资与对外投资并重，促进资源要素自由高效流动。构建和完善高水平的境内外双向开放制度体系，以制度创新为核心，通过贸易投资便利化打造面向境内外市场的产业集聚区和开放发展高地。对标高标准贸易规则，减少冗余成本，促进信息互联共享，完善跨境电商供应链，打造跨境产业集群，推动境内外对外开放平台实现联动协调、共赢发展，为维护多元稳定的国际经贸关系提供有力支撑。

（四）加快制度创新成果的复制推广，强化对外开放平台以点带面的功能和优势

新时代的高水平对外开放要同时兼顾国外和国内两个维度，在促进对外开放平台

高质量发展的同时，还要发挥好对外开放平台对其他区域的驱动引领作用。对外开放平台建设在总体制度型开放中具有试点、示范的作用，因而应加快对外开放平台制度创新成果的复制和推广，充分发挥对外开放平台的示范作用，有效推动整体制度型开放的不断深化，持续优化全国的贸易和投资环境，进而加快构建新发展格局。激励各地区因地制宜地对各种对外开放平台的制度创新成果进行复制和改进，全面推动由商品和要素流动型开放向规则等制度型开放转变，进而更好地利用国际国内两个市场、两种资源培育具有国际竞争力的产业集群，实现高质量发展。

三、中国以自贸试验区对接高水平国际经贸规则的实践

自2013年成立上海自贸试验区以来，中国依托自贸试验区的辐射效应，围绕投资开放、贸易便利化、事中事后监管等国际经贸谈判的重点议题进行试点，取得了丰富的实践成果。自贸试验区通过承担局部压力测试的职责，完善了国内制度体系，主动对接高标准的国际经贸新规则，并对一系列可复制、可推广的制度经验进行推广，稳步推动了制度型开放的发展进程。

（一）制度学习实现了国内与国际制度体系的模式对接

一是在投资开放方面，通过在自贸试验区推行以“准入前国民待遇+负面清单”为核心的投资管理制度，完善了国内投资制度体系。这项制度为推动形成与国际通行规则一致的市场准入方式提供了重要的制度学习经验。国务院于2013年通过的《中国（上海）自由贸易试验区总体方案》正式提出在自贸试验区内试点“负面清单”，并逐步由自贸试验区向全国推行，这是中国在投资开放领域开展境内规则探索，衔接国内国际市场经济体制的重要一步。为进一步巩固投资开放领域的制度学习成果，中国完善了与之相适应的国内法律法规体系。随后，中国在法规层面相继出台了《外商投资项目备案管理办法》《外商投资企业备案管理办法》《外商投资企业设立及变更备案管理暂行办法》，在法律层面颁布了《外商投资法》和《外商投资法实施条例》，外商投资项目的管理模式由全面核准正式转变为“准入前国民待遇+负面清单”，并建立了外商投资信息报告制度。

二是在贸易便利化领域，对接国际通行做法的国际贸易“单一窗口”平台建设显著提升了政府管理效率。“单一窗口”建设于2004年由联合国贸易便利化和电子商务中心33号建议书提出，也是WTO于2013年12月达成的《贸易便利化协定》中的重要条款之一。2014年，上海自贸试验区率先试点国际贸易“单一窗口”模式，并逐步向全国推广。2016年，由国家口岸管理办公室主办，中国电子口岸数据中心负责运行维护的“中国国际贸易单一窗口”网站上线，兑现了WTO的要求。至2019年，海关已实现“单一窗口”货物申报、舱单申报、运输申报等核心业务应用率达到100%，基本实现口岸执法服务“一口受理”，建成了19大类780多项服务事项。

（二）制度对标实现了国内与国际制度体系的规则对接

以“准入前国民待遇+负面清单”为核心的投资管理制度是对标国际高水平经贸规则的主要体现。一是清单长度显著缩减，自2013年发布第一版自贸试验区负面清单以来，经过7轮修订后，特别管理措施总数已由2013年的190项锐减至2021年的27项。二是受限行业类别减少，由2013年的16个门类缩减到2021年的11个。此外，自贸试验区负面清单细分口径下的限制类行业更加聚焦，边缘行业减少，准入条件愈加放宽，呈现贴近以美国为基准的负面清单版本的趋势。三是具体行业限制水平显著降低。以制造业行业为例，2013年版的负面清单中，对制造业行业的限制措施高达63项，至2021年，制造业行业的限制措施已实现清零。

（三）制度供给实现了制度学习与对标的成果推广

中国通过在自贸试验区开展对比和互补试验，提炼制度学习和制度对标过程中的经验，积极推广制度创新成果，制度供给的规模逐年增加。截至2022年6月，在全国层面，自贸试验区已累计向全国或特定区域复制并推广6批改革试点经验，累计278项制度创新成果；在地方层面，已形成并推广约1700项成果，充分发挥了自贸试验区的“灯塔效应”，为中国推动经济高质量发展提供了先进的治理经验。在投资开放方面，由自贸试验区率先试点的负面清单制度发挥了标杆作用。在总结上海自贸试验区经验的基础上，中国于2015年12月发布了《国务院关于实行市场准入负面清单制度的意见》，明确了实施市场准入负面清单制度的总体要求、主要任务和配套措施。随后，中国于2018年12月正式发布了针对境内投资的市场准入负面清单。自贸试验区负面清单的制度供给效应，为在全国范围内推广内外资市场准入和行政管理负面清单创设了必要条件。杨志远等学者的研究发现，负面清单的实施有效推动了服务要素更直接地与制造业融合，提升了制造业服务化水平，有利于打造新的国际合作和竞争优势。在金融服务领域，外汇资本金意愿结汇、跨境双向人民币资金池业务等面向全国复制推广的创新举措，扩大了企业的融资渠道，降低了融资成本。在贸易便利化方面，自贸试验区通过衔接高水平经贸规则进行制度供给，倒逼海关特殊区域贸易业务、离岸功能和政府职能进行改革和创新，打破了制度瓶颈，显著发挥了借鉴作用。

四、构建高水平对外开放新体制机制的政策建议

当前，中国在战略定位上，应坚定自贸试验区制度型开放试验田的战略地位，自贸试验区既要在“公平”议题上对高水平国际经贸规则进行“先行先试”，也要在“发展”议题上推出中国规则范式，在具体措施上，应主动对标国际主流规则范式，推动自贸试验区高水平与差异化发展，加强自贸试验区的协同和联动作用，引领规则的对外输出。

一是稳步扩大制度型开放。主动对接国际高标准经贸规则，在产权保护、产业补

贴、环境标准、劳动保护、政府采购、电子商务、金融领域等方面，实现规则、规制、管理、标准相通相融；积极扩大自主开放，扩大对最不发达国家单边开放；积极参与全球经济治理体系改革，维护以世贸组织为核心的多边贸易体制的权威性，扩大面向全球的高标准自贸区网络。

二是深化外贸体制改革。贸易强国有三大支柱，分别是货物贸易、服务贸易、数字贸易，要通过完善制度，夯实这三大支柱。货物贸易方面，积极拓展中间品贸易、绿色贸易等新增长点，营造有利于新业态新模式发展的制度环境；服务贸易方面，全面实施跨境服务贸易负面清单管理制度，推进服务业扩大开放综合试点示范；数字贸易方面，加快贸易全链条数字化赋能，推进跨境电商综合试验区建设。

三是深化外商投资和对外投资管理体制改革。尽快落实制造业外资准入限制措施“清零”要求，合理缩减外资准入负面清单，推动电信、互联网、教育、文化、医疗等领域有序扩大开放；完善促进和保障对外投资的机制体制，健全管理服务体系，推动产业链供应链国际合作；营造市场化、法治化、国际化一流营商环境，完善外资企业圆桌会议制度，保障外资企业在要素获取、资质许可、标准制定、政府采购等方面的国民待遇，依法保护外商投资合法权益。

四是优化区域开放布局。实施自贸试验区提升战略，鼓励首创性、集成式探索，推动全产业链创新发展，加快建设海南自由贸易港，深入推进贸易投资自由化便利化。打造形态多样的开放高地，加快形成陆海内外联动、东西双向互济的全面开放格局。

五是完善推进高质量共建“一带一路”机制。完善“一带一路”国际合作机制，加强绿色发展、数字经济、人工智能、能源、税收、金融、减灾等领域的多边合作平台建设，推动同更多国家商签自贸协定、投资保护协定；统筹推进重大标志性工程和“小而美”民生项目，建设“丝路电商”合作先行区，高质量建设境外合作园区，把“一带一路”打造成造福各方、惠及世界的“幸福路”。

第二部分

中国经济社会领域的开放

第二章　中国的货物贸易

——中间品贸易成为拉动中国外贸增长的重要动力

2024 年，在发达经济体开启补库及新兴市场经济景气度维持高位的背景下，预计我国出口需求将得到有力支撑。为了进一步推动国际贸易发展、保障全球产业链供应链稳定，建议促进投资贸易融合发展，持续推动我国中间品贸易实现量的提升和质的飞跃。

一、中国对外货物贸易的发展状况

（一）出口以价换量，占全球的份额有所放缓

2023 年，中国货物贸易进出口总额达 5.94 万亿美元，同比下降 5.91%。其中，出口总额为 3.38 万亿美元，同比下降 5.94%；进口总额为 2.56 万亿美元，同比下降 5.86%。如果剔除汇率的影响，2023 年出口仍增长 0.6%，如果剔除价格因素的影响，2023 年中国出口数量仍然增长了 3.7%，国内企业采取以价换量的方式维持了货物出口的基本稳定。随着全球产业链的逐步修复，中国货物进出口总额占全球的比重有所下滑，但仍然处于高位，2023 年，中国进出口总额占全球比重为 12.4%，较 2021 年的新冠疫情最高峰下降了 1.1 个百分点，但仍高于新冠疫情前 2019 年 0.5 个百分点。

（二）东盟成为中国第一大出口贸易伙伴

自 2013 年以来，中国与东盟贸易年均增速达 8.8%，高出同期中国整体年均增速 3.8 个百分点。2023 年，双边贸易继续增长，规模达 9113.53 亿美元，东盟连续 4 年保持中国第一大贸易伙伴地位，中国也连续多年为东盟第一大贸易伙伴。其中，2023 年中国对东盟的出口额为 5236.74 亿美元，东盟超过美国和欧盟，成为我国首要的出口对象（见图 2-1、图 2-2 和图 2-3）。

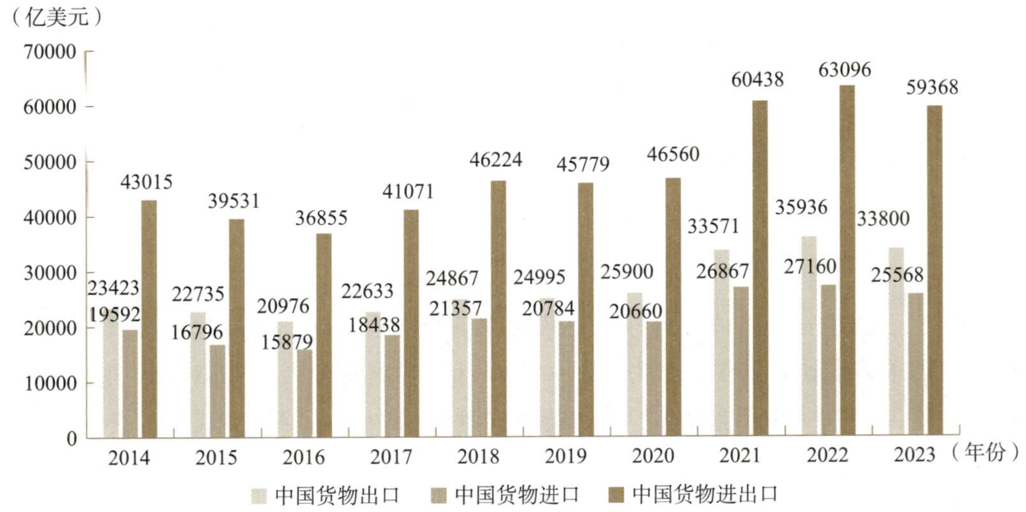

图 2-1　2014—2023 年中国货物进出口规模情况

数据来源：海关总署。

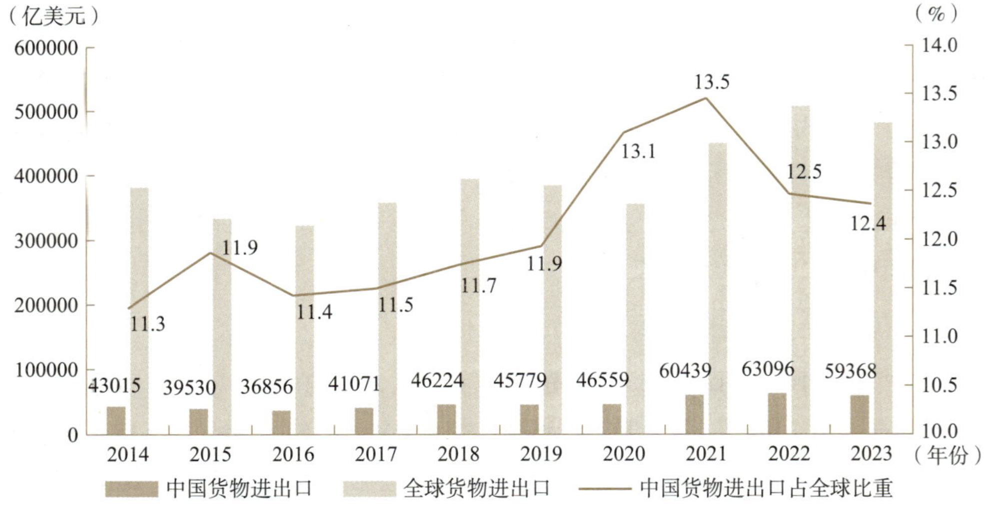

图 2-2　2014—2023 年中国货物进出口及占全球比重情况

数据来源：海关总署、世贸组织。

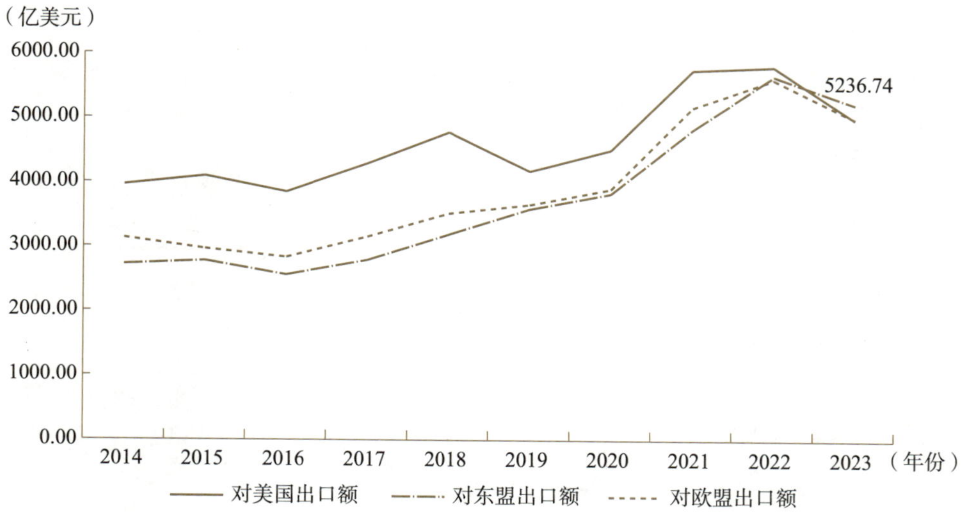

图 2-3　2014—2023 年中国对美国、欧盟、东盟出口规模情况

数据来源：海关总署。

从出口东盟的主要国别来看，越南、马来西亚、新加坡、泰国和印度尼西亚是中国面向东盟的主要出口贸易对象。2023 年，中国对上述国家出口规模分别为 1376. 12 亿美元、873. 83 亿美元、769. 64 亿美元、757. 36 亿美元和 652. 00 亿美元，占比分别为 26. 28%、16. 69%、14. 70%、14. 46%和 12. 45%（见图 2-4 和图 2-5）。

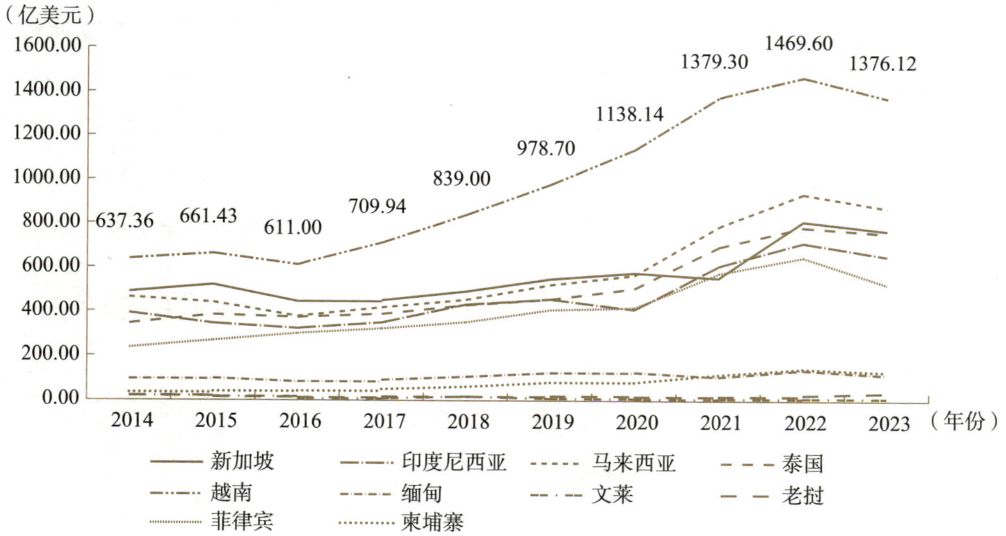

图 2-4　2014—2023 年中国对东盟主要国家出口规模情况

数据来源：海关总署。

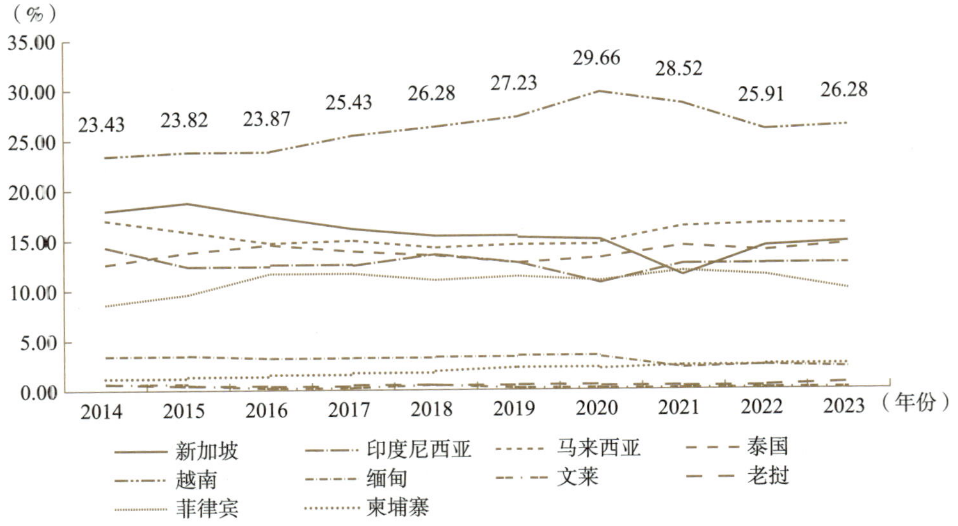

图 2-5　2014—2023 年中国对东盟主要国家出口结构情况

数据来源：海关总署。

（三）高新技术产品出口下降，“新三样”出口表现突出

2023 年，中国机电产品出口额达 1.98 万亿美元，增长了 2.9%，占出口总值的 58.6%；同期劳动密集型产品出口额为 5843 亿美元，占出口总值的 17.3%。在机电产品中，电动载人汽车、锂离子电池和太阳能蓄电池等“新三样”产品合计出口 1507 亿美元，增长了 29.9%。尤其是电动载人汽车和锂离子蓄电池连续 3 年保持高速增长，份额也均提高了 1 个多百分点。2023 年，“新三样”出口拉动总出口增长约 1 个百分点，成为 2023 年出口增长的新动力。此外，船舶和箱包等表现也较为突出。2023 年，除汽车出口高增外，船舶数量出口增速和金额出口增速高达 23.2%和 28.6%，仅次于汽车。箱包、家用电器、成品油、钢材以及肥料等数量出口增速均在 2 位数（见图 2-6）。

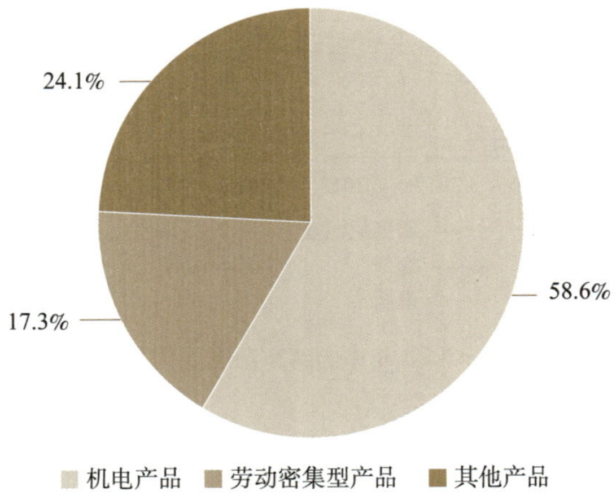

图 2-6　2023 年中国主要出口商品结构情况

数据来源：海关总署。

（四）国内需求逐步恢复，大宗、民生商品进口有序扩大

2023 年，中国能源、金属矿砂、农产品等大宗商品进口量增加 15.3%。其中，进口原油、天然气、煤炭等能源产品 11.58 亿吨，增加 27.2%；进口铁、铝等金属矿砂 14.58 亿吨，增加 7.6%。同期，进口农产品 2332 亿美元，同比增长 5%；纺织、衣着鞋帽类消费品进口增长 5.6%，首饰、钟表进口分别增长 63%、17.2%（见图 2-7）。

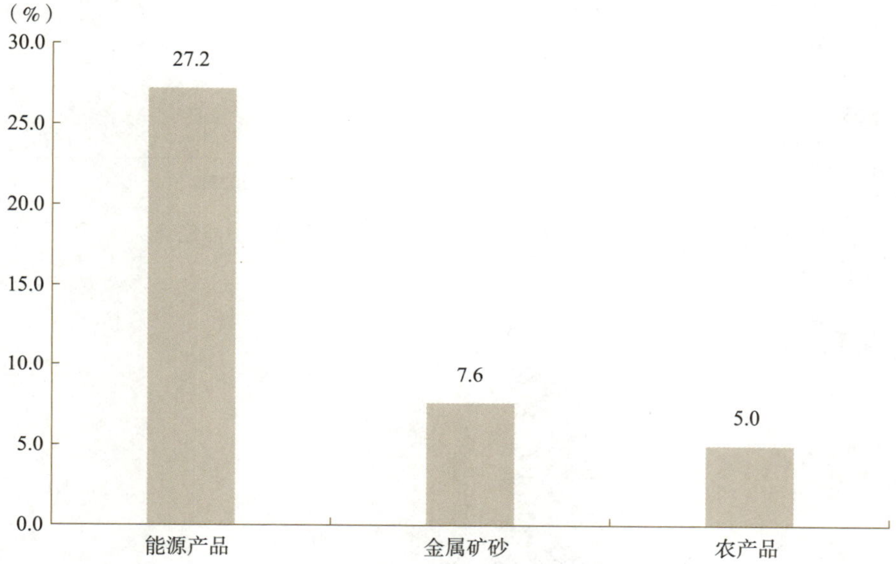

图 2-7　2023 年中国大宗商品进口量变动情况

数据来源：海关总署。

（五）经营主体活力充足，民营企业主力作用增强

2023 年，中国有进出口记录的外贸经营主体首次突破 60 万家。其中，民营企业为 55.6 万家，合计进出口 3.18 万亿美元，增长 6.3%，占进出口总值的 53.5%，提升 3.1 个百分点。同期，外商投资企业进出口 1.79 万亿美元，占进出口总值的 30.2%；国有企业进出口 0.95 万亿美元，占进出口总值的 16%（见图 2-8 和图 2-9）。

二、中国中间品贸易的发展特点

根据联合国《广义经济类别分类》按照产品的生产过程或使用原则，将商品分为三大类：初级产品、中间产品和最终产品。其中，中间品是指用于生产其他商品和服务的产品，如生产过程中的原材料、零部件等，是国际产业链、供应链合作最为紧密的产品。

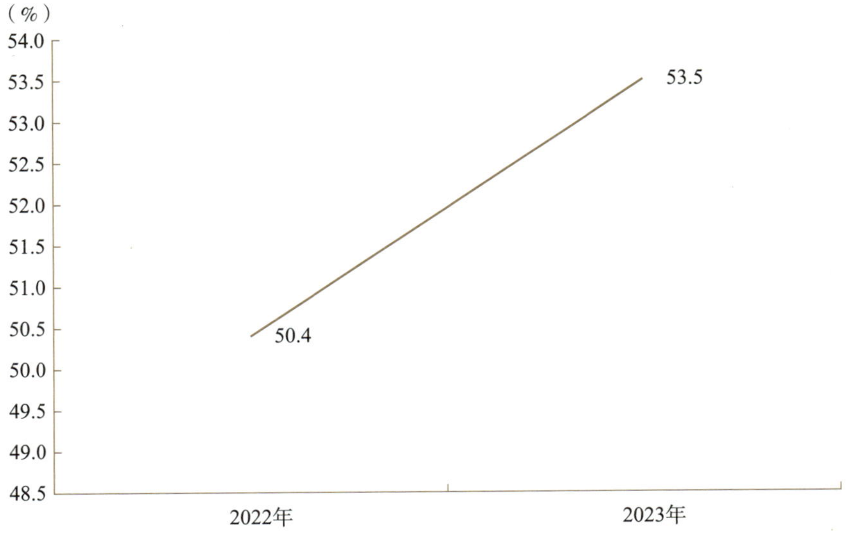

图 2-8　2022—2023 年中国民营企业进出口占外贸总值情况

数据来源：海关总署。

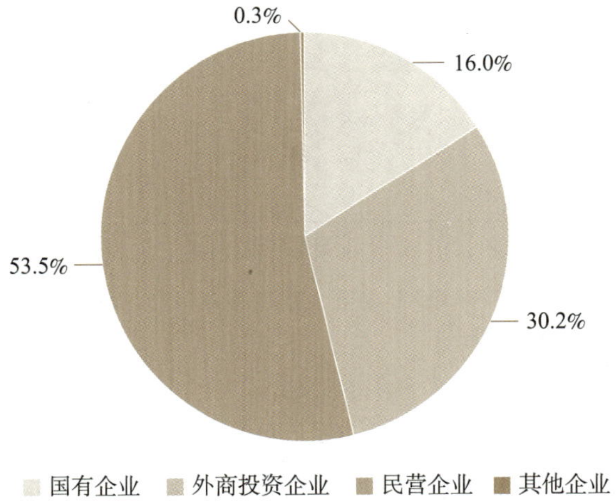

图 2-9　2023 年中国各类型企业进出口占比

数据来源：海关总署。

（一）中间品贸易成为拉动中国外贸增长的重要动力

近年来，以“中间品贸易”为代表的新业态、新模式跑出“加速度”，正成为拉动中国对外贸易增长的重要动力。2014—2022 年①，中国中间品贸易进出口总额由 2.40 万亿美元增长至 3.94 万亿美元，占中国进出口贸易总额的比重由 55.8%提升至 62.5%。中国中间品贸易占全球中间品贸易的比重则由 12.6%提升至 15.2%，体现出中国制造业在全球产业分工体系的地位不断提升（见图 2-10）。

① 受数据可得性因素影响，中间品贸易数据只更新至 2022 年。

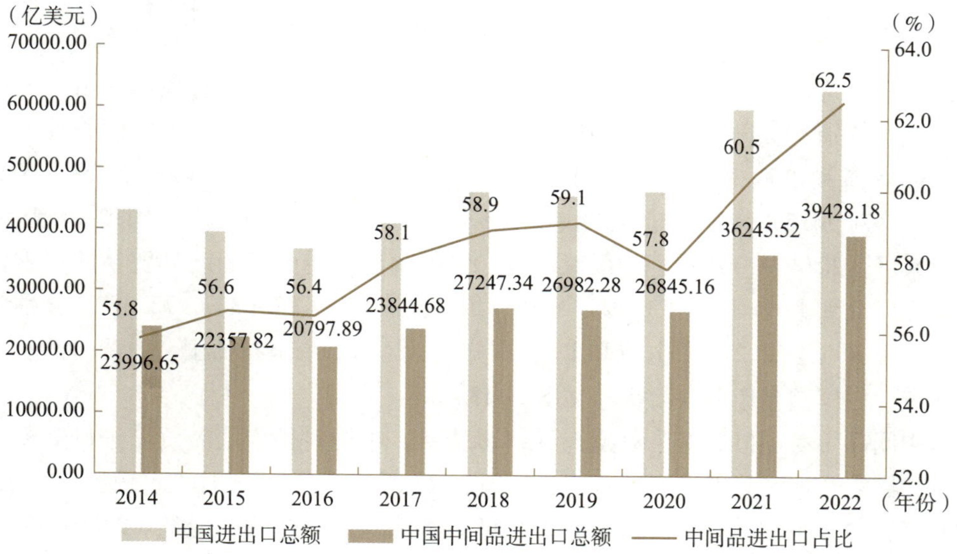

图 2-10 2014—2022 年中国中间品进出口总额及占中国进出口总额比重

数据来源：联合国商品贸易统计数据库。

得益于配套完整的产业体系和强大的供给能力，我国深度参与全球产业分工合作，其中，中间品贸易进口规模要大于出口规模。2014—2022 年，我国中间品出口占比由 41.4%提升至 48.9%，我国中间品进口占比由 73.0%提升至 80.4%，满足了全球不同地区的产业发展需要（见图 2-11）。

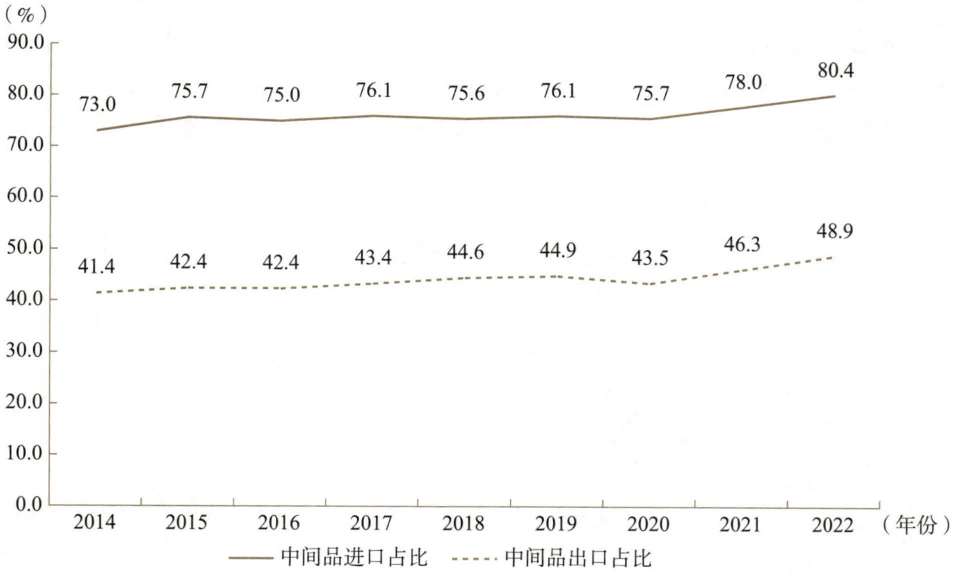

图 2-11 2014—2022 年中国中间品进口总额与出口总额占比

数据来源：联合国商品贸易统计数据库。

（二）中国中间品贸易的主要对象正发生结构性变化

从中间品贸易的主要对象来看，2022 年，中国对外中间品贸易规模排名前十位的国家和地区分别是美国、韩国、中国台湾、日本、越南、澳大利亚、中国香港、马来西亚、俄罗斯和巴西，占中国中间品贸易规模的比重分别为 8.1%、7.2%、6.9%、4.9%、4.3%、4.2%、4.1%、3.8%、3.5%和 3.5%（见图 2-12）。从国别和地区的结构变化来看，2014—2022 年，中国对韩国、中国台湾和越南的中间品贸易的比重提升比较明显，分别由 69.2%、53.1%、59.8%提升至 78.0%、75.3%、72.8%，分别提升了 8.8 个百分点、22.2 个百分点和 13 个百分点，显示出中国与韩国、中国台湾和越南的产业链、供应链合作更为紧密（见图 2-13）。

从中间品贸易进口的主要对象来看，2022 年，中国对外中间品贸易进口规模排名前十位的国家和地区分别是中国台湾、韩国、澳大利亚、美国、日本、俄罗斯、巴西、马来西亚和沙特阿拉伯，占中国进口中间品贸易规模的比重分别为 9.9%、7.9%、6.2%、5.9%、5.3%、4.9%、4.5%、4.3%、4.3%和 3.6%（见图 2-14）。从国别和地区的结构变化来看，2014—2022 年，中国自中国台湾、韩国和美国进口中间品的比重提升较为明显，分别提升了 10.8 个、10 个和 10.5 个百分点（见图 2-15）。

从中间品贸易出口的主要对象来看，2022 年，中国对外中间品贸易出口规模排名前十位的国家和地区分别是美国、中国香港、韩国、越南、印度、日本、中国台湾、德国、马来西亚和泰国，占中国出口中间品贸易规模的比重分别为 10.8%、8.8%、6.3%、5.9%、4.7%、4.3%、3.2%、3.1%、3.1%和 2.6%（见图 2-16）。从国别和地区的结构变化来看，2014—2022 年，中国对越南、韩国、中国香港和印度出口的中间品的比重提升明显，分别提升了 10.8 个、12 个、12.1 个百分点和 6.9 个百分点，中国对美国出口的中间品比重下降比较明显，共计下降 2.7 个百分点（见图 2-17）。可以看出，中国与越南、中国香港、印度和韩国形成了跨境产业链合作关系。

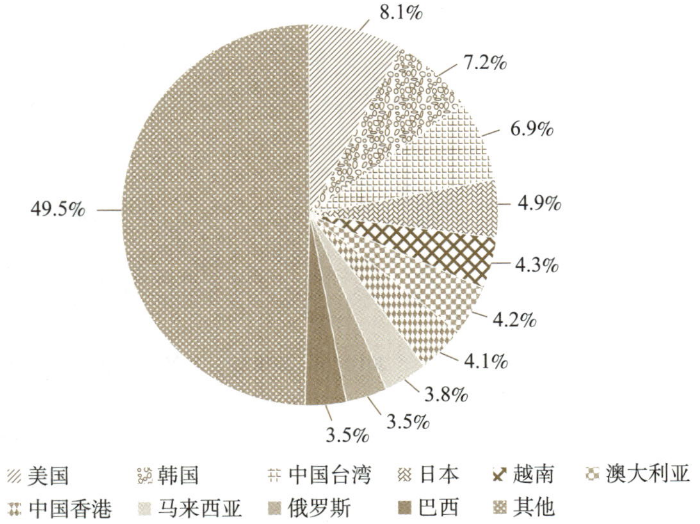

图 2-12　2022 年中国对外中间品贸易规模排名前十位国家和地区

数据来源：联合国商品贸易统计数据库。

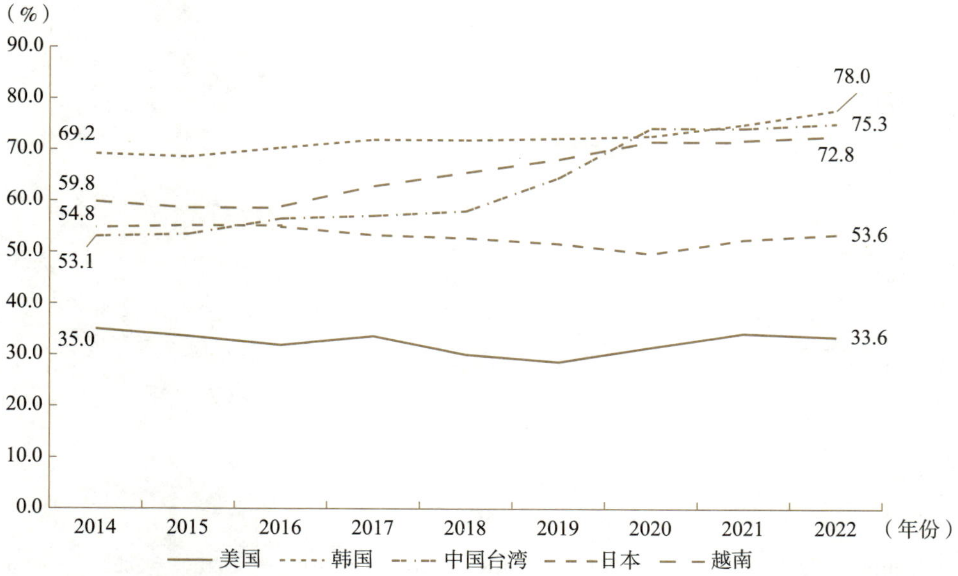

图 2-13 2014—2022 年中国中间品对主要国家或地区比重变化情况

数据来源：联合国商品贸易统计数据库。

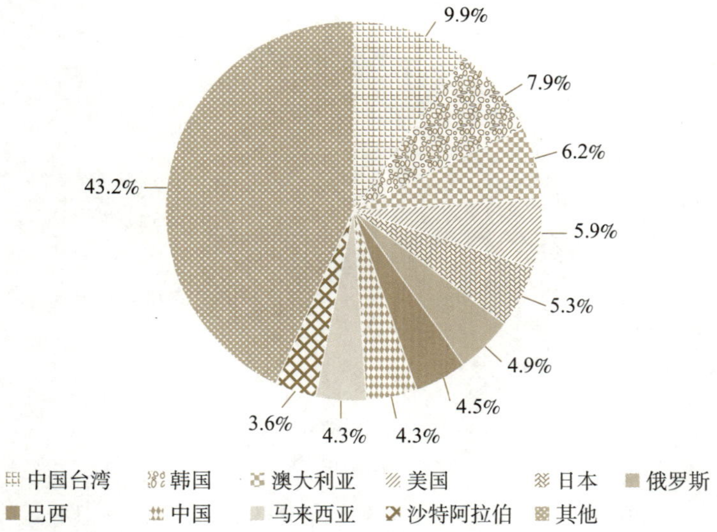

图 2-14 2022 年中国对外中间品贸易进口规模排名前十位国家和地区

数据来源：联合国商品贸易统计数据库。

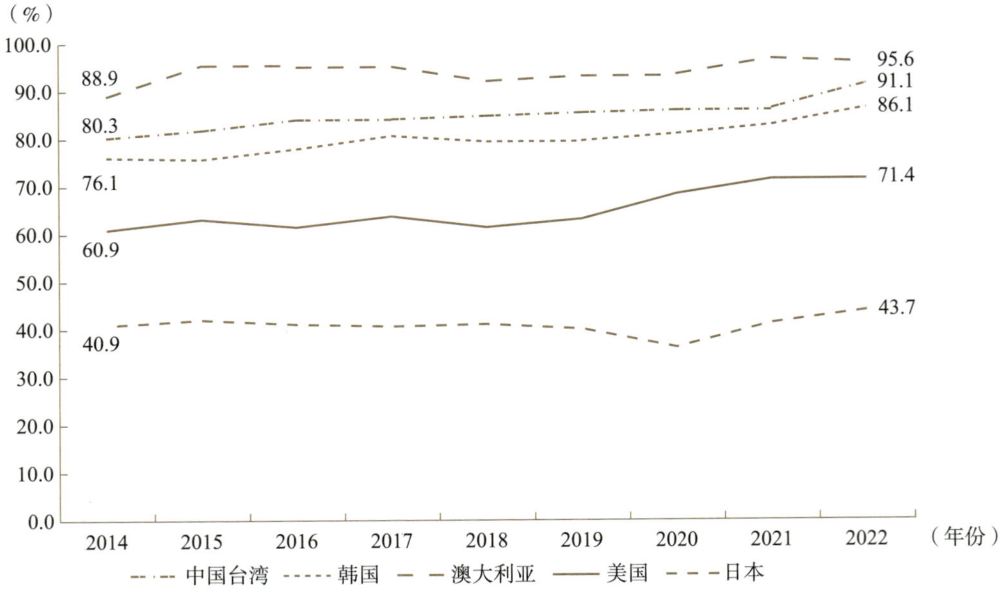

图 2-15　2014—2022 年中国中间品自主要国家或地区进口比重变化情况

数据来源：联合国商品贸易统计数据库。

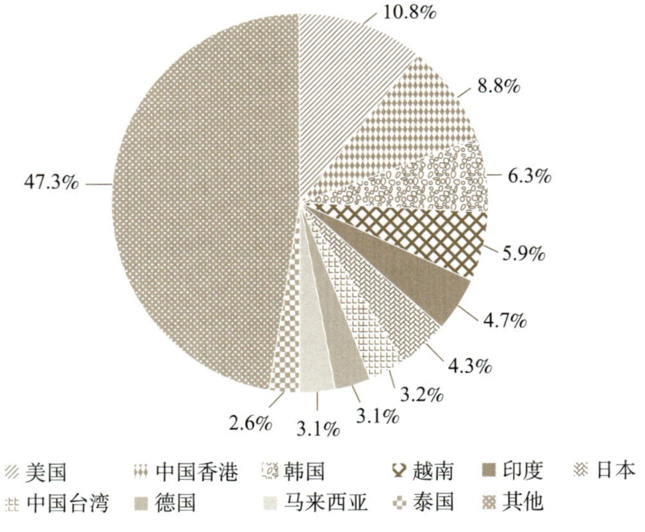

图 2-16　2022 年中国对外中间品贸易出口规模排名前十位国家和地区

数据来源：联合国商品贸易统计数据库。

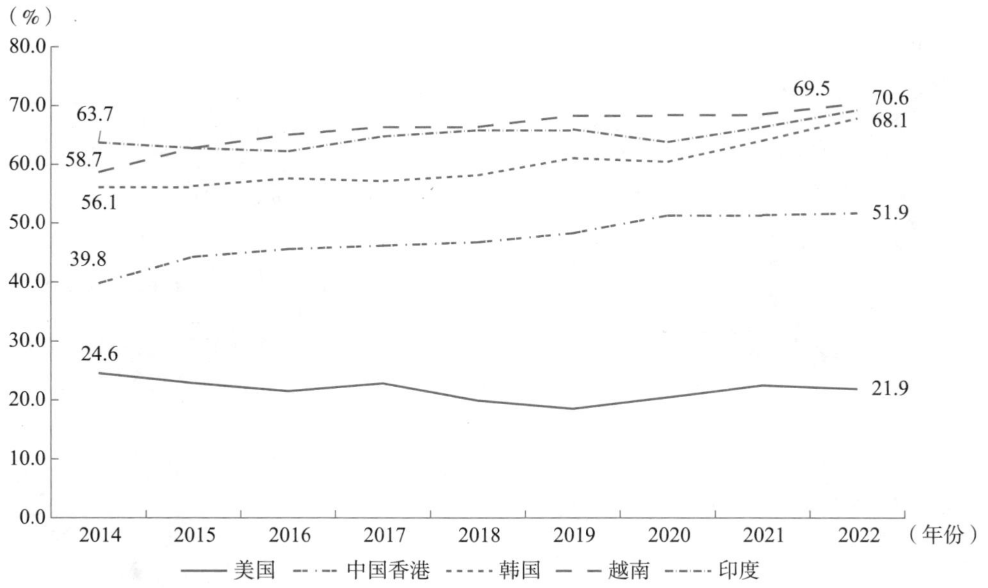

图 2-17 2014—2022 年中国中间品自主要国家或地区出口比重变化情况

数据来源：联合国商品贸易统计数据库。

（三）中国中间品贸易的重点行业正发生结构性变化

从中间品贸易出口的行业结构来看，2022 年，中国对外中间品贸易出口规模排名前十位的行业分别是电气和光学设备、基础金属及金属制品、化学品及化学制品、纺织品及纺织制品、机械与设备租赁服务、机械设备、运输设备、批发贸易和佣金贸易、其他非金属矿物以及零售贸易和家庭用品修理，占中国中间品贸易出口的比重分别为 22. 8%、11. 0%、10. 3%、7. 5%、7. 3%、7. 2%、4. 3%、3. 8%、3. 1%和 2. 8%（见图 2-18）。从行业结构来看，2022 年，化学品及化学制品、基础金属及金属制品、运输设备、纺织品及纺织制品、电气和光学设备中间品出口占出口总额比重较高，占比分别为 88. 5%、76. 2%、47. 8%、38. 2%和 38. 1%。其中，化学品及化学制品、纺织品及纺织制品、基础金属及金属制品是提升比重最高的三个行业，2022 年较 2018 年分别提升了 13. 7 个、12. 8 个和 5. 6 个百分点（见图 2-19）。

三、展望和政策建议

（一）2024 年中国对外货物贸易展望

1. 国际关系格局不确定性增加

2024 年是全球“超级大选年”，全球范围内共有大约 40 个国家和地区将举行重要选举，覆盖的人口规模达 32 亿人，占全球总人口的 41%，经济总量达 44. 2 万亿美元，占全球经济总产出的 42%。包括美国、印度、俄罗斯在内的多个国家和地区的选举，

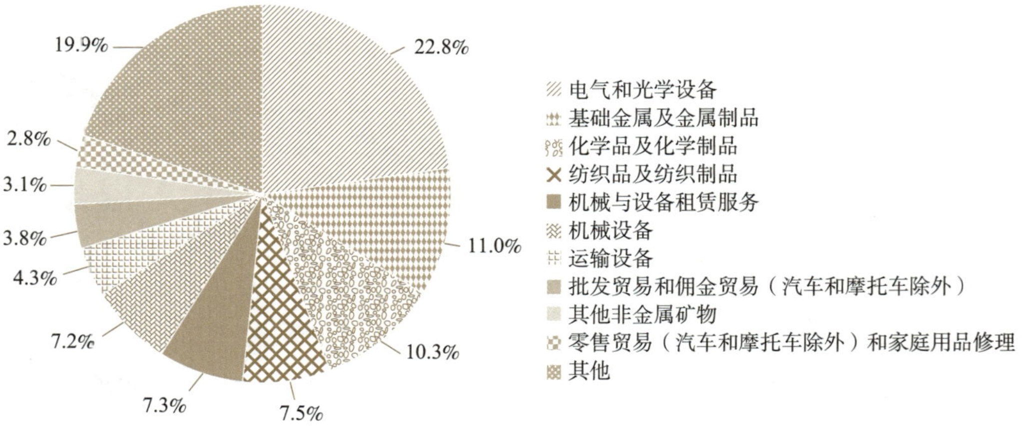

图 2-18　2022 年中国对外中间品贸易出口规模排名前十位行业

数据来源：联合国商品贸易统计数据库。

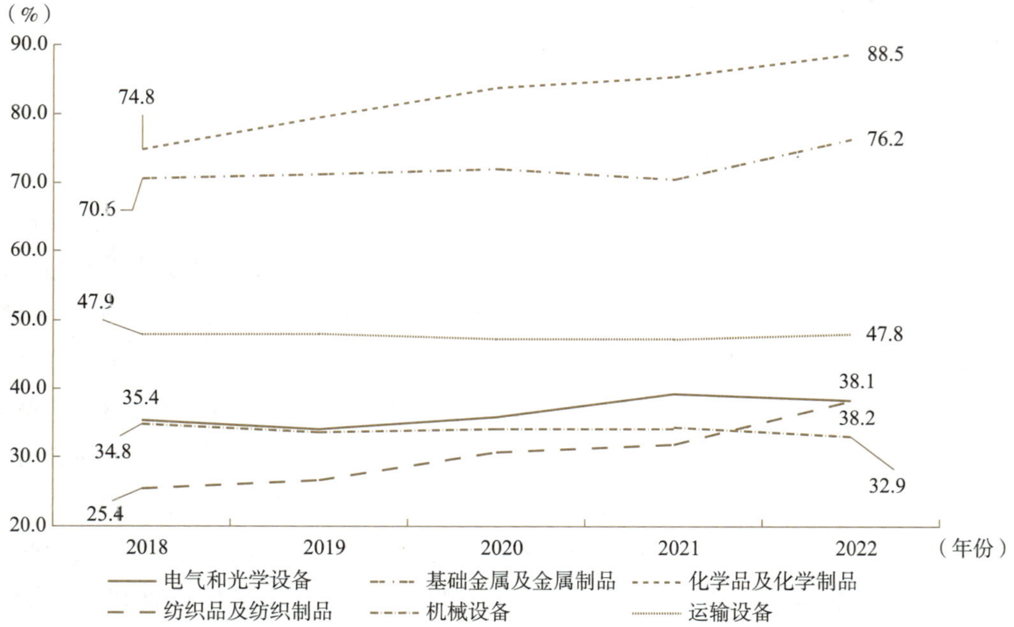

图 2-19　2018—2022 年中国重点产业中间品出口占比

数据来源：联合国商品贸易统计数据库。

或将重塑国际关系格局，增加全球经济偏离当前路径的可能性。特别是美国总统大选拜登与特朗普的博弈，将决定美国对华经济与外交思路是否进一步发生根本性转变，将会导致市场波动加剧，并为中美贸易带来极大的不确定性。

2. 全球贸易增速有望触底回升

根据 IMF 2023 年 10 月的最新预测，2024 年全球增速将继续放缓至 2.9%，这远低于新冠疫情前 2000—2019 年平均 3.8%的水平，更显著低于国际金融危机前 2001—

2007 年平均 4.0%的增速。但从贸易角度来看，IMF 预计全球贸易增速将在 2023 年触底，并在 2024 年出现回升。根据 IMF 的预测，2024 年全球贸易增速和全球出口贸易增速均为 3.5%，WTO 也预计 2024 年的全球出口增速会迎来回升。

3. 美国补库存需求带动贸易增长

2024 年，在欧美等主要经济体转入降息周期的大背景下，全球贸易活动有望企稳走强，宽松的货币政策有望带动外部需求反弹。自 2023 年 8 月以来，美国 ISM 制造业 PMI 中的库存处于年度低位，美国的 PPI 工业产品指数从 5 月开始连续 5 个月处于负区间后，也于 2023 年 10 月小幅转正，两者均预示美国未来将进入被动补库存周期，有望刺激我国进出口贸易改善。

（二）政策建议

1. 促进投资贸易融合发展，扩大中间品贸易出口规模

为了拓展出口市场和提升国际竞争力，越来越多的中国制造业企业将赴境外投资设厂，“出境带料加工”将成为重要的“走出去”方式。鼓励中国制造业企业到境外从事“出境带料加工”业务，不仅有利于带动中国料件、整套零部件产品的出口，还有利于隐形化处理中国目前十分敏感的贸易顺差问题。建议鼓励企业抱团在东道国形成终端产品加工组装的中资企业集群，增强企业间的有效合作，发挥资源和服务共享的规模化效应，从而大大降低制造业企业的海外投资和运营风险，增强总体竞争实力，提升企业投资盈利能力。

2. 加快培育外贸新业态新模式，不断拓展政策覆盖范围

一是拓展外贸新业态新模式政策覆盖范围。加快认定一批跨境电子商务综合试验区、市场采购贸易方式试点、二手车出口业务试点等功能平台，在具备条件的基础上，取消试点认定政策，实现相关功能平台政策辐射范围全国覆盖。二是实施跨境电商平台集聚工程。加快推进德国的 Zalando、法国的 PriceMinister、英国的 Flubit、南美最大的电商平台 Mercado Libre 等境外电商在中国设立总部或采购中心、运营中心，拓展跨境电商供应网络体系。三是实施海外仓布局结构优化工程。支持国有企业以自建、合资合作、租赁等多种方式积极参与海外仓建设，加强“一带一路”沿线的海外仓布局。对标亚马逊 FBA 标准，建设一批数字化洲际枢纽示范仓。

3. 支持加工贸易创新发展，探索实施特殊财税安排

依托国家加工贸易产业园培育建设，积极借鉴珠三角早期的加工贸易管理方式，优化调整现行的“免、抵、退”相关政策，积极推进海关特殊监管区内外的加工贸易企业实行统一的海关税收制度，即支持加工贸易企业采购国内料件实行增值税进项税金退还政策。借鉴服务贸易创新发展引导基金模式，推动设立加工贸易创新发展引导基金，通过政府出资引导、社会资金参与、市场方式运作、专业机构管理，拓宽产业

园加工贸易企业融资渠道，扶持企业发展壮大。

4. 发挥先行试点作用，加快开放型经济试验平台建设与规则升级

充分发挥自贸试验区（港）等重大试验平台的政策探索和先行先试作用，持续引导自贸试验区（港）开展集成式系统性制度创新，对标 CPTPP 等国际高标准经贸规则，支持自贸区（港）积极探索“4+1”规则全面升级，包括进一步推动货物贸易、服务贸易和投资的开放便利，探索跨境数据流动、数字贸易、信息保护等数字经济领域相关规则。加大对新疆、内蒙古、西藏等沿边地区自贸试验区的布局力度，以自贸试验区带动实现沿边地区由通道经济向落地经济、由口岸经济向园区经济、由资源经济向增值经济、由贸易经济向工业经济升级。

参考文献

[1] 商务部国际贸易经济合作研究院．中国对外贸易形势报告(2023 年秋季)[EB/OL].(2023-11-22). https：//www. caitec. org. cn/n6/sy_zgdwmyxsbg/json/6509. html.

[2] 中国出口形势的扭转与机遇——2024 年出口展望[J]. 信达证券宏观团队，2024(1).

第三章　中国的服务贸易：数字贸易迎来快速发展期

随着服务可贸易性的提升，服务贸易成为国际贸易中最具活力的部分。近两年来，我国服务贸易实现稳定增长，成为提升我国外贸竞争力的重要抓手。当前，数字贸易正成为全球服务贸易增长的新动能，我国已形成数字贸易增速优势，随着服务贸易数字化进程加快，数字贸易将成为未来我国服务贸易的重要引擎。

一、2019—2022 中国服务贸易发展总体情况和特点

（一）中国服务进出口特点

1. 总体情况

（1）规模占世界比重再创新高

2022 年，我国服务贸易进出口总额达 8890 亿美元，同比增长 8.3%，再创历史新高（见图 3-1）；服务贸易规模仅次于美国，位列全球第二，全球占比再创新高，达 6.5%。服务进口总额继续巩固全球第二的位次，出口总额则升至全球第三（2019—2020 年均为第五名），全球占比为 5.9%（见表 3-1）。

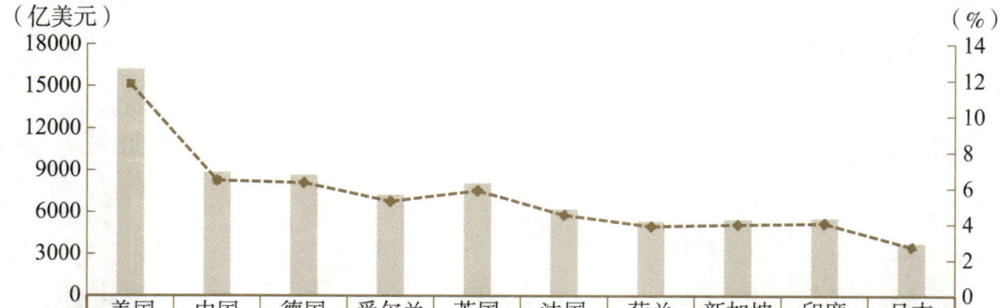

	美国	中国	德国	爱尔兰	英国	法国	荷兰	新加坡	印度	日本
进出口额	16260	8890	8710	7280	8110	6230	5370	5500	5590	3770
占全球比重	11.8	6.5	6.3	5.3	5.9	4.5	3.9	4.0	4.1	2.7

图 3-1　2022 年世界主要经济体服务进出口排名及占比

数据来源：INTERNATIONAL TRADE IN SERVICES 2022。

表 3-1 2019—2022 年中国服务进出口世界排名

年份	进口排名	出口排名	进出口排名
2019	5	2	5
2020	5	2	5
2021	5	3	5
2022	5	3	5

数据来源：WTO。

（2）占我国外贸比重稳中有升

2022 年，我国服务贸易进出口总额占我国对外贸易总额比重为 12.4%，同比增加 0.4%，但相较于新冠疫情前仍有 2.2 个百分点的差距。随着全球人员流动限制的解除和对外服务需求的快速复苏，我国服务贸易占比有望在稳中求进，增长态势有望延续（见表 3-2）。

表 3-2 2019—2022 年我国服务贸易占对外贸易比重

年份	对外贸易		服务贸易		服务贸易比重（%）
	进出口总额（亿美元）	增长率（%）	进出口总额（亿美元）	增长率（%）	
2019	53629	-0.9	7850	-1.4	14.6
2020	53176	-0.8	6617	-15.7	12.4
2021	68651	29.1	8213	24.1	12.0
2022	71956	4.8	8891	8.3	12.4

数据来源：商务部。

（3）受新冠疫情影响逆差相对较小

2022 年，我国服务贸易逆差规模为 410 亿美元，同比增加 82 亿美元（见图 3-2）。受新冠疫情影响，服务贸易逆差相对于 2020 年前仍维持在较小规模。2022 年，全球前十大服务贸易经济体中，仅中国、德国、日本和爱尔兰存在服务贸易逆差，我国逆差规模位列倒数第三（见图 3-3）。

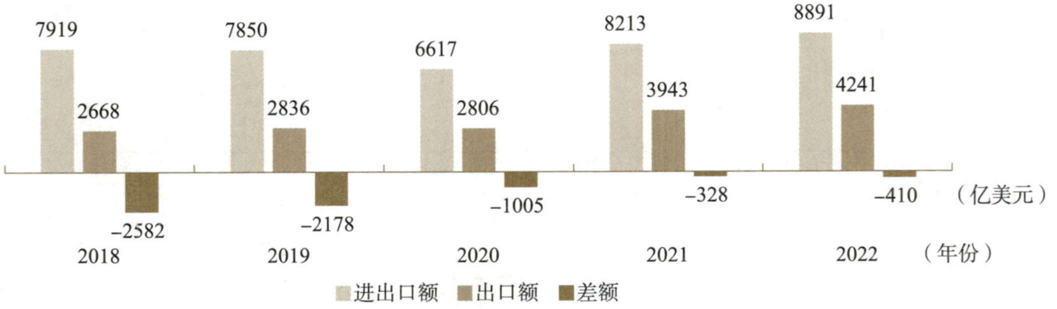

图 3-2 2018—2022 年我国服务贸易逆差额

数据来源：商务部。

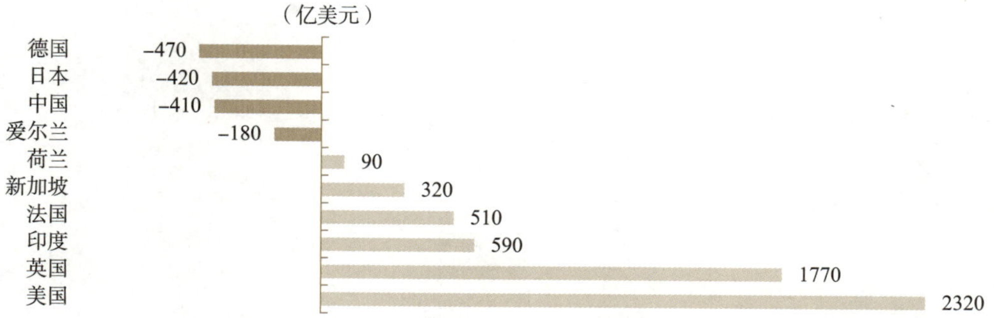

图 3-3 2022 年世界主要经济体贸易逆差额

数据来源：INTERNATIONAL TRADE IN SERVICES 2022。

（4）服务贸易竞争力稳步提升

2022 年，我国服务贸易竞争力（TC）指数[①]达-0.05，与 2019 年-0.28 相比已有较大提升，有望于近年打破 TC 指数长期以来为负的困境，同时也反映出我国国际服务贸易竞争力水平的整体性提升（见图 3-4）。

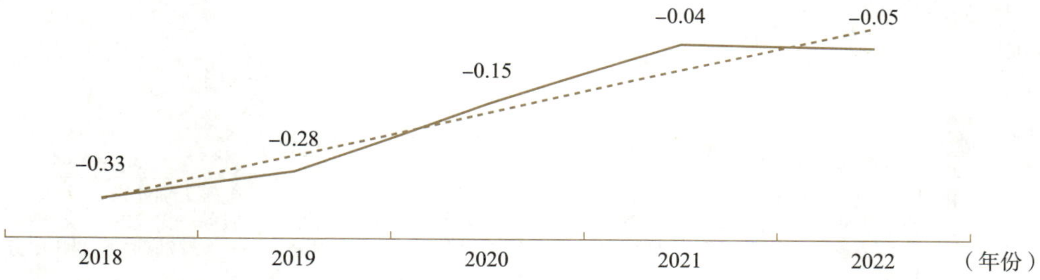

图 3-4 2018—2022 年中国 TC 指数

数据来源：商务部。

2022 年，英国和美国的 TC 指数为 0.22 和 0.14，相较之下我国服务贸易竞争力水平和欧美发达国家仍有较大差距。另外，印度以 0.11 排名第三，突出表现在信息技术和商业服务方面的优势，新加坡则凭借金融科技方面的服务输出优势，以 0.06 排名第 5（见图 3-5）。

2. 中国服务进出口结构

（1）运输行业增长势头领先

2021 年，全球新冠疫情防控形势逐渐好转，各国经济逐步复苏，我国运输行业实现快速增长，增速达 72.4%。2022 年，我国运输行业进出口额达 3137 亿美元，占我国服务贸易进出口总额的 35.3%，同比增速达 20.3%，位居各行业第一。随着中欧班列和国际海运空运的加速增长，运输行业有望继续保持高增长态势，助推我国服务贸易规模进一步提升（见图 3-6）。

---

① 服务贸易竞争力指数（TC 指数）即贸易竞争力指数，指一国进出口贸易的差额与总额之比。TC 指数 =（出口-进口）/（出口+进口）。指数越接近于 1，竞争力越大；指数越接近于-1，竞争力越小。

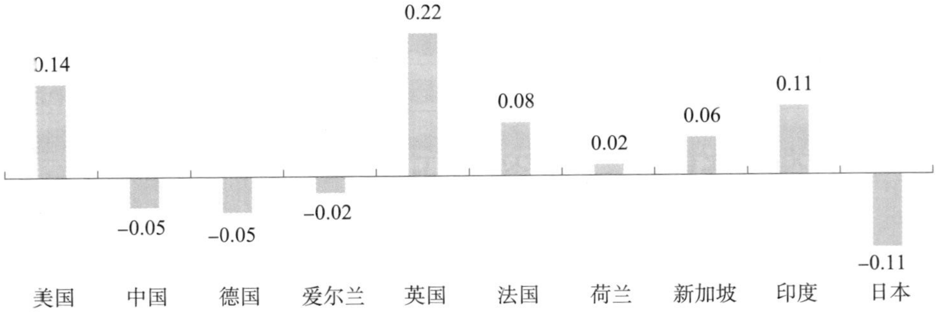

图 3-5　2022 年世界主要经济体 TC 指数

数据来源：INTERNATIONAL TRADE IN SERVICES 2022。

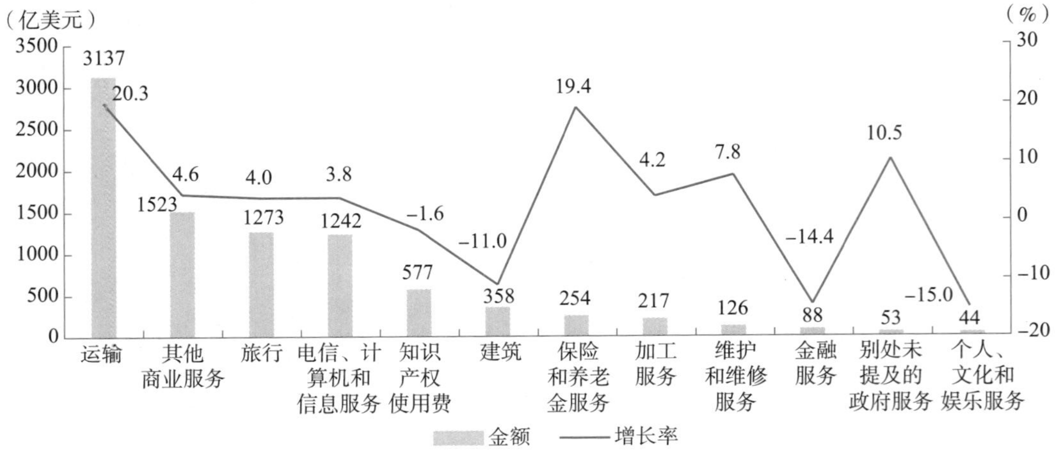

图 3-6　2022 年我国服务贸易进出口行业规模及增速

数据来源：商务部。

（2）知识密集型行业继续发挥较好支撑作用

2022 年，我国以其他商业服务与电信、计算机和信息服务为代表的知识密集型行业继续保持约 4%的正增长，进出口总规模达 4038 亿美元，占我国服务贸易进出口总额的 45.4%，支撑作用明显。随着国际合作加深及“数字丝路”的建设，知识密集型行业有望保持稳定的增长势头（见图 3-7）。

（3）旅行市场规模有待重振

2022 年，旅行行业进出口总额为 1273 亿美元，贸易逆差达 1081 亿元，占比高达 48.4%。旅行因受新冠疫情人员流动限制影响，2020 年和 2021 年降幅分别为 48.3%和 17.2%。目前，旅行领域仍处于缓慢恢复性增长阶段，国内旅游热度基本恢复，境外旅游有待提振行业信心。

（4）部分高附加值行业增长处于波动调整阶段

2022 年，金融服务和个人、文化及娱乐服务等高附加值行业规模仍不足百亿美元，增速分别为-14%和-15%，仍处于波动调整阶段，国际市场竞争力较弱。建筑行业

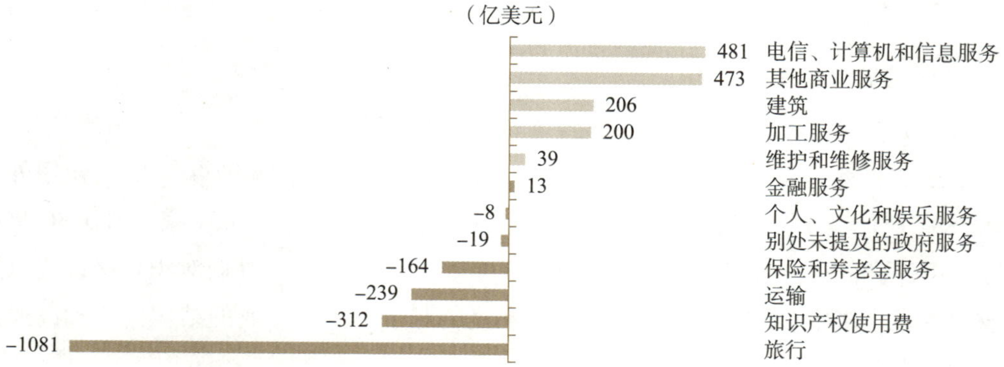

图 3-7 2022 年中国服务贸易进出口逆差分类

数据来源：商务部。

2022 年进出口总额为 358 亿美元，增速为-11%，主要受全球经济不景气、建筑材料价格上涨等因素影响，海外基建行业需求放缓，进出口增速回落。

（5）数字贸易成为新增长点

2022 年，我国可数字化服务进出口总额达 3727.1 亿美元，同比增长 3.4%，占服务进出口的 41.9%。其中，可数字化服务出口为 2105.4 亿美元，进口为 1621.7 亿美元。随着我国数字经济政策的不断落实，数字贸易有望成为我国服务贸易进出口的另一增长极。

3. 主要贸易伙伴分析

2022 年，我国服务贸易前十大伙伴依次为中国香港、美国、新加坡、日本、德国、韩国、英国、爱尔兰、加拿大和中国台湾，进出口规模共 6143 亿美元，占比 79%。其中，对中国香港服务贸易顺差为 120 亿美元①，对新加坡的服务贸易顺差约为 80 亿美元，对其他主要贸易伙伴的服务贸易均呈逆差，逆差规模普遍收窄（见图 3-8）。

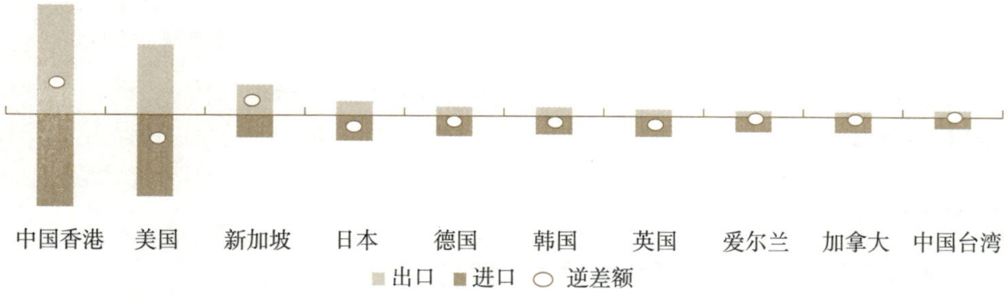

图 3-8 2022 年中国服务贸易进出口逆差分类

数据来源：国家外汇管理局。

① 对中国香港服务贸易顺差数据来自 INTERNATIONAL TRADE IN SERVICES 2022。

（二）商业存在发展状况

1. 中国境内的商业存在

（1）外商直接投资规模创新高，投资具有较强的服务业属性

2022 年，外商直接投资规模再创新高，全年新设立企业 38497 家，实际使用外资金额 1891.3 亿美元，为历史最高点。其中，服务业相关企业为 33451 家，占比 86.9%，实际使用外资金额为 1307.4 亿美元，占比 69.1%。整体来看，外商对华直接投资以服务业为主体，弥补了我国对服务业的投资不足，对于本土服务业的结构优化和高速发展发挥了积极作用。

（2）外商对服务业投资主要瞄准知识密集型服务产业

除批发零售业外，租赁和商务服务业、科学研究和技术服务业，以及信息传输、软件和信息技术服务业三大知识密集型服务产业是外商直接投资的主要方向，共设立企业 1.8 万个，实际使用外资金额达 871 亿美元，占外商对华服务业投资的 66.6%。三大知识密集型服务产业所占比重分别为 25.3%、23.1%、18.3%（见图 3-9）。

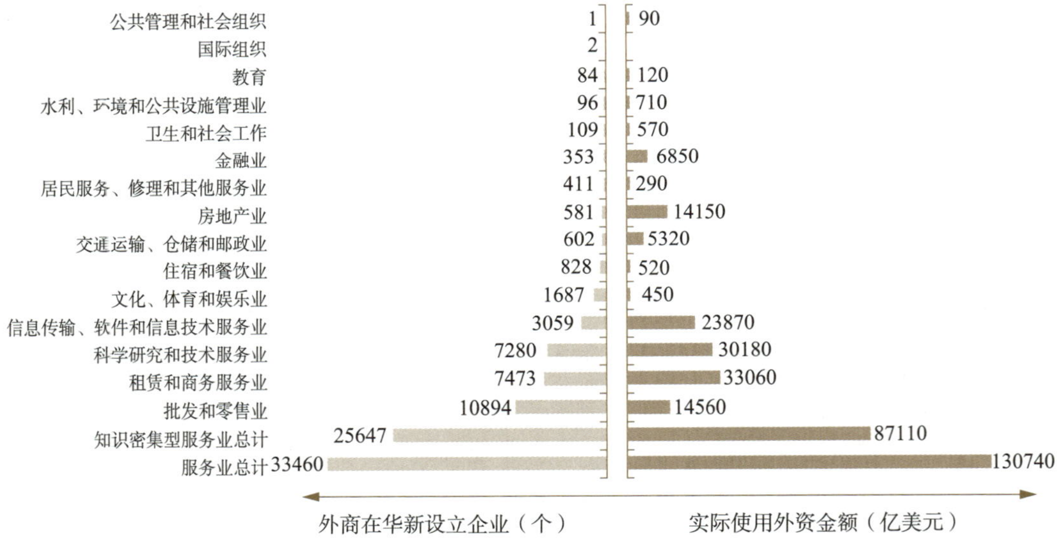

图 3-9　2022 年按行业分外商对华直接投资

数据来源：根据《中国统计年鉴 2022》《中国统计年鉴 2021》整理计算。

2. 境外中国的商业存在

（1）服务业是我国对外直接投资的重点领域

2022 年，我国对外直接投资额达 1631.2 亿美元，占全球当年对外投资流量的 10.9%，位列全球第 2。其中，我国境内投资者对外投资聚焦于服务业，投资总额达 1112.5 亿美元，同比下降 16.4%，占我国对外直接投资总额的 68.2%。

（2）我国对服务业的境外直接投资行业高度集中

我国对外直接投资近 63%投向租赁和商务服务业，金融业，批发和零售业以及交通运输、仓储和邮政业，投资额均超百亿美元，反映出投资集中度高、针对性明显的特点。其中，流向租赁和商务服务业的投资额达 434. 8 亿美元，占比 26. 7%；流向金融业的投资额达 221. 2 亿美元，占比 13. 6%（见图 3-10）。

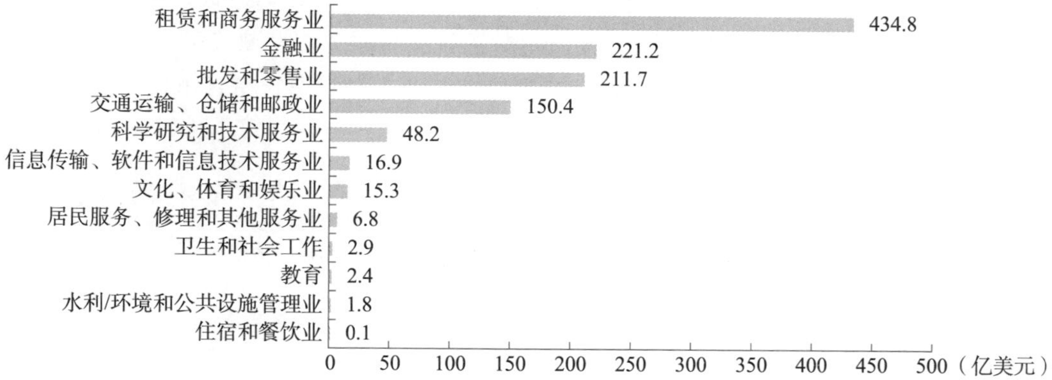

图 3-10　2022 年按行业分中国对外直接投资流量

数据来源：《2022 中国直接对外投资统计公报》。

（三）自然人流动发展状况

1. 在中国工作的境外人员情况

根据上海科委统计数据，新冠疫情之初在沪工作的外国人达 21. 5 万，占全国的 23. 7%，则全国外籍工作人员约为 90 万人。随着新冠疫情人员流动限制解除，及中外经济交流往来的需求增加，可估算 2022 年全国外籍劳工已突破百万人。

2. 中国赴境外劳务人员情况

2022 年，我国共向境外派出各类劳务人员 25. 9 万人，较上年同期减少 6. 4 万人。其中，承包工程项下派出 8 万人，同比下降 39. 8%；劳务合作项下派出 17. 9 万人，同比下降 5. 8%。2022 年末在外人数为 54. 3 万人，同比下降 4. 9 万人。

二、中国可数字化服务贸易现状特点

在新一轮科技革命和产业革命的大背景下，数字经济蓬勃发展，围绕数据的采集、存储、挖掘、使用和保护等催生出无数种新的经济业态和商业模式，不断对传统服务业形态改造创新，全球服务贸易的内容更加丰富、数字化的趋势更加明显，数字贸易正成为全球服务贸易增长的新动能。依据 WTO《世界贸易统计综述》（*World Trade Statistical Review*），数字化服务贸易包括保险服务、金融服务、知识产权使用费、电信计算机和信息服务、其他商业服务、个人文化和娱乐服务。

（一）中国可数字化服务贸易规模特征

面对全球贸易增长放缓的影响，中国依托庞大的人口基数和完善的数字基础设施，加快服务贸易数字化进程，可数字化服务贸易逆势增长。

据商务部的统计数据，2022 年，中国可数字化交付服务进出口额为 25068.5 亿元，同比增长 5.3%，规模再创历史新高。其中，出口 14160.8 亿元，同比增长 12.17%；进口 10907.7 亿元，同比下降 2.4%；实现可数字化交付服务贸易顺差 3253.1 亿元，比上年增长 1264.2 亿元，同比增长 63.6%。2022 年，中国数字服务贸易出口规模占全球比重为 6.4%（见表 3-3）。

表 3-3　2019—2022 年中国可数字化交付服务贸易额及增长情况　　单位：亿元

年份	进出口	同比（%）	出口	同比（%）	进口	同比（%）	贸易差额
2019	18779.0	—	9918.0	—	8861.0	—	1057.0
2020	20331.2	8.3	10701.9	7.9	9629.3	8.7	1072.6
2021	23258.9	17.1	12623.9	18.0	10635.0	10.4	1988.9
2022	25068.5	5.3	14160.8	12.2	10907.7	-2.4	3253.1

数据来源：商务部。

（二）中国可数字化服务贸易行业特征

2022 年，中国金融服务、保险与养老服务、知识产权使用费服务进出口规模分别为 594.0 亿元、1704.8 亿元、3881.2 亿元，在可数字化交付服务中的占比分别为 2.4%、6.8%和 15.6%。随着跨境收付基础设施走向国际化，人民币跨境支付清算服务逐步完善，至 2022 年，参与人民币跨境支付清算（CIPS）系统机构共 1360 家，全年跨境支付清算系统累计处理支付业务 440 万笔，同比增长 31.7%。

我国数据跨境流动规模和数据贸易保持快速增长态势，不断拓展数字贸易的发展空间，2022 年，全国数据产量居世界第二位，达 8.1ZB，同比增长 22.7%，占全球数据产量的 10.5%；数据存储量达 724.5 艾字节（EB），同比增长 21.1%，占全球数据存储量的 14.4%。从 2013 年至 2022 年，我国电信、计算机和信息服务以及知识产权使用费收支年均增速分别为 15.9%和 11.4%，明显高于同期服务贸易 4.9%和货物贸易 4.8%的年均增长水平。2022 年，中国的电信、计算机和信息服务贸易规模约为 8352.7 亿元，同比增长 8.3%，其中，出口额为 5794.6 亿元，同比增长 13.0%；知识产权使用费为 3881.2 亿元，同比增长 2.6%，其中，服务出口 892.8 亿元，同比增长 17.5%。2022 年，我国知识产权服务贸易规模占全年服务贸易总规模的 7%（见表 3-4）。

表 3-4　2022 年中国可数字化交付服务贸易按行业情况　单位：亿元

行业类别	2022 年		
	进出口	出口	进口
保险服务	1704. 8	300. 1	1404. 6
金融服务	594. 0	341. 8	252. 2
知识产权使用费	3881. 2	892. 8	2988. 4
电信、计算机和信息服务	8352. 7	5794. 6	2558. 1
其他商业服务	10240. 3	6711. 7	3528. 6
个人、文化和娱乐服务	295. 5	119. 8	175. 7
可数字化服务小计	25068. 5	14160. 8	10907. 6

2022 年，中国自主研发游戏海外市场销售收入达 173. 46 亿美元，星穹铁道、原神、PUBG MOBILE、使命召唤等多款头部游戏在海外广受认可，长期位列下载榜前列（见表 3-5）。

表 3-5　2018—2022 年中国自主研发游戏海外市场实际销售收入及增长情况

单位：亿美元

年份	2018	2019	2020	2021	2022
实际销售收入	95. 86	115. 95	154. 50	180. 13	173. 46
同比（%）	—	20. 95	33. 25	16. 59	-3. 70

数据来源：中国音像与数字出版协会游戏出版工委。

（三）中国可数字化服务贸易伙伴特征

2022 年，全球可数字化交付服务出口额为 4. 1 万亿美元，同比增长 3. 4%，其中，发达经济体数字服务出口为 3. 14 万亿美元，占比 77. 2%；发展中经济体数字服务出口为 9270 亿美元，占比 22. 8%。可数字化服务贸易规模居前列的国家分别是美国、爱尔兰、英国、德国、中国、荷兰、印度、法国、新加坡和日本。十国可数字化服务贸易出口总额为 26621. 62 亿美元，占全球总额的 65. 9%（见表 3-6）。

表 3-6　2022 年全球主要经济体可数字化服务贸易规模及增速一览表　单位：亿美元

序号	国家	进出口	同比（%）	出口	同比（%）	进口	同比（%）
1	美国	10478. 31	5. 86	6560. 54	4. 93	3917. 77	7. 46
2	爱尔兰	6694. 87	2. 68	3229. 60	-0. 50	3465. 27	5. 83
3	英国	5630. 28	-1. 88	3780. 13	-0. 58	1850. 15	-4. 44
4	德国	4598. 78	-2. 54	2367. 90	-5. 92	2230. 88	1. 32
5	中国	3727. 07	3. 38	2105. 37	7. 59	1621. 70	-1. 62
6	荷兰	3489. 42	1. 89	1741. 88	3. 89	1747. 54	-0. 02

续表

序号	国家	进出口	同比（%）	出口	同比（%）	进口	同比（%）
7	印度	3410.64	22.56	2354.18	25.93	1056.46	15.66
8	法国	3154.26	-0.44	1622.90	-0.91	1531.36	0.06
9	新加坡	3104.92	2.28	1687.71	4.14	1417.21	0.15
10	日本	2684.45	-3.90	1171.41	-6.12	1513.04	-2.10
	总额	46973.00	—	26621.62	—	20351.38	—

数据来源：WTO 数据库。

2021 年，我国可数字化交付的服务进出口规模位居全球第五，仅次于美国、英国、爱尔兰和德国，国际竞争力稳步提升。通过离岸服务外包方式实现的数字交付贸易快速增长，2021 年，我国企业的全球交付离岸服务外包总执行额为 1303.08 亿美元，同比增长 23.19%，其中交付美国、中国香港、欧盟及日本的离岸服务外包执行额分别为 303.22 亿美元、219.49 亿美元、175.20 亿美元和 104.67 亿美元，合计占总执行额的 61.6%，同比分别增长 26.74%、23.73%和 9.76%和 30.39%（见表 3-4）。软件和信息服务技术出口同样保持较快增长，2021 年，中国软件接包合同总执行额为 562.03 亿美元，同比增长 19.69%，出口目的地前 10 位国家（地区）接包合同执行金额共 485.23 亿美元，占软件出口总执行额的 86.3%（见表 3-8）。2021 年，中国技术出口总合同金额为 359.25 亿美元，同比增长 32.73%，出口的前 10 位国家（地区）合同金额共 276.55 亿美元，占软件出口总执行额的 77.0%（见表 3-9）。

表 3-7　2021 年中国承接离岸服务外包目的地前十位国家（地区）情况

国家（地区）	离岸外包合同执行金额（亿美元）	同比（%）
全球总执行额	1303.08	23.19
美国	303.22	26.74
中国香港	219.49	23.73
欧盟	175.20	9.76
日本	104.67	30.39
新加坡	70.21	49.93
德国	53.50	-3.02
韩国	51.19	19.35
中国台湾	40.04	11.85
英国	33.21	14.30
法国	20.83	16.28

数据来源：《中国商务年鉴》。

表 3-8 2021 年中国软件出口目的地前十位国家（地区）情况

国家（地区）	接包合同执行金额（亿美元）	同比（%）
全球	562.03	19.69
美国	150.35	45.53
中国香港	92.69	24.66
日本	64.47	9.60
欧盟	62.99	5.72
新加坡	32.19	33.88
韩国	24.22	-20.73
中国台湾	21.43	0.00
德国	16.59	27.18
英国	11.91	1.94
荷兰	8.39	71.05

数据来源：《中国商务年鉴》。

表 3-9 2021 年中国技术出口的前十位国家（地区）情况

国家（地区）	合同金额（亿美元）	同比（%）
全球	359.25	32.73
美国	90.70	7.39
中国香港	60.23	15.04
日本	22.91	1.28
新加坡	19.26	40.28
德国	18.97	-7.75
瑞典	15.90	677.79
荷兰	14.91	143.57
阿联酋	14.32	984.69
英国	9.99	108.54
法国	9.36	126.97

数据来源：《中国商务年鉴》。

（四）中国可数字化商业存在形式特征

2021 年，中国境内的内向附属机构服务贸易企业实现销售收入 116548.9 亿元，同比增长 22.7%。可数字化服务贸易相关的行业包括信息传输、软件和信息技术服务业，科学研究和技术服务业，金融业分别实现销售收入 25773.1 亿元、23621.2 亿元、3077.9 亿元。2021 年，中国境内的内向附属机构在科学研究和技术服务业销售收入同比增长率高达 47.5%（见表 3-10）。

表 3-10　2021 年中国境内内向附属机构可数字化服务情况统计

行业名称	企业数量（家）	销售收入		从业人员	
		金额（亿元）	同比（%）	总数（人）	外方（人）
信息传输、软件和信息技术服务业	18090	25773. 1	14. 8	641160	10686
科学研究和技术服务业	35498	23621. 1	47. 5	931070	22979
金融业	2865	3077. 9	18. 5	90114	2556
其他服务业	2634	949. 5	0. 4	54295	1517

数据来源：商务部。

中国数字服务贸易企业国际竞争力提升。2022 年，全球市值最高的 30 家互联网企业中，我国有 10 家企业上榜，仅次于美国的 18 家。2021 年，中国在境外的外向附属机构服务贸易企业实现销售收入 94946. 8 亿元，同比增长 18. 3%。信息传输、软件和信息技术服务业，科学研究和技术服务业，文化、体育和娱乐业以及其他服务业分别实现销售收入 4007. 7 亿元、1006. 0 亿元、266. 2 亿元、2022. 7 亿元（见表 3-11）。

表 3-11　2021 年中国境外外向附属机构可数字化服务情况统计

行业名称	企业数量（家）	销售收入		从业人员	
		金额（亿元）	同比（%）	总数（人）	外方（人）
信息传输、软件和信息技术服务业	18090	4007. 7	14. 8	641160	10686
科学研究和技术服务业	35498	1006. 0	47. 5	931070	22979
文化、体育和娱乐业	2865	266. 2	18. 5	90114	2556
其他服务业	2634	2022. 7	0. 4	54295	1517

数据来源：商务部。

三、展望与政策建议

（一）中国服务贸易发展态势展望

1. 服务贸易将持续实现恢复性增长

在全球贸易不振的情况下，服务贸易保持相对稳定的增长。2023 年第一季度，全球服务贸易额延续上年的势头，继续实现了较高增长，显示出良好的增长潜力。数据显示，2023 年 1—11 月，我国服务进出口总额达 58902 亿元，同比增长 9%，在世界经济增长乏力、国际政治经济格局深刻变化的情况下，中国的服务贸易为世界贸易稳定发挥了重要作用。2024 年，“复苏”仍将是全球贸易的关键词，WTO 预测全球贸易增速将会加快，我国服务贸易也将持续实现恢复性增长，继续成为我国稳外贸的重要力量。

2. 消费相关的服务贸易仍将领先反弹

随着新冠疫情后经济活动回归常态，旅行、个人文化和娱乐服务等居民跨境消费相关的服务是反弹增长最快的领域，2023 年 1—10 月，我国旅行服务进出口额同比增长 71.7%，是服务贸易增长率的 8 倍多。预计 2024 年，此类服务贸易仍将领先反弹，逆差规模回到新冠疫情前水平。

3. 可数字化服务贸易成为新引擎

数字技术提高了服务的可贸易性，数字技术与实体经济的融合发展为我国可数字化服务贸易提供了强大动力。我国在全球可数字化服务贸易增速方面拥有优势，2023 年上半年，我国可数字化服务进出口增长 12.3%，比服务贸易总体增速高出 3.8 个百分点，其中，可数字化服务出口增长更是高达 16%，未来，我国服务贸易数字化进程将进一步加快。

4. 推动服务贸易更高水平的制度型开放

高水平制度型开放是新一轮国际经贸规则重构的重要内容，我国服务领域对外开放持续深化，将不断促进服务贸易创新发展。我国在持续推进加入 CPTPP 和 DEPA 的进程，将加快对标高标准国际经贸规则，落实世贸组织框架下国内服务贸易规制参考文件谈判成果。预期将在跨境服务贸易负面清单、扩大急需的服务进口、服务贸易招商引资等方面不断推进政策创新、试点及推广。

5. 将升级建设国家服务贸易创新发展示范区

2020 年以来，我国已在全国 28 个地区全面深化服务贸易创新发展试点。2024 年，我国将在此基础上，启动国家服务贸易创新发展示范区建设。将遴选一批服务贸易发展基础条件好、区域协调发展带动作用大、试点成效突出的试点地区升级为示范区，打造更高水平的服务贸易创新发展引领平台，复制推广更多制度创新成果，带动全国服务贸易发展迈上新台阶。

（二）政策建议

1. 进一步扩大服务贸易对外开放

兼顾开放与安全，主动对接国际高标准服务贸易规则，加大服务贸易对外开放力度。尽快出台跨境服务贸易负面清单制度，推动“非禁即入”政策普遍落实，助力商业存在模式的服务贸易加速开放，提升服务贸易自由化、便利化水平。

2. 加大数字贸易政策支持力度

一是加快完善顶层设计，通过加入 DEPA、CPTPP 进程参与全球数字贸易规则制定。二是加快标准体系建设，研究制订包括数字贸易概念业态分类、数据跨境流动、贸易数字化能力、数字人才培养等方面的系列标准，为中国数字贸易发展提供标准支撑的同时，尽快形成数字贸易的“中国标准”。三是充分发挥国家数字服务出口基地示范作用，全面落实支持基地发展的政策措施，切实推动扩大可数字化服务出口、服务出口数字化转型，培育数字服务出口新主体。

3. 鼓励服务贸易业态创新发展

鼓励地方出台支持服务贸易业态创新发展的政策。一是鼓励支持大数据服务、游戏动漫、云服务、跨境支付结算等新型数字服务出口；二是支持旅游、运输、建筑等传统服务贸易数字化改造，加快服务贸易数字化进程；三是推动传统服务贸易绿色转型，鼓励中国急需的节能降碳、环境保护等技术和服务进口，扩大绿色低碳技术出口等。

参考文献

［1］中国商务部．商务部服贸司在2023年服贸会上发布《中国服务贸易发展报告2022》［EB/OL］.（2023-09-19）．http：//fms. mofcom. gov. cn/zxdx/art_a5165aa6261c4d2d8673714f0762fb63.

［2］国务院发展研究中心对外经济研究部，中国信息通信研究院．数字贸易发展与合作报告2023［R］．研究报告，2023.

［3］国家外汇管理局．2022年中国国际收支报告［EB/OL］.（2023-03-31）．http：//m. safe. cn/safe/2023/03/31/22548. html.

［4］中国商务部．商务部、国家统计局和国家外汇管理局联合发布《2022年度中国对外直接投资统计公报》［EB/OL］.（2023-09-28）．http：//www. mofcom. gov. cn/xwfb/rcxwfb/art/2023/art_ebd4645676024e5a8653c56a7012a960. html.

［5］联合国贸易和发展大会．2022年国际服务贸易报告［R］．研究报告，2023.

第四章 “一带一路”与中国企业对外投资

一、中国对外直接投资的七大特征

总体而言，中国对外直接投资稳中有进，存在七大主要特征：一是投资规模方面，流量第二、存量第三，占全球比重持续上升；二是投资频次方面，历经低位徘徊和快速上升，正处于活跃发展期；三是投资方式方面，流量以收益再投资为主，存量以股权投资为主；四是投资主体方面，从以国企为主转为国企、非国企并重，地方企业的作用逐步增强；五是投资来源方面，以东部地区为主，“四个 80%”现象比较突出；六是投资分布方面，以香港等亚洲地区为主，区域投资集中度较高；七是投资领域方面，以服务业为主，工业占比、新兴行业占比提高。

（一）投资规模：流量第二、存量第三，占全球比重持续上升

从流量来看，2022 年，中国对外直接投资净额（以下简称流量）为 1631.2 亿美元，比上年下降 8.8%（美国下降 7.5%，全球下降 11.8%），主要受到欧盟投资审查、俄乌军事冲突、新冠疫情冲击等因素影响；对外投资流量仅次于美国（3730 亿美元），全球排名第二，占美国比重约为 43.7%。其中，非金融类投资为 1410 亿美元，占比 86.4%；金融类投资为 221.2 亿美元，占比 13.6%（见表 4-1 和图 4-1）。

表 4-1 2022 年全球对外直接投资流量、存量 TOP10

单元：亿美元

国家（地区）	流量	存量
美国	3730	80481
中国	1631.2	32494
日本	1614.7	27548
德国	1429.8	22031
英国	1296	20546
澳大利亚	1165.6	20330
中国香港	1035.9	19486
加拿大	792.8	19290
韩国	664	16266
瑞典	622.5	15964

数据来源：商务部。

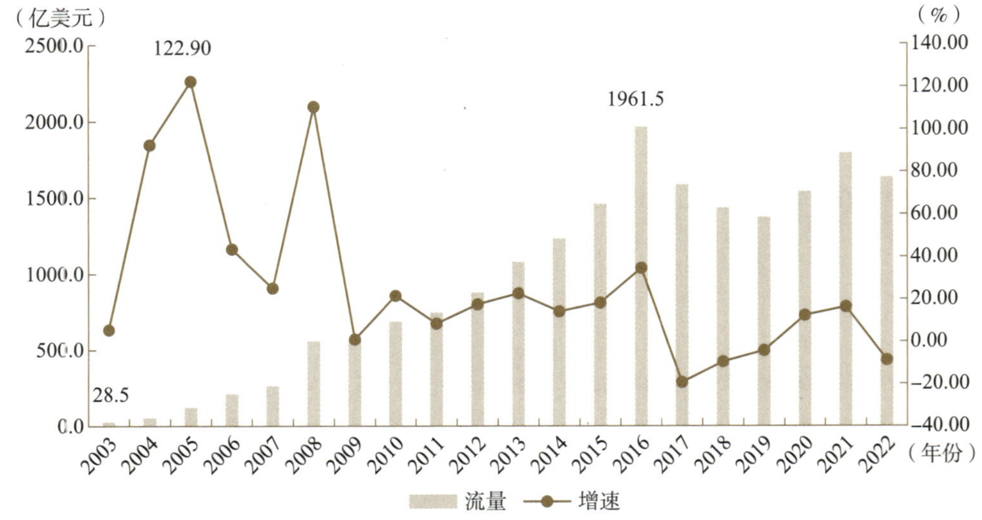

图 4-1　2003—2022 年中国对外直接投资流量和增速

数据来源：商务部。

从存量来看。截至 2022 年底，中国 2.9 万家境内投资者在国（境）外共设立 4.66 万家对外直接投资企业①（以下简称境外企业），这些企业分布在全球 190 个国家（地区）②，年末境外企业资产总额达到 8.4 万亿美元。当年对外直接投资累计净额（以下简称存量）为 27548.1 亿美元，比 2021 年下降 1.09%；对外投资存量仅次于美国（80481 亿美元）和荷兰（32494 亿美元），分别占其比重的 34.2%和 84.8%，连续 5 年保持全球排名第三。其中，非金融类投资为 24509.1 亿美元，占比 89%；金融类投资为 3039 亿美元，占比 11%（见图 4-2）。

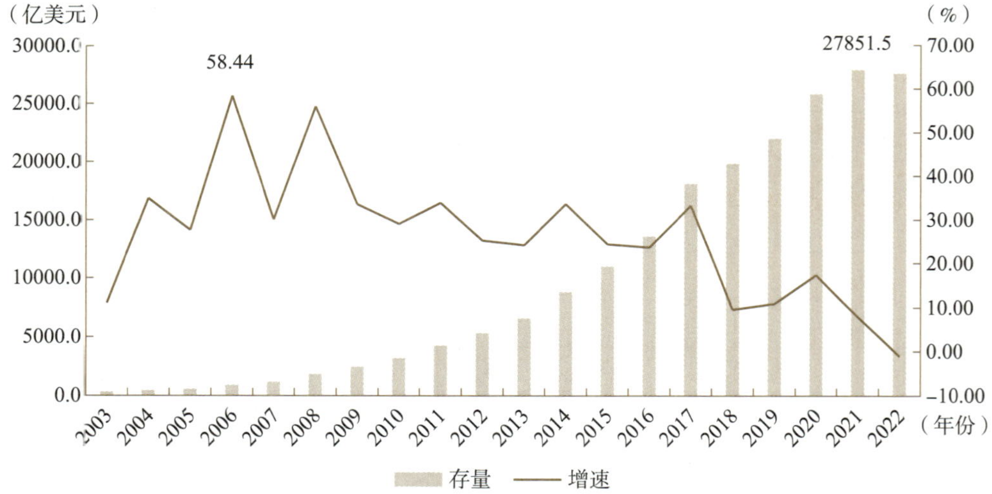

图 4-2　2003—2022 年中国对外直接投资存量和增速

数据来源：商务部。

① 对外直接投资企业：指境内投资者直接拥有或控制 10%或以上股权、投票权或其他等价利益的境外企业。

② 对外直接投资的国家（地区）按境内投资者投资的首个目的地国家（地区）进行统计。

从占比来看。一是流量占比方面，自 2003 年以来，随着中国借助 WTO 体系深度融入全球经济体系，以及中国经济持续发展，中国对外直接投资流量占全球流量的比重不断上升。2022 年流量占全球当年流量的 10.9%，较 2003 年提升 10.4 个百分点；二是存量占比方面，伴随中国对外直接投资流量占全球比重的持续上升，中国对外直接投资存量占全球比重也呈现稳定增长态势，2003—2022 年存量占比累计提升 6.4 个百分点（见图 4-3）。

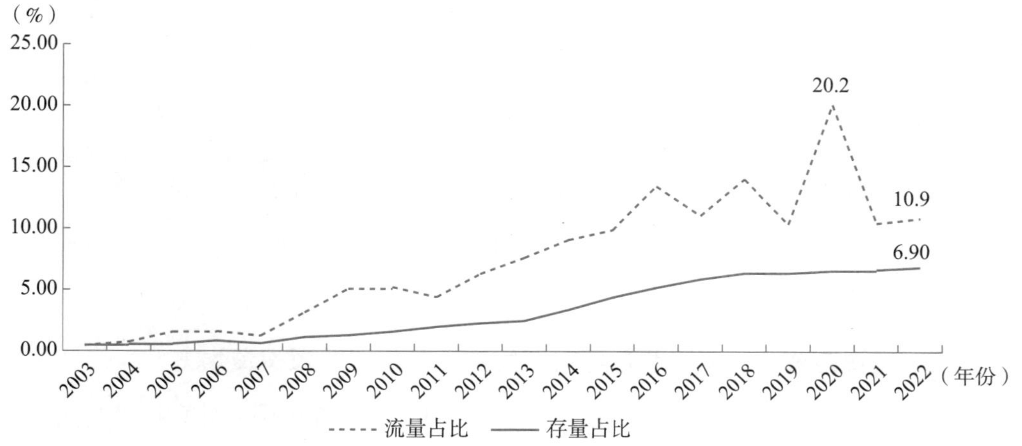

图 4-3　2003—2022 年中国对外直接投资流量占比和存量占比

数据来源：商务部。

（二）投资频次：历经低位徘徊和快速上升，正处于活跃发展期

根据商务部记录的 5 万多次对外直接投资活动数据，1950 年以来，中国对外直接投资活跃度可以划分为三个时期：一是低位徘徊期（1950—1978 年），在这一时期，中国对外投资活跃度普遍不高，大部分年份对外直接投资不超过 10 次，1953 年活跃度最高，当年对外投资次数达到 23 次。二是快速上升期（1979—2000 年），在这一时期，伴随改革开放“引进来”，中国积极鼓励企业“走出去”。中国的对外投资次数从 1978 年的 7 次猛增到 1979 年的 108 次，首次突破百次大关；1992 年伴随邓小平同志南方谈话，中国对外投资次数首次突破 500 次大关，达到 546 次；2000 年达到 1203 次，首次突破千次大关。三是活跃发展期（2001 年至今），加入 WTO 以后，中国对外直接投资逐步活跃，2013 年，中国对外投资次数首次突破 2000 次大关，达到 2102 次；2015 年更进一步，达到 3443 次的新高。之后，随着中国加强对境外房地产、酒店、娱乐业、体育俱乐部等领域的投资监管后，中国对外直接投资次数逐年回落，非理性对外投资得到有效遏制，使中国对外直接投资更加稳健理性（见图 4-4）。

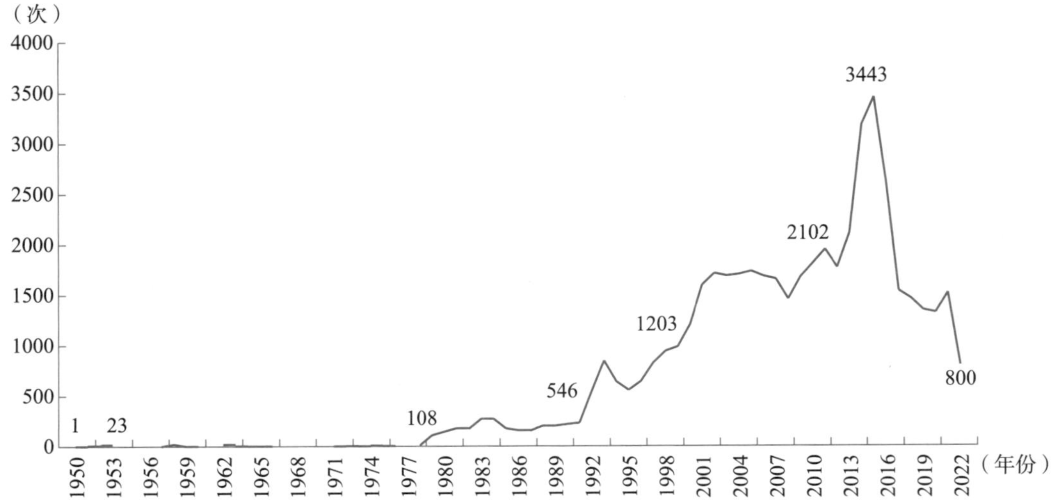

图 4-4　1950—2022 年中国对外直接投资次数

数据来源：商务部。

（三）投资方式：流量以收益再投资为主，存量以股权投资为主

从流量来看，当期收益再投资占比 49.3%。2022 年，在中国对外直接投资流量中，新增股权投资 611.3 亿美元，较上年增长 15.01%，占比 37.5%，比上年提升 7.8 个百分点；当期收益再投资 803.8 亿美元，比上年下降 19.05%，占比 49.3%，比上年下降 6.2 个百分点；新增债务工具投资 216.1 亿美元，比上年下降 18.05%，占比 13.2%，较上年下降 1.6 个百分点。2006—2016 年，在中国对外直接投资流量中，当期收益再投资占比均值为 29%；2017—2022 年则升至 45%，新增债务工具投资占比均值从 30% 降至 16%，新增股权投资占比均值从 40%降至 39%（见表 4-2）。

表 4-2　2006—2022 年中国对外直接投资流量构成　　单位：亿美元

年份	流量	新增股权		当期收益再投资		债务工具投资	
		金额	比重（%）	金额	比重（%）	金额	比重（%）
2006	211.6	51.7	24.4	66.5	31.4	93.4	44.2
2007	265.1	86.9	32.8	97.9	36.9	80.3	30.3
2008	559.1	283.6	50.7	98.9	17.7	176.6	31.6
2009	565.3	172.5	30.5	161.3	28.5	231.5	41.0
2010	688.1	206.4	30.0	240.1	34.9	241.6	35.1
2011	746.5	313.8	42.0	244.6	32.8	188.1	25.2
2012	878.0	311.4	35.5	224.7	25.6	341.9	38.9
2013	1078.4	307.3	28.5	383.2	35.5	387.9	36.0
2014	1231.2	557.3	45.3	444.0	36.1	229.9	18.6
2015	1456.7	967.1	66.4	379.1	26.0	110.5	7.6

续表

年份	流量	新增股权		当期收益再投资		债务工具投资	
		金额	比重（%）	金额	比重（%）	金额	比重（%）
2016	1961.5	1141.3	58.2	306.6	15.6	513.6	26.2
2017	1582.9	679.9	42.9	696.4	44.0	206.6	13.1
2018	1430.4	704.0	49.2	425.3	29.7	301.1	21.1
2019	1369.1	483.5	35.3	606.3	44.3	279.4	20.4
2020	1537.1	630.3	41.0	716.4	46.6	190.4	12.4
2021	1788.2	531.5	29.7	993.0	55.5	263.7	14.8
2022	1631.2	611.3	37.5	803.8	49.3	216.1	13.2

数据来源：商务部。

从存量来看，股权投资占比 53.9%。截至 2022 年底，在中国对外直接投资存量中，股权投资 14845.6 亿美元，比上年下降 7.0%，占比 53.9%，较上年下降 3.4 个百分点；收益再投资 9626.4 亿美元，比上年增长 7.77%，占比 34.9%，较上年上升 2.8 个百分点；债务工具投资 3076.1 亿美元，比上年增长 4.09%，占比 11.2%，较上年上升 0.6 个百分点。

（四）投资主体：国企、非国企并重，地方企业作用逐步增强

从流量来看，一是所有制维度。2022 年，在中国对外非金融类直接投资 1410 亿美元流量中，非国有企业对外直接投资 709.4 亿美元，比上年增长 1.49%，易受政策影响、年度波动较大，占比 50.30%，较上年提升 4.3 个百分点；国有企业对外直接投资 700.6 亿美元，比上年下降 14.7%，占比 49.7%。二是央地维度。2022 年，中央企业和单位对外非金融类直接投资流量 549.5 亿美元，占比 38.97%，比上年下降 14.5%；地方企业对外非金融类直接投资流量 860.5 亿美元，下降 1.9%，占比 61.03%，较上年提升 3.3 个百分点，较 2005 年（16.8%）提升 44 个百分点（见表 4-3）。

表 4-3　2021—2022 年中国非国有企业对外直接投资流量、占比及增速（非金融类）

年份	流量（亿美元）	占比（%）	增速（%）
2011	307.8	44.90	—
2012	415.1	53.40	34.84
2013	520.3	56.10	25.34
2016	1232.4	68.00	—
2017	679.4	48.70	-44.87
2018	755.8	62.30	11.25
2019	588.3	50.30	-22.16
2020	671.6	50.10	14.10

续表

年份	流量（亿美元）	占比（%）	增速（%）
2021	699.00	46.00	4.10
2022	709.40	50.30	1.49

数据来源：商务部。

从存量来看，一是所有制维度。2006年末，中国非国有企业对外非金融类直接投资存量为142.54亿美元，占比仅为19%。到2017年末，中国非国有企业对外非金融类直接投资存量占比首次突破50%大关。到2022年末，在中国对外非金融类直接投资24509.1亿美元存量中，非国有企业占比47.6%，较上年下降0.8个百分点。二是央地维度。2022年末，地方企业对外非金融类直接投资存量达到9328.8亿美元，占全国非金融类存量的38%；中央企业和单位对外非金融类直接投资存量为15180.3亿美元，占比62%（见表4-4）。

表4-4　2006—2022年中国非国有企业对外直接投资存量、占比及增速（非金融类）

年份	存量（亿美元）	占比（%）	增速（%）
2006	142.54	19.00	—
2007	293.45	29.00	105.88
2008	447.73	30.40	52.57
2009	615.26	30.80	37.42
2010	885.42	33.80	43.91
2011	1333.06	37.30	50.56
2012	1750.67	40.20	31.33
2013	2434.43	44.80	39.06
2014	3456.89	46.40	42.00
2015	4653.47	49.60	34.61
2016	5392.83	45.70	15.89
2017	8175.81	50.90	51.61
2018	9174.72	52.00	12.22
2019	9702.31	49.90	5.75
2020	12407.92	53.70	27.89
2021	12026.43	48.40	-3.07
2022	11666.33	47.60	-2.99

数据来源：商务部。

（五）投资来源：以东部地区为主，“四个80%”现象比较突出

从流量来看，东部地区对外投资额占比为77.34%，东部地区投资频次占比为

88.38%。一是投资金额。2022年，在中国地方企业对外非金融类直接投资流量860.5亿美元中，东部地区[①] 665.5亿美元，占地方投资流量的77.34%，下降7.3%；中部地区[②] 93.8亿美元，占比10.9%，下降6.5%；西部地区[③] 93.5亿美元，占比10.9%，增长107.3%；东北三省[④] 7.7亿美元，占比0.9%，下降44.1%。浙江、广东、上海、山东、北京、江苏、天津、四川、江西、河北位列地方对外直接投资流量前十，合计678.6亿美元，占地方对外直接投资流量的78.80%（见表4-5）。二是投资频次。1980年，中国对外直接投资活动涉及15个省份，其中8个省级地区属于东部地区，对外直接投资活动合计107次，占比74.83%。2000年，中国对外直接投资活动涉及30个省份，其中10个属于东部沿海地区，对外直接投资活动970次，占比80.63%。2022年，中国对外直接投资活动涉及25个省份，其中10个属于东部沿海地区，对外直接投资活动707次，占比88.38%。

表4-5 2022年中国对外直接投资流量前十位的省市

排名	省市	流量（亿美元）	占比（%）
1	浙江省	152.8	17.70
2	广东省	116.7	13.60
3	上海市	106.6	12.40
4	山东省	64.6	7.50
5	北京市	60.0	7.00
6	江苏省	57.6	6.70
7	天津市	33.1	3.80
8	四川省	31.6	3.70
9	江西省	28.0	3.20
10	河北省	27.6	3.20
合计		678.6	78.80

数据来源：商务部。

从存量来看，东部地区对外投资额占比81.64%，东部地区投资频次占比81.36%。一是投资金额。2022年末，东部地区对外投资存量为7616.4亿美元，占比81.64%；西部地区对外投资存量为778.9亿美元，占比8.4%；中部地区对外投资存量为741亿美元，占比7.9%；东北三省对外投资存量为192.5亿美元，占比2.1%。广东以

① 东部地区：北京市、天津市、河北省、上海市、江苏省、浙江省、福建省、山东省、广东省、海南省，不含港澳台地区。

② 中部地区：山西省、安徽省、江西省、河南省、湖北省、湖南省。

③ 西部地区：内蒙古自治区、广西壮族自治区、重庆市、四川省、贵州省、云南省、西藏自治区、陕西省、甘肃省、青海省、宁夏回族自治区、新疆维吾尔自治区。

④ 东北三省：辽宁省、吉林省、黑龙江省。

1799.9亿美元的存量位列地方对外直接投资存量之首，其次为上海1627.4亿美元，其后依次为浙江、北京、山东、江苏、天津、福建、安徽、河南等。二是投资频次。截至2023年7月，中国对外直接投资来源地涉及31个省份和香港特别行政区，其中，11省级地区属于东部地区，对外直接投资活动合计39504次，占比81.36%；TOP20城市对外直接投资34312次，占比68%（见表4-6）。

表4-6 2022年末对外直接投资存量前十位的省市

排名	省市	存量（亿美元）	占比（%）
1	广东省	1799.9	19.29
2	上海市	1627.4	17.44
3	浙江省	1028.1	11.02
4	北京市	1015.4	10.88
5	山东省	699.2	7.50
6	江苏省	636.2	6.82
7	天津市	261.0	2.80
8	福建省	258.1	2.77
9	安徽省	198.6	2.13
10	河南省	184.2	1.97
合计		7708.1	82.62

数据来源：商务部。

（六）投资分布：以香港等亚洲地区为主，区域投资集中度较高

从流量来看，亚洲占比76.2%，香港占比59.8%。一是洲际维度。2022年，在中国对外直接投资流量中，流向亚洲的投资为1242.8亿美元，排名第一，比上年下降3%，主要受俄乌冲突等因素影响；占当年对外直接投资流量的76.2%，较上年提升4.6个百分点。流向拉丁美洲的投资为163.5亿美元，排名第二，比上年下降37.5%，占当年对外直接投资流量的10%。流向欧洲的投资为103.4亿美元，排名第三，比上年下降4.9%，占当年对外直接投资流量的6.3%。流向北美洲的投资为72.7亿美元，比上年增长10.5%，占当年对外直接投资流量的4.5%，较上年提升0.8个百分点。流向大洋洲的投资为30.7亿美元，比上年增长44.8%，增速最快，占当年对外直接投资流量的1.9%，较上年提升0.7个百分点。流向非洲的投资为18.1亿美元，比上年下降63.7%，占当年对外直接投资流量的1.1%。此外，1980年，中国对亚洲直接投资86次，占比60.1%，2000年分别为667次、55.4%，2022年分别为583次、72.8%。二是国家（地区）维度。2022年，在中国对外直接投资流量中，流向中国香港的投资为975.3亿美元，比上年下降3.6%，占比59.8%，较上年提升3.2个百分点；对美国投资为72.9亿美元，比上年增长30.6%，占比4.5%，较上年提升1.4个百分点。

从存量来看，亚洲占比为66.5%，香港占比为57.7%。一是洲际维度。2022年末，中国在亚洲的投资存量为18318.6亿美元，排名第一，比上年增长3.38%，占比

66.5%，较上年提升2.9个百分点；中国在拉丁美洲的投资存量为5961.5亿美元，排名第二，比上年下降14.07%，占比21.6%，较上年下降3.4个百分点；中国在欧洲的投资存量为1410.7亿美元，排名第三，比上年增长4.66%，占比5.1%，较上年提升0.3个百分点；北美洲、大洋洲、非洲投资存量依次为1034.9亿美元、413.4亿美元、409亿美元，占比依次为3.8%、1.5%、1.5%。此外，截至2023年7月，中国对亚洲直接投资累计达30684次，占比61%。二是国家（地区）维度。2022年末，中国内地在香港的投资存量为15886.7亿美元，比上年增长2.52%，占比57.7%，较上年提升2.1个百分点。此外，截至2023年7月，中国对TOP20国家（地区）投资频次累计达39364次，占比78%，其中，前三大国家（地区）依次为中国香港（投资次数占比31.88%）、美国（占比12.23%）、新加坡（占比4.03%），三者占比合计接近一半。

（七）投资领域：以服务业为主，工业占比、新兴行业占比提高

1. 覆盖领域广泛，行业集中度高

一是覆盖领域逐步扩大。1980年，中国对外直接投资覆盖行业涉及7个门类、14个大类；1990年增加到13个门类、37个大类；2022年进一步增加到15个门类、51个大类。截至2023年7月，中国对外直接投资行业累计涉及18个门类、90个大类。

二是行业集中度高。2022年，中国对外直接投资流量规模前六个行业合计1440.66亿美元，占当年流量的88.3%；对前五大门类投资684次，占比85.5%。2022年末，中国对外直接投资存量规模前6个行业合计23558.6亿美元，占比85.5%。截至2023年7月，中国对外直接投资活跃度最高的5个行业门类吸纳投资43013次，占比85.65%；活跃度最高的10个行业大类吸纳投资35478次，占比70.65%。其中，对制造业投资11740次，占比23.38%；对批发和零售业投资10782次，占比21.47%；对科学研究和技术服务业投资9052次，占比18.03%；对租赁和商务服务业投资8659次，占比17.24%；对建筑业投资2780次，占比5.54%。

2. 服务业占据主导地位

从流量来看，服务业占比69.6%。2022年，中国对外直接投资流向服务业1134.6亿美元，占当年流量总额的69.6%，较上年下降5.1个百分点。其中，流向租赁和商务服务业的投资为434.8亿美元，比上年下降11.9%，占比26.7%；流向金融业的投资为221.2亿美元，比上年下降17.5%，占比13.6%；流向批发和零售业的投资为211.7亿美元，比上年下降24.8%，占比13%；流向交通运输、仓储和邮政业的投资为150.4亿美元，比上年增长23%，占比9.2%。

从存量来看，服务业占比78.8%。2022年末，中国对外直接投资服务业存量为21706.9亿美元，占比78.8%。其中，租赁和商务服务业以10737.4亿美元高居榜首，占中国对外直接投资存量的39.0%；批发和零售业以3615.9亿美元位列第二，占比13.1%；金融业3039亿美元，占比11%；信息传输、软件和信息技术服务业1384.9亿美元，占比5.0%。

3. 工业占比、新兴行业占比提高

一是工业投资占比提高。2022 年，中国对外直接投资流向工业的投资为 477 亿美元，较 2017 年（281.5 亿美元）增长 69.45%，高于服务业投资增幅（-6.31%），也高于整体投资流量增幅（3.05%）；工业投资流量占比 29.2%，较 2017 年提升 11.4 个百分点；流向制造业的投资为 271.5 亿美元，比上年增长 1%，占比 16.6%，较 2017 年（7.8%）提升 8.8 个百分点。2022 年末，中国对外直接投资存量工业领域为 5329.3 亿美元，占比 19.3%，较 2017 年提升 1.4 个百分点。

二是高端投资占比提高。1980 年以来，中国对外直接投资热点，也逐步从建筑、批发、零售等传统产业转向科技服务、商务服务、软件信息和研发服务等新兴领域。2022 年，中国对租赁和商务服务业投资 175 次，占比 21.88%；对科学研究和技术服务业投资 168 次，占比 21%；对信息传输、软件和信息技术服务业投资 105 次，占比 13.13%（见表 4-7）。

表 4-7　2022 年中国企业对外直接投资行业分布

排名	行业名称	流量	占比（%）	行业名称	存量（亿美元）	占比（%）
1	租赁和商务服务业	434.8	26.7	租赁和商务服务业	10737.4	39.0
2	制造业	271.5	16.6	批发和零售业	3615.9	13.1
3	金融业	221.2	13.6	金融业	3039	11.0
4	批发和零售业	211.7	13.0	制造业	2680	9.7
5	采矿业	151	9.3	采矿业	2101.3	7.6
6	交通运输、仓储和邮政业	150.4	9.2	信息传输、软件和信息技术服务业	1384.9	5.0
7	电力、热力、燃气及水的生产和供应业	54.5	3.3	交通运输、仓储和邮政业	968.4	3.5
8	科学研究和技术服务业	48.2	3.0	房地产业	880.3	3.2
9	房地产业	22.1	1.4	电力、热力、燃气及水的生产和供应业	548	2.0
10	信息传输、软件和信息技术服务业	16.9	1.0	建筑业	512	1.9
11	文化体育和娱乐业	15.3	0.9	科学研究和技术服务业	445.6	1.6
12	建筑业	14.5	0.9	农、林、牧、渔业	187.1	0.7
13	居民服务、修理和其他服务业	6.8	0.4	居民服务、修理和其他服务业	141.5	0.5
14	农、林、牧、渔业	5.1	0.3	文化体育和娱乐业	112.1	0.4
15	卫生和社会工作	2.9	0.2	教育	93.8	0.4
16	教育	2.4	0.1	住宿和餐饮业	38.3	0.2
17	水利环境和公共设施管理业	1.8	0.1	卫生和社会工作	33.4	0.1
18	住宿和餐饮业	0.1	—	水利环境和公共设施管理业	29.1	0.1
合计		1631.2	100	合计	27548.1	100

数据来源：商务部。

二、中国对“一带一路”的投资情况

在“一带一路”沿线国家和地区，中国对外直接投资的发展态势趋于良好，呈现三大突出特征：一是投资规模方面，流量和存量稳定增长，成功实现两个“倍增”；二是投资分布方面，以东盟地区为主，区域集聚态势进一步强化；三是投资领域方面，对制造业投资力度大、增速快，绿色与数字经济成为投资新热点。

（一）流量和存量均实现“倍增”

从流量来看，较2012年翻一番。2021年，中国对“一带一路”沿线国家和地区实现直接投资241.5亿美元，较2012年翻一番，较2013年增长91%以上，超过同期中国对外直接投资流量的增速（66%）；比上年增长7.1%，低于当年中国对外直接投资流量的平均增速（16.3%）9个百分点；占同期中国对外直接投资流量的13.5%，比上年下降1.2个百分点（见表4-8）。

表4-8　2013—2021年中国对“一带一路”沿线国家直接投资流量、占比和增速

年份	流量（亿美元）	占比（%）	增速（%）
2013	126.3	11.7	—
2014	136.6	11.1	8.2
2015	189.3	13.0	38.6
2016	153.4	7.8	-19.0
2017	201.7	12.7	31.5
2018	178.9	12.5	-11.3
2019	186.9	13.7	4.5
2020	225.4	14.7	20.6
2021	241.5	13.5	7.1

数据来源：商务部。

从存量来看，较2014年翻一番。2021年末，中国境内投资者在“一带一路”沿线设立的境外企业累计超过1.1万家，涉及国民经济18个行业类别，中国对“一带一路”沿线国家的直接投资存量为2138.4亿美元，较2014年翻一番，比上年增长6.5%，低于中国当年对外直接投资存量的平均增速（7.92%）约1.4个百分点，占中国对外直接投资存量的7.7%，同比下降0.1个百分点（见表4-9）。

表4-9　2014—2021年中国对“一带一路”沿线国家直接投资存量、占比和增速

年份	存量（亿美元）	占比（%）	增速（%）
2014	924.6	10.5	—
2015	1156.8	10.5	25.1

续表

年份	存量（亿美元）	占比（%）	增速（%）
2016	1294.1	9.5	11.9
2017	1544.0	8.5	19.3
2018	1727.7	8.7	11.9
2019	1794.7	8.2	3.9
2020	2007.9	7.8	11.9
2021	2138.4	7.7	6.5

数据来源：商务部。

（二）东盟地区成为“主阵地”

从流量来看，东盟占比81.7%，较2013年上升24个百分点。2021年，中国对东盟国家的投资达197.3亿美元，比上年增长22.8%，占对“一带一路”投资总额的81.7%，较上年上升10.4个百分点。此外，中国对“一带一路”沿线国家的直接投资主要流向新加坡、印度尼西亚、越南、泰国、马来西亚、老挝、阿拉伯、哈萨克斯坦、巴基斯坦、沙特阿拉伯等国家。2021年排名前五位的国家吸纳中国直接投资178.07亿美元，占对“一带一路”投资总额的73.73%。其中，流向新加坡的投资为84.05亿美元，比上年增长41.9%，占对“一带一路”投资总额的34.8%，较上年提升3.4个百分点；印度尼西亚为43.7亿美元，比上年增长98.9%，占对“一带一路”投资总额的18.1%；越南为22.1亿美元，比上年增长17.7%，占对“一带一路”投资总额的9.15%；泰国为14.86亿美元，比上年下降21%，占对“一带一路”投资总额的6.15%；马来西亚为13.36亿美元，比上年下降2.77%，占对“一带一路”投资总额的5.53%（见表4-10）。

表4-10　2013—2021年中国对东盟国家直接投资流量、增速和占比

年份	流量（亿美元）	增速（%）	占“一带一路”比重（%）
2013	72.67	19.13	57.54
2014	78.09	7.46	57.17
2015	146.04	87.01	77.15
2016	102.79	-29.62	67.01
2017	141.19	37.36	70.00
2018	136.94	-3.01	76.55
2019	130.24	-4.89	69.68
2020	160.63	23.33	71.26
2021	197.3	22.83	81.70

注：2012年数据暂缺。

数据来源：商务部。

从存量来看，东盟占比 65.6%，较 2014 年上升 14 个百分点。2021 年末，中国对东盟 10 国的投资存量为 1402.80 亿美元，占对“一带一路”投资的 65.6%，较上年上升 2 个百分点。此外，吸纳中国投资存量位列前十的国家包括新加坡、印度尼西亚、越南、俄罗斯、马来西亚、老挝、泰国、阿拉伯、哈萨克斯坦、巴基斯坦。截至 2021 年末，排名前五位国家吸纳中国直接投资存量为 1191.49 亿美元，占对“一带一路”投资存量的 55.72%。其中，对新加坡直接投资存量为 672 亿美元，占比 31.4%；印度尼西亚为 201 亿美元，占比 9.40%；越南为 108.5 亿美元，占比 5.07%；俄罗斯为 106.44 亿美元，占比 4.98%；马来西亚为 103.55 亿美元，占比 4.84%（见表 4-11）。

表 4-11 2014—2021 年中国对东盟国家直接投资存量、增速和占比

年份	存量（亿美元）	增速（%）	占“一带一路”比重（%）
2014	476.33	33.55	51.52
2015	627.16	31.67	54.22
2016	715.54	14.09	55.29
2017	890.14	24.40	57.65
2018	1028.58	15.55	59.53
2019	1098.91	6.84	61.23
2020	1276.13	16.13	63.56
2021	1402.80	9.93	65.60

数据来源：商务部。

（三）产能合作成为主流模式

对制造业投资力度大、增速快。2021 年，在中国对“一带一路”的直接投资流量中，前五大产业的投资总额达 193.1 亿美元，占比 80%。其中，流向制造业的投资为 94.3 亿美元，比上年增长 22.8%，占比 39.00%；批发和零售业为 33.3 亿美元，比上年增长 107%，占比 13.80%；建筑业为 24.1 亿美元，比上年下降 35.9%，占比 10.00%；租赁和商务服务业为 22.9 亿美元，比上年增长 18%，占比 9.50%；电力、热力、燃气及水的生产和供应业为 18.5 亿美元，比上年下降 25.4%，占比 7.70%；交通运输、仓储和邮政业为 16.6 亿美元，占比 6.90%；金融业为 13.9 亿美元，比上年增长 73.75%，占比 5.60%；居民服务、修理和其他服务业为 6.0 亿美元，占比 2.50%；科学研究和技术服务业为 5.4 亿美元，较上年下降 37.9%，占比 2.20%（见表 4-12）。

表 4-12 2021 年中国对“一带一路”国家投资的主要行业

序号	行业名称	流量（亿美元）	占比（%）
1	制造业	94.3	39.00
2	批发和零售业	33.3	13.80
3	建筑业	24.1	10.00

续表

序号	行业名称	流量（亿美元）	占比（%）
4	租赁和商务服务业	22.9	9.50
5	电力、热力、燃气及水的生产和供应业	18.5	7.70
6	交通运输、仓储和邮政业	16.6	6.90
7	金融业	13.9	5.60
8	居民服务、修理和其他服务业	6.0	2.50
9	科学研究和技术服务业	5.4	2.20
10	其他	6.5	2.80
合计		241.5	100.00

数据来源：商务部。

绿色与数字经济成为投资新热点。一是绿色经济领域。中国与联合国环境规划署签署了《关于建设绿色“一带一路”的谅解备忘录》，并与沿线28个国家发起“一带一路”绿色发展伙伴关系倡议。通过实施“绿色丝路使者计划”，中国已为120多个共建“一带一路”国家培训3000人次绿色人才，投资建设了多个清洁能源电站项目。例如，中广核已先后通过并购及自主开发建设，在英国、法国、比利时、爱尔兰、荷兰、瑞典等国家拥有了超过150万千瓦的风电和太阳能资产。2023年10月，中国同多国共同发布了《“一带一路”绿色发展北京倡议》，提出加强水电、风电、光伏等绿色能源产业合作，到2030年将为伙伴国开展10万人次绿色发展培训。二是数字经济领域。2017年12月，在第四届世界互联网大会上，中国联合埃及、老挝、沙特、塞尔维亚、泰国、土耳其和阿联酋等国家代表共同发起《“一带一路”数字经济国际合作倡议》，进一步聚焦数字互联互通，为“一带一路”框架下的数字经济发展注入了新活力。2023年10月，中国同多国共同发布了《“一带一路”数字经济国际合作北京倡议》，从基础设施、产业转型、数字能力、合作机制等方面，提出“加强数字互联互通，建设数字丝绸之路”等20项共识，推动“丝路电商”等数字经济新载体赋能传统行业。

三、中国对外投资的阶段、瓶颈与建议

自1990年以来，中国对外直接投资先后经历了三个阶段：起步探索阶段、快速增长阶段、稳定发展阶段。在这一过程中，中国对外直接投资面临五个主要问题：一是企业“走出去”的全球经营能力不足；二是企业海外投资服务保障体系有待健全；三是境外经贸合作区的可持续发展能力不足；四是发达经济体的投资准入审查风险增加；五是网络安全及数据合规领域面临重大挑战。为了保障中国对外直接投资高质量发展，未来需要做好五个方面的工作：一是大力推动企业“走出去”策略的升级；二是持续完善企业海外投资的服务保障体系；三是推动境外经贸合作区可持续发展能力升级；

四是通过预案制定和规则谈判，积极应对投资准入审查限制；五是重视数字经济“走出去”的合规性，完善两个层面的防范措施。

（一）阶段研判

1. 起步探索阶段（1990—2000 年）

一方面，中国对外直接投资流量不大。在此阶段，中国每年吸纳的 FDI 从 35 亿美元猛增到 407 亿美元，但中国对外直接投资（ODI）流量基本在 10 亿~40 亿美元波动，2000 年资本净流入规模增至 397 亿美元新高，主要原因是中国经济发展水平不高，2000 年中国人均 GDP 约为 959 美元，按照世界银行标准①，中国尚处于中低收入阶段，以吸纳 FDI 为主。另一方面，中国对外直接投资受重大事件影响较明显。1992 年，邓小平同志南巡，坚定了全国人民走市场经济道路的决心，这一年的中国对外直接投资流量达到 40 亿美元，比上年增长 300%。

2. 快速增长阶段（2001—2013 年）

一方面，中国对外直接投资流量快速增长。在此阶段，中国对外直接投资流量从 2001 年的 69 亿美元增长到 2013 年的 1078 亿美元，年均递增约 25%，这相当于同期 FDI 年均增速（3.5%）的 7.2 倍。另一方面，中国资本净流入呈现“先升后降”的趋势。2001 年中国资本净流入约为 400 亿美元，2004 年增长到 551 亿美元。之后中国资本净流入规模持续下降，2005 年跌破 500 亿美元大关，2008 年首次跌破 400 亿美元大关，2012 年进一步跌破 300 亿美元大关，2013 年跌破 100 亿美元大关，降至 97 亿美元。

3. 稳定发展阶段（2014 年至今）

一方面，中国对外直接投资流量持续保持高位，ODI 从 2014 年的 1231 亿美元增长到 2016 年的 1961 亿美元，之后在 1400 亿~1800 亿美元震荡，实现了降虚火、挤水分、调结构的良性发展。另一方面，中国资本净流入与资本净流出交替出现，其中，2014 年、2015 年、2016 年、2017 年、2018 年、2020 年、2021 年为资本净流出年，而 2019 年和 2022 年等为资本净流入年，这标志着中国正逐步实现“走出去”和“引进来”并重的发展模式。

参考从全球发达经济体的发展经验，美国、德国、日本等发达国家的对外直接投资存量占全球比重与本国 GDP 占全球比重基本相当。相比之下，英国、法国、荷兰、加拿大、瑞士等国家的对外直接投资存量占全球比重大于本国 GDP 占全球比重，且普遍呈现资本净流出的态势。反观中国，2022 年本国对外直接投资存量占全球比重仅为 6.9%，远低于 GDP 占全球比重（18%），故未来中国对外直接投资流量将持续上升，且资本净流出将逐步成为新常态（见图 4-5）。

---

① 2000 年，按照世界银行标准，中低收入组别为 756~2995 美元。

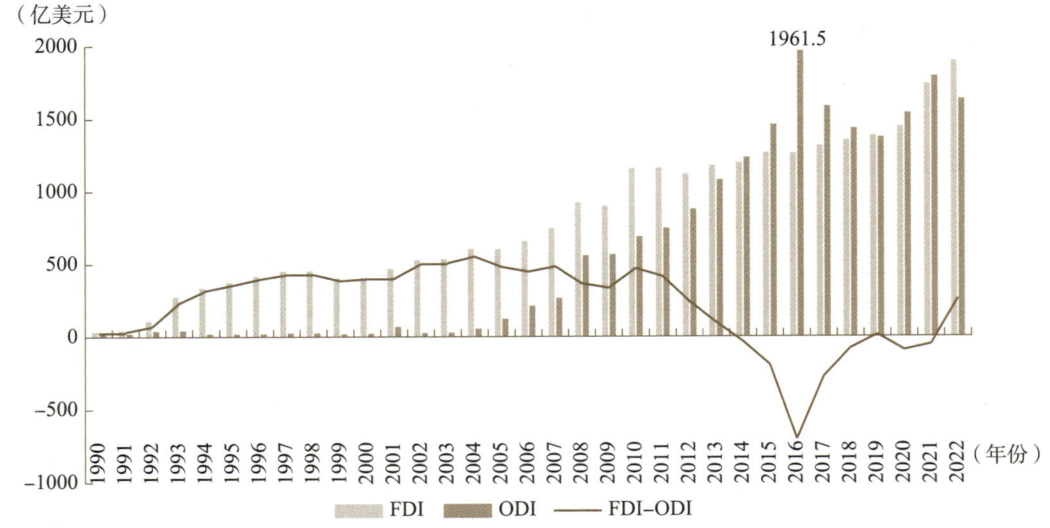

图 4-5　1990—2022 年中国 FDI、ODI 及净流入情况

数据来源：商务部。

（二）瓶颈问题

1. 企业“走出去”的全球经营能力不足

作为对外投资的市场主体，企业的全球化发展能力至关重要，目前中国企业尚处于“走出去”的初期阶段，大量企业尚缺乏相应的发展能力。主要表现在以下几个方面：第一，全球化发展的跨国经营水平不足。受全球经营战略缺失及全球资源配置能力与经验不足等因素的影响，中国公司在全球范围内进行资产配置、开拓市场等方面较先进跨国公司存在较大差距。第二，缺乏适应全球化发展的管控模式。目前，中国的跨国公司普遍采用以母国为中心辐射若干国家子公司的管理模式，很难适应高度复杂、快速变化的市场环境。第三，责任理念不足。近年来，部分境外投资企业缺乏全球化发展的责任认识，社会责任意识淡薄，过于追求短期利益，对环保、公益等当地民生问题关注不够，海外形象亟须进一步提升。第四，缺乏投资东道国的风险防控经验。中国企业在“走出去”时往往过于依赖执政当局的支持，即只走“上层路线”，忽视了与当地的其他利益相关者的互动，导致投资所在地区的公共关系处理不善，容易在地区冲突和政治矛盾中受到牵连。

2. 企业海外投资服务保障体系有待健全

目前，我国尚未建立一整套适应企业“走出去”的服务保障机制，在促进“走出去”战略的公共服务机制、人才培养机制、中介服务机制等方面，远不能适应企业“走出去”的要求，也没有形成事实“走出去”战略的整体合力。主要体现在：第一，公共服务体系不健全。不仅系统获取国际投资环境、市场、项目信息的渠道不通畅，而且地方政府对已有的投资环境和市场、项目信息的宣传力度不够，导致对外投资企业难以及时获取各部门公布的相关信息。第二，国际化人才储备不足。我国企业严重缺乏精通国际交流语言、熟悉国际商务规则、掌握国际市场信息的专业人才，以及国际型经济技术“智库”人才，难以适应国外投资环境和国际市场环境。第三，缺乏中介机构的有力支持。目前，我国本土中介机构的服务水准远未达到提供我国对外投资服务的要求：不仅数量少、业务范围有限，而且在运营模式、业务规范、诚信和行业自律等方面存在一系列的问题。第四，跨境金融服务支持不足。深圳对出海企业贷款利率在4%以上，而日本国际协力银行等与日本政府、出海企业形成了“抱团机制”，长期向出海企业提供低息贷款（如5年期0.01%、10年期0.4%）。

3. 境外经贸合作区可持续发展能力不足

从目前的情况来看，由于缺乏海外园区开发和建设的相关经验，我国的境外经贸合作区现行模式也存在一些内部缺陷。主要问题包括：第一，政府扶持力度不足。一些境外经贸合作区的建设、运营未签署政府间合作协议，没有形成双方政府框架内的合作机制，因此其投资主体在东道国没有获得应有的法律地位，东道国给予合作区的政策差异较大，优惠政策难以落实，政策稳定性差。第二，建设前期规划缺位。部分境外合作区在空间布局、产业定位、投融资方案、招商引资计划、运营管理模式等方面缺乏超前的统一设计，对于后续的实际开发运营缺乏指导。第三，开发资金压力较大。境外经贸合作区开发成本高，企业面临较大的融资难题，资金压力较大，短期内难以形成持续发展的盈利模式。第四，招商引资目标不清。由于前期产业规划的缺位，一些境外合作区对于未来的主导产业和功能定位的设计规划并不明确，往往存在对于合作区定位模糊、产业选择杂乱的情况。

4. 发达经济体投资准入审查风险增加

近年来，出于国家利益考虑，发达经济体对外国企业投资监管趋严。以欧盟为例，2019年4月11日，《欧盟外资审查框架法案》生效。之后，欧盟内部接受正式外商直接投资审查的交易数量占比从2020年的20%、2021年的29%上升至2022年的55%。欧盟外资审查制度对我国企业对欧投资存在一定的影响，具体可以概括为两方面：一方面，涉及外国投资审查程序的交易成本将明显高于以往。除了传统的收购步骤，例如市场调查、财务咨询、尽职调查、交易融资等步骤，可能还需要增加一项复杂、不确定且耗时的外国投资审查程序。另一方面，企业赴欧投资的风险增加，对欧投资项目最终获批的难度增加。欧盟外资审查的范围广，几乎覆盖了当前高新技术相关的全部领域，对于外国投资者而言，某些战略领域的准入将受到限制，甚至被简单地排除在外。此外，在美国压力下，欧盟出台一系列政策法规，限制了中国企业在人工智能、半导体等高科技领域的投资。2022年，除保加利亚和塞浦路斯外的许多欧盟成员国对“敏感行业领域”的收并购案采取监控措施，并且普遍采取不透明的干预和处理措施，直接导致2022年中国对欧直接投资降至79亿欧元，较前一年下降22%，为2013年以来的新低（见表 4-13）。

表 4-13　近年来美国加强外国投资审查的事件/举措

时间	部分事件/举措
2019 年 6 月	碳云智能科技迫于 CFIUS 的压力，将其出售给美国公司 UnitedHealth
2020 年 2 月	《外国投资风险审查现代化法案》《出口管制改革法案》实施条例正式生效，赋予美国外商投资委员会更大的审查权限，加强外国在美投资的国家安全审查
2020 年 3 月	特朗普总统签发了《关于北京中长石基信息技术股份有限公司收购美国云系统信息科技公司（StayNTouch Inc.）的行政命令》，以可能会采取威胁损害美国国家安全的行动为由要求石基公司及石基（香港）在行政命令发布后的 120 天内剥离与 StayNTouch 相关的所有权益
2021 年 4 月	美国参议院通过了《美国创新与竞争法案》，要求拜登政府对抗中国“掠夺性的国际经济行为”，针对中国公司在美国市场的经济行为加强审查
2021 年 6 月	拜登总统签署第 14032 号行政令，扩大了投资限制范围，这些限制适用于公开交易的证券或任何此类证券衍生品（或旨在为此类证券提供投资风险）的公开交易

数据来源：CDI。

5. 网络及数据合规领域面临重大挑战

智能驱动下供应链遭受跨境管理和数据合规风险挑战（如平台内置的隐私功能等），数据来源多元化、处理过程复杂、数据主体跨区域服务等限制业务营销和运营，面向区域性消费市场的个人信息隐私保护及合规要求亟须本地运营模式。全球人工智能立法加速，在 127 个调研国家中，与“人工智能”有关的法案从 2016 年的 1 例增长到 2022 年的 37 例。在欧洲市场，处罚判例增加，监管对象由数据延伸至平台。2022 年，欧洲数据保护机构开出的罚金总数达 31 亿美元，对于大型数字平台，欧盟《数字服务法》最高可开出企业全球营收 6%的罚单（见表 4-14）。

表 4-14　欧洲市场的独特监管格局与挑战

风险领域	相关法规	核心风险	违规影响
信息保护	《通用数据保护条例》（GDPR）等	收集、使用及处理个人资料，如使用或传播客户数据进行营收或售后等	罚款高达全球年营业额的 4%
可持续发展/环境治理	《德国供应链尽职调查法》《企业可持续发展报告指令（2022/2464/EU）》等	尊重人权、自然保育/环境保护、声誉风险等	罚款高达全球年营业额的 2%，且会被排除在公共采购之外等
经营和生产	《废电池法》、碳边境调节机制等	有害物质超标、非法处理废物等	每起案件最高罚款 10 万欧元，相关人士甚至会面临监禁等惩罚
竞争/销售	《反限制竞争法》《反不正当竞争法》《欧盟运作条约》等	市场协议、滥用支配地位等	罚款最高达总营业额的 10%等

数据来源：CDI。

（三）主要建议

1. 大力推动企业“走出去”行为升级

第一，投资理念升级，要从中国国情与企业发展需要出发，创新中国企业跨国经营的战略管理模式，实现由本土化向国际化的转变。第二，投资动机升级，中国企业需要不断提升集聚全球创新要素、整合全球资源进行国际化生产经营活动的能力，努力在全球价值链分工条件下由“被整合者”向“整合者”转变。第三，经营方式升级，中国企业亟须推动建立境外生产体系和研发体系，进一步降低生产经营成本，增强国际市场把控力，促进产品和品牌的国际化。第四，责任对象升级，中国企业在海外经营方面处于陌生的文化、社会、政治环境中，更加需要追求利益相关方的整体利益而不仅是股东收益，从而实现长远发展。第五，责任领域升级，适应国际化经营中普遍强调的平衡经济、社会、环境价值的要求，在为当地拉动经济增长、创造就业税收的同时，积极履行更为广泛的社会和环境责任。第六，责任层次升级，从履行必尽和应尽责任升级至更多的履行愿尽责任，从而实现企业在海外的差异化竞争优势，真正实现扎根当地。

2. 持续完善企业海外投资服务保障体系

第一，强化公共服务。搭建企业跨境投资信息服务平台，对重点国家、重点项目提供资讯及对接服务。开展《境外 PPP 项目分国别市场环境指南》等编制工作，为企业捕捉境外 PPP 项目商机提供全方位的公共服务。发挥工商联和行业协会作用，对东道国进行风险评估，做好市场调研，协调公共关系。第二，加强国际人才“引、育、留、用”。发挥欧美同学会、海归协会等作用，靶向招聘一批国际化人才。以政府采购方式，建立“走出去”人才培训机制，围绕企业出海所需的法律、会计服务等加强培训。制定企业“走出去”紧缺人才名录，纳入高层次人才体系。引导企业为外派员工、当地外籍员工设计中长期激励机制。第三，强化专业服务业支撑力度。提升线上线下平台连接企业及专服机构的能力，升级“走出去”综合服务平台，绘制专服机构国际业务地图，打造集实时发布、信息汇集、资源链接等于一体的平台。第四，创新金融服务对企业出海的保障作用。利用投贷基金“央行特批资金跨境牌照”，为国企境外投资提供资金服务。鼓励国内银行发挥优势，实现企业全球账户的统一管理，推动海外业务与授信线上化、智能化。支持国有跨国企业依托海外业务建立综合金融服务平台，提供资金结算、项目融资、资产管理等服务。

3. 推动境外经贸合作区可持续发展能力升级

第一，加强顶层设计。建立以商务部牵头、多部门共同参与的境外合作区推广引导机制，按照“一带一路”倡议“中非工业化伙伴计划”以及国家其他战略安排确定的重点区域和重点市场，制定《境外经贸合作区重点国别、建设类型、主要市场指南》。第二，完善政策沟通。通过签订政府间协议的方式，确保境外经贸合作区在东道国能够合法、连续地享受土地资源开发、外汇管理、市场准入、税收优惠等各类政策。第三，做好园区规划。推动系统编制“123”园区开发综合规划①，积极向海外输出我国园区规划设计和统筹管理体系，争取成为重点国家园区发展的规则制定者。第四，引入产业生态。对接国内具有优势产业大面积转移需求的区域或园区，鼓励形成链条式、生态体系式转移；支持企业联盟式发展，形成“园区开发商+园区运营商+第三方智库”的境外合作区专业化运作模式。第五，搭建融资渠道。积极发挥亚投行、金砖开发银行、丝路基金、中非合作发展基金等政策性金融机构的作用，扩大中央财政专项资金安排，开展国家确认的境外经贸合作区资产抵押可行性研究，支持国内金融机构支持企业“走出去”开设海外分支机构。

4. 通过预案制定和规则谈判，积极应对投资准入审查限制

一方面，从宏观层面到微观层面，做好跟踪、研判及应急预案。在宏观层面，深入跟踪研究欧美等西方主要国家的投资审查制度，掌握相关审查的核心风险点，及时发布政策指南，有效引导企业创新投资方式。在中观层面，发挥行业联盟与自律组织的积极作用，针对欧美等国相关政策法规进行全面分析和调研，指导企业适时调整投资战略。在微观层面，企业海外投资应做好尽职调查工作，谨慎选择投资对象，尽量避开东道国审查的重点和敏感行业，有效规避各种潜在的审查法律风险。在股权转让协议中增加一系列应对条款和救济机制，以防交易被否决，避免中方投资者遭受重大损失。另一方面，积极参与国际规则谈判，打破美国战略联盟的封锁。利用世界贸易组织相关协定及其已生效的国际法规则和制度，维护多边经贸体制，参与新一代国际投资规则的制定并争取话语权。加速构建中国高水平自由贸易区网络，建立远东新型合作模式区。加强与主要经贸伙伴的政治互信、政策沟通和规则对接，加强与资源型国家的友好往来与互惠贸易，增强全球和国内供应链的互补性。增加非官方合作，逐步重建中美信任机制，推动中美技术转让关键环节谈判，重新启动《中美双边投资协定》的谈判。

5. 重视数字经济“走出去”的合规性，完善两个层面的防范措施

一方面，企业层面。对于中国企业而言，需在对内技术实现和对外产品服务两个维度上加强合规应对。在产品及服务维度，遵从数据处理的基本原则，识别数据类型，管理数据跨境活动，并开展数据保护影响评估；在技术实现维度，保护数据安全并持续监测，管理数据留存期限，做好数据处理活动记录。另一方面，产业层面。强化涉外法律服务对产业合规的支持力度。对在国内执业的涉外律师领军人才给予适当补贴。

① “123”园区开发综合规划即1法规、2规划（产业规划、空间规划）、3报告（开发模式报告、投资融资报告、管理运营报告）。

由商务部门牵头，建立涉外重大商业纠纷快速响应机制，为涉外纠纷企业提供支持。探索成立企业海外维权互助基金。为数字企业提供东道国在数据安全、信息保护、反垄断等方面的法律合规咨询服务，以及数据安全出境“体检”。为新能源汽车企业提供西方国家驾驶者隐私、个人数据传输等法律领域的专题培训。对“走出去”企业开展数据安全管理（DSM）、隐私信息管理体系、信息安全管理体系等认证。

第五章　中国吸引外资和产业的开放：FDI 和产业开放——稳存量、扩增量、提质量

范龙东　程传海

外商直接投资不仅对我国经济稳增长发挥了重要作用，也促进了我国的对外开放和经济合作。自 2021 年以来，我国外商直接投资金额为历史以来最高的三个年份，外商直接投资在全球表现仍较为亮眼，投资质量不断上升。但受全球经济衰退和地缘政治冲突的影响，我国稳定外资的难度有所增加。未来，需要按照习近平总书记的要求，继续推进高水平对外开放，加大制度创新，依托我国超大规模市场优势，更大力度地吸引和利用外资。

一、中国利用外资概况

（一）2022—2023 年中国利用外资总体概况

2022 年，FDI 同比下降 12%的情况下，中国利用外资金额取得逆势上涨，实际使用外资达 1891.3 亿美元，同比增长 4.5%[①]，呈现稳中有进的势态。在世界跨国投资复苏缓慢、大国博弈日趋激烈、国际贸易环境风高浪急的背景下，2022 年中国利用外资金额创历史新高，全年实际使用外商直接投资金额 12327 亿元，增长 6.3%，折合 1891 亿美元，增长 8.0%。新设立外商直接投资企业 38497 家[②]，较上年下降 19.2%。其中，“一带一路”沿线国家对华直接投资（含通过部分自由港对华投资）新设立企业 4519 家，下降 15.3%；对华直接投资金额 891 亿元，增长 17.2%，折合 137 亿美元，增长 18.6%。高技术产业增长突出，全年实际使用外资 4449 亿元，增长 28.3%，折合 683 亿美元，增长 30.9%（见图 5-1）。

2023 年，全国新设立外商投资企业 53766 家，同比增长 39.7%；实际使用外资金额 11339.1 亿元，同比下降 8.0%，但仍处于历史较高水平。

---

① 按不含银行、证券、保险领域的可比口径计算，2022 年实际使用外资增长 8%；按包含上述领域的全口径计算，增长 4.5%。

② 2022 年对外商投资统计调查制度进行修订，外商直接投资新设立企业数量、实际使用外商直接投资金额为包含银行、证券、保险领域的全口径数据，增速按可比口径计算。

图 5-1　2011—2022 年中国的实际使用外资金额和增长率

数据来源：商务部。

（二）2022—2023 年外资投资来源分布

2022 年，中国利用外资的主要来源地保持相对稳定，亚洲地区仍然占比最大，其新设企业数和实际投资金额分别占总量的 78%和 86.5%。其中，亚洲十国/地区（中国香港、中国澳门、中国台湾、日本、菲律宾、泰国、马来西亚、新加坡、印度尼西亚和韩国）对华投资新设立企业 28053 家，占比 72.87%；实际投入外资金额为 1622 亿美元，占比 85.76%。

2022 年，在主要投资来源地中，美国对华投资新设立企业 1583 家，同比下降 23.45%，实际投入外资金额 22.1 亿美元，同比减少 10.53%；欧盟对华投资新设立企业 1376 家，同比下降 35.82%，实际投入外资 100.3 亿美元，同比减少 5.20%；东盟在华投资新设企业 1833 家，同比下降 14.51%，实际投资金额为 119.1 亿美元，同比增加 12.57%；“金砖国家”在华投资新设企业 752 家，同比下降 24.12%，实际投资金额为 1.7 亿美元，同比增加 466.67%。

2022 年，实际对华投入外资金额前十五位国家/地区依次为：中国香港（1372.4 亿美元）、新加坡（106.0 亿美元）、英属维尔京群岛（66.3 亿美元）、韩国（66.0 亿美元）、日本（46.1 亿美元）、荷兰（44.9 亿美元）、德国（25.7 亿美元）、开曼群岛（24.2 亿美元）、美国（22.1 亿美元）、英国（16.0 亿美元）、中国澳门（12.4 亿美元）、马来西亚（11.3 亿美元）、阿联酋（9.6 亿美元）、法国（7.6 亿美元）、萨摩亚（7.5 亿美元）。这前 15 位国家/地区新设企业数合计 25413 家，占当年中国新设外商投资企业总数的 66%；实际投入外资金额 1838.1 亿美元，占当年中国全部实际投入外资金额的 97.2%（见表 5-1）。

表 5-1　2022 年利用外资主要来源地概况

国别（地区）	新设企业（家）	比重（%）	外商直接投资（亿美元）	比重（%）
总计	38497	100. 0	1891. 3	100. 0
亚洲	30027	78. 0	1635. 7	86. 5
中国香港	15814	41. 1	1372. 4	72. 6
中国台湾	5852	15. 2	6. 6	0. 4
中国澳门	2313	6. 0	12. 4	0. 7
韩国	1593	4. 1	66. 0	3. 5
新加坡	1176	3. 1	106. 0	5. 6
日本	828	2. 2	46. 1	2. 4
马来西亚	309	0. 8	11. 3	0. 6
泰国	84	0. 2	0. 7	0. 0
印度	53	0. 1	0. 4	0. 0
阿联酋	37	0. 1	9. 6	0. 5
印度尼西亚	20	0. 1	0. 8	0. 0
欧洲	2755	7. 2	119. 8	6. 3
英国	609	1. 6	16. 0	0. 9
俄罗斯	440	1. 1	0. 4	0. 0
德国	422	1. 1	25. 7	1. 4
法国	186	0. 5	7. 6	0. 4
意大利	176	0. 5	1. 5	0. 1
荷兰	103	0. 3	44. 9	2. 4
西班牙	101	0. 3	1. 2	0. 1
瑞士	74	0. 2	3. 9	0. 2
瑞典	54	0. 1	5. 4	0. 3
比利时	45	0. 1	1. 8	0. 1
奥地利	47	0. 1	1. 6	0. 1
丹麦	41	0. 1	4. 3	0. 2
爱尔兰	27	0. 1	1. 7	0. 1
芬兰	26	0. 1	0. 1	0. 0
卢森堡	20	0. 1	1. 6	0. 1
葡萄牙	13	0. 0	0. 1	0. 0
希腊	8	0. 0	0. 0	0. 0

续表

国别（地区）	新设企业（家）	比重（%）	外商直接投资（亿美元）	比重（%）
北美洲	2336	6.1	28.8	1.5
美国	1586	4.1	22.1	1.2
加拿大	750	2.0	1.7	0.1
百慕大	3	0.0	5.0	0.3
拉丁美洲	625	1.6	91.7	4.9
英属维尔京群岛	218	0.6	66.3	3.5
开曼群岛	157	0.4	24.2	1.3
巴西	53	0.1	0.3	0.0
非洲	1289	3.4	3.4	0.2
埃及	106	0.3	0	0
塞舌尔	46	0.1	1.5	0.1
毛里求斯	6	0.0	0.7	0.0
大洋洲	645	1.7	12.1	0.6
澳大利亚	453	1.2	4.0	0.2
新西兰	83	0.2	0.1	0.0
萨摩亚	65	0.2	7.5	0.4

数据来源：《中国外资统计 2023》。

2022 年，主要投资来源地对华投资规模保持稳定。部分主要来源地外资投资增长迅速，如韩国、德国、英国和日本分别增长 64.2%、52.9%、40.7%和 16.1%。“一带一路”沿线国家对华投资增长 17.2%。

2023 年，法国、英国、荷兰、瑞士、澳大利亚实际对华投资分别增长 84.1%、81.0%、31.5%、21.4%、17.1%（含通过自由港投资数据）。

（三）2022—2023 年中国利用外资行业分布

2022 年，实际利用外资金额除第二产业取得显著增加外，第一产业和第三产业均有小幅度下降，但第三产业仍为利用外资的主要行业。其中，第一产业新设企业 362 家，同比减少 68 家，下降 15.81%，占比 0.9%，实际使用外资 4.7 亿美元，同比下降 0.7 亿美元，减少 12.96%，占比 0.3%；第二产业新设企业 4608 家，同比减少 1005 家，下降 17.90%，占比 12.0%，实际利用外资 570.7 亿美元，同比增加 147.3 亿美元，大幅增长 34.79%，占比 30.2%；第三产业新设企业 33527 家，同比减少 8027 家，下降 19.41%，占比 87.1%，实际利用外资 1315.9 亿美元，同比下降 64.9 亿美元，减少 4.70%，占比 69.6%（见表 5-2）。

表 5-2　2022 年外商直接投资产业结构

行业名称	新设企业（家）	比重（%）	实际使用外资金额（亿美元）	比重（%）
总计	38497	100.0	1891.3	100.1
第一产业	362	0.9	4.7	0.3
第二产业	4608	12.0	570.7	30.2
第三产业	33527	87.1	1315.9	69.6

数据来源：《中国外资统计 2023》。

从行业看，2022 年，外商投资主要集中在制造业，租赁和商务服务业，科学研究和技术服务业，信息传输、软件和信息技术服务业，批发和零售业，房地产业，金融业。上述 7 个行业的新设企业数量占比为 86.3%，实际使用外资金额占比为 91.2%。其中，投资于批发和零售业的外商最多，2022 年新增企业达 10894 家，占比 28.3%，实际使用外商资金 145.6 亿美元。租赁和商务服务为第二大吸引外商的行业，新增企业 7473 家。科学研究和技术服务业为第三大吸引外资行业，新增企业为 7280 家（见表 5-3）。

表 5-3　2022 年外商直接投资行业分布

行业	新设企业（家）	比重（%）	实际使用外资金额（亿美元）	比重（%）
总计	37987	98.9	1880.4	99.5
批发和零售业	10894	28.3	145.6	7.7
租赁和商务服务业	7473	19.4	330.6	17.5
科学研究和技术服务业	7280	18.9	301.8	16.0
制造业	3570	9.3	496.7	26.3
信息传输、软件和信息技术服务业	3059	8.0	238.7	12.6
文化、体育和娱乐业	1678	4.4	4.5	0.2
住宿和餐饮业	828	2.2	5.2	0.3
交通运输、仓储和邮政业	602	1.6	53.2	2.8
房地产业	581	1.5	141.5	7.5
电力、热力、燃气及水的生产和供应业	523	1.4	41.5	2.2
建筑业	505	1.3	17.9	0.9
农、林、牧、渔业	420	1.1	12.4	0.7
金融业	353	0.9	68.5	3.6
卫生和社会工作	109	0.3	5.7	0.3
教育	84	0.2	1.2	0.1
采矿业	28	0.1	15.4	0.8

数据来源：《中国外资统计 2023》。

2022 年，高技术产业新设外商投资企业 10885 家，实际使用外资金额 683.5 亿美元。其中，高技术制造业新设外商投资企业 866 家，实际使用外资金额 182.1 亿美元；高技术服务业新设外商投资企业 10019 家，实际使用外资金额 501.4 亿美元（见表 5-4）。三项高技术产业投资额均取得较大程度的增长，分别增加 30.94%、51.00%和 24.91%。

表 5-4　2022 年高技术产业吸收外资情况

行业	新设企业（家）	比重（%）	实际使用外资金额（亿美元）	比重（%）
高技术产业	10885	28.3	683.5	36.1
高技术服务业	10019	26.0	501.4	26.5
高技术制造业	866	2.2	182.1	9.6

数据来源：《中国外资统计 2023》。

2023 年，制造业实际使用外资金额 3179.2 亿元，下降 1.8%，其中高技术制造业实际使用外资增长 6.5%。医疗仪器设备及仪器仪表制造业、电子及通信设备制造业分别增长 32.1%、12.2%。服务业实际使用外资金额 7760.8 亿元，下降 13.4%。建筑业、科技成果转化服务、研发与设计服务领域实际使用外资分别增长 43.7%、8.9%和 4.1%。高技术产业引资 4233.4 亿元，占实际使用外资金额比重为 37.3%，较 2022 年全年提升 1.2 个百分点，创历史新高。

（四）2022 年中国利用外资投向地区分布

2022 年，按照外资投向地分布，投资的重点区域依旧是我国东部地区，实际使用外资金额 1643.9 亿美元，占比 86.9%，较 2021 年上涨 2.5%。东部地区新设企业 33341 家，占比 86.6%，同比小幅减少 1.7%；中部地区和西部地区新设企业较 2021 年数值有所减少，分别为 2695 家和 2461 家。同时，中部地区和西部地区实际利用外资金额分别为 137.8 亿美元和 109.6 亿美元，同比增长 23.48%和 13.69%。新设企业方面，中部地区新设立企业占比为 7.0%，西部地区占比为 6.4%[①]（见表 5-5）。

表 5-5　2022 年外商直接投资地区分布

地区	新设企业（家）	比重（%）	实际使用外资金额（亿美元）	比重（%）
总计	38497	100.0	1891.3	100.0
东部地区	33341	86.6	1643.9	86.9
中部地区	2695	7.0	137.8	7.3
西部地区	2461	6.4	109.6	5.8

数据来源：《中国外资统计 2023》。

① 东部地区：北京、天津、河北、辽宁、上海、江苏、浙江、福建、山东、广东、海南。中部地区：山西、吉林、黑龙江、安徽、江西、河南、湖北、湖南。西部地区：内蒙古、广西、四川、重庆、贵州、云南、陕西、甘肃、青海、宁夏、新疆、西藏。

2022 年，长江经济带、京津冀地区、东北地区新设外商投资企业数量占比分别为 36.6%、6.1%、2.2%，实际使用外资金额占比分别为 48%、13.2%、3.6%①（见表 5-6）。

表 5-6　2022 部分区域吸收外资情况

区域名称	新设企业（家）	比重（%）	实际使用外资金额（亿美元）	比重（%）
长江经济带	14106	36.6	908.7	48.0
京津冀地区	2346	6.1	250.1	13.2
东北地区	854	2.2	68.3	3.6

数据来源：《中国外资统计 2023》。

2022 年，新设外商投资企业数排名前十的省份分别是广东、上海、江苏、浙江、山东、北京、海南、辽宁、天津和福建，数量占全国比重的 86.2%，同比下降 1.8%；实际使用外资金额排名前十的省份分别是江苏、广东、上海、山东、浙江、北京、辽宁、天津、福建、海南，规模占全国比重的 86%，同比上升 2.4%（见表 5-7）。

表 5-7　2022 年主要吸收外资前十位省份情况

区域名称	新设企业（家）	比重（%）	实际使用外资金额（亿美元）	比重（%）
广东	13365	34.7	278.9	14.7
上海	4359	11.3	239.6	12.7
江苏	3303	8.6	305.0	16.1
浙江	2910	7.6	193.0	10.2
山东	2329	6.0	228.7	12.1
北京	1408	3.7	174.1	9.2
海南	1352	3.5	37.1	2.0
辽宁	644	1.7	61.6	3.3
天津	496	1.3	59.5	3.1
福建	273	7.1	49.9	2.6

数据来源：《中国外资统计 2023》。

二、中国利用外资的风险与展望

（一）中国利用外资面临的困难和挑战

1. 全球经济衰退风险加剧

2022 年，由于发达国家的融资和并购交易减少，FDI 同比下降 12%，跌至 1.3 万

① 长江经济带：上海、江苏、浙江、安徽、江西、湖北、湖南、重庆、四川、贵州、云南；京津冀地区：北京、天津、河北；东北地区：辽宁、吉林、黑龙江。

亿美元。但从宏观来看，国际上对实际资产的投资趋势依然相对较好，大多数地区和行业的新建投资项目都有所增加。其中，发展中国家的外国直接投资小幅增长，但仅局限于几个大型新兴经济体。众多中小型的发展中国家的外资流入提升缓慢，最不发达国家的外国直接投资呈现下降趋势。在全球经济衰退风险加剧的背景下，跨国企业的投资意愿可能会进一步降低，进而影响全球外资的合理流动，阻碍全球跨国投资的正常开展，从而对我国利用外资形成巨大挑战。

2. 稳定吸引和利用外资基本盘的难度加大

以美国为代表的发达经济体，近年来，一方面采取“小院高墙”“去风险”等策略来改变全球产业分工格局，尝试拆散既有全球价值链分工体系，制造恐慌效应，干涉盟国与国际产业资本在全球范围内的正常流动。另一方面通过构建“在岸外包”“近岸外包”“友岸外包”三位一体供应链安全与保障体系，谋求将全球供应链中心从中国转移到以美国为主导的所谓“新型供应链体系”①。跨国投资者基于分散风险考量，并考虑到降低产业链供应链成本等因素，正在积极推动供应链多元化、近岸化，导致我国稳外资压力加大。

据国家外汇局最新数据显示，2023 年第三季度，国际收支口径的外来直接投资净流出 118 亿美元，是 1998 年有季度数据以来的首次。从 2022 年第三季度到 2023 年第三季度，中国国际收支口径的直接投资连续五个季度净流出，同样为历史首次②。其中，股权投资净流入骤减是外来直接投资下降的主要原因。外国直接投资流入疲软，外商投资企业的盈利能力受到挑战，外来直接投资面临低潮期。

3. 全球产业转移与引资竞争日益激烈

一是全球产业竞争压力加大。随着全球经济的发展和产业结构的调整，许多发达经济体开始将目光转向新兴市场地区，寻找更加有利可图的投资机会。这导致我国在吸引外资方面面临来自其他国家的激烈竞争。为了吸引外资，各国纷纷采取优惠政策、降低成本、改善营商环境等措施，使得我国在全球产业转移中面临更大的竞争压力。

二是技术外溢风险增加。在全球产业转移过程中，发达国家在将一些高技术产业或环节转移至我国的同时，出于保护自身核心竞争力的考虑，往往会采取技术封锁、限制技术转移等措施，导致我国难以获得关键技术和核心资源。这增加了我国在技术外溢方面的风险，不利于提升我国的自主创新能力，延缓了我国的产业升级进程。

三是外资依赖风险增加。全球产业转移可能导致我国对外资的依赖程度增加，特别是对某些关键技术、核心部件和服务的依赖。一旦外资企业停止供应或提高价格，可能会对我国相关产业造成重大影响，带来严重损失，甚至危及国家安全。

---

① 章玉贵．扩大高水平对外开放　打造吸引和利用外资新优势［N］．上海证券报，2023-12-19（7）．

② 第一财经．管涛：外来直接投资净额为负背后的九个真相［EB/OL］．（2023-11-29）［2023-12-25］．https：//www.yicai.com/news/101914996.html．

四是引资质量与结构的矛盾。一方面，低技术、低附加值、高污染的产业投资可能因为优惠政策等原因被吸引进入我国，这类投资的过度增加将会不利于产业结构的优化和升级；另一方面，外资过度集中于某些领域或地区，可能会加剧我国经济的不稳定性，对我国经济安全构成威胁。

4. 全球主要经济体竞相争夺高质量外资的挑战

近年来，全球主要经济体之间的战略竞争越来越聚焦于对关键核心技术及高技术产业的控制领域。以美国为例，其在货币、金融等领域巩固已有地位的同时，更加关注支持核心产业，巩固以高端制造业为核心的实体经济竞争力。为了吸引以欧洲为代表的具有国际竞争力的绿色领域企业流向美国，美国于 2022 年 8 月出台了总价值达 7400 亿美元的《2022 年通胀削减法案》。该法案通过对气候变化和新能源项目进行大量投资，以促进相关产业的本土制造，为“美国制造”项目提供生产激励，实现从需求端到供给侧的全产业链覆盖①。与此同时，2023 年 2 月 1 日，欧盟推出了“绿色协议产业计划”②，该计划基于建立可预测和简洁高效的监管体系、加快获得融资的速度、提升绿色转型技能以及发展有弹性的供应链开放贸易等四大支柱，通过提出“净零工业法案”、建立净零工业学院、设立欧洲主权基金以及发展自由贸易协定网络等措施，为其成员国提升净零排放技术以及相关产品的制造能力创造更有利的环境。综上所述，以美欧为代表的发达经济体近年来不断加大对制造业回流本土的政策支持力度，并收紧高科技产品的出口政策，限制掌握先进科技与制造工艺的龙头企业在华投资。

（二）中国利用外资的发展展望

过去五年，中国吸引外资和对外投资额均位居世界前列。通过设立自贸易试验区或自由贸易港，以及出台《外商投资法》实施条例，优化外商投资环境，持续放宽外资市场准入，压缩全国和自贸试验区的负面清单，中国不断提升开放水平。目前，制造业领域的外资准入限制已基本取消，同时，金融等服务业领域的开放水平也一直在提升。

2023 年 9 月，商务部相关负责人在接受采访时表示，下一步将重点推进服务业开放。商务部正在与有关部门一道深化研究，推动合理缩减自贸试验区外商投资负面清单。同时，推动出台跨境服务贸易负面清单，引领全国持续扩大开放。展望未来，中国利用外资的政策不会变，对外商投资企业合法权益的保护不会变，为各国企业在华投资兴业提供更好服务的方向不会变③。作为国内国际双循环的重要衔接点，外资将在

---

① 李明玉．新湖宏观金融：简析美国《通胀削减法案》［EB/OL］．（2022－09－27）［2023－12－25］．https：//www. cfachina. org/servicesupport/analygarden/jrl/fxszh6/202209/P020220927533607099643. pdf.

② 汤匀．欧盟发布《绿色协议产业计划》［EB/OL］．（2023－05－12）［2023－12－25］．http：//www. casisd. cn/zkcg/ydkb/kjzcyzxkb/2023/zczxkb202304/202305/t20230512_6753290. html.

③ 罗珊珊．以更优环境吸引高质量外资［EB/OL］．（2023－08－31）［2023－12－25］．http：//opinion. people. com. cn/n1/2023/0831/c1003－40067303. html.

推动打通生产、分配、交换、消费各生产关系环节堵点，提供高端要素资源，增强自主创新能力，建立富有较强动态国际竞争力的核心技术和产业体系等方面的积极作用将进一步凸显[①]。

根据中国贸促会发布的《2023 年第三季度中国外资营商环境调研报告》，七成受访外资企业认为在华产业链布局趋向“保持稳定”。从发展机遇来看，受访外资企业连续三个季度认为“技术创新与研发”是中国市场最大的发展机遇。中国市场对外资企业仍保持较强吸引力。中国欧盟商会的调查显示，近四分之一的受访企业计划进一步或完全将供应链留在中国。根据中国德国商会的调查报告，53%的德国企业计划在未来两年内增加在中国本土化研发的职能。

科尔尼全球商业政策委员会公布的 2022 年、2023 年《外商直接投资信心指数（FDICI）》报告显示，中国的外商投资信心指数排名连续两年取得提升，从 2021 年的第 12 位逐步上升到 2022 年的第 10 位、2023 年的第 7 位，是外商直接投资信心指数排名前十位中上升幅度最大的国家。根据华南美国商会最新发布的《2023 年中国营商环境白皮书》，75%的受访企业计划 2023 年进行在华再投资。

中国经济回升向好、长期向好的基本趋势依旧。伴随着中国经济从高速发展逐步转型为高质量发展，我国的产业结构逐步向高科技、新能源、高端制造、技术服务等领域转型升级。在此背景下，外资必将在中国这片沃土上找到更加广阔的发展空间，中国也将继续担当全球经济增长的重要引擎，为世界经济提供强大动能。

三、推动外资高质量发展措施

（一）高屋建瓴，持续深化思想引领

党的十八大以来，习近平总书记亲自谋划、亲自部署、亲自推动高水平开放。十八届三中全会提出“以开放促改革和发展”；党的十九大报告提出“主动参与和推动经济全球化进程，发展更高层次的开放型经济”；十九届四中全会提出“建设更高水平开放型经济新体制”；《“十四五”规划纲要》提出“实行高水平对外开放，开拓合作共赢新局面”；党的二十大报告提出“推进高水平对外开放”。不断推进更高水平对外开放构成了新时代的鲜明特征。

大力吸引和利用外资是高水平开放的重要内容。习近平总书记高度重视吸收利用外资工作，2022 年 4 月 21 日，他在博鳌亚洲论坛主旨演讲中强调，中国将扩大高水平对外开放，深入实施外资准入负面清单，扩大鼓励外商投资范围，优化外资促进服务，扩大开放综合试点[②]；2022 年 12 月 15 日，习近平总书记在主持召开中央经济工作会议

---

① 桑百川．积极有效利用外资 推动构建新发展格局［EB/OL］．（2021-11-05）［2023-12-25］．https：//theory. gmw. cn/2021-11/05/content_35288979. htm.

② 习近平．习近平在博鳌亚洲论坛 2022 年年会开幕式上发表主旨演讲［N］．人民日报，2022-04-22（1）.

时指出要“更大力度吸引和利用外资”，同时提出，我们要推进高水平对外开放，依托我国超大规模市场优势，以国内大循环吸引全球资源要素，既要把优质存量外资留下来，还要把更多高质量外资吸引过来，提升贸易投资合作质量和水平；2023 年 12 月 26 日，习近平总书记在纪念毛泽东同志诞辰 130 周年座谈会上强调，我们要不断扩大高水平对外开放，坚定奉行互利共赢的开放战略，依托我国超大规模市场优势，以国内大循环吸引全球资源要素，增强国内国际两个市场、两种资源联动效应，稳步推进规则、规制、管理、标准等制度型开放，提升贸易投资合作质量和水平，不断拓展中国式现代化的发展空间①。

在习近平经济思想指引下，我国大力优化外资营商环境，外商投资的自由化、便利化水平持续提高，营商环境国际排名大幅跃升，积极吸收利用外资已成为新时代中国经济发展的重要特征。

（二）与时俱进，大力推进制度优化

1. 允许鼓励自贸试验区制度创新

建设自贸试验区是以习近平同志为核心的党中央在新时代推进改革开放的一项重要战略举措，在我国改革开放进程中具有里程碑意义。2022 年，21 个自贸试验区实际使用外资 2225.2 亿元，占全国的 18.1%。其中，高技术产业实际使用外资 863.4 亿元，同比增长 53.2%②。据商务部自贸区港司数据显示，2023 年上半年，21 个自贸试验区实际使用外资 1300 亿元，同比增长 8.2%，高出全国平均水平 10.9 个百分点。

近年来，各自由贸易试验区以制度创新为核心，深化改革探索，围绕产业发展、要素资源等方面，破解深层次矛盾和结构性问题，形成了丰富的制度创新成果，持续推动改革创新取得新突破。

一是市场主体资格确认流程更加人性化，允许外资企业远程确认。黑龙江自由贸易试验区通过线上会议等方式对外资企业的主体资格证明进行确认，为外资企业来华投资提供了便利。同时，开通外资准入“容缺受理”绿色通道。外资企业无须通过国际快递邮寄申请材料，只需通过视频提交登记申请材料的原件扫描件及截图，在承诺提交的材料真实有效后，由片区市场监管部门代收并全程帮办。

二是证明文件办理简单化，缩减港澳投资者主体确认所需的公证书。重庆自由贸易试验区通过改革港澳投资者简版公证文书，在维持委托公证人原有查证步骤的基础上，简化版本只需提交 3 个附件，从之前的 50 页左右缩减为不超过 10 页，显著减轻了企业负担③，为港澳企业投资创造更多便利条件，为构建国际化、法治化、便利化的营

---

① 习近平．在纪念毛泽东同志诞辰 130 周年座谈会上的讲话［N］．人民日报，2023-12-27（2）．

② 陶媛．商务部：2022 年 21 家自贸试验区实现进出口总额 7.5 万亿元［EB/OL］．（2023-02-02）［2023-12-25］．https：//economy.gmw.cn/2023-02/02/content_36340960.htm.

③ 杨涛．重庆率先启用港澳投资者简版公证文书　企业办事更高效［EB/OL］．（2022-07-11）［2023-12-25］．https：//www.12371.gov.cn/Item/606766.aspx.

商环境新高地做出积极贡献。

三是完善外商投资促进体系，保障外资合法权益。山东自由贸易试验区推出外商投资企业服务大使，开通外商投资企业快速维权处理平台，加快健全外商投资促进、保护和服务体系，支持外资企业平等参与政府采购、基建投资建设、产业升级等项目。海南自由贸易试验区建立以国际投资“单一窗口”为核心的外商投资管理制度，提升招商引资和国际商务服务水平，推动海南实际利用外资金额的大幅增长。

四是健全各类经贸合作平台建设，推动国际经贸合作走深走实。例如，陕西自贸试验区杨凌片区依托农业基础优势，与 60 多个国家在现代农业领域建立合作关系，杨凌国际农业科技创新港聚集了 11 家国际合作研究机构和外资企业，并在美国、哈萨克斯坦等地建设了 6 个现代农业示范园区，促进农业技术、新品种和农业设备的对外交流①。

五是助力经营主体提升统筹配置境内外资金能力。上海自由贸易试验区通过优化跨国公司跨境资金集中运营管理政策、提升自由贸易账户系统的功能，进一步优化上海总部经济的跨境投融资服务水平。支持金融机构进一步对标国际惯例，在金融监管部门的指导下探索放宽非居民并购贷款限制，为各类主体开展“走出去”和“引进来”业务提供更有竞争力的金融服务。

六是促进法律服务国际化，推动司法确认规范化建设。前海蛇口自贸区将由前海法院管辖的国际商事调解协议纳入司法确认适用范畴，前海法院受理涉外涉港澳台商事案件、适用香港法审理案件的数量均居全国基层法院第一；深圳国际仲裁院率先在国内适用联合国国际贸易法委员会仲裁规则，允许当事人在有涉港因素的情况下选择香港作为仲裁地进行仲裁。

2. 不断减少外资准入限制

2021 年 12 月 27 日，国家发展改革委、商务部发布《外商投资准入特别管理措施（负面清单）（2021 年版）》和《自由贸易试验区外商投资准入特别管理措施（负面清单）（2021 年版）》，将全国和自贸试验区外资准入负面清单进一步缩减至 31 条、27 条，压减比例分别为 6.1%、10%，实现全国和自贸试验区负面清单连续第五年缩减②。与 2020 年版相比，2021 年版外资准入负面清单主要有四方面变化。

一是进一步深化制造业开放。在汽车制造领域，取消乘用车制造外资股比限制以及同一家外商可在国内建立两家及两家以下生产同类整车产品的合资企业的限制。在广播电视设备制造领域，取消外商投资卫星电视广播地面接收设施及关键件生产的限制，按照内外资一致原则进行管理。本次修订，实现了自由贸易试验区负面清单制造

---

① 阿琳娜．截至 3 月底陕西自贸区新设市场主体 83528 家［EB/OL］．（2021-04-07）［2023-12-25］．https://www.chinanews.com.cn/cj/2021/04-07/9449613.shtml.

② 邱海峰．2021 年版外资准入负面清单再缩减［EB/OL］．（2021-12-28）［2023-12-25］．http://finance.people.com.cn/n1/2021/1228/c1004-32318379.html.

业条目清零。

二是自由贸易试验区探索放宽服务业准入。在市场调查领域，除广播电视收听、收视调查须由中方控股外，取消外资准入限制。在社会调查领域，有条件地允许外商投资社会调查。

三是提高外资准入负面清单精准度。在负面清单说明部分增加“从事外资准入负面清单禁止投资领域业务的境内企业到境外发行股份并上市交易的，应当经国家有关主管部门审核同意，境外投资者不得参与企业经营管理，其持股比例参照境外投资者境内证券投资管理有关规定执行”①，由证监会和有关主管部门按规定对从事负面清单禁止领域业务的境内企业到境外上市融资实行精准化管理。

3. 丰富完善相关外资支持政策

党的十八大以来，我国通过签署并生效区域全面经济伙伴关系协定（RCEP），构建自贸区网络体系，积极参加全球经济治理体系改革，高质量建设“一带一路”，为吸引外资创造有利的外部条件。2019 年 11 月 7 日，国务院出台《关于进一步做好利用外资工作的意见》，提出以保障外商投资企业国民待遇为重点，以打造公开、透明、可预期的外商投资环境为着力点，持续深化“放管服”改革的 20 条政策措施；2020 年 1 月 1 日，实施统一的外资基础性法律——《外商投资法》，为推动外商投资高质量发展提供了坚实的法制保障。2021 年 10 月 12 日，商务部印发《“十四五”利用外资发展规划》，从推进更高水平对外开放、优化利用外资结构、强化开放平台功能、提升外商投资促进服务水平、完善外商投资管理体制、优化外商投资环境、促进国际投资自由化便利化等 7 个方面，明确了 23 项重点任务，并提出具体举措②。

2022 年 10 月 28 日，国家发展改革委和商务部联合发布新版《鼓励外商投资产业目录》。与 2020 年版相比，新版目录内容进一步扩展了鼓励外商投资的范围，持续支持外资投向先进制造业、现代服务业及中西部和东北地区优势产业；在巩固优势产业领先地位的同时，在关系国家安全发展的领域加快补齐短板，并推动制造业向高端化、智能化、绿色化转型，支持构建优质高效的服务业新体系。

2023 年 8 月 13 日，国务院印发《关于进一步优化外商投资环境 加大吸引外商投资力度的意见》，提出 6 方面 24 条针对性强且含金量高的稳外资政策措施。这些措施旨在更好地统筹国内国际两个大局，营造市场化、法治化、国际化一流营商环境，充分利用我国超大规模市场优势，更大力度、更加有效地吸引和利用外商投资，传递出中国坚定不移扩大开放的积极信号，有效提振外商投资信心，吸引更多高质量外资。

---

① 中华人民共和国国家发展和改革委员会，中华人民共和国商务部．外商投资准入特别管理措施（负面清单）（2021 年版）［Z］．2021-12-27.

② 江聃．商务部发布首份利用外资发展专项规划［EB/OL］．（2021-10-23）［2023-12-25］．https：//www. stcn. com/article/detail/459473. html.

（三）和谐共进，优化利用外资结构

1. 优化利用外资产业结构

为了优化利用外资产业结构布局，应充分利用其在不同产业间的资源再配置效应，提升产业链外资利用水平。一是引导外资进入重点行业，通过完善《鼓励外商投资产业目录》、推出适当的优惠措施，如税费减免、财政补贴等，支持外资更多地向先进制造业、战略性新兴产业和现代服务业领域投资。二是支持外资企业转型升级，鼓励企业扩大对中高端制造、高新技术、传统制造转型升级、现代服务等领域的投资规模，引导汽车、化工、装备制造等制造领域外商投资企业向研发、设计、营销、维修等领域延伸，鼓励有条件的外商投资制造业企业向一体化服务总集成总承包商转变，推动外商投资向高端化、智能化转型。三是推动企业进行产业技术创新，鼓励外资企业与国内企业、科研机构等进行技术合作和创新，提高产业的技术水平和核心竞争力。通过设立技术创新基金、提供研发支持等方式，支持外资企业进行技术创新。四是支持外商投资企业发展研发设计、金融服务、现代物流、供应链管理、信息服务等生产性服务业，鼓励外资企业进入医疗、健康、养老、育幼、旅游、家政等生产性服务业，不断丰富高质量服务市场。五是完善企业总部功能，支持外商投资企业在中国设立全球或区域总部、研发中心，参与承担国家科技计划项目，鼓励设立采购中心、结算中心等各类功能性机构，引导全球高端要素资源汇聚。六是优化产业人才结构，鼓励并支持高等院校、科研院所与产业企业深化合作，搭建外资企业与高等院校的交流合作平台，有针对性地培养符合产业升级和市场实际需求的高素质人才。

2. 优化利用外资区域布局

一是鼓励各地区立足自身比较优势，积极扩大开放，吸引外资。充分利用东部沿海地区高端要素集聚、创新资源密集、产业配套完整的优势，引导外资更多投向前瞻性、战略性产业，并加速提升产业链供应链现代化水平。同时，加强中西部和东北地区产业配套体系建设，不断提升其承接产业转移的能力，支持这些地区引进一批符合本地资源特色、示范带动作用明显的外资项目，发掘新的经济增长点。

二是引导外资积极融入京津冀协同发展、长江经济带发展、粤港澳大湾区建设、长三角一体化发展、黄河流域生态保护和高质量发展、成渝地区双城经济圈建设等国家重大战略，推动形成陆海内外联动、东西双向互济的开放格局。

三是加强与周边国家的经贸合作，采取一系列措施吸引更多的外资企业入驻。例如，建立多边或双边的经贸合作机制，签署投资协定，消除贸易和投资壁垒，为外资企业拓展更广阔的市场空间；鼓励区域内外资企业与周边国家企业开展互利合作，共同开发市场和资源；为外资企业在区域内的投资提供支持和指导，促进跨境投资的健康发展；定期举办国家间经贸交流活动，及时解决外资企业在投资过程中遇到的各种问题。

四是完善外商投资服务体系，为外资企业提供更好的服务保障。建立健全外商投资服务机构，提供一站式、全链条服务，进一步简化投资流程；加强对外资企业的培训和指导，帮助它们更好地了解区域政策和市场环境；建立外商投资企业协会或俱乐部等组织，促进企业之间的交流和合作；加强对外资企业的监管和服务，及时响应并解决他们遇到的困难和问题。通过完善外商投资服务体系，提高外资企业在区域内的满意度和信任度，促进外资企业在区域内的长期稳定发展。

3. 拓展利用外资国别地区来源

一是充分发挥中国香港、澳门、台湾地区在吸引利用外资中的独特作用，推动内地与港澳贸易投资自由化、便利化进程，并逐步深化大陆和台湾在重点产业领域的合作。二是加强与欧美等发达国家（地区）投资合作，引导外商投资企业延伸产业链布局，不断拓展在产业链上下游的分布范围，提升产业链、供应链关键环节的实力；加大对重点国别（地区）战略性新兴产业、未来产业、绿色低碳产业、数字产业、智能制造、科技创新等新兴领域的引资力度。三是深化与共建“一带一路”国家（地区）的投资合作，积极引导阿拉伯国家主权财富基金加大对华投资力度；与区域全面经济伙伴关系协定签署国家开展优势互补合作，在农业、跨境电商、数字通信、能源等领域广泛开展投资合作。

（四）有的放矢，更大力度地吸引和利用高质量外资

1. 补短板、强弱项，提升产业链安全水平

一是强化技术创新与研发。吸引外资企业在中国设立研发机构，利用其先进技术提升本地企业的技术水平；同时与外资企业合作开展技术创新研发，合作破解关键技术难题，提高产业链技术含量。二是促进产业升级与转型。引导外资企业投资新兴产业和战略性产业，推动本地产业转型升级；利用外资企业的市场渠道和品牌优势，提升本地产品的国际竞争力。三是攻关产业链关键环节。补齐短板，健全产业链，吸引更多优质外资企业加入我国产业链集群。同时，积极推动外资来源地多元化，提升外资来源丰富度，确保产业链安全。四是支持外资研发机构发展。外资研发中心是我国科技创新体系的重要组成部分，要加大对外商投资在华设立研发中心的支持力度，提高研发便利度，鼓励引进海外人才，提升知识产权保护水平，以更好地服务新发展格局和推动高质量发展。五是积极推动更多元的双边和多边贸易及投资协定落地。从产业互补与产业共生的角度持续深化国际产业合作，如推动中日韩自由贸易区协定、中英自贸协定成功实施等。六是建立风险防范机制。关注外资流向，及时评估外资企业对产业链上下游行业的影响，制定应对措施，降低外资企业可能带来的风险，确保产业链安全稳定。

2. 畅通国内国际双循环，提升引资项目质量

一是优化营商环境。持续简政放权，加强知识产权保护，建立健全外商投资企业

投诉机制，及时解决外资企业的合理诉求。二是发挥自由贸易试验区引领作用。高度重视自由贸易试验区作为全国制度创新高地的优质要素集聚功能，推动高水平开放。自由贸易试验区应利用制度创新优势，先行先试有关政策制度措施，并为全国内外贸协同提升探索新途径、新模式。三是联通国内市场。发挥我国超大规模市场的潜力和优势，把发展的立足点更多放到国内，同时嫁接国际优质资源，通过畅通国内大循环推动国内国际双循环，更好地联通国内外市场，推动我国对外开放进入更高水平阶段①。

3. 打造对外开放新平台，推进外商投资安全审查细化落地

一是继续强化各类开放平台的功能和作用，加快推进高水平制度型开放，构建有利于聚集全球先进要素、引领全球经贸规则升级的制度体系，促进国内大循环水平的不断提升②。二是优化区域开放布局，提升沿边和内陆开放能级，引导沿海内陆沿边开放优势互补、协同发展。积极推动各类型开放平台协调发展，在政策指引、信息共享、产业发展上加强联系，实现强强联合、优势互补、差异发展。三是建立与更高水平开放相匹配的安全保障体系③，积极参与全球经济治理体系改革，完善国家战略物资储备体系，健全国家经济安全监测预警体系，提升国际经济竞争力。

4. 加强国际合作，提振外资信心

一是高质量建设国际合作开始立足高质量建设“一带一路”和 RCEP 的全面实施，探索将国际合作平台优势转化为引资实效。二是加强与成员国沟通交流。利用申请加入 CPTPP 和 DEPA 等契机，加强与成员国的沟通交流，弥合规制差异，增强成员国企业投资中国的信心。三是签订自贸协定。探索与更多国家和地区签订自贸协定，在开放合作中提升供应链、产业链的韧性及安全水平，稳定外资预期，提振外商在华投资信心。

参考文献

[1] 联合国贸易和发展会议(贸发会议). 2023 年世界投资报告[EB/OL].(2023-07-05)[2023-12-25]. http://www. cciip. org. cn/upload/files/2023/8/f9cb0c4972ecb2dd. pdf.

[2] 中华人民共和国商务部. 中国外商投资报告 2022[EB/OL].(2023-01-04)[2023-12-25]. http://images. mofcom. gov. cn/wzs/202301/20230104194934606. pdf.

[3] 国家统计局. 中华人民共和国 2022 年国民经济和社会发展统计公报[EB/OL].

① 余淼杰.“双循环”新格局之下，中国企业如何备考答卷？[EB/OL].（2020-09-07）[2023-12-25]，http://www. china. com. cn/opinion/think/2020-09/07/content_76676661. htm.

② 刘慧. 实现更高水平对外开放　推动构建新发展格局 [N]. 中国经济时报，2022-08-22（1）.

③ 唐珏岚. 构筑与更高水平开放相匹配的安全保障体系 [EB/OL].（2022-06-07）[2023-12-25]. https://www. fx361. com/page/2022/0607/10386482. shtml.

（2023－02－08）［2023－12－25］. https：//www. stats. gov. cn/sj/zxfb/202302/t20230228_1919011. html？ eqid＝f5c232a10002041400000005642ebc66.

［4］ 中华人民共和国商务部．中国外资统计公报 2023［EB/OL］.（2023－10－10）［2023-12-25］. http：//images. mofcom. gov. cn/wzs/202310/20231010105622259. pdf.

［5］ 中华人民共和国商务部．中国外资统计公报 2022［EB/OL］.（2022－09－09）［2023-12-25］. http：//images. mofcom. gov. cn/wzs/202211/20221102151438905. pdf.

［6］ 中华人民共和国商务部.“十四五”利用外资发展规划 2022［EB/OL］.（2021-07-27）［2023-12-25］. http：//images. mofcom. gov. cn/wzs/202211/20221102151438905. pdf.

［7］ 中华人民共和国商务部.2023 年 1—11 月全国吸收外资 1.04 万亿元人民币［EB/OL］.（2023－12－21）［2023－12－25］. http：//file. mofcom. gov. cn/article/syxwfb/202312/20231203462142. shtml.

［8］ 商务部国际贸易经济合作研究院．中国自由贸易试验区发展报告 2023［EB/OL］.（2023-08-11）［2023-12-25］. http：//images. mofcom. gov. cn/zmqgs/202311/20231103091026415. pdf.

［9］ 商务部国际贸易经济合作研究院．中国自由贸易试验区发展报告 2022［EB/OL］.（2022-12-15）［2023-12-25］. http：//images. mofcom. gov. cn/zmqgs/202312/20231204085057670. pdf.

［10］ 商务部国际贸易经济合作研究院．中国自由贸易试验区发展报告 2021［EB/OL］.（2022-10-27）［2023-12-25］. http：//images. mofcom. gov. cn/zmqgs/202311/20231128162952462. pdf.

［11］ 中华人民共和国国家发展和改革委员会，中华人民共和国商务部．外商投资准入特别管理措施（负面清单）（2021 年版）［EB/OL］.（2021－12－27）［2023－12－25］. https：//www. gov. cn/gongbao/content/2022/content_5679693. htm.

［12］ 中华人民共和国国家发展和改革委员会．鼓励外商投资产业目录（2022 年版）［EB/OL］.（2022－10－26）［2023－12－25］. https：//www. gov. cn/zhengce/2022－11/29/content_5730383. htm.

［13］ 王德蓉．建设更高水平开放型经济新体制［N］. 瞭望，2023-05-22（1）.

［14］ 桑百川．更大力度吸引和利用外资［J］. 红旗文稿，2023（1）：37-39.

［15］ 林志刚．自贸试验区建设助力高水平对外开放［N］. 中国社会科学报，2023-09-07（2）.

［16］ 谢希瑶，潘洁．中国吸引外资由增转降，如何看待这波动？吸引外资优势还在吗？看详解→［EB/OL］.（2023－12－25）［2023－12－30］. https：//mp. weixin. qq. com/s/U8qSUM7jCcvbFP5TiWYNVw.

［17］ 杨虹，张洽棠．看好中国经济 外资持续加码［EB/OL］.（2023－12－06）［2023-12-30］. https：//www. ndrc. gov. cn/wsdwhfz/202312/t20231206_1362473. html.

[18] 杨连星．坚持高水平对外开放，如何更大力度吸引和利用高质量外资？[EB/OL].(2023-05-20)[2023-12-25]. https：//politics. gmw. cn/2023-05/20/content_36574402. htm.

[19] 安永．两会观察丨外商在华投资发展趋向与前景展望[EB/OL].(2023-03-10)[2023-12-30]. https：//mp. weixin. qq. com/s/wZhTLiXaRq2hy2gD6HvFdA.

[20] 肖慧．献礼二十大丨我国全力打造高水平开放平台，构筑对外开放新高地[EB/OL].(2022-10-12)[2023-12-30]. https：//mp. weixin. qq. com/s/yXD99Zc2UWTXOeYI_KEELA.

第六章 中国金融业的开放：引领新一轮更高水平开放

一、新一轮金融开放取得的进展

当前中国经济面临较大不确定性，在内外部复杂环境下，稳步推进金融业对外开放有利于经济转型时期实施市场化改革，助力中国经济高质量发展。近年来，国家加快推进金融开放进程，相继出台多项金融开放举措，持续拓展金融开放的广度和深度。

2020 年中国国际金融年度论坛释放出进一步推进金融开放的强烈信号，旨在推动银行、证券、保险和外汇等多市场实现更高水平的开放。2021 年博鳌亚洲论坛年会积极探讨金融开放与稳定的关系，坚持统筹对外开放与安全稳定。2022 年，党的二十大报告指出，必须坚定不移地扩大开放，对深化金融改革、扩大金融开放提出更高要求，2023 年中央金融工作会议指出，要坚持“引进来”和“走出去”并重，稳步扩大金融领域的制度型开放，实现与国际金融市场的高效对接，提升我国在全球的金融影响力。

（一）金融机构开放

1. 银行业机构开放

（1）外资银行业机构“引进来”

2019 年 12 月，国家金融监督管理总局发布《中国银保监会外资银行行政许可事项实施办法》，允许外国银行在中国境内同时设立分行和外资法人银行，取消了外国银行来华设立营业性机构需满足的总资产要求，放宽了中外合资银行中方主要股东的选择范围。2021 年 4 月，原银保监会发布《中国银保监会办公厅关于明确外资法人银行对母行集团大额风险暴露有关监管要求的通知》，豁免了外资法人银行对母行集团大额风险暴露的监管比例要求，为境内初创外资企业提供融资支持，进一步优化了外资银行的营商环境。截至 2022 年末，外资银行在华共设立 41 家外资法人银行、116 家外国银行分行和 135 家代表处，营业机构总数达 911 家，外资银行总资产达 3.76 万亿元，净利润共计 223.4 亿元，同比增长 5%，保持稳健增长势头①。

（2）中资银行业机构“走出去”

银行业持续优化和完善境外机构布局，推动“一带一路”银行间机构合作常态化。截至 2023 年 6 月末，13 家中资银行在 50 个共建国家设立了 145 家一级机构，131 个共建国家的 1770 万家商户开通了银联卡业务，74 个共建国家开通了银联移动支付服务②。中资银行积极为“一带一路”项目提供资金支持。截至 2022 年末，大型商业银行对“一带一路”共建国家贷款余额约 2.3 万亿元；政策性银行在共建“一带一路”国家贷款合计 3.1 万亿元，同比增长 6.6%，有力提升了沿线国家的金融服务水平③。

2. 证券业机构开放

（1）证券业外资机构“引进来”

2019 年 7 月，中央金融委员会办公室发布《关于进一步扩大金融业对外开放的有关举措》，将原定于 2021 年取消证券公司、基金管理公司和期货公司外资股比限制的时点提前到 2020 年。当年 10 月，证监会明确分别于 2020 年 4 月 1 日和 2020 年 12 月 1 日在全国范围内取消基金管理公司和证券公司外资股比限制，进一步扩大了行业开放。2023 年 11 月，中国人民银行、国家外汇管理局对《境外机构投资者境内证券投资资金管理规定》进行修订并发布征求意见稿，取消了 QFII 和 RQFII 在外汇局办理资金登记的行政许可要求，并在简化登记手续、优化账户管理、简化汇兑管理和便利外汇风险管理四个方面做出了优化完善，持续深化了金融市场的开放发展。随着中国金融市场持续对外开放，外资券商队伍渐次扩张。2023 年以来，已有摩根士丹利基金、摩根士丹利期货、摩根基金、联博基金、安联基金等多家外商控股或独资证券期货基金公司获批。截至 2022 年末，共有 17 家合资证券公司（含 2 家外商独资证券公司）、47 家合资基金管理公司（含 4 家外商独资基金管理公司）④。

（2）证券业中资机构“走出去”

2023 年 4 月，证监会核准汇添富基金在新加坡设立子公司，成为继睿远基金香港子公司后又一家在境外设立子公司的基金管理公司。截至 2022 年末，共有 35 家证券公司在中国香港、新加坡、老挝共设立、收购或参股 36 家经营机构，27 家基金管理公司在中国香港、美国、新加坡设立或收购 28 家经营机构⑤。此外，境内交易所亦积极参与境外资本市场建设，2021 年 4 月，经国务院同意、证监会批准，广州期货交易所成功设立，该交易所定位于服务绿色发展、粤港澳大湾区建设和“一带一路”倡议，积极布局国际互挂品种，谋求与 RCEP 和东盟成员国期货市场之间的交流合作。

---

① 数据来自《2023 年度中国银行业发展报告》。

② 数据来自《共建“一带一路”：构建人类命运共同体的重大实践》。

③ 数据来自国家金融监督管理总局。

④⑤ 数据来自中国证监会年报。

3. 保险业机构开放

（1）外资保险机构“引进来”

2021 年 3 月，国家金融监督管理总局发布《关于修改〈中华人民共和国外资保险公司管理条例实施细则〉的决定》，明确了外国保险集团公司和境外金融机构的准入条件，完善了股东变更及准入要求，并取消了外资股比的限制性规定，此前取消合资寿险公司外资比例限制的制度保持了一致性，进一步推动了保险业对外开放。2020 年，外资财产险公司保费收入 347.72 亿元，占中国保险公司保费收入比重为 0.77%；外资寿险公司保费收入 3176.72 亿元，占比 7.02%，呈现上涨趋势，表明中国保险市场对外资保险公司的吸引力逐年加强①（见图 6-1）。

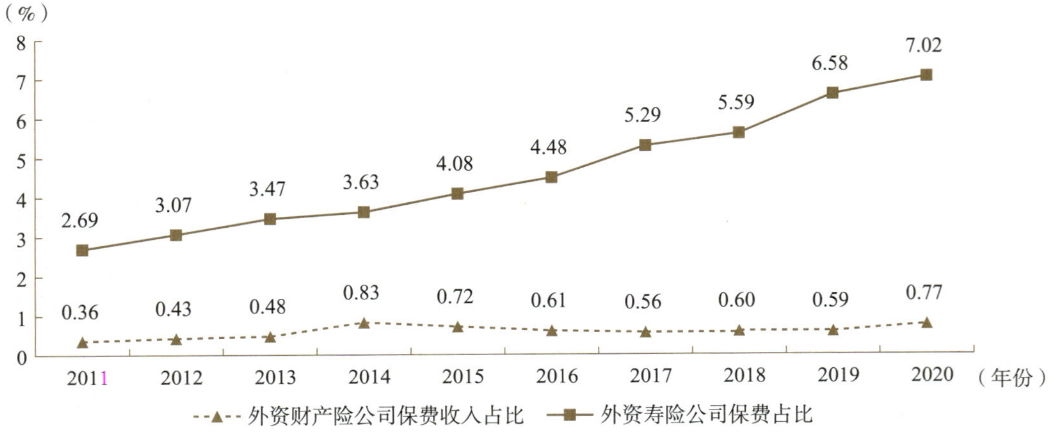

图 6-1 2011—2020 年外资财产险和寿险公司保费收入占比

数据来源：原中国保监会与国家金融监督管理总局。

（2）中资保险机构“走出去”

2022 年中资保险机构积极推进高水平对外开放，优化境外布局，服务跨境贸易，不断加强对外交流合作，当年参与国际交流合作 341 场，为“一带一路”相关项目提供保障金额超过 6 万亿元②。截至 2023 年 6 月末，共有 6 家中资保险机构在 8 个共建国家设立了 15 家境外分支机构，由原银保监会指导 11 家中国外资保险公司成立的“一带一路”再保险共同体累计承保 74 个项目，保障境外总资产达 570 亿元③。

（二）金融市场开放

1. 股票市场开放

（1）境内外市场互联互通

自 2022 年以来，境外主体在境内的投资通道不断拓宽，有力推动了股票市场的融

① 数据来自原中国保监会与国家金融监督管理总局。
② 数据来自《2022 中国保险业社会责任报告》。
③ 数据来自国家金融监督管理总局。

资开放与互动交流。2022 年，沪深港通机制日益深化，ETF 正式纳入沪深港通标的。截至 2022 年末，北向互通标的 ETF 共 83 只，规模合计 7217. 31 亿元；南向互通标的 ETF 共 5 只，规模合计 1695. 80 亿元。2022 年 12 月，中国证监会与香港证监会发布联合公告，两地交易所原则同意进一步扩大股票互联互通标的范围。2022 年，沪深港通运行平稳有序，全年成交金额 29. 51 万亿元，其中沪港通、深港通成交金额分别为 13. 82 万亿元、15. 69 万亿元。2022 年 2 月，证监会发布《境内外证券交易所互联互通存托凭证业务监管规定》及配套制度，拓展优化了沪伦通机制，境内拓展至深交所，境外拓展至德国与瑞士。“中瑞通”业务于 2022 年 7 月正式开通，首批共 4 家公司在瑞士证交所发行全球存托凭证并上市①。

（2）境内企业境外上市融资

2022 年，共有 33 家境内企业获得证监会 H 股 IPO 核准（包括 17 家同时实施“全流通”的公司），另有 7 家 H 股公司完成境外再融资、13 家 H 股公司单独实施“全流通”，以及 16 家公司发行全球存托凭证获证监会核准。2022 年，共 26 家境内企业通过 H 股 IPO 筹资 795. 12 亿港元，5 家 H 股公司完成境外再融资，融资金额为 146. 70 亿港元，10 家公司完成全球存托凭证发行，融资 38. 94 亿美元②。近年来，证监会持续推进境外上市审批制度改革，优化审批制度，便利企业开展跨境融资。2023 年 2 月，中国证监会发布《境内企业境外发行证券和上市管理试行办法》，主要内容包括统一实施备案管理、明确境内企业境外上市的适用情形、建立负面清单制度等完善监管制度的措施，以及明确备案要求、加强监管协同、明确法律责任与增强制度包容性。随着境内企业境外发行上市需求不断扩大，原有的制度体系已无法有效应对新时期出现的新问题，《境内企业境外发行证券和上市管理试行办法》的出台是适应经济社会发展，深化资本市场改革开放的又一大举措。

2. 债券市场开放

（1）境外主体境内发行人民币债券（熊猫债）

自 2022 年以来，熊猫债发债主体类型进一步扩展，涵盖政府类机构、国际开发机构、金融机构和非金融企业等。2022 年 12 月，中国人民银行、国家外汇管理局联合发布《关于境外机构境内发行债券资金管理有关事宜的通知》，对银行间债券市场和交易所债券市场的熊猫债资金管理规则进行统一，推进了本外币的一体化管理，进一步提升了境外主体在境内进行债权融资的便利性。截至 2023 年 8 月末，熊猫债累计发行数量已达 434 支，发行规模达 7402. 2 亿元。其中，2022 年的发行规模为 850. 7 亿元，2023 年 1—8 月的发行规模为 1060 亿元，同比增长 58. 2%②。

---

①② 数据来自中国证监会年报。

② 数据来自中国人民银行《2023 年人民币国际化报告》。

（2）境外主体投资境内债券市场

2019 年 4 月，中国国债和政策性银行债券正式被纳入“彭博巴克莱全球综合指数”；2020 年 2 月，以人民币计价的高流动性中国政府债券被纳入摩根大通旗舰全球新兴市场政府债券指数系列；2021 年 10 月，中国国债正式纳入富时全球国债指数。至此，我国国债被全球三大主流债券指数尽数纳入，将吸引更多境外配置资金流入，进一步提升国际投资者参与中国债券市场的程度。2022 年 11 月，中国人民银行会同国家外汇管理局发布了《境外机构投资者投资中国债券市场资金管理规定》，完善并明确了境外机构投资中国债券市场的资金管理要求，提升了其便利性。截至 2022 年末，共有 1071 家境外机构进入银行间债券市场，其中，直接入市的有 526 家，通过“债券通”入市的有 784 家，有 239 家同时通过两种渠道入市。全年债券投资业务人民币跨境收付金额合计 17.7 万亿元。2023 年 1—9 月，债券投资业务人民币跨境收付金额合计 16.7 万亿元①。

3. 外汇市场开放

2022 年，人民币外汇市场累计成交 34.5 万亿美元，其中，银行对客户市场和银行间外汇市场分别成交 5.8 万亿美元和 28.7 万亿美元。2022 年，人民币远期外汇市场累计成交 1.1 万亿美元，同比增长 14%，其中银行间远期外汇市场累计成交 1299 亿美元，同比增长 19%。2022 年，外汇期权市场推出普通美式期权和亚式期权，进一步丰富了交易品种，满足了多样化外汇套保需求。全年累计成交 1.3 万亿美元，同比增长 8%，其中银行间外汇期权市场累计成交 9264 亿美元，增长 4%②。2022 年 5 月，国家外汇管理局发布《国家外汇管理局关于进一步促进外汇市场服务实体经济有关措施的通知》，引导金融机构充分响应企业外汇服务需求，完善银企服务平台，扩大合作办理人民币对外汇衍生品业务范围，允许银行基于实际需求办理自身项下汇率敞口套保。

4. 期货市场开放

2022 年 9 月，五家期货交易所发布了关于合格境外机构投资者（QFII）和人民币合格境外机构投资者（RQFII）参与旗下部分品种交易的有关事项通知，涉及品种达 41 个，包括上期所旗下的黄金、白银等期货合约和黄金、铜、铝等期权合约；上海国际能源交易中心旗下的原油、国际铜等期货合约和原油期权合约；郑商所旗下的 PTA、甲醇等期货合约以及白糖、菜籽油等期权合约；大商所旗下的豆粕、豆油等期货和期权合约，以及中金所旗下的股指期权。近年来，外资投资我国资本市场的韧性显著增强。截至 2022 年 11 月底，境内特定品种共有 702 名境外交易客户开户，在单一品种上，境外交易者的成交量占比最高达 27.35%，日均持仓量占比最高达 34.37%。截至 2022 年 12 月，境外客户数同比增长 16.4%，境外投资者（包含 QFII、RQFII）的客户权益较年初增长了 33.74%。

---

① 数据来自中国人民银行《2023 年人民币国际化报告》。

② 数据来自国家外汇管理局年报。

（三）外汇体制改革

1. 经常项目外汇管理

2022 年，中国的经常账户顺差达 4019 亿美元，较上年上升 13.88%，连续第四年上涨，占 GDP 比重为 2.2%，保持在国际公认的合理区间内。其中，货物贸易顺差为 6686 亿美元，较上年上升 19%；服务贸易逆差为 923 亿美元，较上年下降 9%，表明服务贸易结构更趋平衡①。2022 年，国家全面推进上海、广东、海南和宁波四地跨境贸易投资高水平开放试点中与经常项目相关的便利措施落地，赋予银行更多自主权，使其能够根据业务发展的原则优化审核方式，从而有效地简化贸易外汇收支业务流程并降低了成本。这些措施切实发挥试点政策在支持外贸发展和探索真实性审核转型方面的积极作用。2022 年，经常项下试点业务规模突破 500 亿美元大关②。在优化跨境电商结算服务方面，通过梳理跨境外汇支付业务管理指南，分享支付机构展业优秀经验，推动支付机构更加规范和专业的发展。同时，鼓励银行充分利用自身资金优势，扩展资金结算服务范围，为跨境电商提供多样化的资金收付渠道（见图 6-2）。

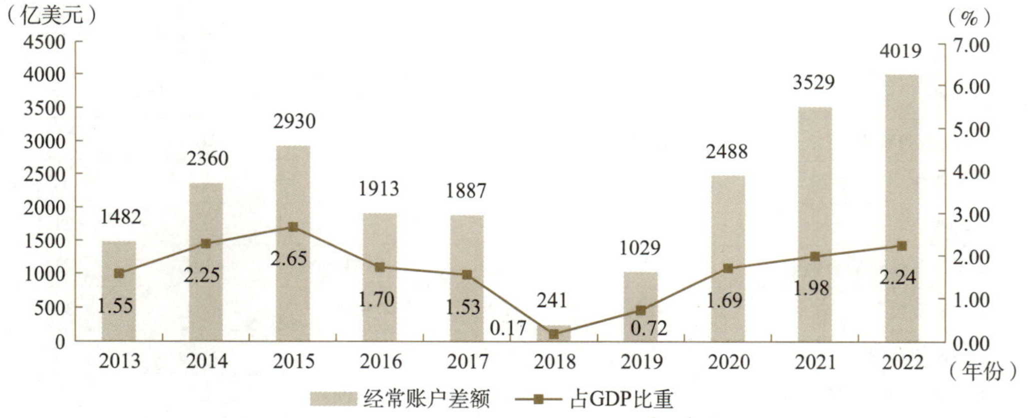

图 6-2 2013—2022 年经常账目差额及占 GDP 比重

数据来源：国家外汇管理局。

2. 资本项目外汇管理

2022 年，非储备性质的金融账户再次出现逆差，全年逆差为 2110 亿美元，相比之下，2021 年逆差为 303 亿美元。从主要项目来看，直接投资和其他投资均实现了顺差，分别为 305 亿和 454 亿美元。从投资方向来看，境内主体对外直接投资稳中有降，达到 1497 亿美元，与近三年平均水平相当；境外主体对来华直接投资净流入规模保持较高水平，外商来华直接投资达到 1802 亿美元，与新冠疫情前规模相当，整体仍保持在较

① 数据来自国家外汇管理局。
② 数据来自国家外汇管理局年报。

高水平，体现了我国对国际长期资本具有较强的吸引力①。2022 年 11 月，国家外汇管理局会同中国人民银行、中国证监会发布了进一步便利境外投资者投资中国债券市场的公告和资金管理规定，统一了银行间市场和交易所的准入标准，简化了境外投资者入市流程，持续提升金融市场双向开放的质量与效率。2022 年，国家外汇管理局进一步扩大跨国公司本外币一体化资金池试点，新增 8 个地区 40 家企业开展试点，进一步优化管理政策，以支持经济发展②。在资本项目收入支付便利化方面，通过细化资本项目收入及其结汇所得人民币资金适用的政策要求，明确了银企责任认定，增强了银行对企业资金保值操作需求的响应能力（见表 6-1）。

表 6-1　2018—2022 年国际收支平衡表　　单位：亿美元

项目＼年份	2018	2019	2020	2021	2022
1. 经常账户	241	1029	2488	3529	4019
1. A 货物和服务	879	1318	3586	4615	5763
1. A. a 货物	3801	3930	5111	5627	6686
1. A. b 服务	-2922	-2611	-1525	-1012	-923
1. B 初次收入	-614	-392	-1182	-1245	-1936
1. C 二次收入	-24	103	85	159	191
2. 资本和金融账户	1532	263	-901	-2184	-3113
2. 1 资本账户	-6	-3	-1	1	-3
2. 2 金融账户	1538	266	-900	-2185	-3110
2. 2. 1 非储备性质的金融账户	1727	73	-611	-303	-2110
2. 2. 1. 1 直接投资	923	503	994	1653	305
2. 2. 1. 2 证券投资	1069	579	955	514	-2811
2. 2. 1. 3 金融衍生工具	-62	-24	-108	102	-58
2. 2. 1. 4 其他投资	-204	-985	-2452	-2572	454
2. 2. 2 储备资产	-189	193	-289	-1882	-1000
3. 净误差与遗漏	-1774	-1292	-1588	-1345	-906

数据来源：国家外汇管理局。

3. 外汇储备经营管理

近年来，国际形势变化复杂，新冠疫情、俄乌冲突及国际金融市场股债汇同步大幅下跌等事件对我国外汇储备管理提出严峻挑战。2022 年，外汇储备余额为 31277 亿美元，外汇储备增加额由正转负，与上年相比减少 1225 亿美元，但总体规模仍保持稳定③（见图 6-3）。外汇储备以安全、流动、保值增值为经营目标，将可持续作为长期

① 数据来自国家外汇管理局《2022 年中国国际收支报告》。
② 数据来自国家外汇管理局年报。
③ 数据来自国家外汇管理局。

目标。一是稳步提升经营管理能力，优化货币和资产结构，实现高质量多元资产配置，保持风险与收益的平衡，确保外汇储备资产的安全、流动和增值。二是审慎把握多元化运用的节奏，坚持商业化原则服务国家战略，稳中求进拓展资产运用渠道，强化风险管理，推动股权投资机构规范稳健运营。三是推进机构和人才队伍建设，贯彻全球化、集团化理念，推动全球一体化运作，不断加强内部管理和人才培养体系建设，筑牢外汇储备高质量发展根基。

图 6-3　2013—2022 年外汇储备余额及增加额

数据来源：中国人民银行。

（四）人民币国际化

1. 人民币支付货币功能

自 2009 年中国银行收到首笔人民币跨境贸易结算款项以来，人民币跨境使用开始起步，并不断增强作为全球支付货币的功能。2023 年 1—9 月，人民币跨境收付金额合计达到 38. 9 万亿元，同比增长 24%。其中，货物贸易人民币跨境收付金额占同期本外币跨境收付总额的比重为 24. 4%，同比上升 7%，为近年来最高水平。2023 年 9 月，人民币在全球贸易融资中的占比为 5. 8%，同比上升 1. 6%，排名上升至第二位①。从地域分布来看，与我国发生人民币跨境收付业务的国家和地区呈现多元化特点。2022 年，中国内地与中国香港的人民币跨境收付金额占比最高，达 50. 3%，超过总额的一半。其次分别是新加坡、英国和中国澳门。排名前十位的国家和地区收付总额占全部跨境人民币收付总额的比重为 82. 5%，较 2021 年上升 4. 7%；与“一带一路”共建国家办理人民币跨境收付金额超过 7 万亿元，同比增长 4. 4%，占同期总额的 16. 9%。截至 2023 年 9 月末，中国与 30 个“一带一路”共建国家签署了双边本币互换协议，并在 17 个共建国家建立了人民币清算安排②。

①② 数据来自中国人民银行《2023 年人民币国际化报告》。

2. 人民币投资货币功能

（1）人民币直接投资

2022 年，直接投资人民币跨境收付金额合计为 6.5 万亿元，同比增长 11.3%。其中，对外直接投资人民币跨境收付金额为 1.9 万亿元，同比增长 16%，连续第三年增长；外商直接投资人民币跨境收付金额为 4.5 万亿元，同比增长 8.2%，连续第五年增长[①]（见图 6-4）。

图 6-4　2012—2022 年直接投资人民币跨境收付金额

数据来源：中国人民银行。

（2）人民币间接投资

截至 2022 年 12 月末，境外主体持有境内人民币金融资产金额合计 9.62 万亿元。其中，股票市值 3.20 万亿元，债券托管余额 3.46 万亿元，贷款余额 1.22 万亿元，存款余额 1.74 万亿元。股票和债券是当年境外主体增配人民币资产的主要品种，证券投资人民币跨境收付金额较上年增长 10.9%，合计 23.6 万亿元[②]。2020 年 9 月，中国证监会发布了《合格境外机构投资者和人民币合格境外机构投资者境内证券期货投资管理办法》及配套规则，从降低准入门槛便利投资运作、稳步有序扩大投资范围和加强持续监督三个方面做出修订，取消委托中介机构数量限制，减少报送要求，允许 QFII、RQFII 投资私募投资基金、金融期货、商品期货期权等，允许参与证券交易所融资融券、债券回购、转融通出借交易。2022 年，QFII/RQFII 业务人民币跨境收付合计 3.6 万亿元，2023 年 1—9 月合计 2.9 万亿元[③]。2021 年 9 月，粤港澳三地同时发布《粤港澳大湾区“跨境理财通”业务试点实施细则》，以满足大湾区居民的优质金融服务需求。2023 年 9 月，中国人民银行与国家金融监督管理总局、中国证监会、国家外汇管理局及香港金融管理局、香港证期监委会及澳门金管局决定进一步优化“跨境理

---

①②③　数据来自中国人民银行《2023 年人民币国际化报告》。

财通”业务，持续推进大湾区金融市场互联互通，下一步将修订完善相关细则。2023 年 1—9 月，“跨境理财通”收付金额合计为 51.6 亿元[①]（见图 6-5）。

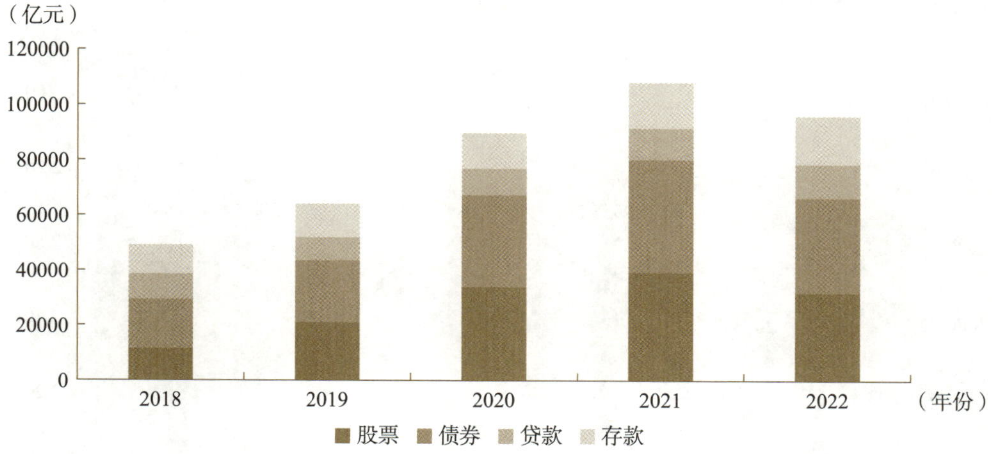

图 6-5 2018—2022 年境外主体持有人民币金融资产

数据来源：中国人民银行。

（3）跨境人民币资金池

截至 2022 年末，我国共有跨境双向人民币资金池 3512 个。从资金池跨境收支情况看，2022 年资金池跨境收付金额 4.6 万亿元，与去年同期相比大幅增长 20.8%。2023 年 1—8 月，跨境人民币资金池跨境收付金额 3.5 万亿元[②]。2021 年 3 月，中国人民银行与国家外汇管理局发布《进一步便利跨国公司跨境资金统筹使用》，决定在深圳、北京开展跨国公司本外币一体化资金池业务首批试点。跨国公司本外币一体化资金池是对跨境双向人民币资金池及跨境资金集中运营业务的整合升级，实现了跨国公司集团内跨境本外币资金一体化管理，从“双轨制”迈向“一体化”，进一步便利跨国公司企业集团跨境资金统筹使用。2022 年 7 月，中国人民银行、国家外汇管理局决定在上海、广东、陕西、北京、浙江、深圳、青岛、宁波等地开展第二批跨国公司本外币一体化资金池试点。

3. 人民币储备货币功能

（1）人民币外汇储备

2016 年 10 月，人民币正式加入 IMF 特别提款权（SDR）货币篮子，与美元、欧元、日元、英镑一并成为五大国际储备货币，标志着人民币国际化进程迈出关键一步。2022 年，国际货币基金组织 SDR 货币篮子中的人民币权重由 10.92%上调至 12.28%，人民币权重仍保持在第三位。据不完全统计，目前至少有不低于 80 个境外央行或货币

①② 数据来自中国人民银行《2023 年人民币国际化报告》。

当局将人民币纳入外汇储备①。根据 IMF 数据，截至 2022 年末，官方外汇储备货币构成（COFER）中人民币的规模为 2878.1 亿美元，占比 2.61%，较 2016 年上升 1.53%，在全球主要储备货币中排名第五②（见图 6-6）。

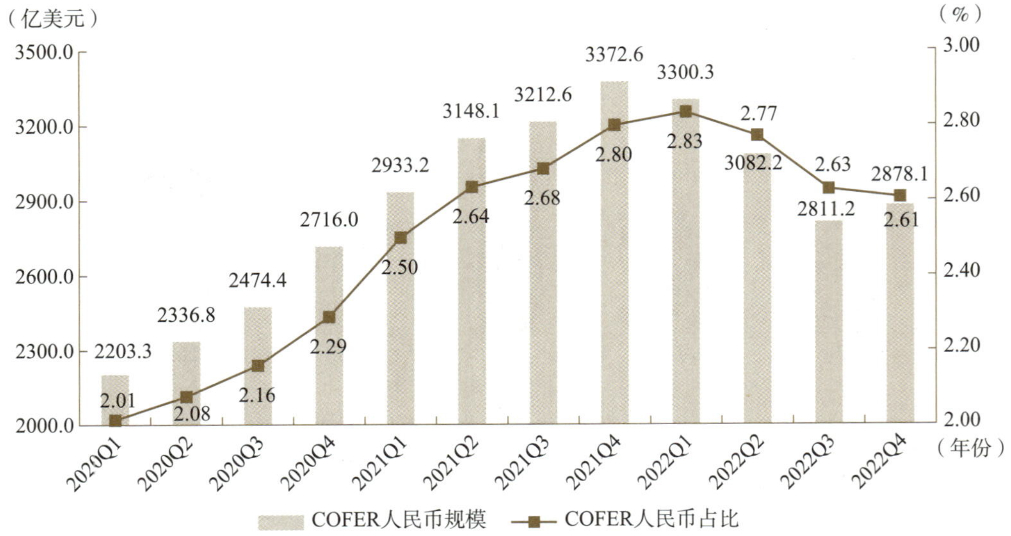

图 6-6　2020—2022 年官方外汇储备货币构成（COFER）中人民币储备规模及占比

数据来源：IMF。

（2）双边货币互换

2022 年，人民银行继续推进与其他国家或地区签署双边货币互换协议的工作，完善双边本币互换机制，进一步推动人民币国际化和对外贸易发展。2022 年，中国人民银行分别与印尼央行、新加坡金管局及欧洲央行等 7 个国家和地区的央行或货币当局续签了双边本币互换协议。此外，人民银行与香港金融管理局的本币互换协议升级为常备互换安排，资金互换规模扩大，协议长期有效。截至 2022 年末，人民银行共与 40 家央行或货币当局签署过本币互换协议，其中有效协议 29 份，总金额超过 4 万亿元（见图 6-7）。

4. 人民币汇率形成机制

2022 年，为适应国际经济金融形势的变化和全球外汇市场波动加大的情况，我国人民银行在继续推进汇率市场化改革的同时，不断完善汇率调节机制，积极发挥汇率在宏观经济和国际收支中的自动稳定作用。目前，我国跨境资本流动和外汇供求基本平衡，市场预期总体平稳。人民币汇率以市场供求为基础，双向浮动、弹性增强。央行将继续加强监管，促进外汇市场健康稳定发展，确保人民币汇率保持基本稳定。根据中国外汇交易中心（CFETS）的数据，2022 年人民币汇率指数多数时间大于 100，人

① 数据来自中国人民银行《2023 年人民币国际化报告》

② 数据来自国际货币基金组织。

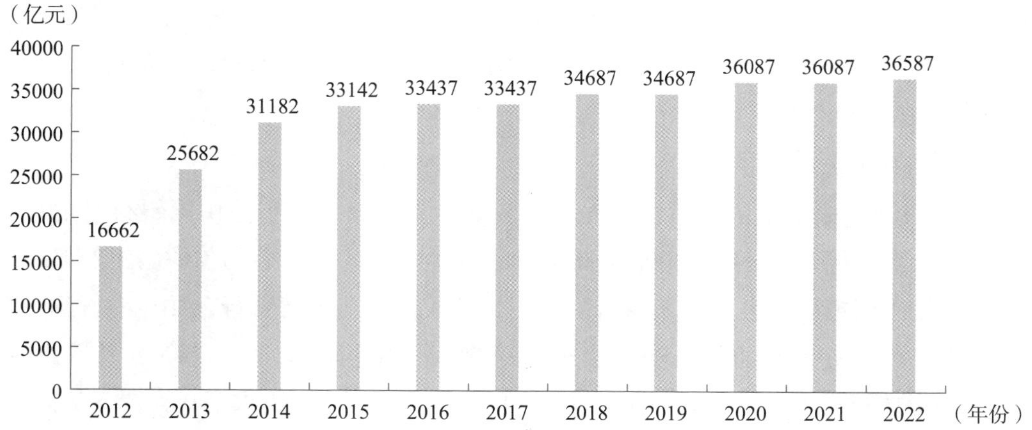

图 6-7　2012—2022 年人民币货币互换协议总金额

数据来源：中国人民银行。

民币在全球主要货币中整体表现保持稳健①。

5. 离岸人民币市场

2022 年以来，离岸人民币市场平稳发展，离岸、在岸人民币利差在不同期限表现不一，离岸汇率与在岸汇率走势总体保持一致，汇差略有走阔。2022 年，离岸人民币利率总体水平稳定，上半年各期限利率波动较大，下半年逐渐趋于平稳。2022 年末，人民币香港银行同业拆借利率（HIBOR）隔夜拆借定盘利率为 1.1%，HIBOR 7 天期拆借定盘利率为 1.6%，离岸市场利率水平较在岸市场利率水平整体偏高，人民币 SHIBOR 相比 HIBOR 平均低 0.64%；离岸人民币汇率双向浮动特征显著，与在岸人民币汇率走势基本相同。2022 年，离岸在岸汇差日均相距 171 个基点，较前一年走阔 88 个基点。离岸人民币存量水平整体保持稳定，年末主要市场人民币存款余额超过 1.5 万亿元，与 2021 年末相比基本持平。离岸人民币存款余额规模前三的国家和地区分别是中国香港、中国台湾和英国，离岸人民币贷款规模继续增长，年末离岸人民币贷款余额为 5955.5 亿元；境内外机构境外人民币债券发行量稳步增长，据不完全统计，2022 年有境外人民币清算安排的国家和地区新增发行人民币债券 4838.7 亿元，与去年同期相比增长 37%，其中中国香港地区的人民币债券发行量为 3853.4 亿元，同比增长近 30 个百分点②。

6. 人民币基础设施

（1）人民币跨境支付系统

近年来，人民币跨境支付系统（CIPS）建设取得显著进展，极大地提高了跨境清算效率，并且支持金融市场业务，成为中国金融市场深化改革和高水平开放的重要支撑点之一。2022 年，人民币跨境支付系统运行平稳，全年处理人民币跨境支付业务

①② 数据来自中国人民银行《2023 年人民币国际化报告》。

440 万笔，金额 96.7 万亿元，同比分别增长 31.7%和 21.5%。截至 2022 年底，CIPS 共有 1360 家境内外机构通过直接或间接方式接入 CIPS，其中直接参与者和间接参与者分别为 77 家和 1283 家①。

（2）境外人民币业务清算行

自 2019 年以来，中国人民银行先后授权日本三菱日联银行、中国银行马尼拉分行、中国工商银行万象分行、中国工商银行（阿拉木图）股份公司、中国工商银行卡拉奇分行及工商银行（巴西）股份有限公司担任人民币业务清算行，并与中行澳门分行续签人民币业务清算协议，进一步拓宽跨境人民币清算渠道。受新冠疫情影响，2022 年境外人民币业务清算行及参加行的人民币现钞跨境调运需求下降，业务量减少，港澳台及新加坡等地人民币业务清算行跨境调运现钞金额总计 46.2 亿元，周边国家人民币业务参加行跨境调运现钞金额合计为 1.5 亿元②。

（五）金融监管合作

1. 银行业保险业监管合作

为深化金融监管体制改革，防范化解金融风险，维护金融稳定，2018 年 4 月，中国银监会与保监会合并为中国银行保险监督管理委员会，简称“银保监会”。2023 年 3 月，中共中央、国务院印发《党和国家机构改革方案》，决定在银保监会的基础上组建国家金融监督管理总局，统一负责除证券业外的金融业监管，5 月正式揭牌。国家金融监督管理总局的组建加强完善了现代金融监管，对于解决金融领域的长期突出矛盾和问题具有重要意义，成立以来，国家金融监督管理总局持续扩大和深化国际监管合作，营造外部良好环境，与多个国家金融监管当局签署合作谅解备忘录或合作协议，并建立多边对话机制，不断扩大银行业和保险业的监管信息共享合作，通过双边和多边合作加强宏观风险监测，提升跨境监管水平。截止 2023 年 9 月末，金融监管总局累计和 87 个国家和地区的金融监管机构签署了 126 份监管合作协议，其中 55 个为共建“一带一路”国家③。

2. 证券业监管合作

2022 年，中国证监会深入参与国际证监会组织（IOSCO）的相关工作，为国际可持续准则理事会（ISSB）正在制定的可持续发展报告准则征求意见稿研提供了意见和建议，并主动加强同香港证监会（SFC）、新加坡金管局（MAS）等境外监管机构的政策交流与协作。同时证监会积极参与 OSCO 评估委员会（AC）关于集合投资计划流动性风险管理的专项评估，并在所有建议上获得“完全一致”的最高评分。

2022 年，中国证监会成功连任 IOSCO 多边备忘录监督小组（MMoUMG）副主席及

①② 数据来自中国人民银行《2023 年人民币国际化报告》。

③ 数据来自国家金融监督管理总局。

二级市场监管委员会（C2）和衍生品委员会（C7）副主席职务，积极推动 IOSCO 多边备忘录架构下的国际监管合作。在 C2 有关市场韧性的报告研究和 C7 有关商品衍生品市场原则的修订中，证监会主动贡献了中国智慧与中国方案。中国证监会与其他国际组织的金融监管合作交流，包括与美国公众公司会计监督委员会（PCAOB）签署审计监管合作协议，积极参与中欧、中沙、中新等政府间财金对话磋商机制，推动对话成果的落实等。截至 2022 年末，中国证监会持续完善跨境监管合作机制，已与 67 个国家或地区签署双边监管合作谅解备忘录，并积极开展多边备忘录下的跨境执法合作①。

二、新一轮金融开放的问题与挑战

当前我国金融开放成果卓著，但距离新时代新征程的金融强国战略目标要求仍有差距，特别是在服务共建"一带一路"战略、推进"人民币国际化"、服务对接国际高标准经贸规则等方面仍有较大提升空间。

（一）银行业保险业"请进来"限制仍较突出

根据经合组织（OECD）发布的各行业 FDI 限制指数评估，2020 年我国金融行业的 FDI 限制指数值为 0.05②。其中，银行业和保险业两项指数排名分别位列第 50 名和第 48 名，在 OECD 统计的 84 个经济体中处于中等偏下水平。这表明我国金融开放发展水平较发达经济体之间仍有差距，特别是银行业和保险业对外开放的限制仍较突出，具体体现在"外资准入与竞争壁垒限制较多，在资本要求、人员设置和监管透明度等方面存在一定程度的限制，资质审查要求相对较高"③。

（二）跨境债券市场"走出去"步伐仍显缓慢

跨境债券融资市场发展不平衡，相比"融进来"，我国资金"融出去"的规模较为有限。熊猫债券市场与境外主体投资境内债券市场的规模差距较大，国际通行的投资债券等级在 BBB 级以上，而我国当前的熊猫债发债主体评级主要为 AAA 和 AA 等级，债券等级范围较少，难以满足投资者的多样化需求，进而影响市场流动性和导致定价机制的欠缺，对境外发债主体形成阻碍。

（三）针对"一带一路"的服务体系仍不健全

"一带一路"倡议提出十年来，共建国家及有关机构积极开展金融合作，取得不少成就，但在投融资机制及资本市场开发方面的体系建设仍不够健全。首先，在投融资体制上，对沿线国家的基建融资支持中，相当比例的项目由我国金融机构主要出资或唯一出资，中外双边尚未建立有效的风险分担机制，且跨境支付系统建设仍

① 数据来自中国证监会年报。

② OECD FDI Regulatory Restrictiveness Index. https：//stats. oecd. org/Index. aspx? datasetcode=FDIINDEX#.

③ 杨枝煌，陈尧．中国式现代化金融的改革方向与战略构想［J］. 国际贸易，2023（8）：74-82.

较薄弱，跨境资金非法流动与洗钱风险威胁着跨境支付安全。其次，当前金融支持共建“一带一路”的资金来源主要是间接融资渠道，以政策性和开发性的银行为主，资本市场作为直接融资平台的作用尚未被完全发挥，证券市场和大宗商品市场的参与度相对较低。

（四）汇率与利率的市场化改革程度仍待提高

尽管我国近年来不断推进汇率与利率市场化改革，但在实际操作中仍然存在行政化管制现象。在汇率方面，实际的汇率形成机制与目标之间仍有差距，美元对人民币汇率的形成影响较大，相比其他主要货币，人民币汇率弹性较低，这限制了外汇市场的发展与外汇交易的便利性，阻碍了中国金融开放的步伐。在利率方面，以间接融资为主导的融资格局在短期内难以转变，而银行贷款具有非标可协商特征，商业银行及其交易对手对利率政策的敏感性较低。直接融资对银行信贷的替代性仍不充分，这不利于利率市场化改革的推进。此外，流动性的投放过程围绕确保市场利率在政策利率区间波动的目标进行，实际上隐含着固定目标承诺①，降低了市场对利率波动的预期，从而限制了利率市场化改革。

（五）人民币国际化面临的难点痛点仍需解决

从长期看，人民币国际化的前景光明，但实现这一目标仍存在多个难点。一是资本流动限制，政府出于防止金融危机与外汇大幅波动的考量，对资本实施较为严格的管制，从而限制了人民币在国际金融市场的流通。二是金融市场透明度不足，中国金融市场的透明度和法规制度与西方发达国家相比仍存在差距，这降低了国际投资者的吸引力。三是资本项目开放限制，当前人民币在经常项目下已实现可兑换性，而资本项目下的资金进出主要通过 QFII、RQFII 等有限通道，这使得人民币的自由兑换具备较高的成本，对人民币国际化产生负面影响。

（六）“逆全球化”思潮对金融开放形成阻力

构建“双循环”发展格局下的金融高质量开放，要求加强国际金融合作，促进国内外金融市场的融合发展。然而，在当前大国竞争持续演进，地缘政治格局加快调整，国际博弈激烈背景下，“逆全球化”思潮愈演愈烈，国际经贸与金融合作面临诸多阻碍，推进我国金融市场与国际金融市场接轨融合的难度增加、进程变缓，整体上对我国新一轮深化金融开放、接轨国际高标准金融规则制度带来不利影响。

三、新一轮金融开放的对策建议

当前国际政治经济形势错综复杂，国内外周期性和结构性矛盾叠加，“逆全球化”

---

① 梁斯．中国利率市场化三十年：回顾、问题及改革方向［J］．新金融，2022（3）：17-23.

思潮增多等不利因素增多，对进一步推动金融扩大开放带来严峻挑战。面对新形势下的各种问题与挑战，必须把握好节奏和力度，平衡“引进来”和“走出去”，以金融制度型开放推进中国现代化金融建设，提高我国金融资源配置效率和能力，增强国际竞争力和规则影响力，通过金融开放助推金融强国战略实现。

（一）积极稳妥推动金融业的双向开放

金融开放是一项系统性工程，应合理把握开放的步伐和节奏，既不能原地踏步，也不能把步子迈得太大，同时要做到“引进来”和“走出去”并重。在“引进来”方面，一是打造良好的外商投资环境，让中资机构与外资机构能够平等享受许可范围内的业务和政策，提高营商环境的稳定性和透明度；二是逐步放宽外资金融机构的准入限制，特别是银行、保险等行业的双边开放。在“走出去”方面，借助“一带一路”战略加强国际金融合作，坚持企业主体、市场导向、商业原则和国际惯例，切实保障跨境资金安全，深化金融供给侧改革，培育适应金融高水平开放的合格金融主体，提高企业和金融机构的国际竞争力①，从服务高质量共建“一带一路”战略中扩大中国金融的国际影响力。

（二）发挥自贸金融“以点带面”效果

通过推动自贸区建设先试先行，实施自由贸易区提升战略，扩大面向全球的高标准自由贸易区网络，逐步推进全面金融开放，实现“以点带面”。当前我国在广东、上海及海南等地成立了自由贸易试验区，进行实验性的先期摸索，可以在以下几个方面进一步推动金融开放：一是赋予自贸区更大的自主权，突出国家改革创新的特点，探索差异化特色，在制度创新方面取得更大成果。二是制定支持自贸区高质量开放建设的政策体系，提高贸易区的自由化和便利化水平，对标 CPTPP 等国际高标准规则体系②。三是探索建立动态运行的金融风险监测体系，在国内金融业务开放处于点状分散形势下，对自贸区的金融监管体现为业务条线的形式，而高水平的金融开放监管框架往往是体系化形态，因此可以通过试点一体化动态监管网络、推进金融监管部门与实体监管部门之间的信息共享，从而建立跨境贸易资金进出和业务管理的全局金融风险监管体系。

（三）推进人民币国际化迈向更高层次

中央金融工作会议指出，要稳慎扎实推进人民币国际化，完善人民币跨境使用制度安排和基础设施建设。一是继续稳步推进央行间双边本币互换和本币结算合作，进一步发挥货币互换在支持离岸人民币市场发展和促进贸易投资便利方面的作用。加强与其他国家的本币结算合作，积极推动人民币在国际交易中的直接使用，支持境外国家和地区在当地建立人民币外汇市场，拓宽人民币交易渠道。二是支持离岸人民币市

---

① 薛熠．重磅文章丨如何推进金融开放？中国企业网［EB/OL］.（2021-11-09）［2024-1-13］. https：//mp.weixin.qq.com/s/rwS4a7Rw869hjakX10gBAA.

② 谭小芬，张怡宁．中国金融开放的路径选择和风险防范［J］. 保险研究，2023（2）：3-19.

场健康发展，健全离岸市场人民币流动性供给机制，激发离岸人民币市场主体的创新动力，丰富相关产品和服务，提供离岸人民币多元化风险管理工具，满足国际投资者的风险管理需求。扩展人民币清算行授权地区范围，加强对清算行的政策支持，充分发挥其在推动离岸人民币市场发展中的积极作用。三是强化跨境人民币业务监管，统筹人民币国际化进程中的开放与安全问题，完善跨境资金流动的评估预警体系，实现精准预警。建立健全跨境资金流动的宏观审慎管理体系，丰富宏观管理工具箱。加强宏观监管与微观监管间的联动，在提高金融开放水平的同时提升跨境资金流动的风险防范能力，守住不发生系统性金融风险的底线。

（四）推进国际高标准的金融制度型开放

金融制度型开放与传统的商品或要素流动型开放相比，在规则、规制、管理和标准上具有更加全面、系统和稳定的特征。要按照全面对接国际高标准经贸规则要求，推动金融在规则、规制、管理、标准等制度方面与国际对接。一是要统筹好要素流动型开放和制度型开放，既要推动资本、商品、服务、技术和数据等生产要素的自由流动，也要在制度安排上做出政策调整，包括银行、证券、保险等业务的准入空间以及在规则标准等方面与国际互联互通等。二是要加快推动我国金融市场和国际普遍性规则接轨，通过加强对国际金融规则的运行现状、基础条件和演变趋势的研究分析，配合特定地区先行先试的方式与国际金融制度衔接。同时，要结合中国实际进行金融制度创新，探索出适合发展中国家的“可复制、可推广”的金融制度型开放模式。三是要着力增强金融制度的透明度，积极开展国内政策与国际通行规则的一致性评估，并通过多种方式、多种途径向外资机构进行政策解读，积极主动展示负责任大国的良好形象，提高中国市场对外资机构的吸引力①。

（五）联动建设金融市场与国际金融中心

联动建设金融市场与国际金融中心是相辅相成的，也是服务金融开放和建设金融强国的重要举措，一是加快金融市场改革，构建多层次金融体系，持续疏通金融市场资金进入实体经济的渠道，优化融资结构与资金供给结构。同时，要维护金融市场稳健运行，规范金融市场发行和交易行为，防范风险跨市场传递。二是联动发展金融机构，通过构建良好的金融市场环境，鼓励金融机构在国际金融中心设立法人机构、功能性机构和分支机构，发挥国际金融中心的服务和辐射效应，扩大金融开放水平。三是加快上海、香港国际金融中心建设，通过提高国际化水平、促进科技与金融相融合、打造绿色金融增长点等方式提升金融中心的国际影响力与竞争力，促进金融高质量发展与高水平开放。

---

① 周月秋．稳步扩大金融制度型开放［J］．中国金融，2023（14）：17-19.

参考文献

［1］国家金融监督管理总局网站［EB/OL］. https：//www. cbirc. gov. cn/cn/view/pages/index/index. html.

［2］中国证券监督管理委员会网站［EB/OL］. http：//www. csrc. gov. cn/.

［3］中国人民银行网站［EB/OL］. http：//www. pbc. gov. cn/.

［4］国家外汇管理局网站［EB/OL］. http：//www. safe. gov. cn/.

［5］国际货币基金组织网站［EB/OL］. https：//www. imf. org/en/Home.

［6］杨枝煌，陈尧．中国式现代化金融的改革方向与战略构想［J］. 国际贸易，2023(8).

［7］梁斯．中国利率市场化三十年：回顾、问题及改革方向［J］. 新金融，2022(3).

［8］薛熠．重磅文章｜如何推进金融开放？中国企业网［EB/OL］.(2021-11-09)［2024-01-13］. https：//mp. weixin. qq. com/s/rwS4a7Rw869hjakX10gBAA.

［9］谭小芬，张怡宁．中国金融开放的路径选择和风险防范［J］. 保险研究，2023(2).

［10］周月秋．稳步扩大金融制度型开放［J］. 中国金融，2023(14).

第七章　中国物流业的开放：贸易变革中的物流与供应链创新发展

2022—2023 年，中国铁路、港口、航空等物流业开放程度逐渐提升。中欧国际铁路货运班列逐步“连点成线”“织线成网”，成为“一带一路”经贸合作陆路运输的骨干通道，国际海运和航空运输服务能力持续提升。但纵观 2022—2023 年我国物流业开放政策效果，我国国际物流网络布局和基础设施建设依然相对不足，“一带一路”国际大物流通道建设运输组织和协调机制有待完善，物流业对自贸区与自由港的支撑力度有待进一步提升。为进一步推进物流业发展，持续释放物流业开放政策效能，建议未来重点聚焦完善海外通道体系、提升产业链供应链韧性和安全水平、提升“一带一路”物流保障能力、推动数字物流发展、推动快递物流企业出海等方面发力。

一、2022—2023 年物流业开放的状况和特点

（一）开放的状况

1. 主要运输方式与运输物流业的开放状况

（1）铁路物流业开放

铁路对外投资强度增加，合作范围不断扩大。2023 年初，中国国家铁路集团有限公司工作会议指出，国家铁路必须自觉承担保障国际产业链供应链畅通和牵头“走出去”项目等责任，提高中欧班列开行质量，推进西部陆海新通道等战略骨干通道项目建设，推进铁路规则标准在海外的实施与运用，服务高水平对外开放。目前，中国铁路企业在亚洲、非洲、美洲等地区大力推进铁路建设项目、推广技术装备，铁路行业对外投资与合作取得明显成效（见表 7-1）。

表 7-1　中国铁路对外投资与合作项目

国家	线路名称	参与企业	项目概况
阿尔及利亚	阿尔及利亚贝沙尔省至廷杜夫省	中国铁建	签约：新建 575 千米铁路，连接阿尔及利亚贝沙尔省和廷杜夫省加拉·杰比莱特铁矿区
阿尔及利亚	安纳巴至斯基克达	中国建筑	在建：安纳巴省到斯基克达省 120 千米新建铁路的第一标段，全长约 13.5 千米，项目性质为铁路复线工程及现代化升级

续表

国家	线路名称	参与企业	项目概况
孟加拉国	多哈扎里至科克斯巴扎尔	中国土木/中国中铁	已开通：全长约 103 千米，为客货两用的单线套轨铁路，该项目是孟加拉国十大优先发展项目之一，也是孟中印缅经济走廊重要组成部分
孟加拉国	帕德玛大桥铁路连接线	中国中铁	部分开通：全线总长约 170 千米，为孟加拉国最大铁路项目，首通段全长约 80 千米
马来西亚	柔佛州北部金马士至新山	中国铁建	在建：正线全长 191. 14 千米，项目建设内容为对既有铁路进行改造升级，以电气化双线客货混运高速铁路为设计标准，设计客运时速 160 千米、货运时速 90 千米
马来西亚	东海岸铁路	中国交建	在建：长 665 千米，北起马来西亚与泰国边境的哥打巴鲁站，穿越吉兰丹州、登嘉楼州、彭亨州和雪兰莪州，以马来西亚第一大港——巴生港的金卡斯顿站为终点
尼日利亚	卡诺至拉各斯	中国交建	在建：总长约 1200 千米，为中国与尼日利亚在基础设施领域的重要合作项目之一
阿联酋	伊提哈德铁路二期	中国建筑/中国土木	竣工：伊提哈德铁路连接沙特阿拉伯与阿联酋，将为两国之间的物流和贸易提供可靠的铁路运输解决方案
老挝	老挝万象物流园项目老泰铁路扩建	水电十局	在建：该项目位于老挝万象市老泰友谊大桥旁，依托中老铁路和老泰铁路的交界点优势，提供两国物流运输和海关通关支持。项目铁路段为原老泰铁路既有线延长，服务老泰铁路和中老铁路货物换装
泰国	中泰铁路	中国中铁/中国建筑等	在建：中泰铁路工程共分为两期，一期工程连接曼谷和泰国东北部门户呵叻，二期工程将延伸至与老挝首都万象仅一河之隔的泰国东北边贸重镇廊开，实现与中老铁路衔接，经老挝磨丁和中国磨憨可以抵达昆明
蒙古	蒙古国西伯库伦口岸铁路工程项目	中国中铁	签约：自天策线末端的中蒙跨境点引出后向北延伸，线路正线长度 6. 96 千米，新建车站 1 座，为西伯库伦口岸站。该站按 1 站 3 场形式布置，分别为边检场、到发场和货场
阿根廷	阿尔维尔连接线项目	中国铁建国际集团	签约：米特雷货运铁路两条支线间连接线的轨道、土建及信号工程等
印度尼西亚	雅加达至万隆	中国中铁	已通车：中国高铁首次全系统、全要素、全产业链在海外建设项目，列车采用中国标准，为雅万高铁量身打造，最高运营时速 350 千米，4 动 4 拖 8 辆编组
乌干达	托罗罗至纳曼维	中国路桥	在建：234 千米的既有米轨翻新改造，起点为乌干达与肯尼亚接壤边境城市 Tororo，终点为乌干达既有米轨铁路 Namanve 站
马拉维	马尔卡至班古拉	中国中铁	在建：全长 72 千米，共 4 个车站，为中资企业在马拉维承建的规模最大的铁路项目

数据来源：根据一带一路网等公开信息整理。

中欧国际铁路货运班列运行数量持续增长。2022 年共开行中欧班列 16562 列、发送 160 万标准箱，同比增长 9%和 10%；2023 年开行中欧班列 17523 列、发送 190 万标箱，同比增长 5. 8%和 17. 8%。目前，中欧班列已经通达欧洲 25 个国家 217 个城市（见表 7-2）。

表 7-2　2023 年主要城市中欧国际铁路货运班列开行情况

城市	开行量（列）	主要线路数量（条）
成都	1939	17
重庆	2054	19
西安	3435	24
郑州	1881	6
武汉	772	6
义乌	729	10
长沙	838	9

数据来源：根据中欧班列网公开资料整理。

积极推进中吉乌铁路建设工作。2023 年，《中国—中亚峰会西安宣言》明确指出完成中吉乌铁路可研工作的重要性，将推进该铁路加快落地建设。中吉乌铁路目前选择北线方案，即自喀什引出，经中国与吉尔吉斯斯坦边境的吐尔尕特山口，再经吉尔吉斯斯坦奥什州边境小城卡拉苏，至乌兹别克斯坦东部重要城市安集延。中吉乌铁路的建设将推动新疆成为“一带一路”重要枢纽，保障“一带一路”可持续发展，促进中亚与国际市场深度融合，有助于完善亚欧大陆整体交通网络。

（2）港口水运物流业开放

2022 年全国港口吞吐量继续保持上升趋势。全国港口完成集装箱吞吐量 2.96 亿 TEU，比上年增长 4.7%；完成货物吞吐量 156.85 亿吨，比上年增长 0.9%。内外贸方面，2022 年全国港口共完成外贸货物吞吐量 46.07 亿吨，比上年下降 1.9%，占全年港口货物吞吐总量的 29.37%；内贸完成 110.78 亿吨，占全年港口货物吞吐总量的 70.63%。

中国港口在全球集装箱港口中排名保持领先优势。2022 年，我国有七个港口集装箱吞吐量位居全球前十位，分别是上海港、新加坡港、宁波—舟山港、深圳港、青岛港、广州港、釜山港、天津港、香港港、鹿特丹港（见表 7-3）。

表 7-3　2022 年全球前十位集装箱港口排名

排名	港口名称	与上年度相比位次变化
1	上海港	=
2	新加坡港	=
3	宁波—舟山港	=
4	深圳港	=
5	青岛港	+1
6	广州港	−1
7	釜山港	=

续表

排名	港口名称	与上年度相比位次变化
8	天津港	=
9	香港港	+1
10	鹿特丹港	+1

数据来源：根据公开资料整理。

国家支持港口水运口岸的开放力度不断加大。国家口岸管理办公室印发《国家“十四五”口岸发展规划》，重点支持建设津冀、长三角、粤港澳大湾区世界级港口群以及辽宁沿海、山东沿海、东南沿海和西南沿海港口群。国家水运口岸开放步伐不断加大，2022—2023 年国务院新批复扩大一批水运开放口岸（见表 7-4）。

表 7-4　2022—2023 年国务院新批复扩大水运开放口岸

时间	省份	口岸名称	扩大开放区域
2022 年 1 月	辽宁	葫芦岛港口岸	绥中港区
2022 年 7 月	福建	福州港口岸	罗源湾港区
2022 年 7 月	浙江	舟山港口岸	岱山港区、金塘港区、白泉港区、马岙港区、沈家门港区
2022 年 9 月	广东	广州港口岸	—
2022 年 11 月	辽宁	丹东港口岸	大东港区
2023 年 2 月	江苏	连云港口岸	徐圩港区
2023 年 2 月	山东	青岛港口岸	鳌山湾港区
2023 年 7 月	广东	茂名港口岸	吉达港区
2023 年 10 月	江苏	如东洋口港口岸	金牛作业区
2023 年 10 月	浙江	宁波港口岸	穿山港区、象山港港区、石浦港区
2023 年 10 月	江苏	启东港口岸	吕四作业区、启海作业区

数据来源：中华人民共和国海关总署，2022—2023 年。

中资企业“走出去”积极参与“一带一路”港口投资与合作。中国企业积极响应“一带一路”港口建设项目，推动海外港口的投资、建设与运营，港口发展活力指数得以快速显著提高。部分中国企业承建或投资运营的港口临近重要海上通道，50 个港口中有 18 个港口位居重要航道周边。中国积极承担大国责任，助力如非洲等地区的发展中国家和地区港口建设，不仅打开了所在国家的海上门户，还提升了所在国家的全球连通性。同时，这些由中国企业承建或投资运营的港口在基础设施、港口装卸能力、连接港口数量等方面具有明显优势，特别是在爱琴海、直布罗陀海峡、霍尔木兹海峡、斯里兰卡和菲律宾等港口集聚区，中国承建、投资运营的港口活力高于周边的主要港口。

（3）航空运输业开放

机场主要生产指标克服新冠疫情影响因素，逐步恢复至新冠疫情前水平。2022 年，全国民航运输机场完成货邮吞吐量 1453.05 万吨，较 2021 年下降 18.5%；民航完成货邮运输量 607.61 万吨，较 2021 年下降 17.0%。国内航线完成货邮运输量 343.79 万吨，较 2021 年下降 26.1%。其中，港澳台航线完成 14.74 万吨，同期下降 22.4%；国际航线完成货邮运输量 263.82 万吨，同期下降 1.1%。截至 2023 年 11 月，民航货邮运输量达 661 万吨，2023 年 11 月货邮运输规模恢复至 2019 年同期的 96.9%。其中国内航线完成货邮运输量 411.0 万吨，恢复至 2019 年同期的 88.9%；国际航线完成货邮运输量 250.0 万吨，达到 2019 年同期的 113.7%。

航空运输业对外开放逐渐恢复。2022 年，民航局和国家发展改革委联合印发《“十四五”时期推进“空中丝绸之路”建设高质量发展实施方案》，明确了深化国内航空枢纽开放发展、深化航线网络互联互通、深化国际贸易合作、深化合作平台建设等 8 项重点任务。2022—2023 年冬春航季开始恢复并增加亚洲、欧洲、美洲等国际航线，2022 年国际定期航班通航 50 个国家的 77 个城市。截至 2023 年 11 月底，全国共计新开通国际货运航线 140 条，目前已与 129 个国家和地区签署了双边航空运输协定，航空货运连通 61 个国家和 142 个境外机场（见表 7-5）。

表 7-5　2022—2023 年新增航线情况

序号	开通航线	航空公司
1	南宁—印度新德里	印度香料货运航空有限公司
2	三亚—深圳—吉隆坡	深圳航空公司
3	南宁—沙巴	马来西亚捷运航空公司
4	南宁—河内	天津货运航空有限公司
5	南宁—金奈	圆通货运航空有限公司
6	南宁—班加罗尔	圆通货运航空有限公司
7	西安—普吉	圆通货运航空有限公司
8	重庆—马德里	海南航空
9	哈尔滨—洛杉矶	海南航空
10	鄂州—列日	顺丰航空有限公司
11	鄂州—洛杉矶	顺丰航空有限公司
12	鄂州—德里	顺丰航空有限公司
13	鄂州—安克雷奇—纽约	顺丰航空有限公司
14	巴黎—广州—巴黎	法国达飞航空货运公司
15	深圳—阿什哈巴德	土库曼斯坦航空
16	深圳—胡志明	京东货运航空公司

续表

序号	开通航线	航空公司
17	成都—布达佩斯	四川航空
18	成都—伊斯坦布尔	四川航空
19	成都—悉尼	四川航空
20	成都—亚的斯亚贝巴—圣保罗	埃塞俄比亚航空
21	成都—吉隆坡	中国国际航空公司
22	成都—马尼拉	中国国际航空公司
23	重庆—新加坡	中国国际航空公司
24	西安—阿斯塔纳	中国国际航空公司
25	成都—卡利博	泛太平洋航空
26	成都—多哈	卡塔尔航空
27	西安—阿拉木图	南方航空
28	西安—比什凯克	南方航空
29	乌鲁木齐—撒马尔罕	南方航空
30	西安—曼谷	西北国际货运航空公司
31	兰州—莫斯科	俄罗斯伏尔加第聂伯航空公司
32	兰州—新西伯利亚	俄罗斯济多特兰斯航空公司
33	莫斯科—西安—阿拉木图	俄罗斯阿特兰航空

数据来源：根据中国民航地区管理局公开信息整理。

航空运输领域投资限制继续放宽、监管进一步规范化。2022 年初实施的《外商投资准入特别管理措施（负面清单）（2021 年版）》，取消了禁止外商投资空中交通管制的规定；自 2023 年 12 月 1 日起实施《民用航空企业及机场联合重组改制备案管理办法》，加强了民用航空企业及机场联合重组改制行为的事中事后监管，建立公平有序竞争的市场秩序，鼓励、支持国内外投资主体投资民用航空业，引导、规范民航企业之间的投资行为，以促进包括通用航空业在内的民用航空业快速健康发展。

（4）陆路运输与第三方物流业开放

2022 年我国快递物流业保持增长。2022 年，全国快递服务企业业务量累计完成 1105.8 亿件，同比增长 2.1%，业务收入累计完成 10566.7 亿元，同比增长 2.3%。其中，国际/港澳台业务量累计完成 20.2 亿件，同比下降 4.1%。

中国快递物流企业频频出海，积极拓展海外市场。2022 年 1 月，极兔快递开展中东业务，在阿联酋和沙特的快递服务网络点正式运营；顺丰在亚太地区基本实现货运末端网络的覆盖。2022 年 10 月，顺丰开通寄往新马泰服务。2023 年，顺丰升级跨境寄递服务，实现新加坡至中国和马来西亚 2 个国家、9 个城市跨境快递次日达；菜鸟物流成为全球最大的跨境电商物流服务企业，为跨境电商打造“全球 5 日达”和“5 美元

10 日达”等服务方案，菜鸟国际快递的各线产品覆盖全球 200 多个国家和地区。伴随着跨境电商的发展，中国物流企业在欧洲、日韩、东南亚、拉美、澳洲、非洲陆续新建多个海外仓，其中拉美地区新建仓企业占比最高，并在欧洲和日韩地区计划大量建仓。

国际快递巨头加大在华投资合作，积极开展绿色物流。近年来，DHL 快递持续在中国进行投资，不断完善物流基础设施建设，累计投资近 20 亿元用于无锡口岸、深圳口岸和成都口岸等物流基础设施的新建、改建、扩建和升级，并开通或加密多条至美洲、欧洲、亚洲的直航货运班机。DHL 还与比亚迪等国内车企积极合作，通过新能源车辆采买推进建设绿色货运车队。截至 2022 年底，DHL 车队电动汽车的比例达到 23%，首支氢能源卡车车队于 2023 年 5 月在上海正式投入商业运营。

2. 现代供应链开放

为了提升供应链物流服务能力，推动全球产业链供应链合作。2022 年 5 月，国务院办公厅印发《“十四五”现代物流发展规划》，明确以“到 2025 年基本建成供需适配、内外联通、安全高效、智慧绿色的现代物流体系”为目标。规划强调加快国际国内物流大通道建设，提升通道辐射能力，推进国际通道网络建设，提高国际物流综合服务能力，并通过建立协作机制、落地实施项目、积极参与规则制定等方式深化国际合作。

着力提升产业链供应链的创新能力，增强其稳定性和竞争力。2022 年，工业和信息化部正式确定杭州、武汉、成都、宁德、南通、潍坊、合肥、株洲、广州、深圳、包头、齐齐哈尔等作为首批开展产业链供应链生态体系建设试点的城市，旨在推动区域产业链供应链生态体系迭代升级。同年 5 月，商务部等 8 个单位联合印发《全国供应链创新与应用示范创建工作规范》，提出示范城市应围绕完善供应链发展机制、提升数字化水平、健全产业生态、推动区域供应链互联互通、增强全球供应链竞争力和安全稳定等，切实做好全国供应链创新与应用示范工作，贯彻落实党中央、国务院关于提升产业链供应链现代化水平，确保产业链供应链安全稳定的决策和部署（见表 7-6）。

表 7-6 相关政策文件

序号	时间	发文机构	文件名称
1	2022 年 5 月 5 日	流通发展司	《全国供应链创新与应用示范创建工作规范》
2	2022 年 5 月 17 日	国务院	《“十四五”现代物流发展规划》
3	2022 年 10 月 16 日	中国共产党第二十次全国代表大会	《二十大报告》明确提出要着力提升产业链供应链韧性和安全水平
4	2023 年 10 月 31 日	海关总署	《海关总署关于推动加工贸易持续高质量发展改革实施方案》

数据来源：根据中国政府网等公开信息整理。

3. 海关特殊监管区域建设

为应对对外贸易的发展需求，我国共设立六种类型的特殊区域，包括保税区、出口加工区、保税物流园区、保税港区、综合保税区和跨境工业区。截至目前，全国共有 171 个特殊区域，其中综合保税区 161 个，占特殊区域的 93.4%，覆盖全国 31 个省区市。2022 年，海关特殊监管区域的进出口总值达到 8.4 万亿元，占全国对外贸易总值的 1/5。

自由贸易港和自贸试验区建设取得成果，持续推进高标准开放。2022 年，海南自由贸易港进出口额突破 2000 亿元，达到 2009.5 亿元，同比增长 36.8%，其中出口额 722.6 亿元，同比增长 120.7%。2023 年，海南累计收寄各类免税品包裹超 1200 万件。海南积极布局航空物流、港口物流，海南自贸港大封关航空物流及加工产业示范基地项目已进入实质性建设阶段。在洋浦，我国首个以自由贸易港为依托建设的港口型国家物流枢纽正在建设。海南提出 2025 年实现封关运作。2023 年下半年，第一批全岛封关运作的 31 个项目中有 25 个项目已开工建设，首批 27 项政策压力测试工作正在有序推进。2023 年，新疆自由贸易试验区获批成立，成为西北沿边地区设立的第一个自由贸易试验区，助力打通亚欧黄金通道，建立我国向西开放的桥头堡，并进一步建成国际物流核心枢纽。内陆地区的自由贸易试验区积极探索创新国际贸易投资便利化规则，陕西、河南、重庆等自由贸易区重点发展中欧班列和多式联运物流等，积极打造海、陆、空及网络丝绸之路，大力提升联通内外的商贸物流能力。目前我国自贸试验区数量为 22 个，共计进出口 7.67 万亿元，同比增长 2.7%，占全国对外贸易总值的 18.4%。2023 年，国务院印发《关于在有条件的自由贸易试验区和自由贸易港试点对接国际高标准推进制度型开放的若干措施》，率先在上海、广东、天津、福建、北京等具备条件的自贸试验区和海南自由贸易港试点对接相关国际高标准经贸规则，扩大制度型开放。

综合保税区建设范围进一步扩大。综合保税区具有开放层次高、优惠政策多、功能齐全、手续简化的优势。据公开资料整理，2023 年下半年国务院新批准设立的综合保税区有 7 个，包括天津临港综合保税区、雄安综合保税区、北京中关村综合保税区等，其中北京中关村综保区是全国第一个明确以创新、研发为特色的综合保税区。2022 年，海关总署公布《中华人民共和国海关综合保税区管理办法》，进一步规范对综保区的管理，促进综保区高水准开放和高质量发展；2023 年，海关总署印发《推动综合保税区高质量发展综合改革实施方案》，在优化业务运行架构、优化流程监管程序、丰富综保区功能业态、强化监管手段和完善配套设施及机制建设五个方面提出 23 条具体改革措施。

2023 年，海关总署推出 16 条优化营商环境的新举措，主要分为促进畅通进出口物流、提升跨境物流便利化水平、企业减负增效和创新发展对外贸易四个方面。各地海关结合地区实际情况，细化并提出了近千条具体举措，积极落实国家稳定外贸外资的政策措施，针对经营主体的痛点推出相应举措。

4. 主要区域物流开放格局

总体来看，大湾区加强内外联动，依托区位和交通基础优势，进一步提升国际物流服务能力。成渝地区持续推进物流开放通道建设，积极融入陆海新通道；华中、华北地区积极构建内陆开放新高地，发挥区位优势，推进跨省、跨境物流通道建设，进一步优化区域开放布局，形成协调东、中、西、东北四大区域协调开放发展、陆海开放相互支撑、多个开放方向相互协作、各层级合理分工的格局。

广州、深圳积极联合大湾区内外城市，推动外贸物流通道畅通。大湾区积极推进港口群建设，截至2023年，粤港澳大湾区组合港项目已开通35条航线，串联起粤港澳大湾区内地9座城市，推动了“江河物流”与“广货出海”的无缝衔接。广州港集团以南沙港铁路为抓手，衍生出“昆明、衡阳、贵州、渝穗、湘粤非”5个区域性、国际性通道平台，依托广州港在泛珠三角地区的内陆港和办事处，向湖南、江西及西南等内陆地区延伸港口服务，提升海铁联运服务能力。2024年1月，首趟大湾区班列自成都开往广州，“大湾区班列”通过铁海联运，打造川粤货运新通道，促进产业升级和区域协同发展，提升对外贸易物流效率，服务国内国际双循环。

成渝地区持续推进中欧班列高质量运行，摆脱内陆发展困境，推动成渝地区内陆开放高地建设和产业结构优化提升，成为我国经济高质量发展的增长极。截至2023年9月，中欧（成渝）班列累计开行约1.4万列，累计运输货值近5000亿元。目前，成都已建立联通欧洲、蒙俄、日韩、东盟等多地区的国际班列线路网络和全球陆海货运配送体系；重庆物流干支网络基本辐射亚欧大陆全境，实现了与长江黄金水道、西部陆海新通道等的衔接。

湖南省积极融入陆海新通道。湖南怀化作为国家“一带一路”的重要节点城市，具有对外开放的基础和优势。2022年1月，国家发展改革委批复怀化正式加入西部陆海新通道省际协商协作机制。2022年5月，湖南省人民政府办公厅印发《关于深度融入“一带一路”支持怀化国际陆港建设实施方案》。2023年上半年，怀化东盟北部湾铁海联运班列共计发运209列，怀化国际陆港与广西钦州港结成姊妹港。目前，湖南省已规划建设五大国际贸易通道及货运集结中心，全方位对接东、西、南、北多方向重要经济带和物流大通道。

郑州加快构建“枢纽+物流+开放”新格局。作为国家重要的综合交通枢纽、中原经济区核心城市，构建“枢纽+物流+开放”高水平对外开放体系为郑州融入国家“一带一路”和“空中丝绸之路”建设以及郑州国家中心城市现代化建设具有重要意义。河南省协同发展“空、陆、网、海”四条丝绸之路，将交通枢纽优势转化为物流优势，加强开放平台建设，确立郑州国内、国际物流枢纽地位。2023年上半年，河南省对共建“一带一路”国家进出口额达1160.5亿元，同比增长11.4%。

呼和浩特打造对外开放前沿阵地。呼和浩特连接黄河经济带、亚欧大陆桥、环渤海经济圈，并且成为面向蒙俄的桥头堡，拥有地理优势和政策优势。呼和浩特综保区作为重要的开放平台，承担了拓宽国际货运渠道和打造北方重要物流枢纽的任务。2023 年 7 月，呼和浩特综保区首趟中欧班列发车，标志着呼和浩特综合保税区积极融入国家“一带一路”建设，打造了运输新通道，拓展了亚欧大陆国际物流体系。

（二）开放的成就和特点

1. “一带一路”国际经贸合作高效通道体系基本形成

中欧国际铁路货运班列逐步“连点成线”“织线成网”，成为“一带一路”经贸合作陆路运输的骨干通道。中欧班列开行数量保持上升，截至 2023 年下半年，中欧班列累计开行 7.7 万列，运送货物涵盖 53 大门类、5 万多种品类，货值超过 3400 亿美元，通达欧洲 25 个国家的 217 个城市。同时，通过海铁联运、西部陆海新通道、长江黄金水道等，联通了日韩地区和东南亚国家；通过波罗的海、黑海、地中海海铁联运及莱茵河铁水联运等，联通了英国和北欧、地中海各国，深入欧洲大陆，打造了横跨欧亚大陆的国际铁路多式联运网络体系，形成了“畅通高效、多向延伸、海陆互联”的通道格局。

2. 港口海运保持发展势头，航空物流迅速恢复

国际海运和航空运输服务能力持续提升。2022 年全国港口完成集装箱吞吐量达到 2.96 亿 TEU，比上年增长 4.7%。截至 2022 年，我国控制的海运船队运力规模达到 3.5 亿载重吨，居世界第二位，注册船员数量和年均外派船员人次均位居世界前列，海运服务网络联通 100 多个国家和地区主要港口。航空运输方面，截至 2023 年 11 月，国际航线完成货邮运输量达 250 万吨，已超过 2018 和 2019 年全年国际航线货邮运输量，分别为 242.72 万吨、241.91 万吨。与我国签署航空运输协定的国家地区达 129 个。港口海运能力保持上升态势，航空物流外贸服务能力迅速恢复并超越新冠疫情前水平。

3. 中国企业借助跨境电商发展布局海外快递业务

跨境电商发展带动中国快递物流企业出海。2022 年通过海关跨境电子商务管理平台进出口商品总额 2.11 万亿元，同比增长 9.8%。其中，出口 1.55 万亿元，增长 11.7%；进口 0.56 万亿元，增长 4.9%。阿里全球速卖通、拼多多 Temu、SHEIN、TikTok Shop 等大型跨境电商平台迅速打开海外市场，快递服务需求大幅上升。海外节假日期间，SHEIN 和拼多多 Temu 发往美国的包裹数量日均最高可达 100 万个。菜鸟 2023 财年跨境包裹总量超过 15 亿件。庞大的市场需求助推中国快递物流企业出海，并在开拓全球市场的同时，通过打造“智慧”物流、本地化链条等为跨境电商拓宽发展空间。大型中国物流企业海外业务逐渐成熟，海外快递网络逐步建立。菜鸟物流通过覆盖全球 100 多个国家的物流基础设施，打造端到端全链路物流供应链服务；极兔国际打通中国至东南亚、欧美、拉美、中东等区域多国的物流通道；顺丰国际依托自营全货机资源以及国内外网络资源，快速布局区域航线和洲际远程航线，截至 2022 年，

顺丰累计运营50多条全货机国际航线。

4. 中国着力提升产业链供应链安全水平和韧性，积极推动全球供应链合作

打造内通外联的供应链体系，并致力于提升产业链供应链韧性和安全水平，保障构建新发展格局。党的二十大报告明确指出，要着力提升产业链供应链韧性和安全水平。2022年中央经济工作会议进一步强调“着力补强产业链薄弱环节”，打通产业链供应链的卡点、堵点、断点，打造抗风险能力强的产业链供应链，确保产业链供应链安全稳定。在国务院办公厅2022年印发的《“十四五”现代物流发展规划》中明确指出，为应对全球产业链供应链重构，统筹国内国际两个大局，推动国际经贸合作以及保障国际竞争优势等，到2025年应基本建成供需适配、内外联通、安全高效、智慧绿色的现代物流体系。要积极构建国际国内物流大通道，加快国际物流网络化发展，通过推动建立国际物流通道沿线国家的协作机制和落地实施中欧班列“关铁通”项目等具体举措，深化国际合作。2023年，海关总署出台《海关总署关于推动加工贸易持续高质量发展改革实施方案》（以下简称《方案》），指出加工贸易产业是我国开放型经济的重要组成部分。为顺应相关企业生产经营需求，《方案》围绕提升便利化水平、促进区域协调发展、筑牢安全发展防线三方面，提出16条改革措施，以稳定外贸基本盘和产业链供应链。2023年首届中国国际供应链促进博览会的顺利召开，为促进全球产业链供应链合作搭建了国际化交流平台，深化了产业链供应链的国际合作，构建安全稳定、高效互利的全球产业链有助于加快构建双循环新发展格局，推动产业链供应链的双向开放合作。

二、2022—2023年物流业开放的政策评估和存在的问题

（一）物流业开放相关政策

1. 国家层面物流业开放政策

（1）二十大报告提出推动共建“一带一路”高质量发展

党的二十大报告指出，要推进高水平对外开放，推动共建“一带一路”高质量发展。以推动高质量发展为主题，把实施扩大内需战略同深化供给侧结构性改革有机结合起来，增强国内大循环的内生动力和可靠性，提升国际循环的质量和水平，加快建设现代化经济体系，着力提高全要素生产率，着力提升产业链供应链的韧性和安全水平，着力推进城乡融合和区域协调发展，推动经济实现质的有效提升和量的合理增长。

（2）《“十四五”现代物流发展规划》（以下简称《规划》）提出构建国际国内物流大通道，强化现代供应链安全韧性

《规划》明确，要依托国家综合立体交通网和主要城市群、沿海沿边口岸城市等，促进国家物流枢纽的协同建设和高效联动，构建国内国际紧密衔接、物流要素高效集聚、运输服务规模化的“四横五纵、两沿十廊”物流大通道。要加快“两沿十廊”国

际物流大通道的建设，对接 RCEP 等，强化服务共建“一带一路”的多元化国际物流通道的辐射能力。

《规划》还提出，要坚持自主可控、安全高效，加强供应链安全风险监测、预警、防控、应对等能力建设。要发挥供应链协同服务平台的作用，引导行业、企业间加强供应链安全信息共享和资源协同联动，分散化解潜在风险，增强供应链弹性，确保产业链安全。积极参与供应链安全国际合作，共同防范应对供应链中断风险。

（3）国务院办公厅发文加快发展外贸新业态新模式

2021 年 7 月 2 日，国务院办公厅颁发的《国务院办公厅关于加快发展外贸新业态新模式的意见》指出，完善跨境电商发展支持政策。在全国适用跨境电商企业对企业（B2B）直接出口、跨境电商出口海外仓监管模式，完善配套政策。培育一批优秀海外仓企业。鼓励传统外贸企业、跨境电商和物流企业等参与海外仓建设，提高海外仓数字化、智能化水平，促进中小微企业借船出海，带动国内品牌、双创产品拓展国际市场空间。完善覆盖全球的海外仓网络。支持企业加快重点市场海外仓布局，完善全球服务网络，建立中国品牌的运输销售渠道。鼓励海外仓企业对接综试区线上综合服务平台、国内外电商平台等，匹配供需信息。优化快递运输等政策措施，支持海外仓企业建立完善物流体系，向供应链上下游延伸服务，探索建设海外物流智慧平台。推进海外仓标准建设。到 2025 年，依托海外仓建立覆盖全球、协同发展的新型外贸物流网络，推出一批具有国际影响力的国家、行业等标准。

（4）国家发展改革委等部门部署现代流通战略支点城市布局建设工作

2023 年 9 月，国家发展改革委同自然资源部、交通运输部、商务部、市场监管总局印发《关于布局建设现代流通战略支点城市的通知》，提出了按照服务重要商品和资源要素流通、强化跨域跨界辐射带动、促进现代流通发展等三个维度来规划布局流通支点城市。在考虑了城市资源、发展基础、比较优势以及未来潜力等多方面因素后，通知将 102 个城市纳入了布局建设的范围，覆盖了 31 个省区市以及新疆生产建设兵团。流通支点城市将根据综合型、复合型和功能型进行分类推进建设。布局建设流通支点城市有利于更好发挥相关城市流通发展基础好、辐射带动能力强的优势，从“大流通”高度推动商流、物流、信息流、资金流融合发展，促进生产消费紧密衔接，加快形成内畅外联的现代流通网络，更好地服务以实体经济为支撑的现代化产业体系。

（5）鼓励冷链物流发展的产业政策陆续发布

近年来，国家不断发布鼓励冷链物流发展的产业政策，政策红利加速释放。2021 年 12 月，国务院印发《“十四五”冷链物流发展规划》，对“十四五”时期冷链物流高质量发展、健全现代冷链物流体系等具有重要的指导意义。2022 年以来，冷链物流领域的支持政策持续落地，《国家骨干冷链物流基地建设实施方案》《全国供销合作社“十四五”公共型农产品冷链物流发展专项规划》《关于加快推进冷链物流运输高质量发展的实施意见》等文件相继印发，此外还有大量行业性的引导、规范、扶持政策推出。

新冠疫情期间，为贯彻落实“外防输入、内防反弹”新冠疫情防控策略，自2021年1月以来，中国冷链物流领域出台了一系列相关政策，以应对新冠疫情的挑战和确保冷链食品安全，主要政策措施包括强化冷链食品进口管控、加强冷链设施建设和管理、推动冷链物流技术创新、完善冷链物流监管体系、强化冷链物流人员培训和管理等方面。这些政策举措旨在加强冷链物流领域的管理和监管，保障食品冷链的安全和稳定运行。同时，政策也强调了技术创新和人员培训的重要性，提高冷链物流的效能和服务质量。

2. 区域层面

（1）粤港澳大湾区建设行稳致远，不断完善“1+N+X”政策体系

近年来，国务院、国家发改委会同有关方面，包括有关部门和广东省、香港、澳门，以《粤港澳大湾区发展规划纲要》（以下简称《规划纲要》）为统领，不断完善“1+N+X”政策体系。在重点领域方面，有关部门围绕科技创新、基础设施、商务、金融、民航、文旅、中医药等出台了一系列专项文件；在重点地区方面，报请党中央、国务院出台支持深圳建设中国特色社会主义先行示范区的意见、横琴和前海方案，报请国务院出台南沙方案、河套规划等；在物流开放领域，《规划纲要》提出推进粤港澳物流合作发展，推进物流发展和投资便利化，为大湾区物流业发展奠定了良好的政策基础。

面对湾区三地、三个关区存在法律法规滞后、市场规则与贸易制度冲突、三地缺乏互联互通的公共信息平台等问题，《规划纲要》提出要提升大湾区市场一体化水平，全面对接国际高标准市场规则体系，加快构建开放型经济新体制，形成全方位开放格局。《规划纲要》还提出，为促进人员货物往来便利化，研究制定港澳与内地车辆通行政策和配套交通管理措施，促进交通物流发展，建设具有重要影响力的国际交通物流枢纽中心。

（2）长三角紧扣区域一体化，开创物流高质量发展新格局

长三角地区是我国经济发展最活跃、开放程度最高、创新能力最强的区域之一。2019年12月，中共中央、国务院印发了《长江三角洲区域一体化发展规划纲要》，长三角区域一体化上升为国家战略。在物流对外开放和内外贸建设中，重点发展以港口物流、航运物流、跨境物流三个细分物流领域为核心的物流业态。围绕高铁和航空的物流体系建设，为以消费为主的经济发展提供重要支撑；聚焦工业物流、化工物流、中欧班列、冷链物流，完善产业供给侧改革和升级，实现产业转移和长三角内的协同。

五年来，长三角区域一体化战略深入实施，区域物流业务协同日益高效，监管也愈加便利，预计未来长三角物流一体化将向着国际化、智慧化、绿色化、融合化等趋势发展。

（3）京津冀构建高水平对外开放平台，实现高水平开放、高质量发展

2023年12月，海关总署在海关职责范围内出台了支持京津冀协同发展的12条重

点措施，围绕“高水平对外开放、重点行业产业发展、打造一流营商环境”三个方面，更好地服务京津冀高水平开放高质量发展。

构建高水平对外开放平台，一是支持北京大兴国际机场综合保税区构建港区一体化监管模式，支持综合保税区开展保税展示交易异地监管模式，深化自贸试验区海关监管制度协同创新和复制推广，着力打造综合保税区及自贸试验区开放平台的新优势。二是推动北京“双枢纽”空港综合服务平台建设，支持三地空港智慧口岸建设和数字化转型，深化三地智慧港口建设，助力京津冀地区打造世界级机场群和港口群。三是大力促进京津冀区域服务贸易的创新发展，积极为中国国际服务贸易交易会等重大活动提供海关通关服务保障，助力北京会展资源与天津国家会展中心等资源实现互补互促。四是积极推进区域协作，开展中欧班列业务，保障京津冀区域国际邮件业务顺利开展。

（4）《“十四五”推进西部陆海新通道高质量建设实施方案》

《“十四五”推进西部陆海新通道高质量建设实施方案》提出构建通道融合开放发展新局面。通过加快通道经济发展、拓展全球服务网络、完善国际合作机制、深化经贸交流合作等措施，进一步发挥中国与周边国家国际合作机制的作用，鼓励周边国家积极参与通道建设，扩大对话交流、协商共建，深化通道产业和贸易合作，打造融合发展的西部陆海新通道。

（5）《“十四五”时期推进“空中丝绸之路”建设高质量发展实施方案》

推进“空中丝绸之路”建设是共建“一带一路”的重要内容。《“十四五”时期推进“空中丝绸之路”建设高质量发展实施方案》围绕政策沟通、设施联通、贸易畅通和民心相通等方面，从八个方面提出了“十四五”时期推进“空中丝绸之路”建设高质量发展的重点任务，一是深化国内航空枢纽开放发展，二是深化航线网络互联互通，三是深化民航基础设施领域合作，四是深化科技创新合作，五是深化规则标准联通，六是深化人文交流与合作，七是深化国际贸易合作，八是深化合作平台建设。

3. 自贸区层面

截至 2023 年 11 月，我国共有 22 个自贸试验区。这些试验区的建立旨在通过扩大开放、深化改革来促进地区的经济发展和对外开放。自贸试验区在体制机制创新、政策创新和平台打造等方面具有显著的政策优势。2023 年 6 月，国务院印发了《关于在有条件的自贸试验区和自由贸易港试点对接国际高标准推进制度型开放若干措施的通知》，指出要在符合条件的自贸试验区和自由贸易港聚焦若干重点领域试点对接国际高标准经贸规则，统筹开放和安全，构建与高水平制度型开放相衔接的制度体系和监管模式，并提出“推动货物贸易创新发展”“推进服务贸易自由便利”“便利商务人员临时入境”等措施，物流领域对外开放程度进一步提升。

我国自贸试验区勇于创新，启动实施了多项支持物流业开放的改革任务，并针对性地提出了相关政策内容。主要工作集中在建立开放的交易中心或信息平台、精简通关流程、畅通国际交通物流通道、促进口岸经济创新发展、加强与“一带一路”沿线国家交流合作等方面，从而推动资源整合，促进自贸区产业集聚，从而推动我国物流业的开放联动发展。

近年来，通过横琴、前海、南沙自贸试验区的建设，粤港澳大湾区在物流开放、粤港澳三地合作创新方面不断取得突破。

（1）深圳前海《全面深化前海深港现代服务业合作区改革开放方案》

2021 年 9 月，中共中央、国务院印发的《全面深化前海深港现代服务业合作区改革开放方案》提出，要高水平参与国际合作。加强与国际港口和自由贸易园区的合作，建设跨境贸易大数据平台，推动境内外口岸数据互联、单证互认、监管互助互认，开展双多边投资贸易便利化合作。支持深圳机场充分利用现有航权，不断扩大与共建“一带一路”国家和地区的合作。支持深圳机场口岸建设整车进口口岸。

（2）广州南沙《广州南沙深化面向世界的粤港澳全面合作总体方案》

2022 年 6 月 6 日，国务院印发了《广州南沙深化面向世界的粤港澳全面合作总体方案》，提出共建高水平对外开放门户，增强国际航运物流枢纽功能，提高本地区对航运物流企业的吸引力，营造良好的航运物流产业发展环境。推动粤港澳大湾区内航运服务资源跨境跨区域整合，提升大湾区港口群总体服务能级，重点在航运物流、水水中转、铁水联运、航运金融、海事服务、邮轮游艇等领域深化合作。

（3）珠海横琴《横琴粤澳深度合作区建设总体方案》

2021 年 9 月，中共中央、国务院印发的《横琴粤澳深度合作区建设总体方案》提出，要构建与澳门一体化高水平开放的新体系，实行货物“一线”放开、“二线”管住的政策（见表 7-7）。

表 7-7　自贸试验区持物流业开放的改革任务与相关政策

序号	自贸试验区	支持物流业开放的改革任务与相关政策
1	广东自贸试验区	粤港澳共同加强与 21 世纪海上丝绸之路沿线国家和地区的贸易往来，开拓国际市场； 建立自贸试验区与粤港澳海空港联动机制，建设 21 世纪海上丝绸之路物流枢纽，探索具有国际竞争力的航运发展制度和协同运作模式。探索与港澳在货运代理和货物运输等方面的规范和标准对接，推动港澳国际航运高端产业向内地延伸和拓展
2	上海自贸试验区	适应建立国际高水平投资和贸易服务体系的需要，创新监管模式，促进试验区内货物、服务等各类要素自由流动，推动服务业扩大开放和货物贸易深入发展，形成公开、透明的管理制度
3	天津自贸试验区	在天津空港口岸原有植物苗木花卉、冰鲜水产品、进口药品 3 个进口指定查验口岸功能的基础上，新开通筹建进境水果指定口岸、进境水生动物指定口岸、进口肉类指定口岸； 提升已有指定口岸功能运营水平的多项举措；强化货源组织，巩固现有货源地，吸引分拨中心、结算中心等航空高附加值项目；出台航空物流产业支持政策，促进重点项目发展聚集

续表

序号	自贸试验区	支持物流业开放的改革任务与相关政策
4	福建自贸试验区	积极培育贸易新型业态和功能，开展大宗商品国际贸易，发展跨境电子商务，完善与之相适应的海关监管、检验检疫、退税、跨境支付、物流等支撑系统。支持开展汽车平行进口试点
5	辽宁自贸试验区	依托自贸试验区加快大连东北亚国际航运中心建设进程，构建智慧港口，吸引港航物流及相关服务企业总部落户； 支持自贸试验区与“一带一路”沿线国家开展海关、检验检疫、认证认可、标准计量等方面的合作与交流，打造基于核心产业的供应链综合服务平台
6	浙江自贸试验区	支持自贸试验区参与长江经济带区域经贸合作，增强市场集聚和辐射功能，建设国际商品交易中心、物流集散中心、信息中心和价格形成中心
7	河南自贸试验区	支持自贸试验区与“一带一路”沿线国家开展海关、检验检疫、认证认可、标准计量等方面的合作与交流，探索与“一带一路”沿线国家开展贸易供应链安全便利合作； 增强服务“一带一路”建设的交通物流枢纽功能
8	湖北自贸试验区	贯彻落实“一带一路”建设战略，推进中欧班列（武汉）发展，支持设立中欧班列华中拆拼箱中心；支持有条件的航空口岸开通和增加国际客货运航班，开通至各大洲主要物流节点城市的全货运航线和国际中转货运航班；支持设立国际航空运输服务企业，在条件具备时，在自贸试验区试点航空快件国际中转集拼业务；大力引进国际物流企业在自贸试验区内建立区域总部或营运中心，支持在自贸试验区内设立国际邮件互换局和交换站
9	重庆自贸试验区	拓展口岸功能，扩大水运口岸范围，完善自贸试验区内进口整车、水果、肉类等指定口岸建设；依托中欧国际铁路联运通道，强化运输安全，提高运输效率，降低运输成本，构建中欧陆路国际贸易通道和规则体系，发展国际铁路联运
10	四川自贸试验区	实施内陆与沿海沿边沿江协同开放战略，畅通国际开放通道，构建与“一带一路”沿线相关国家和长江经济带空、铁、公、水联运的综合物流服务体系；支持成都国际铁路港建设国家对外开放口岸，推进与泛欧泛亚国家（地区）枢纽城市的互联互通；积极探索与“一带一路”沿线国家相关机构在运输安全、环境保护、通关查验等方面建立合作机制
11	陕西自贸试验区	构筑全方位立体化开放大通道，建设“一带一路”交通、商贸、快递物流中心；创新航空港、陆港联动发展机制；完善集疏运体系，加密航线航班，增加国际货运航线航班
12	海南自由贸易港	集聚全球创新要素，深化对内对外开放，吸引跨国公司设立区域总部；创新港口管理体制机制，推动港口资源整合，拓展航运服务产业链，推动保税仓储、国际物流配送、转口贸易、大宗商品贸易、进口商品展销、流通加工、集装箱拆拼箱等业务发展，提高全球供应链服务管理能力，打造国际航运枢纽，推动港口、产业、城市融合发展
13	山东自贸试验区	大力发展过境贸易；集中开展境内外货物中转、集拼和国际分拨配送业务；支持自贸试验区内企业开展跨境电商进出口业务，逐步实现自贸试验区内综合保税区依法依规全面适用跨境电商零售进口政策；支持自贸试验区的汽车整车进口口岸建设
14	江苏自贸试验区	围绕打造开放型经济发展先行区、实体经济创新发展和产业转型升级示范区，提出了提高境外投资合作水平、强化金融对实体经济的支撑和支持制造业创新发展等方面的具体举措

续表

序号	自贸试验区	支持物流业开放的改革任务与相关政策
15	广西自贸试验区	围绕建设西南中南西北出海口、面向东盟的国际陆海贸易新通道，形成21世纪海上丝绸之路和丝绸之路经济带有机衔接的重要门户，提出了畅通国际大通道、打造对东盟合作先行示范区和打造西部陆海联通门户港等方面的具体举措
16	河北自贸试验区	围绕建设国际商贸物流重要枢纽、新型工业化基地、全球创新高地和开放发展先行区，提出了支持开展国际大宗商品贸易、支持生物医药与生命健康产业开放发展等方面的具体举措
17	云南自贸试验区	围绕打造“一带一路”和长江经济带互联互通的重要通道，建设连接南亚东南亚大通道的重要节点，推动形成我国面向南亚东南亚辐射中心、开放前沿，提出了创新沿边跨境经济合作模式和加大科技领域国际合作力度等方面的具体举措
18	黑龙江自贸试验区	支持跨境电子商务综合试验区建设。支持自贸试验区内企业开展跨境电商进出口业务；支持自贸试验区的汽车整车进口口岸建设，允许自贸试验区内汽车整车进口口岸开展平行进口汽车试点
19	北京自贸试验区	鼓励北京、天津、河北自贸试验区抱团参与“一带一路”建设，坚持稳妥有序原则，共建、共享境内外合作园区
20	湖南自贸试验区	支持企业参与“一带一路”建设；支持龙头企业建设面向“一带一路”沿线国家和地区的跨境寄递服务网络、国际营销和服务体系； 增加长沙黄花国际机场国际货运航班，建立进口食用水生动物、冰鲜水产品、水果集散中心和进口医药物流中心
21	安徽自贸试验区	支持建设合肥国际航空货运集散中心、芜湖航空器维修保障中心；支持自贸试验区符合条件的片区，按规定申请设立综合保税区。支持建设汽车整车进口口岸、首次进口药品和生物制品口岸
22	新疆自贸试验区	推动建设边境仓、海外仓，鼓励优势企业在中亚国家建设海外仓，构建多仓联动跨境集运模式；集聚供应链管理、贸易中间商等功能性企业，探索开展离岸贸易，培育具备全球资源配置功能的中转集拼和国际分拨业务

（二）政策的效果评估

1. 新冠疫情影响下物流业开放程度减弱，国内大市场进一步发展

自2020年起，新冠病毒在全球范围内蔓延，给全球航运与物流业带来了巨大的冲击和挑战。物流业，尤其是国际物流，在以隔离为主要手段的新冠疫情防控中，受到最早的压制和最大的影响，并且由于新冠疫情的不确定性导致供应链体系受到最严重的破坏。

在新冠疫情冲击下国际物流市场发展进一步减缓的情况下，国内大市场得到进一步发展。自2019年国家发展改革委联合24部委发布《关于推动物流高质量发展促进形成强大国内市场的意见》以来，国家致力于构建高效规范的统一大市场，以更好地促进国内大循环。同时，出台政策要求进一步打通交通物流大动脉和微循环，加强重点行业、区域和企业货运物流保障。

后新冠疫情时代，在全球化和数字化的背景下，物流行业面临新的发展机遇。未来物流行业将更加注重环保、安全、智能化发展、集成化和全球化服务，以应对全球

化和产业互联网的挑战，物流业开放发展将持续进行。同时，物流企业也需要不断创新、提高技术水平和服务质量，以适应市场经济的变化和不断发展的消费需求。

2. 加强国际产业链供应链安全与推动“一带一路”沿线国家物流发展

近年来，地缘政治冲突加剧、新冠疫情蔓延、半导体等战略物资短缺，国际产业链供应链竞争日益激烈，全球供应链的脆弱性进一步凸显。美国、欧盟、日本等国家和地区纷纷将产业政策的重点放在了增加产业链供应链韧性上，并通过采取多元化手段来遏制中国供应链的安全和稳定发展。面对这一趋势，党的二十大报告提出，“着力提升产业链供应链韧性和安全水平”。国际物流供应链是提升产业链供应链韧性和安全水平、支撑构建新发展格局的重要保障。

近年来，国家陆续出台了《“十四五”现代物流发展规划》《“十四五”现代综合交通运输体系发展规划》《“十四五”现代流通发展规划》等一系列国家规划，明确了国际物流供应链的具体任务要求，国际物流供应链体系建设加快推进。

“一带一路”沿线国家供应链的参与韧性对于推动国际物流与供应链高质量发展、确保我国产业链供应链安全稳定、实现高质量共建“一带一路”、维护我国全球影响力和竞争力具有重大意义。共建“一带一路”合作倡议已提出十周年，习近平总书记强调要深化“一带一路”合作伙伴关系，推动共建倡议进入新阶段。近年来，国家和各地通过出台扶持和补贴政策措施，实现对“一带一路”沿线国家的投资多元化发展趋势。投资行业涉及国民经济的 18 个行业大类，非金融类直接投资规模持续平稳增长，从 2020 年的 177. 9 亿美元扩大到 2022 年的 209. 7 亿美元，增长了 17. 9%，这充分表明中国对“一带一路”沿线国家供应链参与度的上升，影响力的逐渐扩大。

一批具有国际竞争力的现代物流企业正加快拓展国际物流网络，充分依托外贸航运、国际航空、中欧班列、陆海新通道等基础设施，高质量建设“一带一路”沿线国家的海外仓、境外经贸合作区，积极参与资源配置和全球市场布局，助力构建更加稳定、多元的供应链网络。

然而，“一带一路”政策支持体系仍有待进一步建立。与“一带一路”沿线各国海关、检验检疫、标准认证部门和机构之间的通关合作机制，以及货物通关、贸易统计、“经认证的经营者”互认、检验检测认证等方面合作政策机制，运输安全、环境保护、通关查验等方面的合作机制有待明确。

3. 进口冷链物流推动冷链物流进一步高质量发展

2022 年，政府对冷链物流行业保持高度重视，各省市政府积极响应并出台相关政策措施。据中物联冷链委研究中心不完全统计，2022 年国家层面出台的冷链相关政策、规划超过 52 项，全国各省出台的冷链相关政策、规划超过 481 项。国家政策聚焦于发展规划、基础建设、绿色发展、装备研发、细分品类、运输方式及新冠疫情防控七大核心发展方向。其中，细分品类建设聚焦于肉类、医药、农产品领域；基础建设则以农产品产地建设为主；新冠疫情防控更加聚焦于进口冷链推动冷链物流行业的高质量发展。

冷链产品安全和新冠疫情防控强化对进口冷链物流提出了新要求，国家层面相应出台了较多项促进进口冷链物流安全发展及管控进口冷链物流的相关政策举措。随着冷链物流发展环境的持续优化，冷链物流以及进口冷链物流产业增长迅猛。然而，尽管规范进口冷链物流发展已引起有关部门的高度重视，但部门之间仍缺乏顶层设计，未能形成“全链条”监管体系，包括未能形成统一标准和监管未能覆盖冷链全流程等问题。因此，政策上对发展国际冷链物流多式联运、建设冷链海外仓、跨境冷链物流、航空冷链物流的支持力度有待加强。

4. 物流开放政策偏向于规范性政策内容，具体细则和标准化建设有待加强

从我国目前发布的推动物流业开放政策来看，出台的政策基本停留在促进物流发展的大方向上，还没有形成完善和健全的政策体系。大多数政策均为综合性、原则性和指导性的表述，其约束性不强，缺乏具有可操作性的实施细则或内容。因此，需完善推动物流业开放的相关法规政策，多针对物流实际操作场景进行实施细则或具体指导性政策内容的发布，提升政策的约束性和可实施性，逐步建立健全促进物流业发展的政策体系。

在物流标准化方面，我国在物流系统建设以及系统配合性方面的标准化工作起步较晚，物流标准化的发展进程较慢。虽然我国制定了大量的物流标准体系，但标准实用性和应用性较低，标准之间没有形成有效的体系和衔接，内地与港澳地区、国际物流标准和规则的接轨应用程度不足，国际互通、共享、互用水平较低。

（三）开放存在的问题

1. 新冠疫情暴露了我国国际物流网络布局和基础设施建设相对不足

（1）国际航空物流短板凸显

新冠疫情的突袭蔓延凸显了我国国际物流运营能力的不足，反映了我国供应链安全能力建设相对不足。我国国际物流能力的短板主要体现在国际航空物流领域。受新冠疫情冲击，国际客运需求大幅减少，国际客运航班陆续停航，货运运力受到严重影响。在全球医疗物资和其他物资需求与货运运力供需不平衡的情况下，航线的货运价格随之上涨，对我国产业的国际供应链带来较大影响。此外，无论从运力（货机数量、物流航线），还是从物流节点（航空枢纽）的角度看，我国与发达国家、我国物流企业与国际物流巨头之间都还存在差距。

（2）国际海运受到冲击

海运是国际物流中最主要的运输方式，中国外贸进出口货运量的90%以上是通过海运完成的，2019 年这一比例高达 95%。新冠疫情早期，由于外贸订单锐减，国际海运受到较大冲击。据统计，在航运海运中，虽然与中国相关的欧亚贸易达到 70%，但是我国海运在全球航运业中的比重却相对较小。在全球三大集装箱海运联盟中，仅中

远海位列其中，且实力远远不如马士基、地中海等船队。尤其是海运船代和船公司，仅10%的船掌握在中国企业手中，其他90%受控于全球其他头部企业。

（3）铁路运输外延性资源利用率有待提升

与航空、海运相比，铁路运输状态较为安全稳定，可以保持比较畅通的状态，且在运输组织上更加有序。在新冠疫情得到一定控制后，全国各地企业复工，铁路运输生产恢复速度较快，已经达到基本恢复的状态，并在货物运输保障方面展现出运输能力强、运输速度快、运输成本低的优势。常态化运行的中欧班列发展实现逆势增长，在支援全球抗疫合作过程中扮演了重要角色。但是因为新冠疫情，铁路与公路、港口之间的货物对接存在阻碍，不能实现顺利、通畅地运输各种货物，综合资源利用率有待进一步提升。

2. “一带一路”国际大物流通道建设面临运输组织和协调机制的问题

（1）物流通道运输组织水平有待提高

我国多数国际贸易航线依赖东向路线。通往中亚和欧洲的物流通道利用程度可以进一步增强。同时，中国物流企业对国际物流的组织能力较弱，进而导致物流运营成本高，难以吸引顾客交付相关货源。国际海陆联运和吊装运输在国际物流通道中所占的比例不高，运输能力和货源之间缺乏有效的组织。

（2）国内协调机制和法律法规尚不完善

目前，中国的国际物流通道主要依靠海运和铁路，铁路运输通道和亚欧大陆桥西线途经多个国家，各国法律法规、物流基础设施等存在很大差异，加大了物流的不确定性。例如，各国在陆路管理体制、物流运输工具、物流审核方式等方面的差异很大程度上限制了国际多式联运的效率。虽然我国出台了“一带一路”发展倡议以及相关政策和补贴措施，但配套法规和协调机制尚不完善，特别是在物流技术进步和智慧物流发展与传统物流法律法规之间的衔接存在空白。

3. 物流业对自贸区与自由港的支撑作用有待进一步提升

自党的十八大以来，我国先后部署设立21个自贸试验区，形成了覆盖东西南北中的试点格局，为我国进一步开发开放注入活力。自贸区在物流领域的探索和尝试初显成效，为我国物流业带来重要机遇。“自贸区+物流”模式已成为我国物流业发展的重要途径。因为自贸区的特殊功能，国际物流成为国内自贸区发展的重要领域和突破口。但与香港、新加坡等发达的自由港对比，仍存在进一步扩大的开放空间。

香港特区政府实行积极的不干预政策，拥有开放的投资制度，给市场经济以充分的自由，并且在国际贸易结算和国际航运自由提供了较为完善的海关监管环境，进出口报关手续十分简便，配额和贸易管制少。同时，市场准入管理高效、规范。

新加坡实行自由贸易政策，政府不对日常管理的经营活动过度约束，整体营商环境优越，贸易便利化程度领先。新加坡还制定了一系列政策支持，如海外企业奖励计划、国际化路线图计划、海外投资双重扣税计划等，并鼓励本地企业到国外投资。

对比中国香港和新加坡等自由港，政府职能方面，国内自贸区内的企业税负仍然偏高，企业经营范围受限。自贸区各片区的管理架构比较复杂，缺乏各管理部门统一的管理平台和协同监管机制，自然人移动便利程度距国际先进水平仍有较大差距。监管环境方面，如通关效率、货物分类监管、港区联动等仍需进一步提升。贸易自由化水平方面，在航运服务、结算汇兑、贸易融资等贸易服务体系和贸易促进政策方面还需进一步优化。

4. 物流业总体发展质量与效率仍落后发达国家

根据 2023 年 4 月世界银行发布的 2023 年全球物流绩效指数（LPI），在新冠疫情对全球供应链造成严重冲击的背景下，全球物流总体表现出相当的韧性。2023 年，中国的物流绩效指数综合得分为 3.7 分，比 2018 年报告提升 0.09 分，全球排名由上次的第 26 位升至第 20 位。从分项指标来看，海关效率、基础设施等各项指标都有一定程度的上升。这主要得益于国内物流基础设施建设的不断完善和国内物流业的进一步高质量发展（见表 7-8）。

表 7-8　2018 年、2023 年中国物流绩效指数基本情况

LPI	海关效率	基础设施	价格竞争力	物流质量与竞争力	时效性	货物追踪能力
2018 年	3. 29	3. 75	3. 54	3. 59	3. 65	3. 8
2023 年	3. 3	4. 0	3. 6	3. 8	3. 7	3. 8

全球前 40 位国家和地区中，新加坡 LPI 整体分数排名第一，芬兰排名第二、丹麦排名第三、中国香港排名第十。中国台湾排名第十六、美国排名第十八。

在 LPI 指数的六项评分标准中，物流服务的追踪能力和物流基础设施质量是中国物流绩效表现的核心优势；而中国单项得分最低的两项分别是海关与边境管理清关的效率 3. 3 分，该项与新加坡的差距达到悬殊的 0. 9 分，价格竞争力项 3. 6 分与德国差距为 0. 4 分。与芬兰、丹麦、德国相比，中国在海关效率、基础设施、物流质量与竞争力、时效性和货物追踪能力方面的差距较大，海关效率差异尤为明显，间接影响了物流服务的时效性（见表 7-9）。

表 7-9　2023 年全球前四位国家物流绩效指数基本情况

LPI	海关效率	基础设施	价格竞争力	物流质量与竞争力	时效性	货物追踪能力
新加坡	4. 2	4. 6	4. 0	4. 4	4. 3	4. 4
芬兰	4. 0	4. 2	4. 1	4. 2	4. 3	4. 2
丹麦	4. 1	4. 1	3. 6	4. 1	4. 1	4. 3
德国	3. 9	4. 3	4. 0	4. 2	4. 1	4. 2

从关键指标的比较来看，中国是政府推动物流业发展力度最大的国家之一，物流基础设施成为推动中国物流绩效指数提升的关键因素，这得益于中国政府的大力支持。在海关效率与国际货运方面，中国与主流发达国家，尤其是新加坡、德国的成熟现代供应链体系差距较大，主要体现在海关缺乏类似于香港、新加坡统筹高效的信息资源管理平台和中国航运铁路通道布局的国际连接度尚未完善两个方面。

三、展望和政策建议

（一）对 2023—2024 年开放政策和态势的展望

1. “双循环”新发展格局与物流业开放

当下，国际环境变化错综复杂，受贸易保护主义、地缘政治等多重因素影响，全球产业链供应链加速重构。立足于百年未有之大变局的背景下，我国提出要构建以国内大循环为主体、国内国际双循环相互促进的新发展格局。建设现代流通体系、打造高质量的现代物流运行体系是“双循环”新发展格局构建的重要支撑，物流业迎来深化开放的发展机遇。随着“双循环”新发展格局构建的深入推进，我国将逐步完善综合交通运输体系，进一步加强物流基础设施资源集聚，更好地发挥现代物流连接生产消费、畅通国内大循环的支撑作用。

2. 实施自贸试验区提升战略推动物流业开放

党的二十大报告提出，“推进高水平对外开放”“加快建设海南自由贸易港，实施自贸试验区提升战略，扩大面向全球的高标准自由贸易区网络”。我国先后印发了《国务院印发关于在有条件的自由贸易试验区和自由贸易港试点对接国际高标准推进制度型开放若干措施的通知》《全面对接国际高标准经贸规则推进中国（上海）自由贸易试验区高水平制度型开放总体方案》，明确了未来自贸试验区将全面对接国际高标准经贸规则，重点在服务贸易、货物贸易、数字贸易、管理制度等方面深化改革，提高开放力度、提高便利化水平、明确标准和规则，为物流业进一步深化开放释放新的信号。

3. 推动共建“一带一路”带动内陆地区物流业开放

2023 年是我国提出共建“一带一路”倡议的十周年，共建“一带一路”倡议是我国推进更高水平开放的战略举措，物流是“一带一路”建设的重要载体。针对共建“一带一路”深入合作，实现全方位多领域的互联互通，内陆地区在推进国际通道建设、促进信息基础设施互通、强化国际规则对接、创新国际物流组织模式等方面将进一步深化合作，推动内陆地区物流业形成全面开放的新格局。

4. 物流数字化转型助推数字贸易发展与开放

数字贸易蓬勃发展，成为国际贸易发展的新趋势。跨境电商作为数字贸易重要的组成部分，已经成为我国对外贸易增长的重要引擎。根据商务部的数据，2022 年我国跨境电商进出口额达到 2.11 万亿元，同比增长 9.8%；其中出口 1.55 万亿元，同比增长 11.7%。货物的全球畅通是跨境电商链条中的重要环节，为提高物流服务质量和效率，物流企业纷纷推动数字化转型。《“十四五”现代物流发展规划》提出，要加强物流园区的数字化改造，鼓励物流企业进行数字化升级，提高物流与供应链的数字化效率。基于政策引导和市场驱动，物流行业对于数字化改造需求日益旺盛。

（二）对未来 3—5 年的预测

1. “通道+枢纽+网络”运行体系持续完善

截至 2023 年底，我国已经布局建设 125 个国家物流枢纽、66 个国家骨干冷链物流基地，明确了 100 个国家级示范物流园区。根据《国家物流枢纽网络建设实施方案（2021—2025 年）》，我国在“十四五”期间重点构建“通道+枢纽+网络”现代物流运行体系；同时《“十四五”现代物流发展规划》提出，到 2025 年，“通道+枢纽+网络”运行体系基本形成，物流干支配一体化运行更为顺畅；到 2035 年，现代物流体系更为完善，通达全球的物流服务网络更为健全。为了进一步完善“通道+枢纽+网络”的现代物流运行体系，我国未来将进一步强化国家物流枢纽的综合功能，强化国内、国际物流大通道的衔接，推动物流服务网络更加健全。

2. 与“一带一路”沿线国家和地区形成更为畅通高效的互联互通网络

共建“一带一路”倡议已经走过了十年。2023 年 10 月，《坚定不移推进共建“一带一路”高质量发展走深走实的愿景与行动——共建“一带一路”未来十年发展展望》发布，提出了未来十年“一带一路”建设的重点发展方向。设施联通是共建“一带一路”的优先方向，目前我国已经围绕铁路、公路、航空、管道等交通基础设施领域部署众多重大项目。未来，随着中吉乌铁路、中巴铁路建设完工，“一带一路”陆路通道更加完善；符拉迪沃斯托克港的开放，以及中俄陆路、海路跨境运输基础设施持续对接，使得中俄远东物流通道更加畅通。在进一步全面推进海、陆、空等大通道的互联互通的同时，还要保障信息基础设施的高效互通。随着共建“一带一路”倡议的持续深入，中国与“一带一路”沿线国家和地区之间的互联互通网络将更加畅通高效，世界经济的连通性也将持续提升。

3. 数字物流加速发展

发展数字经济已经上升为国家战略。根据《数字中国发展报告（2022 年）》，2022 年我国数字经济规模达到 50.2 万亿元，总量位居世界第二，成为经济发展的重要增长极。我国物流企业的数字化转型正在加速，众多数字物流企业涌现，截至 2022 年 10 月，我国涉及数字物流经营业务的企业数量约为 1.6 万家。随着技术不断进步，人工智能、区块链、5G、云计算、物联网、大数据等新兴技术，以及智能仓储与 AGV 等各类自动化机器人在运输、仓储、配送等各类物流作业场景的应用趋于广泛。根据中国物流与采购联合会的数据，截至 2022 年 10 月，数字物流市场规模为 1280. 5 亿元，2020—2022 年年均复合增长率为 70. 86%，数字物流呈现高速增长态势。但是，整体而言，新一代信息技术在物流业务场景的应用仍然不充分，物流应用新场景催生较少，未来数字物流市场规模存在较大的增长空间。

（三）进一步开放的政策建议

1. 完善海外通道体系

在基础设施方面，要着重加强航空物流网络铁路通道的建设尤其是“一带一路”南线建设；在运营网络方面，利用共建“一带一路”的发展机遇，物流企业需加快国际化发展步伐，拓展境外物流网络节点，优化海外仓布局，搭建高质量的全球物流网络；推动物流企业强化与境外本土物流企业的战略合作，充分利用当地物流资源，强化境外本地配送体系的构建，增强仓配一体供应链服务能力。

2. 提升产业链供应链的韧性和安全水平

一是从国家、区域等层面研究制定保障产业链供应链韧性和安全水平的规划相关政策，强化顶层设计，提升我国产业链供应链的韧性及安全水平；二是借助共建“一带一路”倡议，进一步强化物流联通与合作，促进商品、要素的自由流动，构建更为广泛的、更为紧密的产业链供应链联系；三是深化制造业、商贸业与物流业的融合，形成全程一体化、嵌入式的供应链物流服务体系，推动产业链与物流链双链联动。充分发挥供应链协同服务平台的作用，推动各环节高效衔接，为我国提升产业链供应链韧性和安全水平提供支撑。

3. 增强“一带一路”物流保障能力

一方面，继续推进“一带一路”沿线国家和地区的基础设施互联互通。提高海、陆、空、网等通道的连接度，强化“六廊六路多国多港”的建设，提高“一带一路”沿线重点项目、重点通道物流保障能力，进一步提升物流效率，降低国际物流成本；另一方面，强化与“一带一路”沿线国家和地区基础设施相关规则、标准的衔接。通过加强与沿线国家和地区的沟通及协调，建立统一的标准体系，保障制度规范的软联通。

4. 推动数字物流发展

一是从国家、地方政府等层面，采用设立专项资金等相关方式，加大对物流和供应链基础设施建设以及数字化改造的支持力度，强化数字物流基础设施的支撑；二是鼓励企业积极应用云计算、大数据、人工智能等先进技术，实现物流作业环节的数字化，探索无人化、自动化物流应用新场景，促进物流业降本增效，提升企业竞争力；三是重视物流数字化人才的培养及引进，利用校企合作、团队引进等方式，为物流行业数字化转型提供智力资源保障。

5. 推动快递物流企业加快出海

一是推动快递物流企业通过组建战略联盟等方式抱团出海，共享境外物流基础设施资源，加速提高快递物流企业基础设施资源的利用效率、国际快递物流网络的连通性，持续提升快递物流企业跨境物流运输能力。二是紧抓实施自贸试验区提升战略发展机遇，在跨境物流作业、海关通关、检验检疫等方面持续推动创新便利化措施，提高跨境物流效率。三是强化跨境结算、跨境支付、跨境数据流动等方面的国内国际规则对接，促进跨境贸易的便利化。

参考文献

［1］中国民用航空局．2022 年民航行业发展统计公报［EB/OL］．（2023-05-10）．http：//www. caac. gov. cn/XXGK/TJSJ/202305/t20230510_218565. html.

［2］国家互联网信息办公室．国家互联网信息办公室发布《数字中国发展报告（2022 年）》［EB/OL］．（2023-05-23）．https：//www. cac. gov. cn/2023-05/22/c_1686402318492248. htm.

［3］World Bank. 2023/Logistics Performance Index（LPI）［EB/OL］．（2023-04-21）．http：//lpi. world bank. org/international/global.

［4］阿维斯，等．世界银行物流绩效指数报告 2018［M］．王波，译．北京：中国财富出版社，2018：3-16.

第八章　中国科技领域的开放：越封锁，越开放，越前进

2022 年，三年新冠疫情防控进入最后一年，中美关系由贸易摩擦加速转向趋势性“脱钩”，俄乌战争爆发带来深远影响。中国特色社会主义进入新时代正值第十年，党的二十大胜利召开，为科技开放实践提供了新引领、总遵循。2022 年度科技领域的开放进一步秉承了“合作共赢”理念和反对“零和博弈”思维，贯彻了自主创新与改革开放相结合的方针，呈现以高水平开放支撑服务高水平科技自立自强、产业链供应链安全的主旋律，实现了“越封锁、越开放、越前进”的扎实成效。

一、科技开放的年度概况

（一）“一带一路”创新合作之路越筑越实

2022 年，我国积极推进“一带一路”科技人文交流、共建联合实验室、科技园区合作和技术转移中心建设四项行动。分三批启动 53 个“一带一路”联合实验室建设项目，支持 3500 余人次的青年科学家来华开展为期半年以上的科研工作，培训超过 1.5 万名国外科技人员，资助专家近 2000 人次，构建有利于国际科技交流合作的创新生态系统。面向东盟、南亚、阿拉伯国家、中亚、中东欧国家、非洲、上合组织、拉美国家，建设了 8 个跨国技术转移平台，并在联合国南南框架下设立“技术转移南南合作中心”，基本形成“一带一路”技术转移网络。由中国主导发起的“一带一路”国际科学组织联盟，目前成员单位已经达到 67 家。积极参与国际热核聚变实验堆、平方公里阵列射电望远镜等国际大科学工程。

截至当前，我国已与 160 多个国家和地区建立科技合作关系，参与 200 多个国际组织和多边机制。在应对气候变化、清洁能源、新冠疫情防控等重点领域广泛开展国际合作研究，与 60 多个国家、地区和国际组织开展联合资助，深入参与近 60 个国际大科学计划和大科学工程。

（二）制造业实际使用外资连续高速增长

我国的防疫成效和稳定环境，持续为外商投资注入强心剂。2022 年，我国实际使用外资金额达到 12326.8 亿元，同比增长 6.3%。从国别来看，韩国及欧洲增长领先，

韩国、德国、英国对华投资同比增长分别为64.2%、52.9%和40.7%。欧盟、“一带一路”沿线国家、东盟对华投资同比增长分别为92.2%、17.2%和8.2%。

从产业大类来看，制造业成为实际使用外资的增长引擎，规模达到3237亿元，同比增长46.1%，约占我国实际使用外资总额的26.3%，较2021年提升7.8个百分点。相应地，服务业实际使用外资与2021年基本持平。但值得注意的是，在现有5个省市服务业扩大开放试点的基础上，我国进一步批准在沈阳、南京、杭州、武汉、广州、成都6个城市开展试点。数字技术、医疗健康、文化教育等服务领域的开放程度将进一步加大，为外资提供更广阔的投资发展空间。

从产业小类来看，高技术产业是外商投资布局的热点领域，全年实际使用外资4450亿元，同比增长28.3%，尽管与制造业的增幅存在一定差距，但也属于当前环境下的高增长水平。2022年，高技术产业实际使用外资占全国的36.1%，较2021年提升7.1个百分点。电子及通信设备制造、科技成果转化服务、信息服务分别增长56.8%、35%和21.3%，其中电子及通信设备制造增速最大，科技成果转化服务的增速也不遑多让。

从项目情况来看，产业科技大项目的带动作用日益增强，合同外资1亿美元以上的大项目实到外资6534.7亿元，同比增长15.3%，占全国实际使用外资的比重达到53%。例如，2022年12月，上汽通用投资的武汉奥特能超级工厂竣工投产，这是其在华建设的第二座奥特能超级工厂。2023年1月，施耐德电气的关键电源创新实验室在上海正式投入运营，全面支持电源、储能等关键技术产品的全球研发工作。

（三）制造和科研升至对外并购三甲之列

2022年，我国对外投资并购总金额为200.6亿美元，同比下降37%。

从对外投资并购的行业结构来看，2021—2022年，制造业、采矿业始终处于对外投资并购的头部梯队。2021年，我国制造业对外投资并购数量为128项，位居第一；并购金额为63.0亿美元，仅次于电力、热力、燃气及水的生产和供应业的80.3亿美元。科学研究和技术服务业对外投资并购量为84项，虽然数量上仅次于制造业，但并购金额为15.9亿美元，仅排名第六。至2022年，采矿业的并购金额跃升至首位，达54.3亿美元，但与2021年并购金额第一的80.3亿美元相比已有明显收缩。制造业保持住数量第一（119项）、金额第二（42.1亿美元）的位置，但并购数量和金额较2021年分别下降了9项、20.9亿美元。科学研究和技术服务业在对外投资并购量和并购额上均实现“双增长”，其中数量增长至104项，增加了20项，金额增长至25.7亿美元，升至第三位（见表8-1）。

从科学研究和技术服务业的并购历史趋势来看，2018年后，并购金额走下滑回升的轨迹，至2021年才与2018年基本持平。2022年，科学研究和技术服务业的对外投资并购金额实现了迅猛增长，增速达61.6%，占全部对外投资并购总额的

12.8%（见表 8-2）。

表 8-1 2021—2022 年中国对外投资并购行业构成

行业类别	并购数量（项）			并购金额（亿美元）			结构占比（%）		
	2021 年	2022 年	同比增长（%）	2021 年	2022 年	同比增长（%）	2021 年	2022 年	百分点变化
采矿业	25	20	-20	47.4	54.3	15	14.9	27.1	12.2
制造业	128	119	-7	63.0	42.1	-33	19.8	21.0	1.2
科学研究和技术服务业	84	104	24	15.9	25.7	62	5.0	12.8	7.8
信息传输、软件和信息技术服务业	70	61	-13	13.7	19.4	42	4.3	9.7	5.4
电力、热力、燃气及水的生产和供应业	44	33	-25	80.3	15.8	-80	25.2	7.9	-17.3
交通运输、仓储和邮政业	20	18	-10	32.8	6.7	-80	10.3	3.3	-7
金融业	58	4	-93	12.6	5.7	-55	4.0	2.8	-1.2
批发和零售业	4	72	1700	8.7	5.7	-34	2.7	2.8	0.1
租赁和商务服务业	38	26	-32	27.9	3.7	-87	8.8	1.8	-7
卫生和社会工作	4	6	50	3.4	1.3	-62	1.1	0.7	-0.4
其他	30	20	-33	12.5	20.2	62	3.9	10.1	6.2
合计	505	483	1567	318.2	200.6	250	100.0	100.0	0.0

数据来源：中国对外直接投资统计公报（2018—2022）。

表 8-2 2018—2022 年中国科学研究和技术服务业对外直接投资并购情况

年份	并购数量（项）	交易金额（亿美元）	同比增长（%）	比重（%）
2018	46	15.5	—	2.1
2019	47	12.4	-20.0	3.6
2020	81	14.3	15.3	5.1
2021	84	15.9	11.2	5
2022	104	25.7	61.6	12.8

数据来源：中国对外直接投资统计公报（2018—2022）。

（四）部分领域受冲击，部分领域出现韧性

受复杂因素影响，科技开放和国际合作部分领域遭受了明显冲击，部分领域却呈现稳健发展的韧性。

在国家自然科学基金资助项目方面，国际合作研究项目资助额为 5.98 亿元，同比减少 10.2%。但是，外国青年学者研究基金项目资助额达到 2.22 亿元，同比增长

41.4%，不仅实现当年高速增长，而且从2018年以来均呈现数量级的增长态势。国际合作与交流项目资助额也实现了110.5%的翻倍增长。

在国际科技合作项目方面，出国项目的数量和人次均实现明显增长，来华项目虽然数量上呈现22.4%的下滑，但来华人次却增长了4.8%。

在研究与开发机构R&D课题方面，2022年来自国外的科技合作项目经费额为2.2亿元，下滑37.1%；与境外机构合作的项目经费额为3.1亿元，下滑16.2%（见表8-3）。

在发明专利国外申请及授权量方面，均有所下滑。其中，2022年申请数量为154663件，同比下降2%；授权数量为102576件，同比下降6.8%。

在国外技术引进合同项目方面，2022年共有5369个项目，同比下滑10.9%；合同金额为304.1亿美元，同比下滑17.15%（见表8-4）。

表8-3　2019—2022年按来源和合作形式分研究与开发机构R&D课题情况

年份	来自国外的科技合作项目			与境外机构合作的项目		
	R&D课题数（项）	投入人数（人）	投入经费（亿元）	R&D课题数（项）	投入人数（人）	投入经费（亿元）
2019	602	1188	13.2	764	1708	9.9
2020	684	1392	8.4	719	1446	9.1
2021	280	637	3.5	632	1219	3.7
2022	428	703	2.2	595	1086.5	3.1

数据来源：中国科技统计年鉴（2021—2023）。

表8-4　2018—2022年中国发明专利国外申请授权、国外技术引进合同项目情况

年份	发明专利国外申请数量（件）	发明专利国外授权数量（件）	国外技术引进合同项目（项）	国外技术引进合同金额（亿美元）
2018	148187	86188	7147	331.34
2019	157093	91885	7360	352.01
2020	152342	89436	6172	318.38
2021	157818	110036	6023	367.06
2022	154663	102576	5369	304.1

数据来源：中国科技统计年鉴（2021—2023）。

（五）在全球创新版图的影响力持续增强

通过融入全球创新网络，向科技先进国家学习，高效组织和运用全球创新资源，我国成为国际前沿创新的重要参与者和共同解决全球性问题的重要贡献者，科技创新的全球影响力持续上升，对我国科技强国战略、高水平科技自立自强和产业链供应链安全建设发挥了切实的支撑作用。

从全球排名来看，根据世界知识产权组织发布的全球创新指数，2022 年我国排名第 11 位，比 2021 年上升了 1 位，比 2020 年上升了 3 位，比 2012 年的第 34 位共前进了 23 位。

从研发投入来看，2022 年，全社会研发经费达到 3.09 万亿元，比 2021 年增长 10.75%，2012—2022 年年均增长 11.6%；研发投入强度达到 2.55%，比 2021 年提高 0.11%，2012—2022 年累计提高 0.64 个百分点。我国研发投入强度位列世界第 13，介于欧盟（2.2%）和 OECD 国家（2.7%）平均水平之间，与 OECD 国家的差距进一步缩小；基础研究投入跃升至 1951 亿元，比 2021 年增长 15%，2012—2022 年年均增长 14.6%，占全社会研发经费比重达 6.3%，基础研究投入比重连续 4 年超过 6%，一批关键核心技术攻关取得突破。

从文献产出来看，根据中国科学技术信息研究所发布的《2022 年中国科技论文统计报告》，我国的世界热点论文数量首次排名全球第一位，高水平国际期刊论文数量排名保持第一位。农业科学、材料科学、化学、计算机科学、工程技术 5 个领域排名世界第一位，高被引论文数量和发表在国际顶尖期刊论文数量继续保持世界排名第二位，其中高被引论文数量占世界份额提升近 3 个百分点。

从创新企业来看，我国拥有能够比肩国际科技巨头、应对脱钩断链的先锋代表——华为。2022 年，华为营收比 2020 年下滑 27.9%，比 2021 年增长 0.9%。研发投入方面，2021 年华为研发投入达 205.2 亿美元，仅次于微软的 207.2 亿美元；2022 年进一步增至 232.3 亿美元，仅次于微软的 245.1 亿美元、谷歌的 395 亿美元和亚马逊的 732.1 亿美元。同时，我国的创新型企业主体数量增至 40 万家，其中 762 家企业进入全球企业研发投入 2500 强。

二、科技开放的主要挑战

（一）高端芯片产业链的“卡脖子”首当其冲

芯片市场是我国发展较快的一个战略性行业，同时也是遭受“卡脖子”挑战的首要领域。从行业发展态势来看，根据国际半导体产业协会（SEMI）的统计，2022 年我国芯片制造业销售额达 1015 亿美元，同比增长 23.8%，2013—2022 年年均增长 22.1%；全球占比达 18.9%，位居第二，仅次于美国，比重较 2013 年累计提高了 12.7 个百分点。

但是，高端芯片产业链的“卡脖子”问题仍然较为突出：一是半导体制造产业链仍主要靠外资企业增长拉动。根据清华大学教授魏少军的统计，2016 年至今，内资半导体制造企业营收年均增长率达 14.7%，但外资企业达 30%，主要来自美、日、韩、欧等发达国家和地区。二是高端芯片面临较大的技术瓶颈。目前，中国在芯片制造工艺上仍落后于美国、中国台湾、韩国等国家和地区。最先进的 3 纳米芯片目前只有三星和台积电能够量产，而中国尽管正在加速追赶，但最先进的芯片工艺仍停留在 14 纳米水平。三是美国政府针对高端芯片展开愈演愈烈的封锁，使得中国难以通过原有的开放渠道和平台获取先进的设备、材料、设计和人才等资源（见表 8-5）。

表 8-5　2022 年美国政府对中国高端芯片领域的压制措施

日期	措施	具体内容
3 月 29 日	组建“芯片四方联盟”（CHIP4）	美国提议与韩国、日本和中国台湾地区组建“芯片四方联盟”（CHIP4），牵制中国大陆先进技术研发
8 月 9 日	签署《2022 芯片与科学法案》	设置了“中国护栏”条款，禁止受补贴的公司 10 年内在中国大陆进行先进制程芯片生产的实质扩张和重大交易
8 月 12 日	四项“新兴和基础技术”纳入新的出口管制	美国商务部宣布将包括能承受高温高电压的第四代半导体材料氧化镓和金刚石、基于纳米环栅器件的 EDA 软件、可用于火箭和高超音速系统的压力增益燃烧技术等四项“新兴和基础技术”纳入新的出口管制
8 月 31 日	停止向中国（含香港）供应部分高性能 GPU	美国政府命令英伟达（NVIDIA）、超威半导体（AMD）停止向中国（包含香港）供应部分高性能 GPU
10 月 7 日	针对中国的出口管制新规	根据美国商务部产业安全局在《出口管理条例》下的针对中国的出口管制新规，美国芯片设备制造商须获得商务部批准才能对华出口半导体和芯片制造设备
12 月 16 日	36 家中国科技公司列入“实体清单”	在中国将美国对华芯片出口管制措施诉诸 WTO 后的第四天，美国商务部就以“损害美国国家安全与外交政策利益”为由，宣布将长江存储、上海微电子装备、寒武纪等在内的 36 家中国科技公司列入“实体清单”

数据来源：综合开发研究院根据公开信息自行整理。

（二）前沿领域面临美西方组团式对华“断链”

我国在一些前沿科技领域由跟跑转向并跑乃至领跑，不少领域的竞争从错位竞争走向正面竞争，中国与以美国为代表的美西方国家的科技竞争随之白热化。全球经济复苏乏力、新冠疫情肆虐引发各国在战略性技术领域的防御性竞争战略，高技术产业领域的经贸关系越发受到政治、意识形态等因素的干预，导致全球前沿技术研发创新链内部呈现日益严重的割裂。

2022 年以来，围绕数字经济的新兴业态竞争，美国制定了一揽子创新鼓励政策，力求掌控人工智能、5G、量子信息、航空航天等“新赛道”上的国际主导权等，同时对华实施技术封锁，强化全球价值链掌控，严格审查、限制中国在美科技领域的投资，逐年加码对华实体清单和安全审查，导致科技合作纽带基本断裂。欧洲、日本等发达国家在具有较强前沿性的科技领域，对企业的技术转移、技术贸易和联合研发项目、项目海外投资，都实施了严苛程度超过以往任何时期的法规限定与临时性限制举措，试图以此来封锁我国先进技术引进与合作渠道。此外，鉴于我国的超大市场规模优势，西方发达国家仍与我国存在强烈的合作意愿，但又想设置门槛，在关键核心技术方面合作越发困难。

（三）国际科技合作的总体成效仍不够突出

当前，我国国际科技合作的整体质量仍有待提升，主要体现在以下三个方面：一是涉及面广但重点不突出，国际合作研究长效机制尚待建立，特别是适应新形势、服务国家战略、以重点攻关为主题主线的国际合作研究长效机制。二是掌握和运用国际规则能力不足，国际标准参与度和我国参与国际标准的影响力均有待提升。三是国际科技合作的管理体制还需完善，在项目管理方面，仍存在“重立项、轻管理和弱成果转化”的问题；在基地建设方面，地域之间分布不均衡；在人才存量方面，在涉及国际科技合作的项目管理、中介服务、知识产权、风险管理和涉外谈判等方面的人才仍较为短缺。

根据中国科学技术发展战略研究院的《科技工作者思想状况调查》，与 2015 年相比，受调查的科技工作者认为 2021 年科技开放整体水平、具体开放领域均有了很大改善。但是，一些领域虽有明显改善，但受访者认为存在不足的比例仍然较高，如国内学术期刊的国际影响力较小、我国对外籍人才的吸引力较小、我国科学家在国际科技组织中的影响力较小（见表 8-6）。

表 8-6 我国科技工作者对国际科技合作相关问题的评价

单位：%

调查科目	2015 年	2021 年
我国科技领域整体对外开放程度：认为“不够”的比例	44.2	23.6
我国国家科技计划项目对外开放程度：认为“不够”的比例	43.9	21.2
我国国内学术期刊的国际影响力：认为“小”的比例	86.9	73.8
我国对外籍人才的吸引力：认为“小”的比例	70.0	45.6
我国科学家在国际科技组织中的影响力：认为“小”的比例	75.8	41.4

注：调查对象为有博士学位的科技工作者，样本量为 2109 份。

数据来源：中国科学技术发展战略研究院《科技工作者思想状况调查》。

三、展望与建议

早在 2020 年的科学家座谈会上，习近平总书记就明确指出，越是面临封锁打压，越不能搞自我封闭、自我隔绝，而是要实施更加开放包容、互惠共享的国际科技合作战略；要夯实国际合作基础，并以更加开放的思维和举措推进国际科技交流合作。党的二十大报告提出，坚持教育优先发展、科技自立自强、人才引领驱动；扩大国际科技交流合作，加强国际化科研环境建设，形成具有全球竞争力的开放创新生态；推动创新链产业链资金链人才链深度融合；加快建设世界重要人才中心和创新高地。这些为新形势下的科技开放工作提供了总指引。

展望 2023 年，随着新冠疫情管控全面放开，全球科技创新合作可能面临前所未有的“恶性竞争”和“逆全球化”挑战，各个主要国家所涉及的领域交叉重叠现象明显，竞争焦点趋同。因此，美西方国家对华脱钩遏制的总形势预计难以获得较大的改善，我国的科技开放会受到一定冲击，但也会呈现结构性变化。一些领域开放基础扎实，一些前沿科技实现攻关突破和国产替代，将为开创科技开放合作新局面强力赋能。同时，一些领域的开放可能面临持续压力，如科技型 FDI、科学研究和技术服务海外并购、国际高层次人才来华等可能在不同程度上受负面影响。

为进一步加大科技开放力度和实效，加快形成具有全球竞争力的开放创新生态，提出以下建议：

一是积极创造更多能够“求同存异”的科技开放合作新主题和新机遇。新冠疫情作为全球性公共卫生危机，倒逼各国消除政治隔阂，推进人类命运共同体层面的研发与创新合作。立足于构建人类命运共同体，在公共卫生、公卫溯源防控、生物安全管理等领域，持续开发科技合作新渠道和新机会。大力推进“一带一路”创新合作，拓展合作交流渠道和形式，面向广大发展中国家积极转移“宜用”和“包容性”技术，让科技创新的红利惠及更广大的发展中国家民众。积极参与多边国际科技创新治理，为应对全球重大挑战贡献中国方案。

二是深度依托超大市场优势，创新新兴产业领域的国际科技合作路径。利用本土超大市场优势和强大的生产制造配套能力、开放性制造集群生态优势，逐步增强海外合作对象的合作意愿，为改善对抗性关系提出有效的解决方案。在引进制造业外资、高科技外资、推动科学研究和技术服务业海外并购、中外合作的新技术落地和产业化应用等方面，基于科技对外合作在地域空间和合作模式发展方面的现有成果，实现合作路径的创新。

三是在国际竞争的重点技术领域，提升中国参与行业标准建设的影响力与话语权。聚焦人工智能、节能减排、可再生资源处理等重点领域，加强国际标准和国际惯例的合作研究，深入推进行业标准建设的国际合作，利用行业高端论坛、博览会等各类平台，提升中国在相关行业的技术标准、行业质量管理标准体系中的国际影响力，并做出新贡献。

四是加大科技人才引进和交流力度，打造世界重要的人才中心。充分发挥北京、上海、深圳等一线及新一线城市的宜居环境优势，大力引进海外高精尖人才，吸引海外技术专家开展跨国项目合作，鼓励引进人才与本土企业合作开展多元化技术研发与转移工作，对人才流动和旅居提供便利化服务。

五是积极优化更有利于国际科技合作的内外部环境。推动国家和地方科技计划项目在更大范围、更便利的情况下对外开放。改革不利于对外开放的体制机制（如出入境政策、涉外就业社保政策等），为吸引国际科技人才、国际创新资源和国际科技组织等营造更加宽松、富有吸引力的环境。提高中国科技期刊和科技组织的国际影响力。引导并扶持各类民间主体对接海外机构，实现本土创新链与国际市场之间的密切联动。与美国科技界保持并扩大民间合作交流的渠道与规模，共同抵制克服对两国民间正当合作交流的不当打压，积极寻求中美民间科技合作交流环境的改善。

参考文献

[1]习近平．高举中国特色社会主义伟大旗帜 为全面建社社会主义现代化国家而团结奋斗——在中国共产党第二十次全国代表大会上的报告[EB/OL].（2022-10-25）. https：//www. gov. cn/xinwen/2022-10/25/cmntent_5721685. htm.

[2]李强．2023 年国务院政府工作报告[R]. 北京：国务院，2023.

中华人民共和国科学技术部．国新办就“深入实施创新驱动发展战略 加快建设科技强国”举行发布会[EB/OL].（2023-02-24）. https：//www. most. gov. cn/xwzx/twzb/fbn23022401.

[3]中华人民共和国科技部．中国科技统计年鉴[M]. 北京：中国统计出版社，2021—2023.

[4]中华人民共和国商务部．中国对外直接投资统计公报[M]. 北京：中国统计出版社，2018—2022.

[5]何光喜．我国国际科技合作的形势、挑战与展望[J]. 科技中国，2022(9).

[6]黄烨菁．新形势下我国推进科技创新国际合作的战略方向[J]. 秘书，2023(4).

[7]任孝平，杨云，李子愚，等．扩大国际科技交流合作推进高水平对外开放——党的十八大以来国际科技合作工作回顾与展望[J]. 科技导报，2022，40(20).

[8]颜欢，李应齐，尚凯元，等．中国科创惠及世界[N/OL]. 人民日报海外版，2023-01-16. https：//m. gmw. cn/baijia/2023-01/16/36306263. html.

[9]刘思语．外资参与中国高质量发展步伐加快——透视 2022 年吸收外资年报[EB/OL].（2023-01-20）. https：//finance. sina. com. cn/jjxw/2023-01-20/doc-imyauwyn8644531. shtml.

[10]中国科学技术信息研究所．2022 年中国科技论文统计报告发布[EB/OL].（2022-12-29）. https：//www. istic. ac. cn/html/1/284/338/12922/13/4138981529. html.

第九章　中国海洋经济的开放：参与全球海洋治理，共建蓝色伙伴关系

2022—2023 年，面对世界政治经济形势加快演变、国内新冠疫情多点频发等挑战，我国海洋经济发展承压前行，发展韧性持续彰显，高质量发展的成效进一步提升。围绕推动落实“一带一路”建设海上合作设想，中国同“一带一路”共建国家在海洋领域的合作不断深化。在全球范围内，中国积极参与国际海洋事务治理，在安全、法律、环境方面提供中国方案、贡献中国智慧；在环境保护、科技创新与应用、公共产品供给、海洋安全维护等领域开展深层次国际合作，海洋经济开放正朝着多领域、全方位和深层次的方向发展。

一、开放背景与现状

当前，以海洋为主题的国际合作不断升温，国际社会推动全球海洋治理进程进一步深化，海洋事务在我国外交中的地位日益增加①。据《2023 中国海洋发展指数报告》显示，2022 年中国海洋经济对外开放指数达到 121. 8，同比增长 3. 0%，海洋经济开放成效进一步凸显。海洋命运共同体理念深入人心，“一带一路”海上合作成果丰硕，《南海及其周边海洋国际合作框架计划》得到周边国家的积极响应，国家领土主权和海洋权益得到有效维护②。

（一）参与国际海洋事务治理

1. 守护海洋和平安宁

中国坚持通过谈判和协商的方式处理同周边海上邻国的领土主权和海洋权益争端。2023 年 3 月，中国和东盟国家举行落实《南海各方行为宣言》第 38 次联合工作组会②，各方一致同意加强在海洋环保、科研、搜救等领域的务实合作，积极推进“准则”案文磋商，共同维护南海和平稳定大局。坚定维护海上航行自由与安全，与各国一道积极开展海上联合搜救、联合巡逻，大力支持《亚洲地区反海盗及武装劫船合作

①② 资料来源：上海国际航运研究中心航运信息工程研究所。
② 数据来源：外交部。

协定》信息分享中心的工作。截至 2023 年 10 月，中国海军已经派出 45 批 100 多艘次舰艇，在亚丁湾、索马里海域，累计为 7200 余艘中外船只安全护航①，为维护世界海洋公共安全发挥了日益重要的作用。

2. 维护海洋公平正义

坚定维护以国际法为基础的海洋秩序，全面参与联合国框架下的海洋规则制定与实施，严格履行《联合国海洋法公约》义务，全力支持《联合国海洋法公约》三大机构的工作。坚定支持以东盟为中心的地区合作架构，秉持相互尊重、照顾各方舒适度等“东盟方式”，积极同海上邻国商讨解决海上矛盾分歧的有效办法。坚定支持平等协商，2023 年 10 月，中国同美国举行首次海洋事务对话，双方就海上形势、海上安全、海洋经济和环境等多个议题展开了坦诚深入且建设性的交流。

3. 守护海洋清洁美丽

深入贯彻落实“海洋命运共同体”的重要理念，加强全球海洋生态环境治理形势的跟踪研判和及时跟进，深入开展海洋生态环境监测、生态环境治理、应急协作等领域的务实合作，充分展示协同推进海洋生态环境改善和经济高质量发展的中国方案、中国智慧和中国示范。积极落实《关于未来十年南海海岸和海洋环保的领导人宣言（2017—2027）》，合作开展“海洋减塑行动”“红树林保护计划”等海洋生态环境修复项目。2022 年 11 月，中国—东盟卫星遥感应用中心正式揭牌，推动建立中国和东盟国家卫星遥感应用合作机制，构建中国和东盟国家卫星遥感数据共享网络体系。

（二）积极构建蓝色伙伴关系

1. 发布《蓝色伙伴关系原则》

2022 年 6 月，自然资源部在 2022 联合国海洋大会上发布《蓝色伙伴关系原则》，发起“可持续蓝色伙伴关系合作网络”和“蓝色伙伴关系基金”。《蓝色伙伴关系原则》进一步明确了“蓝色伙伴关系”的内涵，共 16 条，分为四个方面，分别明确蓝色伙伴关系合作的重点领域、合作的途径和措施、推进合作的基本方式，以及合作需要遵循的理念，旨在通过共商、共建全球蓝色伙伴关系，促进《联合国 2030 可持续发展议程》的落实，共享蓝色发展成果。

2. 大力推进区域海洋对话

深化与全球尤其是周边国家在蓝色经济、海洋产业技术等领域的合作，常态化举办东亚海洋合作论坛、中国—东南亚国家海洋合作论坛、厦门国际海洋周、中国海洋经济博览会等活动，利用东亚海环境管理伙伴关系等多边平台，实施一系列富有成效的合作项目，为建立“蓝色伙伴关系”网络奠定了坚实基础。2022 年 11 月，中国—岛

① 资料来源：中国军网。

屿国家海洋合作高级别论坛在福建平潭召开，论坛发布《海岛可持续发展倡议》，进一步增进了中国同岛屿国家的合作关系，拓展了合作领域（见表 9-1）。

表 9-1　2022—2023 年我国参与和举办的区域海洋合作论坛

性质	年份	论坛名称	内容
国际海洋合作	2022	2022 年国际海洋合作与治理论坛	全球海洋治理、南海沿岸国合作及海上安全互信构建、气候变化与海洋合作等
	2023	2023 年国际全球海洋院所领导人会议	围绕海洋观测与防灾减灾、海洋生态与蓝色碳汇、海洋可持续发展、“双碳”与海洋可再生能源、未来国际深海大洋钻探计划
	2023	2023 年国际海洋合作与治理论坛	“全球海洋治理面临的挑战与大国海洋合作”“全球安全倡议视角下的南海治理与互信构建”“联合国 2030 议程目标 14 与海洋渔业可持续发展”“公海协定（BBNJ）与全球海洋治理”
中国—欧盟	2022	“中国—欧盟海洋数据网络伙伴关系”合作高级别会议	中欧海洋数据网络合作成效，巩固和深化中欧海洋数据共享机制和信息技术合作
	2023	第二届中国—欧盟“蓝色伙伴关系”论坛	蓝色经济、可持续渔业、全球海洋治理
中国—东盟	2023	第一届中国—东盟国家蓝色经济论坛	蓝色经济合作、海洋生态保护与防灾减灾合作、海洋管理和科技交流合作
中国—东亚	2022	2022 东亚海洋合作平台青岛论坛	海洋经济、科技、人文、环保等
	2023	2023 东亚海洋合作平台青岛论坛	海洋生态环境保护修复与防灾减灾论坛、深海保护与利用论坛等
中国—岛屿国家	2022	中国—岛屿国家海洋合作高级别论坛	气候变化、经济复苏与发展
	2023	中国—太平洋岛国海洋防灾减灾合作研讨会	分享海洋防灾减灾技术和管理经验，提升海洋灾害应对处置能力

数据来源：课题组根据公开资料整理。

（三）强化海洋公共产品供给

1. 助力全球海洋防灾减灾

中国积极倡导加强防灾减灾合作，为实现联合国可持续发展目标、生态系统修复十年计划等愿景和目标提供有益的经验借鉴。2022 年 5 月，由我国主持制定的首项海洋地球物理调查国际标准《船舶与海洋技术海底地震仪主动源探测技术导则》在国际标准化组织（ISO）发布，该标准的实施有效促进不同国家在海底资源调查、开发、利用领域的国际合作。2022 年 7 月，南中国海区域海啸预警中心在菲律宾吕宋海域的 7 级地震发生后 5 分钟内发出全球第一份预警信号。2023 年 9 月，我国与世界自然保护联盟联合发布了《海岸带生态减灾协同增效国际案例集》，进一步促进全球海岸带生态减灾协同增效经验实践的交流和学习。

2. 积极维护海洋生物多样性

2023 年 9 月，我国积极推动达成《〈联合国海洋法公约〉下国家管辖范围以外区域海洋生物多样性的养护和可持续利用协定》并率先签署，该协定包括海洋遗传资源获取和分享、海洋保护区设立、环境影响评价、能力建设和海洋技术转让等内容，旨在为全球海洋治理进一步建章立制。通过改革建立以国家公园为主体的自然保护地体系，创造性地建立兼顾发展和保护的生态保护红线制度，形成可为世界各国，特别是广大发展中国家提供借鉴参考的“中国方案”。

3. 献策国际海底矿产资源开发

中国深度参与联合国关于国际海底矿产资源勘探开发议题的讨论，坚持开发规章应以《公约》规定为基础，落实“人类共同继承财产”原则，针对开发规章中环境管理规则的焦点问题提出“中国方案”，影响相关国际规则的制定，在国际海底矿产资源勘探开发章程等重要国际谈判和磋商进程中发挥建设性作用。

4. 发起联合国“海洋十年”计划

中国积极落实联合国“海洋十年”倡议，成立“海洋十年”中央委员会、国际合作中心，与各国深化海洋科学合作，不断取得新成果。中国支持海洋基础科学研究，主动发起共建海洋科技合作平台并开展极地科学考察工作，倡导全球海洋科技工作者为共建全球海洋科技协同创新网络，助力海洋命运共同体建设建言献策（见表 9-2）。

表 9-2 我国“海洋十年”获批项目

时间	项目	项目内容	合作方式
2023 年 3 月	海洋负排放国际大科学计划	该计划基于“海洋微生物碳泵”原创理论，旨在通过国际合作协同攻关、多学科交叉融合，探究海洋负排放过程机制，为全球海洋碳负排放提供智慧方案	由我国院士焦念志牵头，国际合作伙伴包括美、欧、亚、非等全球代表性地区的 33 个国家 78 所科研院所，形成了“总部+基地+全球分中心”的国际合作模式
2023 年 6 月	“数字化的深海典型生境”大科学计划	该计划聚焦深海生境中最易受到人类活动和全球变化扰动的部分，包括海山、洋中脊、海沟、深海平原和极地，利用先进技术开展深海科考，构建智能观测系统，并促进数据和样品的共享	由中国大洋事务管理局牵头组织，将有来自全球 6 大洲 39 个国家 64 个机构通力合作
2023 年 6 月	“海洋与气候无缝预报系统（OSF）”大科学计划	该计划以解决“海洋十年”的第五项挑战为目标，旨在跨越从目前的 7 天预报到数月短期气候预测之间的预报“盲区”，与国际合作伙伴共同推动海洋与气候预报能力的大幅提升	由自然资源部第一海洋研究所牵头、国际欧亚科学院院士乔方利领衔，联合全球 25 个国家 34 家海洋与气候科研机构和 3 个国际组织共同发起

续表

时间	项目	项目内容	合作方式
2023 年 6 月	“多圈层动力过程及其环境响应的北极深部观测”国际合作研究计划	该计划拟对北冰洋海底岩石圈、冰冻圈、水圈和生物圈等多圈层的物质能量交换进行多学科多尺度研究，形成北冰洋洋中脊深部地球动力过程、岩浆活动、热液循环和地壳冷水循环的新认知，评估圈层间物质循环对北冰洋碳循环和生态系统的影响，提供人类活动压力下的北冰洋环境问题解决与区域管理方案	由自然资源部第二海洋研究所牵头、中国工程院院士李家彪领衔，联合美国阿拉斯加大学、德国阿尔弗雷德魏格纳极地研究所、俄罗斯全俄地质研究所、挪威奥斯陆大学、加拿大纽芬兰纪念大学、斯里兰卡水生资源研究与发展署、塞舌尔蓝色经济部、新加坡南洋理工大学和中国海洋发展基金会共同申请
2023 年 6 月	西太平洋黄昏带生态系统研究计划	该计划以西太平洋的菲律宾海到我国南海北部的黄昏带为主要研究对象，采用长期连续监测和短期精细观测手段相结合的方式，调查黄昏带不同水层和区域的宏生物物种和分布，及其昼夜和月度垂直迁徙规律，量化黄昏带生态系统结构并解析动态变化规律	由清华大学深圳国际研究生院海洋工程研究院牵头，领衔科学家是海洋工程研究院教授王勇；该项目联合美国马里兰大学和奥地利维也纳大学等国内外 11 个团队共同发起和参与

数据来源：课题组根据公开资料整理。

二、开放成效与特点

（一）海洋产业合作水平不断加强

全球海洋产业发展格局正在加快调整，海洋经济重心逐渐向亚洲转移。2022 年，我国沿海港口积极开辟外贸新航线，国际航线集装箱吞吐量同比增长 5.0%①。沿海地区实际使用外资创历史新高，达 1484 亿美元，国际贸易投资实现新突破。中国造船企业的实力和国际影响力显著增强，造船完工量、新接订单量及手持订单量三大造船业指标的国际市场份额均为全球第一。中国养殖水产品占世界水产品养殖总产量的 60% 以上，海产品产量多年位居世界第一，海运量超过全球三分之一，海上油气成为国家能源的重要增长极。海洋新兴产业增加值年均增速超过 10%，海洋工程装备总装建造能力进入世界第一方阵②（见表 9-3）。

表 9-3　2023 年 1—11 月世界造船三大指标市场份额

指标		世界	韩国	日本	中国
造船完工量	万载重吨/占比	7602.0	2105.0	1385.0	3809.0
		100.0%	27.7%	18.2%	50.1%
	万修正总吨/占比	3096.0	809.0	443.0	1487.0
		100.0%	26.1%	14.3%	48.0%

① 资料来源：自然资源部。

② 资料来源：上海国际航运研究中心航运信息工程研究所。

续表

指标		世界	韩国	日本	中国
新接订单量	万载重吨/占比	9846.0	1848.0	1200.0	6485.0
		100.0%	18.8%	12.2%	65.9%
	万修正总吨/占比	4036.0	963.0	431.0	2402.0
		100.0%	23.9%	10.7%	59.5%
手持订单量	万载重吨/占比	25123.0	6721.0	3712.0	13409.0
		100.0%	26.8%	14.8%	53.4%
	万修正总吨/占比	12247.0	3993.0	1283.0	5680.0
		100.0%	32.6%	10.5%	46.4%

数据来源：课题组根据公开资料整理。

（二）海洋科技引领能力持续提升

近年来，我国海洋科技自主创新能力持续增强，深水、绿色、安全等海洋高技术领域自主创新不断取得新突破。海洋卫星观测、深海探测、极地勘探等一批涉海关键技术和重大项目建设取得突破，拓展了我国开发利用海洋的空间。以物联网、云计算、大数据等智能信息技术为支撑的智慧海洋建设已成为全球趋势。中国主动发起共建海洋科技合作平台和开展极地科学考察工作，启动了联合国“海洋十年”规划“海洋界青年专业人员中国节点”（ECOP China Node），倡导全球海洋科技工作者为共建全球海洋科技协同创新网络，助力全球海洋科技治理体系变革（见表 9-4）。

表 9-4　2022—2023 年中国海洋科技合作重大事件

序号	时间	事件	地点	内容
1	2022 年 7 月	第四届中非海洋科技论坛	杭州	协调各方研究制定“海洋十年”中非合作行动计划，并尽快设立中非海洋科技论坛秘书处，形成稳定联络机制，同时可考虑加快推动筹建中非海洋科技与蓝色经济中心工作
2	2023 年 9 月	2023 世界海洋科技大会	青岛	来自全球 11 个国家的近 800 名行业专家和各界人士参会。以“加快海洋科技创新，构建海洋命运共同体”为主题，旨在加强国际海洋科技领域交流，打造海洋科技领域学术交流高端平台，为当下海洋科技领域热点问题指引方向
3	2023 年 9 月	中国第 13 次北冰洋科考	北极	中国第 13 次北冰洋科考进行了 CTD（多参数海洋观测系统）采水、浮游生物垂直拖网与大气监测作业，并与俄罗斯、泰国等国的科学家联合开展相关研究，有效推进北极科学考察国际合作
4	2023 年 11 月	中国第 40 次南极科学考察	南极	依托“雪龙”号和“雪龙 2”号船开展国际南极科学前沿领域合作研究，实施与挪威、澳大利亚等多国合作的恩德比地航空调查任务，探究南极冰盖接地带这一关键数据空白区域的冰—海—基岩相互作用，支持冰盖物质平衡的精确评估和不稳定性研究

续表

序号	时间	事件	地点	内容
5	2023 年 12 月	2023 中国极地科学学术年会	舟山	以“贯通从极地认知到保护和利用，以极地科技创新支撑高质量发展”为主题，就极地前沿科学问题和先进技术发展进行广泛深入交流；来自全国 150 多家科研机构的 800 余名代表参加了会议

数据来源：课题组根据公开资料整理。

（三）海洋生态责任意识持续深化

全球海洋环境与气候问题日益突出，海洋资源与环境保护已成为超越主权国海域管辖范围的全球性事宜。中国坚持以“海洋命运共同体”为指导理念，以中外协同合作治理作为发展方向，先后在全球范围内开展海岸带保护修复与利用、海洋防灾减灾、海洋能与海水淡化利用等方面的 30 多项承诺①，为应对全球性海洋生态挑战贡献中国智慧。2023 年 9 月，经《湿地公约》常委会第 62 次会议全体会议审议通过，全球首个“国际红树林中心”正式落户深圳，通过与世界自然保护联盟等合作开发适用性的红树林保护修复技术和工具，向拥有全球近三分之一红树林的东盟国家出口我国红树林保护修复技术和服务。

（四）海洋文化宣传力度不断增强

通过全面推进新时代海洋文化建设，我国逐步构建起国际化、多元化的以人为本的海洋文化传播氛围。2023 年，世界帆船对抗巡回赛（WMRT）在深圳举行，受众覆盖 183 个国家和地区。2023 厦门国际海洋周以“打造蓝色发展新动能共筑海洋命运共同体”为主题，加强了我国在全球海洋治理、蓝色伙伴关系构建等领域中外交流合作力度。2023 年中国国际海事技术学术会议和展览会共吸引超过 30 个国家和地区的 2000 多家参展企业参展，为中外海事技术、经贸合作、船舶融资、安全保险、规范规则、环境保护等领域的沟通和合作起到了积极的促进作用。②

三、海洋经济开放主要问题

随着 21 世纪海上丝绸之路建设的稳步推进和联合国“海洋十年”计划的深入实践，我国在全球海洋治理中的话语权和影响力逐步提高。但目前我国参与国际海洋竞争规则制定的能力仍然偏弱，在国际海洋组织中显示度不高，在主导全球海洋事务、接轨国际海洋规则、推动海洋企业“走出去”等方面开放水平亟待提升。

（一）在全球海洋治理体系中主导能力有待加强

一是在主流全球海洋治理平台中还不具备足够的领导力。现阶段，我国参与全球海洋治理多倾向于通过被动加入国际组织来发挥作用，如参与国际海洋学委员会西太

①② 资料来源：上海国际航运研究中心航运信息工程研究所。

平洋分委会、国际海底管理局、大陆架界限委员会、国际能源署等国际计划等。缺乏主动谋划的海洋大科学计划和工程，在海洋稀土与矿产资源开发、深海与极地资源利用、海洋信息与数据通信等领域缺乏重大抓手，海洋经济开放的主导性有待加强。二是国家间互信不足影响海洋国际合作开展。海上主权和管辖权争议的存在影响国家间的互信和合作意愿。南海周边国家长期实行大国平衡政策，经济上依赖中国，安全上依赖美国，与中国在海上的合作，特别是安全合作难以有实质性推进。在其他地区，受双边关系和政府更替影响，有关国家对华合作政策缺乏连续性，已达成协议的合作项目往往被单方面中断，严重影响海洋合作进程。

（二）涉海法规与政策尚未完全与国际接轨

全球海事规则体系由英美法系主导，鹿特丹规则尚未生效，中国船舶与航运事务尚未完全融入国际规则体系。纵观国际航运中心城市，大都采取自由、便利的航运投资与市场准入模式，并注重打造开放的管理体制、高效的管理模式和完善的法律保障。与之相比，我国在航运市场机制和行业规则的开放性、自由度和便利化方面存在诸多制度瓶颈，如船舶登记制度严格、船舶融资环境不完善、航运税赋较重等。我国航运业务主要集中在船舶代理、货运服务等传统港航业或低端产业服务，航运金融、航运保险和船舶经纪等高端航运服务业发展明显滞后。海洋金融发展的专业化水平与伦敦、奥斯陆、新加坡等海洋金融中心相比差距较大，海洋金融法制、税收、信用、监管等金融营商环境建设尚未与国际接轨，海洋金融业在全球知名度仍然偏低，海洋金融国际化程度不足（见表 9-5）。

表 9-5　中国内地、中国香港、新加坡船舶登记方式对比

地区	中国内地	中国香港	新加坡
船龄	有限制（杂货船 34 年，散货船 33 年）	在保障安全的前提下，不限船龄	在保障安全的前提下，不限船龄
船员	中国籍，如用外籍船员需交通运输部审批	不限国籍	不限国籍
船级社	只有 CCS	九大船级社均可	九大船级社均可
办理时间	7 个工作日	2 小时	时长介于中国香港和中国大陆之间
税收	关税与增值税为 27.53%（国际上最高）；营业税为 3%，企业所得税为 25%，另收车船税等 6 种税	增值税、关税、企业所得税、营业税均免	增值税、关税、营业税均免，企业所得税为 16.5%
吨位年费	普通税率和优惠税率两种，大于 2000 净吨时年费飙升，无封顶	77500 港元封顶	100~10000 新元

数据来源：课题组依据公开资料整理。

（三）海洋企业“走出去”能力有待提升

一是海洋合作项目缺乏统筹协调。现有的海洋合作项目数量多，内容零散，各单位自行其是，难以形成合力。在国内立项上存在多头申请、一哄而上的情况，实施过程中绩效管理不突出，结束后成果体现不明显，且缺乏后续追踪和跟进。二是缺乏成熟有效的多边合作机制。在区域层面（东盟、东北亚、南亚等），我国主导或参与成立了相关合作组织，签署了各类框架性文件，但从实践情况来看，仍偏向于区域合作框架下的双边合作，缺乏成熟的多边合作机制，海洋领域第三方市场合作典型项目不多。

四、展望与政策建议

海洋是高质量发展的战略要地。党的二十大作出“发展海洋经济，保护海洋生态环境，加快建设海洋强国”的战略部署，为进一步推动全球海洋事业共建共治共享，提升我国海洋经济开放合作水平，提出以下建议：

（一）强化涉海国际合作顶层框架设计

1. 推进蓝色伙伴关系常态化建设

持续推动与“一带一路”沿线国家建立多层次、多渠道的沟通磋商与高层对话机制，推动签署政府间、部门间海洋合作文件，共同制定合作计划、实施方案和路线图，共同推动重大项目实施，共同应对海洋重大问题。根据政府间海洋合作协定（协议），落实双（多）边重要共识和承诺，加强对《平潭宣言》《关于为促进海洋治理、渔业可持续发展和海洋经济繁荣在海洋领域建立蓝色伙伴关系的宣言》《蓝色伙伴关系原则》等已签署合作协议的梳理，以“常态化会议制度+专家工作组+实施方案”模式提升我国海洋国际合作的制度化、实心化。

2. 编制《“一带一路”建设海上合作设想》

进一步深化《“一带一路”建设海上合作设想》，系统出台区域级海上合作规划。加强国际海洋合作战略研究，面向不同发达国家、新兴经济体、发展中国家，以及“一带一路”等具有区域特点的国家，开展有重点、差异化的战略研究。在《“一带一路”建设海上合作设想》的基础上，分区分类系统开展南海—东盟、极地、太平洋岛国、重要海峡通道等区域性海洋合作与治理规划制定，设立区域级海洋合作论坛，实现“一区一策”，提升我国在全球各地区海洋合作的参与度。

区域海洋规划和论坛案例

欧盟针对波罗的海、黑海、地中海、北海、大西洋和北冰洋各区域的优势和缺点，制定个性化海洋规划战略。以大西洋战略为例，欧盟委员会鼓励其会员国分享海洋数据信息、经费、成果和经验，并为海洋活动的进一步合作领域提出想法，还与美国和加拿大等其他大西洋国家合作，截至2018年，包括跨大西洋邻国在内的320个国际研究团队已开展约20个项目。2015年，欧盟会同联合国环境规划署加强构建区域海洋治理伙伴关系，由可持续性研究所、可持续发展和国际关系研究所（IDDRI）和TMG-可持续发展智囊团支撑。海洋方案小组的主要目标是确定和促进跨部门海洋治理的综合区域模式，并促进区域合作，以养护和可持续利用海洋生态系统和资源。作为科学、政策、社会接口平台，海洋方案小组侧重于促进对话进程，促进区域和国家两级更大的区域合作和更好地统筹一致的治理框架。

（二）搭建涉海国际合作重大平台载体

1. 有序建立国际海洋联合研发机构

结合“海上丝绸之路”沿线国家的需求，借鉴已有成熟案例经验，以泰国、印度尼西亚、太平洋岛国、肯尼亚为重点，持续推动在海外建立国际海洋联合研发机构。这些机构将开展海洋环境监测预报、应对气候变化、海洋生态保护与修复、海洋空间规划等领域的合作，提高沿线国家的海洋开发利用与管理保护能力，提升我国海洋科学技术在海上丝路沿线国家的应用与发展。

2. 搭建国际海洋智库合作平台

鼓励我国涉海高校、研究机构等在伦敦、新加坡、奥斯陆等城市建立智库分支机构或共建海洋智库，开展与当地海洋智库机构、涉海科研机构、企业等的合作对话交流，吸引当地海洋专家人才加入全球海洋智库建设。与兰德公司、卡内基国际和平基金会、美国战略与国际研究中心、布鲁盖尔研究所、英国国家海洋技术中心、日本海洋政策学会、韩国海洋战略研究所等涉海智库建立密切交流合作机制，开展学术交流、互派研究人员、海洋人才培训、共同商定研究课题，共同组织研究团队完成课题研究等。

（三）积极融入全球海洋治理话语体系

1. 推动构建和完善国际海洋治理框架

坚决支持联合国海洋事业发展，以《联合国海洋法公约》为基础构建可靠的蓝色伙伴关系网络。以深海、极地等新疆域规则制定为抓手，继续参与国家管辖范围外海域生物多样性养护与可持续利用（BBNJ）、国际海底矿产资源开发规章等联合国及其他多边框架下的国际谈判和规则制定进程。探索建立跨地区海洋联防联控合作机制，对内部海域进行统一规划、联动开发、供应链组接、协同管理，推动海洋经济的集约发展，降低发展成本。

2. 积极参与海洋领域国际标准制订

鼓励涉海企业积极参与制订海洋综合治理、海洋自然现象研究、海洋资源开发利用、海洋生态环境保护、海洋装备及工程系统建设、邮轮游艇设计建造和海上安全等方面的国际标准，提升海洋产业国际竞争力。探索构建国家海洋质量基础设施（NQI）体系，开展海洋工程装备/设备、电子电器等领域标准样品研制，联合国际知名机构在低碳船舶、LNG 燃料动力船舶领域参与国际标准制定，逐步提升海工装备国际标准制定话语权。

（四）加强国际海洋城市合作

探索建立由世界海洋城市地方政府为主体组成的多边国际性联盟组织，加强与美国休斯敦、挪威奥斯陆、新加坡等海洋知名城市和旧金山湾区等交流合作。围绕海洋合作特定领域，建立城市国际合作机制，推动共同举办市长论坛，围绕城市发展战略、海洋科技和产业发展中的热点、焦点、难点问题开展研讨和学术交流，促进两市政府、企业、智库、科研机构之间的沟通交流，形成互访机制。推动两市高新技术产业合作和高层次创新技术示范项目，分享成功经验，开展高层次创新技术示范项目，签署合作协议，促成实质性的国际合作等。组织海洋城市与产业领域新产品和解决方案的推介活动或展会，促进科技成果转让、加强海洋技术应用。建立“伙伴城市”合作联络机制，保持日常的沟通与协调，推动工作具体落实。

（五）推动海洋信息开放共享

充分发挥海洋信息的服务效能，探索搭建标准统一、开放兼容的全球海洋大数据云平台，提供数据档案、数据可视化和数据质量监控等主要服务。推动上海、深圳、青岛等已经与国外海洋城市缔结国际友城的地方政府合作，定期更新录入合作方经济政策、产业结构、经济状况等数据资料，了解合作方可利用资源，寻求和拓展互利合作的各种途径和办法，制定长远合作规划。

参考文献

[1] 龚鸣．携手构建海洋命运共同体[N]．人民日报，2021-06-10(3)．

[2] 吴士存．以多边主义为抓手推进全球海洋治理——中国面临的挑战、目标与

对策[J]. 国家创新发展战略，2023(9)：27-46.

[3] 王宏. 以建设海洋强国新作为推进中国式现代化[N]. 学习时报，2023-09-22(1).

[4] 符晓波. 我国海洋领域科技创新水平显著提升，为国际合作贡献智慧[N]. 科技日报，2022-11-10.

[5] 刘志良. 乘风破浪勇向前赓续前行开新篇[N]. 中国船舶报，2023-12-05(1).

[6] 徐贺云. 改革开放 40 年中国海洋国际合作的成果和展望[J]. 边界与海洋研究，2018，3(6)：18-26.

第十章　气候变化与能源领域开放：建设开放共享的全球能源治理体系

加强能源国际合作是习近平总书记提出的“四个革命一个合作”能源战略的重要任务之一。全方位加强国际合作、实现开放条件下的能源安全，既是国家能源战略的必然要求，也是全球能源治理体系重构的客观需要。近年来，我国加快开放步伐，对内构建更加市场化、绿色化、低碳化的能源安全体系；对外则以“一带一路”为突破口，推动能源产能合作，加强基础设施互联互通，构建全方位、深层次的能源国际合作新格局，积极推广能源转型系统性解决方案和中国贡献，彰显我国负责任大国形象，推动构建人类命运共同体。

一、取得的成就

（一）传统能源国际合作开创新局面

1. 政策沟通持续深化

在全球层面，“一带一路”倡议同联合国2030年可持续发展议程有效对接，形成促进全球共同发展的政策合力。在区域层面，“一带一路”倡议与《东盟互联互通总体规划》、非盟《2063年议程》、欧盟“欧亚互联互通战略”等区域发展规划或合作倡议有效对接。在国家层面，“一带一路”倡议与俄罗斯“大欧亚伙伴关系”倡议、哈萨克斯坦“光明之路”新经济政策、乌兹别克斯坦“发展行动战略”、土库曼斯坦“复兴古丝绸之路”、卡塔尔“2030国家愿景”、土耳其“中间走廊”倡议、内蒙古“草原之路”倡议等国家发展战略及规划对接，就各国经济发展规划和政策进行充分交流[①]。

2. 贸易畅通不断提升

在石油方面，截至2022年底，中哈原油管道累计向我国输油超过1.6亿吨。中国有40多家油气企业在中东、美洲、中亚和非洲等区域的60多个国家参与了200多个油气勘探开发项目。在天然气方面，目前我国的管道气进口主要来自中亚、俄罗斯及缅

① 中国能源新闻网“一带一路”能源国际合作报告（2023）[EB/OL].（2023-09-22）. https://www.cpnn.com.cn/news/baogao2023/202309/t20230922_1637305_wap.html.

甸，在运天然气管线产能合计1050亿立方米/年，产能约400亿立方米/年。中亚天然气管道A/B/C线已累计向我国输送天然气超过4200亿立方米，惠及我国25个省、市、自治区近5亿人口。在煤炭方面，早在2013年初，我国海外煤炭资源开发项目已达65个，涉及投资金额70多亿美元，控制的煤炭资源量超过400亿吨，煤炭生产能力达到5000万吨以上。合作方式主要包括先进技术装备输出、投资并购、勘探合作和工程承包与劳务输出等①。

3. 设施联通持续加强

中俄东线天然气管道、中缅原油管道、中国—中亚天然气管道C线、中俄原油管道复线等一批标志性重大项目相继投运。中亚—俄罗斯、中东、非洲、美洲和亚太五大油气合作区的开发建设持续推进，西北、东北、西南和海上四大油气进口战略通道基本形成。

4. 资金融通深化拓展

中资金融机构充分发挥多元化业务联动优势，为“一带一路”能源合作项目提供信贷、投资、结算、保险等一揽子金融服务。中国出资设立丝路基金，并与相关国家一道成立亚洲基础设施投资银行，有效拓展了共建国家投融资渠道。多边金融机构推出专项计划，与IMF建立联合能力建设中心，与世界银行、亚洲开发银行等国际金融机构签署合作备忘录，与多边开发银行联合筹建多边开发融资合作中心。

（二）可再生能源合作空间广阔

1. 贸易规模逐步扩大

我国光伏产品出口至全球200多个国家和地区，2022年光伏产品的出口额约为512.5亿美元，同比增长80.3%。风电机组出口至全球49个国家和地区，2022年风电出口金额为9.98亿美元，风电机组出口量为229万千瓦。2022年，我国出口的风电光伏产品为其他国家减排二氧化碳约5.73亿吨，合计减排28.3亿吨，约占全球同期可再生能源折算碳减排量的41%②。

2. 一批项目相继投产

中国在太阳能发电、风电、水电、热能等领域与全球100多个国家开展了合作。埃塞俄比亚阿达玛风电项目、厄瓜多尔芦苇桥风电项目、阿根廷胡胡伊省高查瑞光伏电站项目、黑山莫祖拉风电项目、越南九安风电项目等一大批清洁、高效、优质的可再生能源项目相继建成，有效解决了当地用电难、用电贵的问题，对于优化能源结构、

① 史治斌，朱超，鲁金涛．“一带一路”战略背景下煤炭国际合作探索［J］. 煤炭工程，2017，49（11）：156-159.

② 推进“一带一路”建设工作领导小组办公室，生态环境部．绿色丝绸之路发展报告（2023）［M］. 北京：中国环境出版集团，2023.

减少污染物和温室气体排放、带动经济发展发挥了重要作用。

（三）电力领域开展全方位国际产能合作

1. 电力境外投资低碳化趋势明显

中国参与的境外能源行业投资和建设项目中，化石能源占比自2016年开始不断下降。到2020年，可再生能源（水能、光伏、风能和生物质能）投资和建设项目占能源总投资比例首次超过化石能源。截至2022年底，中国主要电力企业OFDI项目共24个，总金额为33.81亿美元。新能源成为电力对外投资项目数量最多的领域，占比约58%。其中，太阳能发电8个项目，占比33%；风电6个项目，数量占比25%①。

2. 电力境外工程承包新签合同额平稳增长

2022年，我国主要电力企业年度新签订境外工程承包合同项目191个，合同金额达327.71亿美元，对外承包电力建设工程完成营业额总计216.8亿美元②。新签境外工程承包项目涉及58个国家和地区，其中亚洲和非洲地区的项目分别占比49%和26%。截至2022年底，我国主要电力企业对外工程承包累计合同额达到3759.71亿美元。

3. 电力国际标准制定领域影响力不断提升

2022年，亚太电协和澜湄区域等国际区域标准化实践持续推进，中日、中德无线充电标准与技术、电动汽车标准交流顺利开展。在国际标准制定方面，中国推动国际标准化组织（ISO）、国际电工委员会（IEC）成立小水电、分布式电力能源系统、可持续电气化交通等与绿色低碳发展相关的9个国际标准化组织技术机构，牵头制定并发布《节能量评估者选择通用指南》等ISO、IEC国际标准59项。

4. 电力互联互通水平不断提升

我国积极参与东南亚、南亚、非洲等地区的电网建设，建设了几内亚凯乐塔水电站和巴西美丽山特高压输电等一批重大项目，投资运营菲律宾、希腊和葡萄牙等国家骨干输电网。在"一带一路"电力合作方面，中国致力于推动与周边国家电力互联互通，与俄罗斯、蒙古、吉尔吉斯斯坦、缅甸、越南、老挝等周边国家的电力互联互通规模合计达到309万千瓦。

（四）新能源汽车加速"走出去"

1. 新能源汽车出口强势增长

2022年，新能源汽车出口67.9万辆，同比增长1.2倍，占总出口量的22%。从整

---

① 廖睿灵．新能源成电企对外投资项目最多领域［N/OL］．人民日报海外版，2023-07-18（3）．http：//paper.people.com.cn/rmrbhwb/html/2023-07/18/content_26006297.htm．

② 卢奇秀．电力行业紧抓绿色机遇出海［N］．中国能源报，2023-06-26（8）．

车出口企业来看，上汽、奇瑞、长安、吉利、长城、比亚迪等进入前十名，自主品牌竞争力大幅提升。从出口地区来看，中国新能源汽车出口区域主要为欧洲和亚洲，2022 年出口欧洲的新能源汽车占比为 49%，出口亚洲的新能源汽车占比为 44%，出口北美洲的新能源汽车占比为 3%，出口大洋洲和南美洲的新能源汽车占比均为 2%。

2. 全产业链布局海外市场

从出口模式来看，除了整车出口，全散件组装出口、海外建厂、与外资合作等多元化模式逐渐涌现，“一车出海带动全链”的模式正加速显现。整车制造领域，比亚迪已在全球范围内设立 30 多个工业园，生产的新能源汽车足迹遍布 70 多个国家和地区，超过 400 个海外城市。动力电池领域，以宁德时代、亿纬锂能、蜂巢能源等为代表的动力电池企业，已纷纷在海外市场进行投资建设，以满足当地企业的就近配套需求。仅宁德时代和比亚迪两家企业的电池产量就占全球新能源汽车电池产量的一半以上。充电服务领域，能链智电此前表示将深入欧洲充电服务市场，开展欧洲本地化服务。特锐德则在中亚、东南亚、俄罗斯、欧洲等地区均有充电设备的出口。

二、政策评估和存在问题

（一）政策评估

1. 能源领域外资市场准入进一步放宽

《新时代的中国能源发展》白皮书指出，中国坚定不移维护全球能源市场稳定，扩大能源领域对外开放。近年来，《中华人民共和国外商投资法》《鼓励外商投资产业目录（2022 年版）》《外商投资准入特别管理措施（负面清单）（2021 年版）》等法律法规、政策性文件为外商在中国投资能源产业创造了良好的环境。

一是鼓励外商投资新能源等领域。《鼓励外商投资产业目录（2022 年版）》将新能源发电成套设备或关键设备制造（包括光伏发电、光热发电、地热发电、潮汐发电、波浪发电、垃圾发电、沼气发生与发电）、大尺寸异质结晶体材料制造、新能源电站（包括太阳能、风能、地热能、潮汐能、潮流能、波浪能、生物质能等）建设与经营、电力源网荷储一体化和多能互补电源建设、高技术绿色电池制造等领域列为鼓励外商投资的产业。2022 年国家发展改革等六部门联合印发《关于以制造业为重点促进外资扩增量稳存量提质量的若干政策措施》提到，重点鼓励外商投资新能源、绿色低碳关键技术创新和示范应用等领域。

二是支持外资企业参与电力市场化交易。2023 年 8 月，国务院印发《关于进一步优化外商投资环境 加大吸引外商投资力度的意见》指出，出台促进绿色电力消费政策措施，支持外商投资企业更多参与绿证交易和跨省跨区绿色电力交易，此举有助于降低外商投资企业用电成本。

三是油气勘查开采市场全面放开。《外商投资准入特别管理措施（负面清单）

（2021 年版）》取消了石油天然气勘探开发限于合资、合作的限制，这意味着，石油天然气上游勘探开发将向外资和民企敞开大门。通过取消石油天然气勘探开发限于合资、合作的限制，引入更多市场主体包括外资参与国内的油气资源勘探开发，有助于进一步提升国内油气资源的勘探开发力度和技术进步。

四是新能源汽车制造业取消外资股比限制。自 2018 年起，我国在汽车整车制造的外资准入方面分阶段有序放开外资限制。2018 年 7 月实施的《外商投资准入特别管理措施（负面清单）（2018 年版）》取消了新能源汽车制造外资股比限制（即汽车整车制造的中方股比不低于 50%）。2019 年 11 月，《关于国务院关于进一步做好利用外资工作的意见》正式指出优化汽车外资政策，并保障内外资汽车制造企业生产的新能源汽车享受同等市场准入待遇。《外商投资准入特别管理措施（负面清单）（2021 年版）》已全面取消乘用车制造外资股比限制。

2. 能源开放合作机制进一步完善

自 2017 年国家发展改革委与国家能源局联合发布《推动丝绸之路经济带和 21 世纪海上丝绸之路能源合作愿景与行动》以来，区域能源合作机制得到进一步完善，市场融合和能源协同发展更趋一致。

一是多边合作框架下的能源合作机制发挥引领作用。亚太经合组织、上合组织、中国—东盟“10+1”、东亚峰会、亚欧会议、亚洲合作对话、中阿论坛、中国—海合会战略对话、大湄公河次区域经济合作、中亚区域经济合作、博鳌亚洲论坛、“一带一路”能源合作俱乐部等平台都将能源合作列入重要议题，其中能源贸易和投资是重点领域。

二是双边能源合作机制更加灵活高效。除了战略合作伙伴关系等外交条约，我国与 100 多个国家签订了双边投资协定，为两国间开展能源投资活动提供了重要保障。在能源领域，两国间直接签订能源合作协议成为双方能源开放合作的重要途径。据不完全统计，我国先后与 90 多个国家和地区建立了政府间的能源合作机制，参与了近百项双多边能源合作机制，签署了 100 多份能源合作文件。

三是非政府组织交流合作机制营造更加开放包容的绿色低碳合作环境。一直以来，中国积极和境外绿色发展领域的非政府组组织交流合作，增进各国政府、企业和公众的绿色共识。2023 年 10 月 17 日至 18 日，第三届“一带一路”国际合作高峰论坛在北京举行，境外非政府组织积极响应倡议号召，通过参与论坛各领域配套活动和支持举办相关项目，为推动“一带一路”建设的高质量发展贡献力量。

3. 能源企业“走出去”扶持力度不断加大

自“一带一路”倡议提出以来，中国政府相继发布一系列政策文件，明确提出要推动能源国际合作，加快中国能源企业“走出去”。“一带一路”倡议不仅为能源电力行业的国际合作指明了方向，而且拓展了中国电网、风电、太阳能、核电、清洁煤电等产业的海外市场空间，对中国电力行业的转型和发展带来深远影响（见表 10-1）。

表 10-1　促进"一带一路"国际能源合作的政策文件

时间	政策文件	主要内容
2015 年 3 月	《推动共建丝绸之路经济带和 21 世纪海上丝绸之路能源合作愿景与行动》	提出未来要积极促进区域电网升级改造合作；拓展相互投资领域，积极推动水电、核电、风电、太阳能等清洁、可再生能源合作
2016 年 3 月	《2016 年能源工作指导意见》	明确提出加强能源国际合作，拓展开放发展新空间；加快推动重大能源装备"走出去"
2017 年 5 月	《推动共建丝绸之路经济带和 21 世纪海上丝绸之路能源合作愿景与行动》	鼓励企业采用多元化方式深化电力投资合作，开展电力装备和工程建设项目，推进跨境电力联网工程建设和电网升级改造合作，确保人人享有可持续能源，促进各国清洁能源的投资和开发利用
2017 年 5 月	《关于推进绿色"一带一路"建设的指导意见》	提出用 3—5 年时间，建成务实高效的生态环保合作交流体系、支撑与服务平台和产业技术合作基地，制定落实一系列生态环境风险防范政策和措施；用 5—10 年时间，建成较为完善的生态环保服务、支撑、保障体系，实施一批重要生态环保项目，并取得良好效果
2017 年 5 月	《关于规范企业海外经营行为的若干意见》	强调要加强电力能源企业海外经营行为合规制度建设
2017 年 10 月	《决胜全面建成小康社会　夺取新时代中国特色社会主义伟大胜利——十九大报告》	积极促进"一带一路"国际合作，努力实现政策沟通、设施联通、贸易畅通、资金融通、民心相通，打造国际合作新平台，增添共同发展新动力；推进能源生产和消费革命，构建清洁低碳、安全高效的能源体系
2018 年 10 月	《共建"一带一路"能源合作伙伴关系部长联合宣言》	中国、土耳其、马耳他、巴基斯坦等 18 个国家的能源部长参会代表共同发表《联合宣言》，明确在 2019 年正式建立"一带一路"能源合作伙伴关系，并向所有国家和国际组织开放，推动能源互利合作
2018 年 11 月	《"一带一路"绿色投资原则》	将低碳和可持续发展议题纳入"一带一路"倡议，致力于强化对投资项目的环境和社会风险管理，推动"一带一路"投资的绿色化
2019 年 4 月	《"一带一路"能源合作伙伴关系合作原则与务实行动》	"一带一路"能源合作伙伴关系正式成立；致力于推动政府间政策交流与合作意向沟通，搭建双边、多边项目合作与技术交流平台，推动能源领域务实合作；伙伴关系将每两年举办一次"一带一路"能源部长会议，并按照需要开展部长级培训班和能源合作领军人才培养项目
2019 年 4 月	《共建"一带一路"开创美好未来——第二届"一带一路"国际合作高峰论坛圆桌峰会联合公报》	支持加强能源基础设施，提高能源安全，让所有人都能享有可负担、可再生、清洁和可持续的能源；加强在环保、循环经济、清洁能源、能效、综合可持续水资源管理等领域合作
2021 年 10 月	《"一带一路"绿色能源合作青岛倡议》	"一带一路"绿色能源合作倡议：制定更有雄心的绿色能源发展规划与目标、改善绿色能源供给的可靠性和韧性、营造更具吸引力的绿色能源投资环境、加强绿色能源技术创新合作、提升绿色能源发展的经济与民生效益、降低绿色能源项目融资成本、加强绿色能源领域能力建设与技术援助

续表

时间	政策文件	主要内容
2022 年 1 月	《关于完善能源绿色低碳转型体制机制和政策措施的意见》	要促进“一带一路”绿色能源合作、积极推动全球能源治理中绿色低碳转型发展合作，充分利用国际要素助力国内能源绿色低碳发展
2022 年 3 月	《关于推进共建“一带一路”绿色发展的意见》	《意见》作为绿色丝绸之路建设的顶层设计，提出 15 项具体任务，内容覆盖基础设施互联互通、能源、交通等重点领域
2023 年 5 月	《绿色金融支持“一带一路”能源转型倡议》	中国进出口银行、国家开发银行等 11 家金融机构联合发布《绿色金融支持“一带一路”能源转型倡议》，呼吁加强国际合作，切实发挥绿色金融“源头活水”作用，持续加大对共建“一带一路”国家能源绿色低碳转型领域的支持力度

4. 能源领域改革进一步释放开放动力

自 2018 年以来，能源领域的体制改革稳步推进，为进一步开放奠定了基础。能源供给侧结构性改革深入推进，煤炭和煤电产业结构持续优化，油气产业发展取得重要阶段性成果。电力体制改革取得积极进展，油气体制改革有序推进，“放管服”改革深入推进，能源行业依法治理水平不断提升。电力市场建设、交易机构组建、发用电计划放开、售电侧和输配电价改革等一系列能源领域的改革政策落地，为能源企业“引进来”和“走出去”拓展了发展空间。

（二）问题与挑战

多重危机交织叠加的新形势下，中国引领全球能源治理体系重构面临诸多挑战。一是近年来，国际安全形势发生深刻复杂变化，大国竞争和地缘政治博弈趋于紧张，多方预测全球经济将呈负增长态势。在气候融资方面，发达国家的气候出资意愿减弱，气候资金存在较大缺口。二是许多经济体推出各种贸易限制和投资保护措施，产业链、供应链本土化、区域化趋势明显，能源和大宗商品供给等矛盾和问题越发突出。三是发展中国家和新兴经济体在能源转型方面仍面临技术、资金等多重挑战，转型步伐相对缓慢。在这种形势下，中国倡导的“一带一路”倡议、全球气候治理、全球能源治理体系重构等任务势必困难重重。

在国际能源治理体系中的主导力还不强。一是在主流国际能源合作治理平台中，中国还不具备足够的领导力。在国际能源署、国际能源论坛、石油输出国组织、国际可再生能源署、能源宪章、世界能源理事会等全球能源治理体系中的重要平台上，我国的话语权、影响力还难以与大国地位相匹配。在二十国集团、亚太经合组织中也不具备绝对主导力。二是我国参与全球能源治理经验相对缺乏，在海外油气投资、新能源制造业产品贸易、能源价格、气候变化与低碳减排、能源技术创新、国际能源安全与应急响应等领域，我国的积极贡献尚未得到应有的全面认可，全球能源治理体系重构引领者的地位还不够牢固。三是国际能源合作领域的宣传影响力不足。出于与中国在全球能源治理体系及能源利益的竞争，美国、欧洲、日本、印度等国家和地区既积极参与和中国的能源合作，又鼓吹所谓的“中国能源威胁论”“新殖民主义”“资源掠夺”等论调，一些有利于各方的优质合作项目，常常迫于舆论压力而破产。在应对方面，我国还处于摸索阶段，不擅长阐释和宣传自己的观点理论，需要加强能源国际合作政策的解释和宣传力度，营造良好的舆论氛围。

能源企业“走出去”能力有待提升。一是人才队伍储备不足。开展能源国际化业务需要懂技术、懂经济、懂法律、会经营、会管理、会外语、熟悉国际惯例的复合型高级人才，但我国能源企业符合国际化战略要求的人才队伍建设还不到位，开展国际业务的经验缺乏，对国际业务的具体流程、方法和技巧还没有熟练掌握。二是国际化水平相对不足。由于各个国家的政治、经济、文化、法律等环境各不相同，海外市场环境错综复杂，政治风险、金融风险、汇率风险、法律风险等风险高。如果投资对象是欠发达国家，其国内政治经济体制不成熟，面临的政治风险可能会更大。尽管我国电力企业已经开始“走出去”，但仍处于“走出去”的初级阶段，海外项目开发的成熟经验不多，抵御风险能力还较弱。三是竞争格局更加激烈、多元化。随着更多中国企业“走出去”，海外能源市场竞争也越发激烈，呈现“国内竞争国际化”的格局。很多大型项目出现了多家中资企业一同竞标的情况，而且中国企业还面临来自传统国际电力能源企业以及专业投资者的竞争。

三、展望和政策建议

（一）政策与形势展望

1. 国内能源开放环境将进一步优化

一是《中华人民共和国外商投资法》的实施，将构筑能源领域进一步开放的有利政策环境。2019 年 3 月，第十三届全国人大二次会议表决通过了《中华人民共和国外商投资法》，自 2020 年 1 月 1 日起施行。2022 年 1 月，《国家发展改革委 国家能源局关于完善能源绿色低碳转型体制机制和政策措施的意见》明确，落实鼓励外商投资产业目录，完善相关支持政策，吸引和引导外资投入清洁低碳能源产业领域。完善鼓励外资融入我国清洁低碳能源产业创新体系的激励机制，严格知识产权保护。二是能源体制改革进入深水区，为能源开放提供有利市场环境。在“管住中间、放开两头”基本思路的指导下，能源领域市场化力量逐步显现。能源市场化改革迎来重要窗口期，其中，电改迈入深水区，发用电计划放开、增量配电改革、电力现货市场建设等有望取得新突破，油气管网分离进入实质性运作阶段，国家油气管网集团于 2019 年 12 月正式成立，利于社会资本参与管道项目和 LNG 接收站、油气储备库等基础设施投资建设，更好地解决中国储气设施不足的顽疾。

2. 绿色“一带一路”将成为能源企业“走出去”的重要市场

我国已经出台《关于推进绿色“一带一路”建设的指导意见》《“一带一路”生态环境保护合作规划》等多个实施政策。此外，《中国企业境外可持续森林培育指南》《中国对外矿业投资社会责任指引》《“一带一路”绿色投资原则》等一系列行业性指南成为能源领域“走出去”的重要参考。亚洲基础设施投资银行（AIIB）创始之初就将“绿色”作为核心价值的重要组成，在其《环境与社会框架》中表示将帮助落实各国在《巴黎协定》中的承诺，中国的其他政策性银行也大大增加了对清洁能源的投资。可以预见，随着绿色“一带一路”理念和实践的深入，资源开采与运输、基础设施建设、能源利用与转型、能源服务与装备、能源治理平台等领域的绿色发展与国际合作，将越来越成为能源企业“走出去”、深化开放市场拓展的重点。

3. 能源开放双向大通道格局更加清晰

中国是全球最大的光伏、风电等绿色能源装备制造国，“一带一路”沿线是全球最主要的油气资源分布区，随着能源领域国际合作的深度推进，“一带一路”能源开放双向大通道已初步建立，这将使海外的油气资源与中国新能源电力在全球范围内广泛融合，有力促进能源革命。

为保障中国能源安全，我国已逐步构建起四大油气能源进口通道，包括一条海上通道和三条陆上通道——东北（中—俄）通道、西北（中国—中亚）通道、西南（中—缅）通道，四大通道油气兼备，沿线国家和地区不仅是“一带一路”建设的重要组成部分，也是我国传统能源合作重点地区，未来新能源、可再生能源的合作将成为新的亮点。

以“埃塞俄比亚—吉布提石油天然气”项目为例，随着东非油气经济带的建设，天然气资源在吉布提液化处理后海运回中国，有效增加了中国天然气补给；同时中国的高性价比太阳能和风力发电产品正沿着“一带一路”销售到全世界。中国以境外并购方式布局“一带一路”可再生能源的资产和业务，形成了以风电境外并购业务为主、光伏境外并购为辅的发展格局。

4. 全球能源治理改革将成为能源领域开放合作的制高点

原有的全球能源治理体系因面临主体多极化和目标多元化的双重挑战而越来越不适应现实的发展，全球能源结构转型与能源体制转型是大势所趋。随着能源领域经贸国际合作的深化、能源产业深度对接与“一带一路”的不断推进，与在应对全球能源治理问题上，中国逐渐以治理主体的角色登上舞台，全球能源转型需要中国力量，“中国方案”也必将促进全球能源治理进入新时代。

（二）政策建议

1. 坚持战略协作，全方位推进全球能源治理体系重构

借助现有治理平台提升影响力，秉承共商共建共享原则，高质量共建“一带一路”

能源合作伙伴关系，通过“一带一路”能源部长会议和“一带一路”能源合作伙伴关系论坛等旗舰活动，推动能源政策交流和项目对接，促进能源互利合作。充分发挥中国—阿盟、中国—非盟、中国—中东欧、中国—APEC 等能源合作平台作用，为构建国际能源治理新秩序提供“中国方案”。加强与主要能源国际组织的交流合作，在联合国、二十国集团、亚太经合组织等多边框架下讲好中国能源故事。

2. 加强宣传沟通，构建能源命运共同体

加强能源安全领域的公共外交，充分利用多边机制发挥在气候变化谈判及全球清洁能源等领域的影响力。在对内对外宣传时，应加强“互利共赢”理念的宣传引导，消除其他国家按照现实主义观点对其产生的误读和误解，促进多方位能源合作和公关，化解不利舆论。不断增强国际交流、解决争端和消除误解的能力，特别是要积极适应和融入国际规则，运用国际法律规则进行交流、谈判，解决争端，维护我国国家利益。

3. 加强技术合作，推进能源基础设施互联互通

加强能源技术、装备与工程服务国际合作，深化合作水平，促进重点技术消化、吸收再创新。鼓励以多种方式参与境外重大电力项目，因地制宜积极发展新能源技术，推动可再生能源在世界能源格局中的主导权，积极参与全球资源投资，进行全球布局。加快推进能源合作项目建设，积极推动全球能源互联网建设，推进跨境输电通道建设，积极开展电网升级改造合作，促进“一带一路”沿线国家和地区能源基础设施的互联互通。

4. 突出区域合作重点，完善开放包容、互利共赢合作格局

推动与俄罗斯、蒙古、中亚、西亚、北非地区的全方位战略对接，重点加强石油和可再生能源领域的全面合作，推动油气资源交易，保障能源安全，拓展新能源、可再生能源技术合作。推动与东南亚、西南亚地区能源深度合作，加快油气通道建设，完善跨境输电通道，深化煤炭、天然气贸易和勘探开发合作，助力提升区域能源生产与利用水平，不断丰富能源转型的最佳实践。推动与中东欧等国家的能源合作，加强油气资源开发与新能源科技、产业对接，加大核电“走出去”的力度。加大对北冰洋沿岸及美洲国家等地区非常规油气资源开发利用的投入力度，充分利用资金和技术优势，推动与加拿大在油砂、委内瑞拉在重油、巴西在深海盐下层油气资源方面的合作，拓展非常规能源的合作空间。

参考文献

[1] 中国国际经济交流中心课题组．加强能源国际合作研究[M]．北京：中国经济出版社，2018.

［2］朱雄关．中国与“一带一路”沿线国家能源合作［M］．北京：社会科学文献出版社，2019.

［3］“走出去，引进来”！16+1 合作中国开启国际能源合作新篇章［EB/OL］. http://www. chinaden. cn/news_nr. asp? id=18151&Small_Class=3.

［4］史治斌，朱超，鲁金涛．“一带一路”战略背景下煤炭国际合作探索［J］．煤炭工程，2017，49(11).

［5］张世国，马钰．可再生能源国际合作：成就绿色“一带一路”．［J］．能源评论，2019(5)：70-73.

［6］谢伏瞻，刘雅鸣，等．应对气候变化报告(2018)聚首卡托维兹［M］．北京：社会科学文献出版社，2018.

［7］杨永明．能贯丝路 十年有成［N］．中国电力报，2023-10-18(1).

第十一章　中国农业领域的开放

——结构重构与进程恢复，农业开放任重道远

我国加入 WTO 后，一方面按照承诺大幅降低农产品市场的准入门槛、为国内农业提供较为有限的支持政策、承诺不采取出口补贴措施等；另一方面签订了多个双边或多边区域贸易协定，在农业领域实行了更大程度的开放。随着新冠疫情、俄乌战争、美国对我国遏制以及我国推进“一带一路”开放战略等重大因素的影响，我国农业领域的开放进入新的阶段，表现出新的特征。一方面，随着新冠疫情的结束，各国在农产品贸易和农业领域的合作开始恢复并不断发展，我国的农产品进出口和农业国际投资规模开始上升，我国越发重视农业领域的制度型开放；另一方面，农产品国际贸易的产品结构、国别结构也在进行大幅度的调整，我国与金砖国家、与“一带一路”国家的农产品贸易和合作程度不断提升。我国农业开放主要集中在农产品领域，而资本、服务以及科技等农业领域的国际合作仍相对滞后。要提高 14 亿中国人的生活水平，必须利用好国际和国内两种资源，不断提高我国农业的对外开放与国际合作水平。

一、我国农业开放的现状特点

从农产品进出口、农业领域 FDI 和 OFDI、农业生产资料及科技对外交流情况来看，2022 年我国农业开放保持持续发展势头，新冠疫情、俄乌战争的影响效应逐步弱化，与“一带一路”沿线国家的合作逐渐深化。

（一）农产品进出口的基本特征

2018—2022 年，我国农产品国际贸易延续“大进小出”的基本特征；2021 年、2022 年农产品进口额变化较大，进口增速大幅回落，出口增速增长较快。农产品国际贸易基本完成产品结构、国别结构的重构，我国农产品国际贸易将重回稳定增长轨道。

1. 进出口总额稳定增长

2022 年，我国农产品进出口总额为 3343. 2 亿美元，比 2021 年增长 9. 9%。

2018—2022 年，我国农产品进出口总额基本保持稳定增长，2021 年增速达 23. 2%，2018 年和 2020 年增速保持在 8%左右。我国处于居民膳食结构不断升级的阶段，在农产品消费多样化、高品质化趋势下，农产品进出口将保持稳定增长（见图 11-1）。

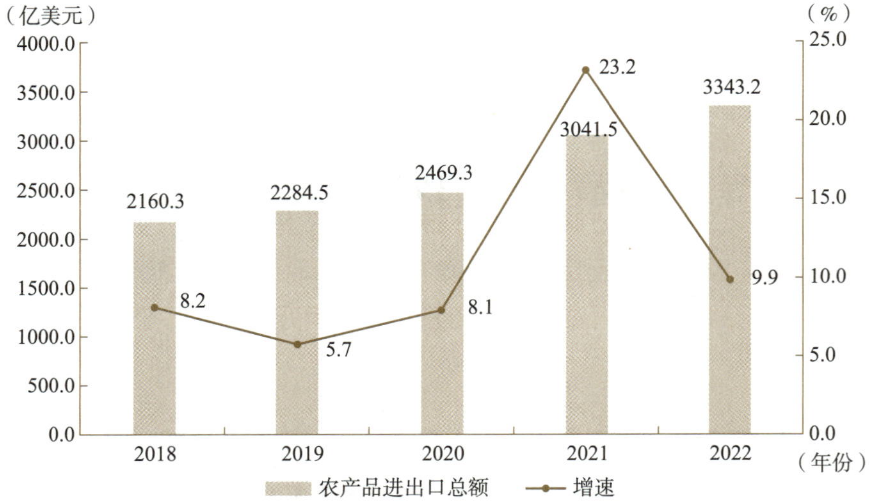

图 11-1　2018—2022 年我国农产品进出口总额及增速

数据来源：商务部数据中心。

2. 进口额增速大幅回落

2022 年，我国农产品进口总额为 2360. 6 亿美元，比 2021 年增长 7. 4%，与 2021 年相比，增速出现大幅回落。2018—2022 年，我国农产品进口额的增速呈现“先增后降”，2021 年增速达 28. 6%，为近 5 年最高，2022 年增速达 7. 4%，为近 5 年最低。近年来，我国实施“主动扩大国内紧缺农产品进口，拓展多元化进口渠道”的农产品进口政策，农产品市场的对外开放程度不断提高（农产品进口关税仅为世界平均水平的 1/4），农产品进口保持稳定增长势头。新冠疫情和汇率成为影响我国农产品进口增速的重要原因，随着新冠疫情结束，预计我国农产品进口将逐步恢复稳定增长趋势（见图 11-2）。

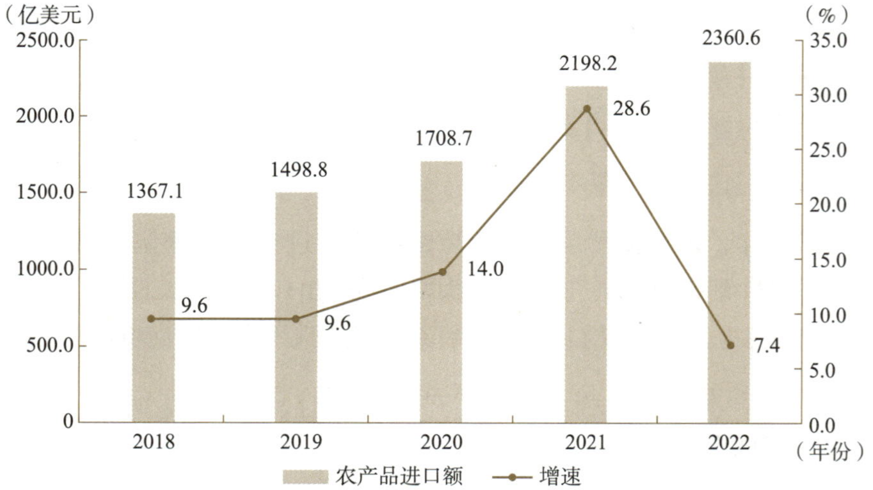

图 11-2　2018—2022 年我国农产品进口额及增速

数据来源：商务部数据中心。

3. 出口额恢复较快增长

2022 年，我国农产品出口额为 982.6 亿美元，比 2021 年增长 16.5%。2018—2022 年，我国农产品出口额呈现“先降后增”，2019 年和 2020 年出口额出现持续、小幅减少，2021 年和 2022 年出口额增长且增速不断提高，2022 年农产品出口额为近 10 年增速最高（2012—2021 年的年均增速为 3.5%）（见图 11-3）。

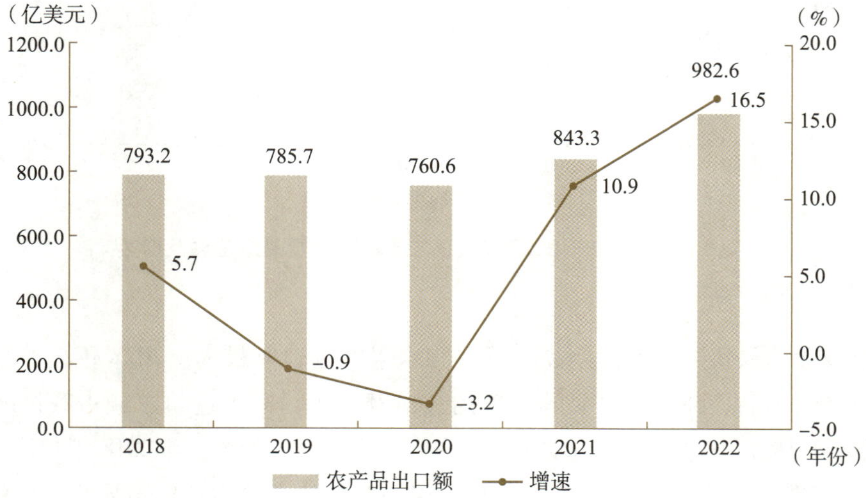

图 11-3　2018—2022 年我国农产品出口额及增速

数据来源：商务部数据中心。

4. 贸易逆差额趋于稳定

2022 年，我国农产品国际贸易逆差额为 1378.0 亿美元，比 2021 年增长 1.7%。2018—2022 年，我国农产品国际贸易逆差不断扩大，2018—2021 年扩大速度加快，2021 年增速超过 40%；2022 年逆差增速急剧下降。我国农业生产面临水、土资源的紧约束，导致农产品出口难以长期保持快速增长。随着农产品国际贸易的国别结构、产品结构完成重构，我国农产品国际贸易逆差将保持在相对稳定的规模（见图 11-4）。

（二）农产品进出口的结构特征

我国农产品进口种类和国别集中，巴西是我国油籽、肉及肉制品的最大进口国；泰国是我国果蔬的最大进口国，且保持较高增速；美国、澳大利亚、阿根廷等国在我国农产品进口中的规模增长较快。我国主要出口果蔬、鱼类等特色农产品，出口市场相对分散，果蔬主要以东南亚和东亚国家（地区）为主，鱼类主要以东亚、东南亚及美国为主。

1. 进口农产品的种类特征

油籽、肉及制品、果蔬是我国进口最多的农产品，谷物、肉及制品、饲料的增长速度相对较快。

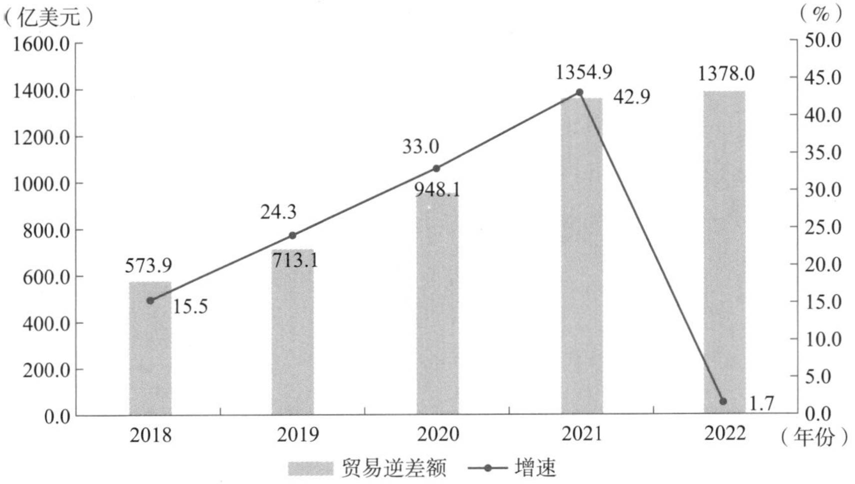

图 11-4　2018—2022 年我国农产品国际贸易逆差额及增速

数据来源：商务部数据中心。

油籽及含油果实、肉及肉制品、蔬菜和水果的进口额最大。2022 年，油籽及含油果实、肉及肉制品、蔬菜及水果等三项的进口额最大，三项进口总额占我国农产品进口总额的 50.5%；其中油籽及含油果实的进口占比达到 27.9%。与 2018 年相比，肉及肉制品的进口额从排名第五上升为第二，鱼、甲壳和软体类动物及其制品的进口额从排名第三下降到第五。

谷物及其制品、肉及肉制品和饲料的进口额增长最快。2022 年，鱼、甲壳和软体类动物及其制品、蔬菜及水果、杂项食品三项进口额增长速度最快，分别增长了 35.2%、9.3%和 10.6%；从 2018—2022 年的增长来看，谷物及其制品、肉及肉制品、饲料的增长幅度最大，年均增长分别为 49.6%、44.6%和 23.6%；2018—2022 年，油籽及含油果实、肉及肉制品、谷物及其制品的增长额最大，分别达到了 241.0 亿美元、197.9 亿美元和 139.6 亿美元。2018—2022 年，基本生活类的农产品进口增长的规模大、增速快；而从 2022 年的情况来看，改善生活类的农产品开始出现更快的增长（见表 11-1）。

表 11-1　2018—2022 年我国进口额前十的农产品　　单位：亿美元

年份 农产品	2018	2019	2020	2021	2022
油籽及含油果实	417.7	384.3	432.9	581.1	658.7
肉及肉制品	110.9	187.4	302.0	313.9	308.8
蔬菜及水果	122.6	148.6	154.7	206.0	225.2
谷物及其制品	70.4	64.2	107.1	214.7	210.0
鱼、甲壳和软体类动物及其制品	119.1	157.5	126.6	141.5	191.3
生橡胶（包括合成橡胶及再生橡胶）	113.0	101.4	106.6	122.1	130.5
杂项食品	92.2	102.0	113.1	114.1	126.2

续表

农产品 \ 年份	2018	2019	2020	2021	2022
植物油脂	72.7	87.1	99.3	133.8	115.1
乳品及蛋品	53.8	60.4	67.4	91.5	88.9
饲料（不包括未碾磨谷物）	43.5	45.4	54.2	73.0	84.5

数据来源：中国海关总署统计月报。

2. 进口主要农产品的国别特征

巴西、美国、阿根廷是我国油籽及肉制品的主要的进口国，进口额排名第一的巴西是排名第二的美国的2倍左右；泰国、智利和越南是我国蔬菜水果进口的主要来源国，进口额排名第一的泰国是排名第二的智利的2倍多。

在油籽类农产品的进口中，巴西占比超过50%，阿根廷超越加拿大。2022年，我国进口油籽类农产品（含子仁、工业或药用植物、饲料）主要来自巴西和美国，来自巴西的进口额达到373.2亿美元，比2021年增长了12.5%，占我国进口油籽类农产品总额的56.7%；来自美国的进口额达到201.0亿美元，比2021年增长了13.0%，占比为30.5%。与2018年相比，来自巴西和美国的进口额分别增长29.4%和161.7%。排名第三位和第四位的是阿根廷和加拿大，阿根廷从6.3亿美元增长到24.6亿美元，增长近3倍，排名从第四位上升到第三位；加拿大从30.7亿美元减少到20.8亿美元，排名下降到第四位。2022年我国从俄罗斯进口油籽类农产品金额为7.3亿美元，增长率为61.9%，排名第五位（见图11-5）。

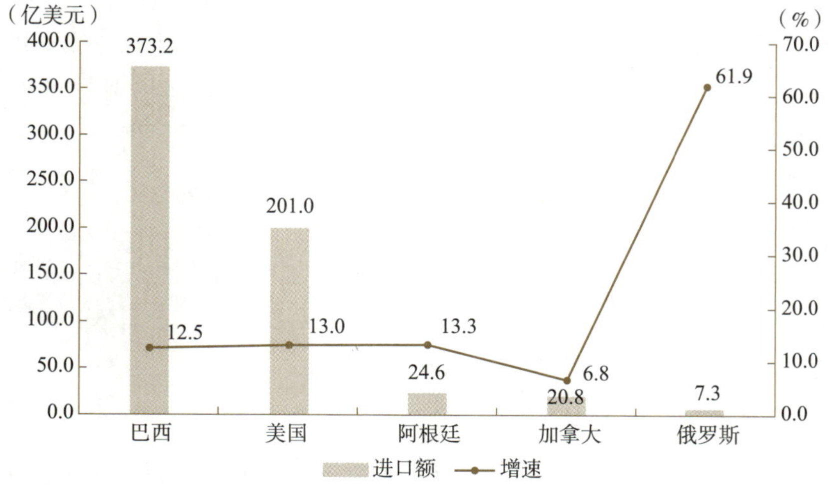

图11-5 2022年油籽类农产品主要进口国家的金额及增速

数据来源：中国海关总署统计月报。

在肉类的进口中，巴西占比超过30%，阿根廷、澳大利亚增长迅速，欧盟国家出现大幅下降。2022年，我国进口的“肉及食用杂碎”主要来自巴西，进口额为

101.2 亿美元，占比 32.8%；美国、阿根廷、新西兰、澳大利亚分别位列第二至第五位，占比在 10%左右，前五位的国家占进口额的近 80%；来自巴西、阿根廷和澳大利亚的进口额增长较快，增速在 20%以上；来自俄罗斯的进口额增长最快，增速达到 36.0%；来自西班牙和荷兰等欧盟国家的进口额出现近 50%的下跌。与 2018 年相比，来自美国、巴西和阿根廷的增长最快，美国的排名从第七位上升至第二位，阿根廷的排名从第四位上升为第三位（见图 11-6）。

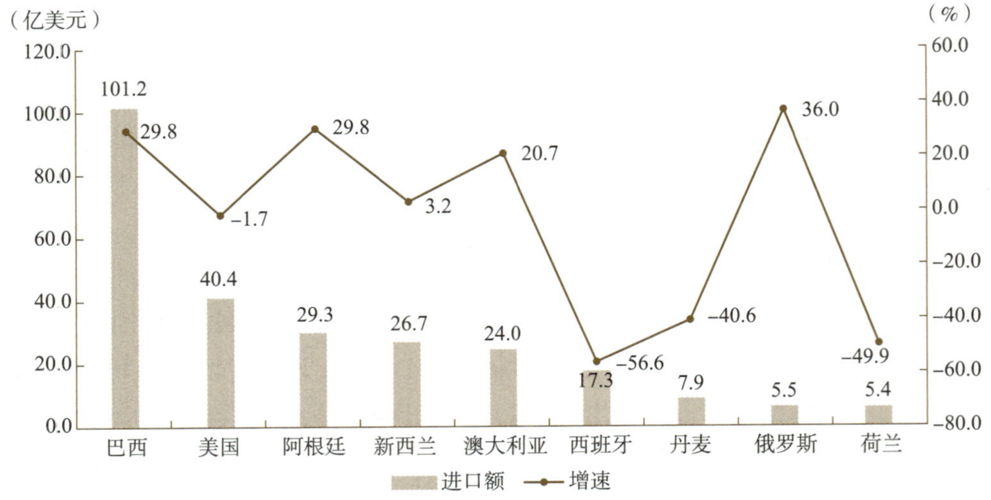

图 11-6　肉及食用杂碎的主要进口国家的金额及增速

数据来源：中国海关总署统计月报。

在蔬菜及水果的进口中，泰国占比超过 1/3，智利排名第二且增长迅速。2022 年，我国进口的蔬菜及水果主要来自泰国、智利、越南等国家，其中来自泰国的进口额为 81.7 亿美元，占蔬菜及水果总进口额的 36.3%；来自智利和越南的进口额分别为 33.6 亿美元和 16.8 亿美元；排名前三国家的进口额占比达到 58.7%。在进口额排名前十位的国家中，来自缅甸、智利和越南的进口额增长最快；来自美国的蔬菜及水果进口额出现大幅下降（见图 11-7）。

2018—2022 年，进口蔬菜及水果金额排名前三的国家未发生变化，其中泰国的年均增速超过了 40%；进口来自美国和菲律宾的金额出现下降，进口来自加拿大和澳大利亚的金额稳定增长；进口来自缅甸的金额增长迅速。

3. 出口农产品的种类特征

蔬菜及水果，鱼、甲壳和软体类动物及其制品是我国出口的主要农产品，占比近 50%，杂项食品、谷物和生橡胶等出口额增长迅速。

蔬菜及水果，鱼、甲壳和软体类动物及其制品的出口额最大。2022 年，我国出口蔬菜及水果，鱼、甲壳和软体类动物及其制品的金额分别为 260.0 亿美元和 220.8 亿美元，占我国农产品出口总额的 48.9%；杂项食品的出口额排在第三位，出口金额为 75.4 亿美元，蔬菜及水果的出口额是杂项食品的 3.4 倍。

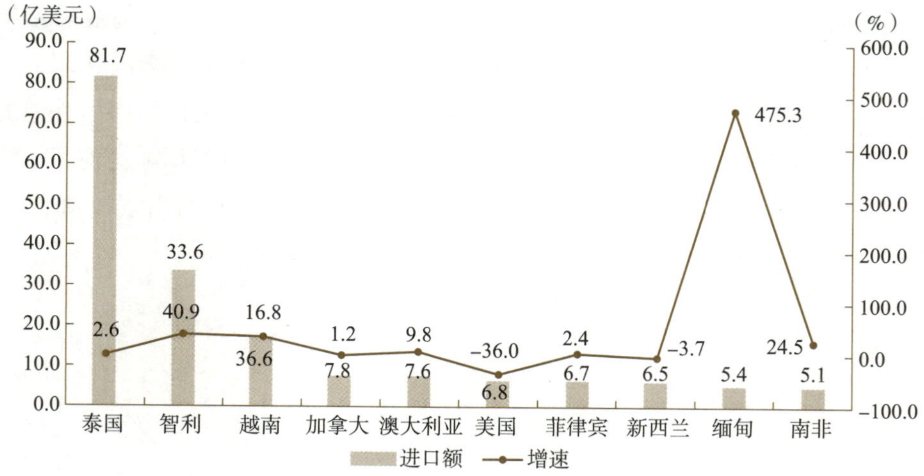

图 11-7　蔬菜及水果进口主要国家的金额及增速

数据来源：中国海关总署统计月报。

杂项食品、谷物及其制品和生橡胶的出口额增长快。与 2021 年相比，2022 年出口额增长最快的分别是鱼、甲壳和软体类动物及其制品，蔬菜及水果，糖、糖制品及蜂蜜，增速分别为 47. 9%、37. 5%和 26. 5%；2022 年与 2018 年相比，出口额增长最快的分别是杂项食品、蔬菜及水果和生橡胶等，增速分别达到了 12. 8%、8. 2%和 120. 0%。杂项食品、生橡胶近几年的出口额增长较快，所占比重不断提升（见表 11-2）。

表 11-2　2018—2022 年我国出口额前十的农产品　单位：亿美元

农产品 \ 年份	2018	2019	2020	2021	2022
蔬菜及水果	240. 4	246. 3	246. 5	250. 6	260. 0
鱼、甲壳和软体类动物及其制品	215. 4	199. 4	183. 4	210. 7	220. 8
杂项食品	47. 9	52. 5	56. 8	69. 0	75. 4
咖啡、茶、可可、调味料及其制品	39. 2	42. 5	45. 5	49. 1	45. 2
饲料（不包括未碾磨谷物）	31. 2	28. 1	29. 2	36. 8	39. 1
糖、糖制品及蜂蜜	23. 5	23. 9	22. 4	24. 9	31. 5
肉及肉制品	28. 3	26. 1	22. 5	25. 6	29. 1
谷物及其制品	20. 4	23. 2	20. 4	22. 6	25. 3
生橡胶（包括合成橡胶及再生橡胶）	8. 5	8. 3	8. 7	16. 2	18. 7
油籽及含油果实	12. 5	12. 9	12. 1	11. 7	13. 3

数据来源：中国海关总署统计月报。

4. 出口主要农产品的国别特征

蔬菜及水果主要出口到越南、中国香港和日本，鱼及水生动物主要出口到日本、美国、韩国和中国香港；我国出口的农产品多为特色农产品、劳动密集型农产品，出口目的地多为东南亚、东亚等国家和地区。

在蔬菜及水果出口中，越南和中国香港的占比在10%左右，对东南亚国家出口下降。2022年，我国蔬菜及水果主要出口到越南、中国香港、日本、泰国和印尼，其中越南的出口额最高为25.9亿美元，占10.0%，下降了12.8%；出口到中国香港的金额为23.8亿美元，占9.2%，下降了3.7%。出口到俄罗斯、韩国和日本实现了较快的增长，分别为23.4%、11.2%和11.0%；出口到印尼、马来西亚的出现下降，分别为-12.7%、-1.7%（见图11-8）。

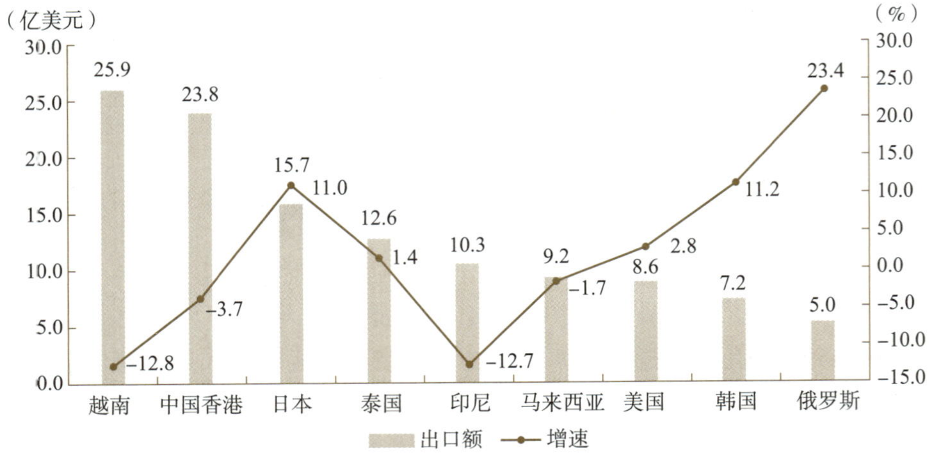

图11-8　蔬菜及水果主要出口国家的金额及增速

数据来源：中国海关总署统计月报。

在鱼及其他水生动物出口中，对日本的出口额最大，对德国的出口额增长最快。2022年，我国对日本出口鱼及其他水生无脊椎动物及制品的出口中，对日本的出口规模为18.5亿美元，占8.4%；对美国、韩国和中国香港的出口额均在10亿美元以上；对德国、美国、英国及中国台湾的出口增速最快在20%左右（见图11-9）。

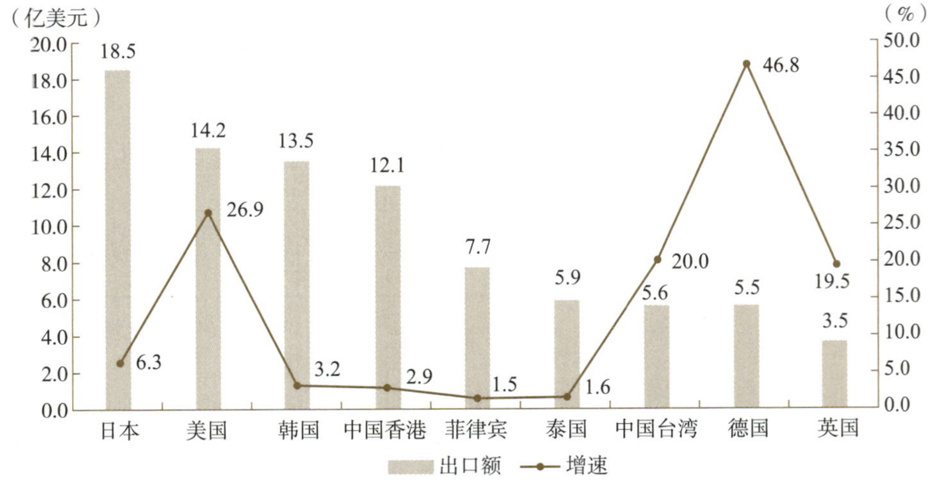

图11-9　鱼及其他无脊椎动物主要出口国家的金额及增速

数据来源：中国海关总署统计月报。

（三）农业国际投资的现状特点

2019 年和 2020 年，我国农业领域的 FDI 和 OFDI 出现不同程度下滑；2022 年农业领域 FDI 快速回升，而农业领域 OFDI 仍未能恢复增长。

1. 农业外商直接投资开始回升

2022 年，我国农业（含农林牧渔业）FDI 为 12. 4 亿美元，比 2021 年增长 49. 4%。2018—2022 年，我国农业 FDI 规模呈现“先降后增”，2018—2019 年从 8 亿美元减少到 5. 6 亿美元，2020 年开始回升，未达到 2016 年 19. 0 亿美元的水平。农业 FDI 占我国 FDI 的比重从 2018 年的 0. 6%上升至 2022 年的 0. 7%，仍低于 2016 年占比超过 1. 0%的水平（见图 11-10）。

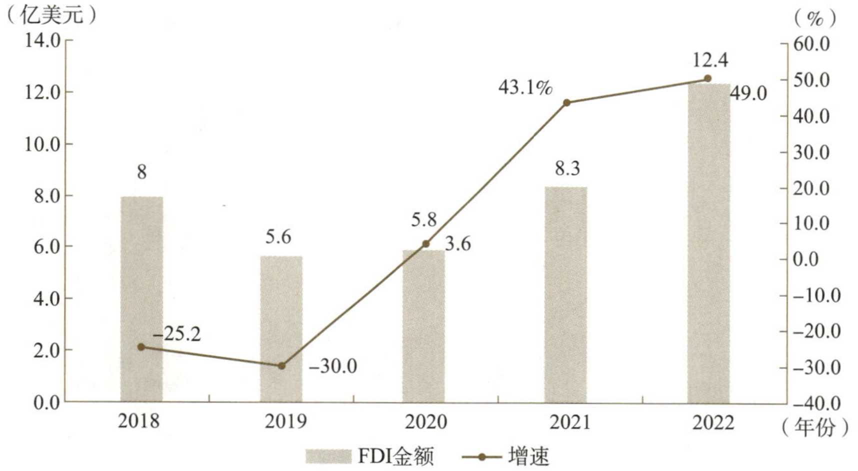

图 11-10　2018—2022 年我国农业 FDI 金额及增速

数据来源：《中国统计年鉴 2022》。

2. 农业对外直接投资不断下降

2021 年，我农业 OFDI 为 9. 3 亿美元，比 2020 年减少 13. 9%；2018—2021 年，我国农业 OFDI 不断下降，从 25. 6 亿美元下降到 9. 3 亿美元，年均降幅超过 20%。我国农业 OFDI 从 2017 年开始下降，至今仍处于下降趋势。农业 OFDI 占 OFDI 的比重从 2018 年的 1. 8%下降至 2021 年的 0. 5%（见图 11-11）。

3. 农业对外直接投资存量下降

2021 年，我国农业 OFDI 存量规模为 188. 2 亿美元，比 2020 年减少 6. 1 亿美元；2020 年和 2021 年，OFDI 分别降低 1. 2%和 3. 1%；农业 OFDI 存量占我国 OFDI 存量的比重从 2018 年的 0. 9%下降至 2021 年的 0. 7%（见图 11-12）。

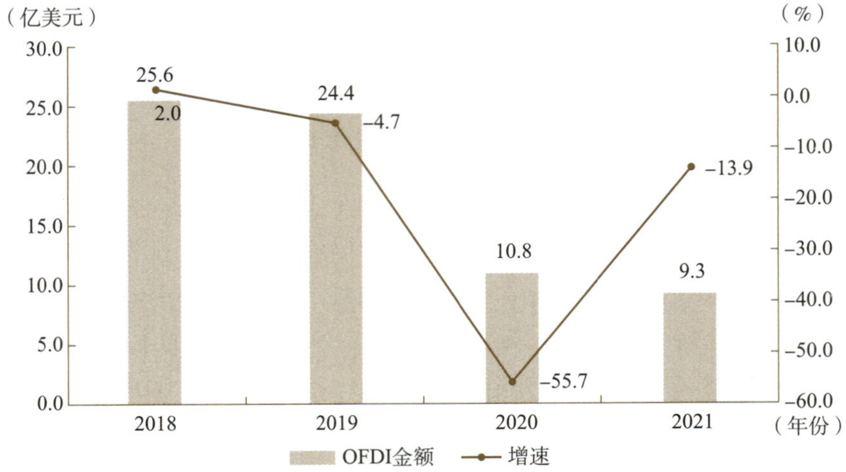

图 11-11　2018—2021 年我国农业 OFDI 规模及增速

数据来源：《中国统计年鉴 2022》。

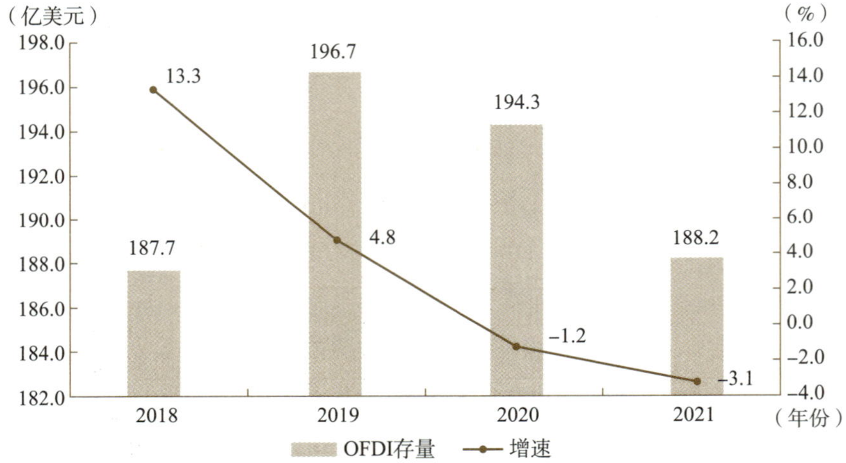

图 11-12　2018—2021 年我国农业 OFDI 存量及增速

数据来源：《中国统计年鉴 2022》。

4. 农业对外直接投资领域相对集中

我国农业 OFDI 主要集中在农业种植业、林业和农资等辅助性行业，三个行业的 OFDI 存量占比超过 80%。截至 2021 年，农林牧渔专业及辅助性行业的存量为 74.3 亿美元，占比 39.5%；农业种植业的存量为 42.9 亿美元，占比 22.8%；林业的存量为 38.4 亿美元，占比 20.4%；渔业和畜牧业的比重较低（见图 11-13）。

5. 农业 OFDI 向共建“一带一路”国家集中

截至 2020 年底，我国境外设立农业企业达到 1010 家，覆盖国别达 108 个。至 2021 年底，我国已经与 86 个“一带一路”共建国家签署 100 余份农业合作协议，与其中一半以上国家建立合作的工作机制；累计在共建国家投资农业项目 820 多个，投资

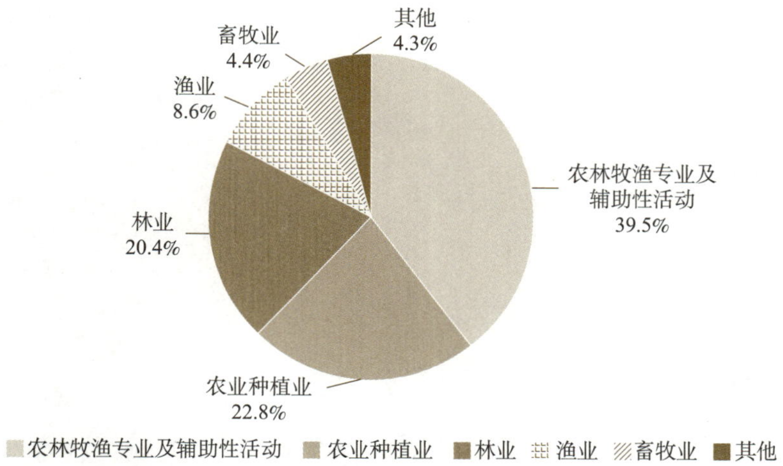

图 11-13　2021 年我国农业 OFDI 存量的产业结构

数据来源：国家统计局。

存量超过 170 亿美元，我国对共建“一带一路”国家的农业 OFDI 存量占比超过 90%。我国与 26 个国家签署 19 个自贸协定，参与世界最大自贸协定 RCEP 的制定。随着国际政治局势和金融环境趋于稳定，我国农业 OFDI 将开始反弹。

（四）农业其他领域的开放情况

农业开放不仅体现在农产品的进出口上，还表现在生产资料、合作机制、科技交流等多个方面，种子以输入为主，而农机、园区开发、科技等以输出为主，且保持稳定发展趋势。

1. 农机出口额小幅下降，保持较大贸易顺差

出口不断增长，贸易顺差扩大。农机作为重要的农业生产资料，其进出口也是农业开放与对外合作的重要组成部分。2019—2022 年，我国农机出口从 42.3 亿美元增长到超过 60 亿美元，基本保持了较快的增长；2022 年的出口额为 63.5 亿美元，出现了 1.2%的下降；我国农机进口金额相对较低且保持稳定增长，2019—2022 年，农机进口额从 7.2 亿美元增长到 9.2 亿美元，年均增速超过 9%；我国农业机械的贸易顺差超过了 50 亿美元，年均增速近 20%（见图 11-14）。

出口以拖拉机为主，进口以收获机为主。2022 年我国出口拖拉机 12.9 万辆，出口金额 8.2 亿美元，增长 17.1%，占农机出口总金额的 12.9%；进口拖拉机 703 辆，进口金额 0.75 亿美元，与 2021 年基本持平，占农机进口总金额的 8.2%。2022 年我国进口收获机 2819 台，进口金额 4.2 亿美元，占我国进口农机总金额的 45.5%（见表 11-3）。

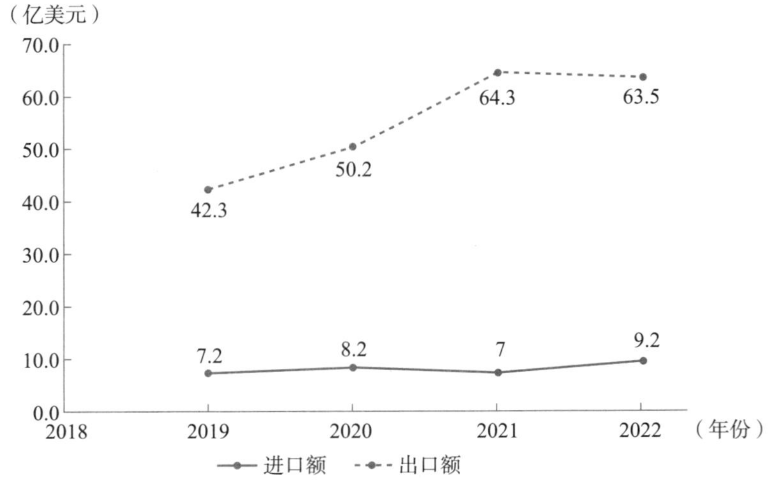

图 11-14　2019—2022 年我国农机进出口

数据来源：海关总署。

表 11-3　2019—2022 年我国农业机械进出口　　单位：亿美元

年份	拖拉机出口		拖拉机进口		收获机进口	
	数量（万辆）	金额	数量（辆）	金额	数量（台）	金额
2022	12.9	8.2	703	0.75	2819	4.2
2021	13.9	7.0	732	0.76	2892	2.7
2020	13.0	4.8	558	0.48	3017	3.6
2019	11.9	4.4	1051	0.9	3596	3.1

主要出口至俄罗斯和印度，进口主要来自欧盟和美国。2022 年，我国出口至俄罗斯、美国和印度的农机产品占比达到 25%，是我国农机出口的主要市场；进口主要来自德国、美国、法国等国家，从德国进口农业机械金额的占比最高，达到 47%。

2. 种子进口额不断增长，贸易逆差持续扩大

种子进出口额稳步上升。2022 年我国种子进口金额约 28 亿元，增长 16.5%；种子出口金额约 10 亿元，增长 12.9%，种子国际贸易逆差约 18 亿元。2022 年，我国从美国、智利和丹麦进口种子的金额最多，分别为 5.7 亿元、4.2 亿元和 2.9 亿元，占种子总进口额的比重分别为 20.2%、15.2% 和 10.3%；我国种子主要出口至荷兰、美国、韩国等国家，出口金额分别为 2.1 亿元、2.0 亿元和 1.6 亿元，占种子总出口额的比重分别为 18.9%、17.9% 和 14.3%。

3. 农业境外合作园区发展迅速

境外农业产业合作园区是政府引导、企业参与的农业国际合作新形式，国内企业到境外国家或地区建设农产品生产、加工、仓储、物流基地，结合所在国的农业资源禀赋，开展农业合作与技术交流，进行农产品种植、生产、加工、出口。2017 年，为

推进“一带一路”建设，农业农村部认定首批10个境外农业合作示范区建设试点；至2019年底，纳入统计的境外经贸合作区有113①个，其中58个属于境外农业合作示范区，43个境外农业合作示范区分布于“一带一路”沿线国家。

4. 农业科技向发展中国家输出

我国通过“一带一路”对沿线国家和发展中国家输出农业科技，对相关国家进行人员培训等，提高了共建国的农业技术水平和粮食安全保障能力。截至2020年底，我国累计与80个国家及21个国际组织签署了543份科技合作文件，获得11个引智示范和国际合作基地认证，初步建成农业科技对外合作体系。我国还向70多个国家和地区派出2000多名农业专家技术员，推广示范了1500余项农业技术②。

二、我国农业开放政策的评估及问题

2014年我国建立对外合作部级联席会议制度，并通过上合组织、金砖国家及RECP等区域合作和自贸协定推进农业的对外开放与合作。我国高度重视粮食安全和农业技术的交流，取消了外商投资负面清单，并鼓励外商投资的领域向农业数字化、农村人居环境等方面扩展。

（一）农业领域的国际合作机制

通过上合组织、金砖国家等，中国建立以区域合作为特征的农业国际合作机制。随着RECP的生效，为我国与区域国家的农业开放与合作提供机制保障。

1. 上合组织农业部长会议

2010年上合组织开始定期召开农业部长会议，专门讨论成员国间的农业合作问题。2010—2023年，上合组织农业部长会议成功举办了8届，签署或发布了一系列农业合作的计划、协议、声明等。上合成员国农业合作的初期主要关注粮食安全问题，2021年之后开始关注农业技术的交流与合作。2022年，上合成员国还提出了智慧农业和农业科技创新等合作构想；2023年提出要利用农业技术交流培训基地开展更加务实的农业科技创新合作（见表11-4）。

表11-4 上合组织历届农业部长会议及内容

会议	年份	地点	内容
第一届	2010	北京	签署《上海合作组织农业部长会议纪要》； 通过《上海合作组织成员国常设农业工作组工作条例》
第二届	2012	阿斯塔纳	通过《〈上海合作组织政府间农业合作协定〉2013—2014年农业合作计划》

① 资料来源：“走出去”导航网——引进来/对外投资/境外投资合作服务平台（investgo.cn）。

② 中华人民共和国农业农村部．农业农村部关于印发《“十四五”农业农村国际合作规划》的通知［EB/OL］．（2022-01-28）．http：//www.moa.gov.cn/govpublc/GJHZS/202201/t20020128_638791z.htm？sid_for_share=95263_3.

续表

会议	年份	地点	内容
第三届	2014	莫斯科	通过《〈上海合作组织政府间农业合作协定〉2015—2016 年农业合作计划》
第四届	2018	比什凯克	通过《上海合作组织粮食安全合作纲要》
第五届	2020	视频会议	通过《〈上海合作组织成员国政府间农业合作协定〉2021—2025 年落实措施计划》和《〈上海合作组织粮食安全合作纲要〉落实计划》
第六届	2021	视频会议	审议《上海合作组织农业技术交流培训示范基地建设构想》和《上海合作组织成员国元首关于粮食安全的联合声明》
第七届	2022	塔什干	通过《上海合作组织成员国智慧农业和农业创新合作构想》
第八届	2023	视频会议	利用上合组织农业技术交流培训示范基地提升合作水平

2. 金砖国家农业部长会议

2010 年，第一届金砖国家农业部长会议召开，金砖国家间开始建立官方的农业合作对话机制。截至 2023 年，已召开过 13 次农业部长会议，金砖国家的农业合作也从粮食安全、农业农村发展逐渐拓展到农业科技合作、农业绿色转型等领域。

2010 年，第一届金砖国家农业部长会议确立了农业信息安全、粮食安全、食物供给、农业科技合作等 4 个主要合作领域；2013—2017 年，金砖国家农业部长会议先后建立起农业工作组联络机制、农业信息交流机制、农业科技合作交流和学术交流机制等合作机制。2022 年，第十二届金砖国家农业部长会议的主题是“深化金砖合作，促进农业农村协同发展”，合作范围从粮食安全合作扩展到农业发展和减贫。在《第十二届金砖国家农业部长会议共同宣言》中，涉及粮食安全、数字农业、农业价值链、农业生物多样性、农业用地保护、农村基础设施建设等合作内容。2023 年，第十三届金砖国家农业部长会议的主题为“加快金砖国家合作，共同促进疫后农业可持续生产”，强调农业合作坚持可持续发展，在绿色农业技术投入、研发和推广等方面加强合作，加快推进农业全面绿色转型，用科技提升农业可持续发展水平。

3. RCEP 对农产品贸易的促进作用

2020 年 11 月 15 日，我国与东盟十国、澳大利亚、新西兰、韩国、日本等共同签署了 RCEP，达成了全球规模最大的自由贸易协定。2022 年，RECP 正式生效。

RCEP 对农产品的关税减让方面，我国对成员国承诺的农产品关税减让比率均在 86%以上，即对 86%以上农产品实行零关税①，承诺最高的关税减让比率达到 92.8%。除日韩和个别最不发达国家外，多数 RCEP 成员国对农产品进口零关税比率在 90%以上。中国和日本首次借由 RCEP 达成农产品关税减让安排，日本六成以上、中国八成以上的农产品将互相取消关税；中国对韩国出口的罗非鱼等多种海水产品，以及从东

① 包含协定生效立即降为零，以及过渡期（10 年、15 年、20 年）降为零的情况。

盟国家进口的香子兰豆、肉桂、丁香、肉豆蔻等大部分调料产品的关税都将降为零。中韩之间、中国与东盟之间针对若干农产品都作出了超出现有双边自贸协定的开放承诺，如柬埔寨的鸡肉、果蔬、面食，缅甸的大米、油、酒，老挝的活鱼、甘蔗、酒等都将对中国开放市场准入。

2022 年是 RCEP 正式生效实施的第一年，中国、泰国、韩国农产品贸易额同比分别增长 10. 2%①、11. 6%、16. 7%；中国与马来西亚、澳大利亚农产品贸易额分别增长 20. 2%、20. 6%；中国与 RCEP 区域农产品贸易额达到 972. 5 亿美元，创历史同期新高，同比增长 15%，较中国与全球农产品贸易额同期增速高 4. 8 个百分点（见表 11-5）。

表 11-5　中国与 RCEP 国家之间农产品关税减让情况

单位：%

国家		中国对 RCEP 税率	RCEP 对中国税率
东南亚国家联盟	文莱	92. 8	96. 3
	柬埔寨		91. 0
	印度尼西亚		93. 3
	老挝		61. 3
	马来西亚		92. 0
	缅甸		65. 0
	菲律宾		88. 8
	新加坡		100
	泰国		81. 0
	越南		91. 5
日本		86. 6	57. 8
韩国		88. 2	62. 6
澳大利亚		91. 5	98. 5
新西兰		92. 0	96. 1

（二）农产品进出口政策

我国对大部分农产品实行自由贸易政策，但是对主要粮食、部分大宗农产品实行进口配额管理。2019 年，我国对《农产品进口关税配额管理暂行办法》（以下简称《暂行办法》）进行了修订，将进口配额管理的农产品从 10 类减少到 7 类，分别为小麦、玉米、大米、食糖、棉花、羊毛及毛条等。2021 年，对《暂行办法》进行了再次修订，但仍旧保留这 7 类农产品的配额管理。在配额规模上，2004—2023 年，商务部和发改委公布的粮食进口配额规模保持一致，其中小麦为 963. 6 万吨，国有贸易比例为 90%；玉米为 720 万吨，国有贸易比例为 60%；等等。进口配额管理主要影响这 7 类有配额的农产品，对其他农产品没有影响。

① 资料来源：商务部专题调研《RCEP 生效实施近一年 农业贸易领域表现亮眼》。

我国对农产品的出口配额主要针对出口到香港、澳门的活猪、活牛、活鸡等农产品，出口数量在部分省份之间进行分配。这种出口配额管理对农产品出口的整体影响不大。

（三）外商对农业投资政策变化

2019 年，《外商投资产业指导目录》更名为《鼓励外商投资产业目录》（以下简称《目录》），2020 年和 2022 年，《目录》经过两次修订后，鼓励投资的领域增加了农业农村基础设施、数字化和环境等方面。

1. 扩大对农业领域投资开放

2019 年对《目录》修订后，增加了绿色、有机蔬菜（含食用菌、西甜瓜）、干鲜果品、茶叶栽培等技术开发、种植和产品生产等；酿酒葡萄育种、种植、生产；啤酒原料育种、种植、生产；高产高效青储饲料专用植物新品种培育及开发；森林资源培育，如速生丰产用材林、竹林、油茶等经济林、珍贵树种用材林等；畜禽标准化规模养殖技术开发与应用等。

2020 年对《目录》修订后，增加了芳香植物的育种、种植，精油的萃取；林下生态种养；种畜禽繁育等。

2. 扩大对农村基础设施开放

2022 年对《目录》修订后，增加了农业相关技术的开发与应用、农村环境整治、农业基础设施、农业数字化和农业服务业等内容。具体包含高效节水灌溉、农田土壤改良及生态治理、盐碱地等耕地后备资源综合利用、绿色农田建设及技术开发与应用；农村环境整治、农村生活污水和垃圾治理、水生态环境治理与修复相关工程建设及技术开发与应用。农产品仓储保鲜冷链物流设施建设。智慧农业（软件技术与装备集成应用，农业生产经营管理数字化改造）。农村电子商务及乡村新型服务业，包括适应农业生产规模化、标准化、机械化的农业生产性服务，以及乡村生活服务。休闲农业和乡村旅游业，休闲观光、农事体验、户外拓展、生态康养、劳动教育实践基地建设。安全高效环保饲料及饲料添加剂（含维生素、蛋氨酸、饲料酶），动物促生长用抗菌药物替代产品开发、生产。

（四）对农业开放政策的评估

我国对农产品进出口、资本流入的开放程度不断提高，鼓励外商投资农业的领域不断扩展。随着国际形势趋于稳定，政策调整的效果将逐渐显现。

1. 农业持续开放，各领域开放程度差异大

总的来看，我国农业领域保持了持续的开放，但在农业国际合作、农产品贸易、农业投资等方面开放程度存在差异。在国家“一带一路”战略推进的大背景下，我国农业“走出去”的步伐进一步加快，国家在金砖国家、上合组织等国际合作平台上持

续推进与区域国家的农业合作。在农产品贸易方面，配额品种和规模没有发生变化，但非配额类农产品的进口持续增长；在农业投资领域，虽然政策更加宽松，但受其他外部因素的影响，引进外资和对外投资的规模都出现了大幅下降。

2. 农产品“引进来”，农业技术持续“走出去”

农产品国内市场的对外开放程度持续提升。在农产品进口政策方面，除了继续实行配额管理的 7 类农产品，全部实行自由进口政策；并且随着 RECP 的生效，我国对许多国家的农产品再次降低关税税率，并大幅提高零关税农产品所占比重。随着“一带一路”战略的持续推进，我国通过上合组织、金砖国家等国际合作，持续推动政府间在农业技术、农业基础设施、可持续发展等方面的交流与合作，包括农业园区、农业研发平台、农业人才交流等不断增加。

3. 政府开放提高，企业开放和合作萎缩

受新冠疫情、战争等外部因素的影响，企业在农业领域进行国际合作的风险增加，收益下降，导致企业的对外投资、技术交流等活动减少。然而，政府层面仍然在持续推进农业领域的国际合作。对我国来说，“一带一路”沿线国家的农业资源丰富，但农业技术水平相对落后与我国形成了良好的互补优势。因此，政府层面的农业国际合作仍然保持了持续发展的态势。

4. 重视粮食安全，非粮食类农产品持续开放

粮食安全是我国农业开放政策的底线和红线。为保障粮食供给规模，防止国外粮食对国内粮食生产的冲击，我国对小麦、玉米、大米等主粮实行进口配额管理，2004—2023 年，进口配额的数量从未改变。此外，我国对非粮食类的农产品持续提高开放程度，RCEP 生效后，我国还将进一步推动农产品国际贸易，降低各类农产品的关税，提高零关税农产品的比重。

三、展望和政策建议

（一）农业开放的态势和展望

随着新冠疫情、俄乌战争的影响效应减弱，农业产品生产、贸易和投资结构逐渐完成重构，我国农业对外开放与合作将再次步入稳定发展的新轨道。

1. 农产品进口将保持相对稳定

随着我国居民收入的提高，居民膳食结构仍将不断升级。在我国对粮食实行配额管理的背景下，仍将加大对水果、肉类、油料等农产品的进口。2022 年 RCEP 生效，我国对东盟、东亚以及澳大利亚等国家实行农作物关税减免，但并未导致农产品进口实现大规模增长，但 RCEP 国家中有我国主要的水果、肉类进口国，因此，我国水果、肉类的进口将保持相对稳定增长。巴西是我国油料农产品的主要进口国，双方在金砖

国家合作体系中有更深的农业合作。然而，受美国对我国政策的影响，对从美国、欧盟等国家进口农产品的规模并不乐观。

2. 对外农业投资将逐渐恢复

自 2017 年以来，我国农业领域的对外投资规模不断下降，特别是在 2020—2021 年的下降幅度较大。受全球经济复苏不稳定和不平衡、地区安全形势恶化、贸易保护主义抬头等多重因素影响，预计在短期内，对外投资仍将面临诸多挑战。我国农业对外投资主要围绕"一带一路"沿线国家，一方面可以缓解国内农业资源压力，降低农产品生产成本，保障国家的农产品供应；另一方面可以促进我国的农业技术和服务出口，推动国内农业产业结构的优化和升级。综合这两方面的影响，今后农业领域的对外投资规模将逐渐回升。

3. 农业科技开放将持续加强

目前，我国已经与 100 余个国家建立农业科技合作关系，以联合实验室、海外农业研究中心、合作基地等为抓手，推动农业科技的"引进来"和"走出去"。我国积极参与涉农国际规则的调整与制定，旨在通过农业科技国际合作，构建公正合理的全球农业治理秩序。今后，我国还将着力提升全球农业科技创新资源整合能力，有效利用全球创新资源，主动参与粮食安全、气候变化、绿色发展等领域的国际科技合作计划。

4. 农业服务贸易将稳步发展

农业领域的服务贸易被视为经贸合作的新模式、农业对外合作的新路径。农业强国往往也是农业服务贸易强国。近年来，中国开始向其他国家出口杂交水稻技术、绿色植保服务、农业无人机及相关服务、农产品储运加工服务等。在数字农业、跨境电商等方面，我国同样具有优势。随着农业对外合作的持续推进，我国将在农资农机、农业技术、加工仓储、流通营销、信息服务等方面提高对外合作水平，实现农业领域的服务贸易走出国门。

（二）进一步开放的政策建议

农业的开放与合作能够提高国家经济发展水平和安全水平。我国农业的开放正在从产品向资金、技术和服务的方向发展，通过"一带一路"及区域合作机制促进农业开放，扩大开放水平，推动农产品、农业技术和资本走向世界。

1. 完善农业"走出去"的顶层设计

顶层设计是农业"走出去"的战略指引和行动指南，是推进农业成功"走出去"的关键。尽管我国在政策体系、工作机制、双边多边合作机制、公共服务体系、合作载体等方面取得了一定成效，但是仍存在支撑服务体系不健全、政策措施落实不到位、政策理解不到位等问题。因此，需要进一步完善我国农业"走出去"的顶层设计。一是从国家层面明确“走出去”的区域和产业布局，将宏观目标落实到具体的区域和产业；二是以重大项目为关键载体，以大型龙头企业为主体，推动顶层设计落地，并在政策、资金、人才和信息服务等方面提供要素保障；三是推进双边多边合作机制，积极参与国际规则制定和投资贸易谈判协商，进一步推动农业开放。

2. 促进我国优势特色农产品出口

我国在畜产品、水产品、水果蔬菜等农产品上得到了国际市场的认可，如全球水产养殖总产量70%以上产自中国，我国茶叶种植规模最大、产量最大、消费量最大、品种最全、历史最悠久。然而，我国优势特色农产品出口比重占总产量的比重低，提高我国特色优势农产品的出口是今后工作的重点之一。一是加强优势农产品出口基地建设，通过财税、金融、保险、通关、贸易综合服务等针对性政策措施向基地集聚；二是充分利用RCEP带来的机遇，促进农产品的快速通关和农产品跨境电商发展，推动优势农产品“走出去”；继续挖掘我国优势农产品，加大国际宣传力度，鼓励和引导农产品出口企业在境外注册商标，申请产品国际质量管理认证，以拓展国际市场。

3. 重点培育外向型农业龙头企业

政府主导的农业对外合作需要更坚实的经济基础。我国以农户为基础的农业生产经营模式不利于对外开放与合作，因此，农业外向型龙头企业成为提升我国农业国际合作的关键因素。一是要努力培育一批有国际影响力的头部龙头企业，引导其统筹利用国内国际两个市场、两种资源，在全球农业重点领域布局育种研发、加工转化、仓储物流、港口码头等设施，融入全球农产品供应链，提升关键产品的产能和技术研发，推动产品和技术服务“走出去”。二是培育一批具有区域特色的龙头企业，引导这些企业与农户、家庭农场、农村集体经济组织等联合发展，组织带领企业参加境内外有影响力的展会、专项优质农产品出口产销对接会等活动，帮助区域优势农产品进入国际市场。

4. 加强对外农业投资的风险防范

对外农业投资是我国资本、技术“走出去”的重要领域，加强对外农业投资风险的防范，既能保障我国对外投资的安全，也能促进对外农业投资的进一步发展。一是加强我国与东道国政府的投资协定谈判，提高东道国政府对我国农业投资的保护，在用地、用工、基础设施、税收等方面明确法律法规，降低政治风险；二是与东道国的国有企业、龙头企业等进行积极合作，弥补我国对所在国家政策、市场等方面的认识不足；三是与发达国家的相关企业进行合作，提高我国资本的竞争力；四是利用好我国在东道国的技术转移平台、产业合作平台及相关合作机制等。

5. 提升粮食安全的国际合作水平

粮食安全是农业开放的基本底线和红线，而粮食安全的国际合作能够提高粮食安全的水平和安全阈值。一是推动绿色农业、循环农业、低碳农业等发展模式，通过技术输出提高合作国的粮食产量，增强粮食整体供给能力；二是拓展多元化粮食进口渠道，扩大粮食进口“朋友圈”，通过分散粮食进口的国家来分散粮食进口的风险，防范化解政治风险和市场风险对粮食安全的影响；三是推动粮食安全公共储备制度，在更大范围内提高粮食安全储备，用于平衡自然因素对粮食产量的波动影响；四是通过“一带一路”基础设施建设的机遇，疏通粮食贸易、物流的通道，提高粮食供应链供给和配送能力。

参考文献

[1] 陈秧分，钱静斐．“十四五”中国农业对外开放：形势、问题与对策[J]．华中农业大学学报(社会科学版)，2021(1)．

[2] 任育锋，佟玉焕，董渤，等．金砖国家农业合作机制进展与展望[J]．中国农业科技导报，2021，23(10)．

[3] 于敏，杨易，姜明伦．农业对外合作顶层设计的重要意义和实现路径[J]．新疆农垦经济，2021(6)．

[4] 李志明，张成，陈曦．我国境外产业园的区位布局和发展现状分析[J]．中国科技资源导刊，2020，52(5)．

[5] 张寒梅．以开放合作维护全球粮食安全与供应链稳定[N]．中国贸易报，2023-12-05(1)．

[6] 冯子璇．中国与 RCEP 国家农产品贸易潜力及贸易政策研究[D]．长春：吉林大学，2023．

[7] 张庆萍，汪晶晶，王瑾．中国与上海合作组织国家农业合作(2001—2020年)[J]．欧亚经济，2022(1)．

[8] 国务院发展研究中心农村经济研究部．农业开放：挑战与应对[M]．北京：中国发展出版社，2020.

第十二章　中国教育文化的开放：“引进来”和“走出去”的转型突破

马朝良

改革开放以来的历史经验显示，教育对外开放是促进教育现代化发展的重要路径，已成为我国对外开放战略的重要组成部分，助力我国加快建设世界重要教育中心。文化市场的不断开放，既使中国消费者有了更多文化产品选择的机会，也扩大了我国文化的国际影响力和竞争力，促进我国文化的发展繁荣。共建“一带一路”倡议实施以来，中国积极加强与共建国家教育、文化等领域的互融互通，极大拓宽了对外开放的深度和广度，逐渐形成了全方位、多层次、宽领域的教育、文化对外开放新格局。近几年，中国在教育和文化领域对外开放中取得了不错的成绩，在新冠疫情和全球数字化转型等背景下，又在“引进来”和“走出去”两个维度呈现了新的特点。本章总结了2020—2023年我国教育和文化领域开放的基本状况和主要特点，对教育开放和文化开放的政策进行了简要评估，对存在的问题进行了剖析，在展望和预测未来进一步高质量开放的基础上，提出了相应的政策建议。

一、2020—2023年教育和文化领域开放现状和特点

随着数字经济的快速发展，不仅改变了大家的生活和生产方式，也为教育和文化领域高质量发展带来了新的驱动力，为国际开放提供了新的方向。同时，这几年新冠疫情对教育和文化的开放也造成了直接影响，教育合作的模式开始转变，数字影视等非直接接触的新型文化业态开始在国际上蓬勃发展，教育和文化的对外开放迎来了新的格局和机遇。

1. 教育领域开放现状和特点

加快和扩大新时代教育对外开放，是教育发展的需要，是国家建设的需要，也是新时代发展的需要。这几年，我国出台了《加快和扩大新时代教育对外开放的意见》等多个支持教育开放的政策文件，在“引进来”和“走出去”方面同时发力，做好中外合作办学和“留学中国”品牌建设，同时积极扩大国际教育合作的“朋友圈”，积极为共建“一带一路”提供有效的教育助力。

（1）教育对外开放政策力度进一步加大

近几年，我国出台了多项支持教育领域开放的政策，并重点针对“一带一路”沿线国家教育对外开放出台了一些针对性措施。

2019 年 2 月，中共中央、国务院印发《中国教育现代化 2035》，明确将“开创教育对外开放新格局”作为推进教育现代化的战略任务之一，强化“一带一路”在教育对外开放和教育现代化建设中的突出地位。2020 年 6 月，教育部等八部门发布《加快和扩大新时代教育对外开放的意见》，要求坚持教育对外开放不动摇，做强“留学中国”品牌，打造“一带一路”教育行动升级版。该文件的出台表明了我国坚持教育对外开放的决心，有力推动了“一带一路”教育国际交流与合作的持续发展。2021 年 12 月，教育部办公厅等四部门印发《高等学校国际学生勤工助学管理办法》，允许国际学生在学校的组织和管理下，利用课余时间通过劳动取得合法报酬，用于改善学习和生活条件。通过优化国际学生在华兼职、实习和就业等政策供给，国际学生就业与居留政策进一步开放，有力提高了来华留学吸引力。2023 年 4 月，教育部与海南省共同印发《境外高等教育机构在海南自由贸易港办学暂行规定》，设计了境外高等教育机构在海南自由贸易港办学的基本规则，标志着“一带一路”教育行动在细分领域的管理机制和措施正在不断完善。

（2）在“引进来”方面重点做好中外合作办学和“留学中国”品牌建设

一是中外合作办学机构和项目数稳步增长，迎来发展机遇。新冠疫情后，我国持续以中外合作办学等方式缓解学生出国学习困难问题，面向出国留学受阻的学生开展相关招生工作。2020 年，教育部共推动 94 个中外合作举办的大学、机构和项目临时扩招，录取 3031 人，为缓解出国留学受阻发挥了积极作用。由于大量外籍教师滞留国外以及教育部原则上不支持、不鼓励跨省异地办学等原因，一小部分高校合作办学项目相继终止。如深圳墨尔本生命健康学院项目，由于新冠疫情的影响，皇家墨尔本理工大学认为无法充分将资源用于深圳项目，最终该项目经合作三方协商于 2021 年 2 月终止。截至 2022 年底，经教育部批准和备案的各层次中外合作办学机构和项目近 2300 个，其中本科以上机构和项目近 1200 个。仅从办学机构来看（见表 12-1），截至 2023 年底，我国共有本科中外合作办学机构 181 个，其中有 10 所中外合作办学机构是具有独立法人资质的高校，这 10 所院校组成中外合作大学联盟，分别是香港中文大学（深圳）、香港科技大学（广州）、宁波诺丁汉大学、西交利物浦大学、昆山杜克大学、上海纽约大学、温州肯恩大学、北师大—港浸大联合国际学院、深圳北理莫斯科大学和广东以色列理工学院。这些学校的建设目标都是建成一支一流的国际化教师团队，均是面向全球进行招聘，多数教师来自港澳台及海外。

表 12-1　我国各地区本科中外合作办学机构数量

地区	机构数量	地区	机构数量	地区	机构数量
江苏	21	北京	8	天津	2
浙江	17	海南	8	湖南	2
上海	16	福建	7	黑龙江	2
山东	16	四川	6	贵州	2
广东	15	河北	6	安徽	1
河南	14	湖北	4	山西	1
辽宁	14	吉林	4	广西	1
陕西	10	重庆	3	甘肃	1

数据来源：教育部中外合作办学监管工作信息平台。

二是来华留学人数新冠疫情期间显著下滑，"留学中国"品牌建设在新阶段遇到挑战。2018 年，中国跃居世界第三大、亚洲第一大留学目的国，仅次于美国和英国。《来华留学生简明统计》数据显示，2000 年我国仅有 5.22 万名来华留学生，而 2018 年来华留学生数量迅速增至 49.22 万名。其中，来华留学自费生占比较大，"留学中国"的品牌建设得到了很多国际学生的认可。然而，2020 年，为进一步推动品牌和质量建设，教育部发布了《关于规范我国高等学校接受国际学生有关工作的通知》，对国际学生进入中国高等院校本专科阶段学习的申请资格进行了调整。但受新冠疫情等因素影响，2019—2021 年的来华留学生人数骤降。根据中国教育科学研究院储朝晖研究统计，2019 年有 48.8 万名注册来华留学生，但受新冠疫情影响，实际来华留学生数只有 17.8 万人；2020 年和 2021 年来华留学生分别为 39.2 万人和 21 万人；尽管 2022 年来华留学生人数增至 44 万人，但仍未恢复到新冠疫情前水平①。

同时，发展中国家和周边亚洲国家仍是来华留学生的主要来源国。根据上海市教育委员会介绍，上海高校学历留学生中 68%来自"一带一路"沿线国家。这一方面反映了来华留学教育的吸引力有待提高，另一方面也体现了国际宣传力度不足。

（3）在"走出去"方面打造多层次、宽领域的教育对外开放格局

一直以来，美国、英国、澳大利亚、加拿大是中国学生的四大主要留学目的国。但近几年受国际地缘政治和新冠疫情等多重因素影响，中国留学生在海外的结构开始发生变化。根据联合国教科文组织（UNESCO）的数据，2021 年中国仍是全球最大的留学生来源国，在海外高等教育机构留学的学生共 1021303 人，但与 2019 年的 1061511 人相比，下降了 3.8%，降幅明显。在美欧等地教育资源开放有所受限的情况下，我国积极同共建"一带一路"国家在教育领域互联互通，并取得了显著成效。根

① 储朝晖．中国可以成为其他国家的留学向往地吗？[EB/OL]．(2023-09-12)．https：//mp. weixin. qq. com/s/HEDXniP42ujYfTPyBRd0Fg.

据教育部统计，截至 2022 年 9 月，我国同 181 个建交国普遍开展了教育合作与交流，与 58 个国家和地区签署了学历学位互认协议。

一是中国赴美留学人数连续三年下降。近几年，中国留学生在选择专业方向受到美澳等目的国签证政策和新冠疫情等多重因素影响。2018 年 6 月，美国限制部分 STEM 专业中国留学生的签证。2020 年 5 月，特朗普签署“PP10043”禁令——《禁止部分中国留学生和研究人员入境》，禁止与国防有关的中国学生获得 F 或 J-1 签证。2020 年 7 月，美国入境与海关执法局发布通告称，2020 年秋季学期的外国留学生如果仅上网课，将无法取得赴美签证或维持当前签证。在 2020/2021 学年之前，中国赴美留学生年增长率一直高于全球赴美留学生增长率。然而，在 2020/2021 学年，中国在美留学生十年来首次出现负增长，并自此之后连续三年下降。尽管 2020/2021 学年中国在美留学生人数下降，但新冠疫情导致全球留学生人数普遍下降，中国留学生反而是近年来占美国留学生比例最高的一年。2022/2023 学年，中国在美留学生人数为 289526 人，虽仍位居第一，但总人数和占比均已大幅下降，和 2019/2020 学年的峰值相比下降了 22.3%（见图 12-1）。

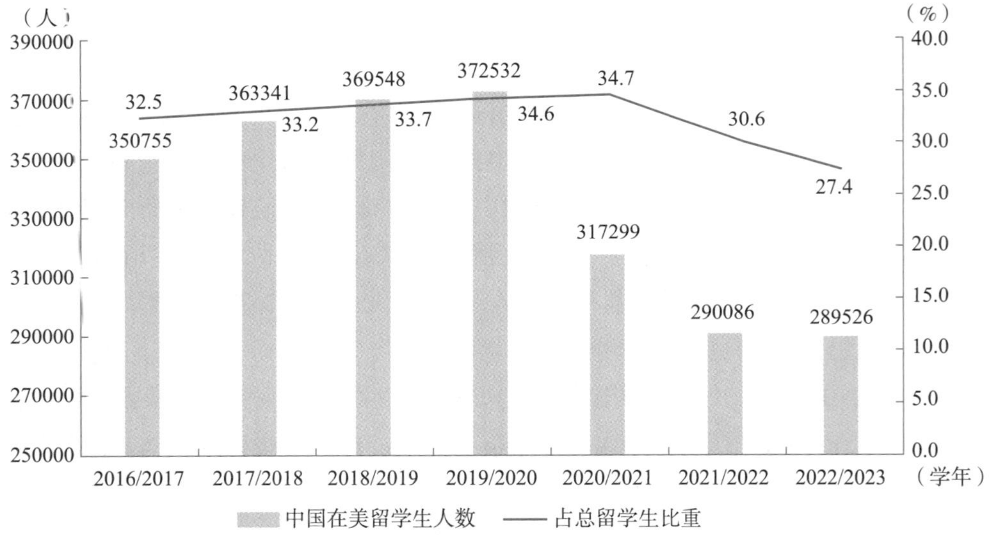

图 12-1 2016—2023 学年中国在美留学生人数及比重

数据来源：历年美国门户开放报告。

二是中国赴澳、英等国留学人数有所波动后整体呈增长趋势。2020 年 6 月，教育部发布留学预警，提醒中国学生做好风险评估，谨慎选择赴澳学习。2022 年 7 月，澳大利亚留学生签证新增条款，禁止留学生就读澳大利亚关键技术相关的专业。新冠疫情之后，中国赴澳留学人数连续两年大幅下降，2020 年和 2021 年的降幅分别达到 10% 和 12%。然而，2022 年澳大利亚留学生数量明显复苏，全年共有 61.9 万名国际学生在澳大利亚接受教育，其中中国内地学生共有 15.6 万人，占比达到 25%。

英国高等教育统计局（HESA）数据显示，自 2017 年中国前往英国留学的人数突破 10 万人之后，近几年一直保持增长趋势。2021/2022 学年，有 679970 名国际学生在英国攻读学位，来自中国的留学生共有 151690 人，占比 22.3%（见图 12-2）。

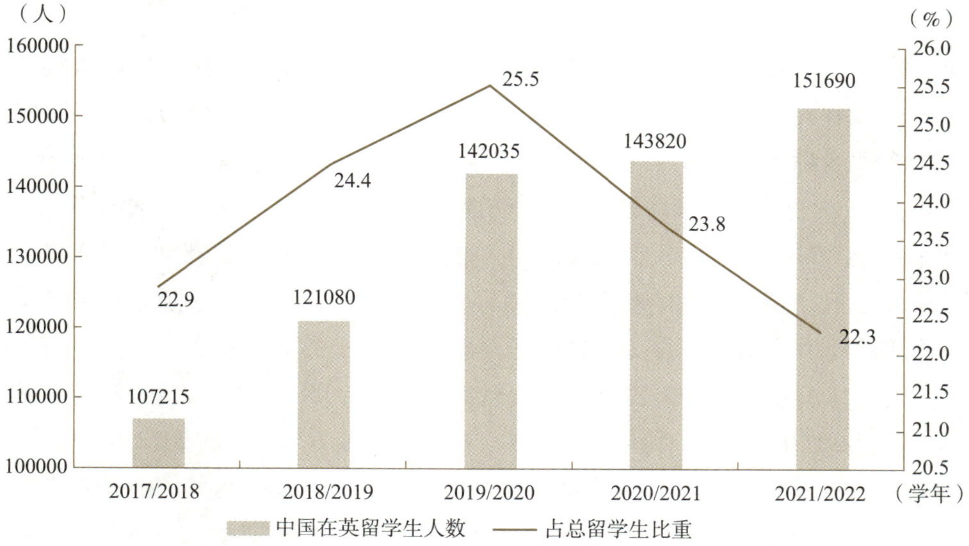

图 12-2 2017—2022 学年中国在英留学生人数及比重

数据来源：英国高等教育统计局。

三是中国与中东欧、东盟等"一带一路"沿线国家的教育国际合作"朋友圈"加快扩大。中国—中东欧高校联合会于 2014 年成立，截至 2022 年底成员高校已达到 300 所，中东欧方成员高校共有 37 所。2022 年 11 月，中国—中东欧国家职业院校产教联盟成立，2023 年 4 月被中国外交部列入中国—中东欧国家合作框架，成为全国职教领域首个被列入合作框架的多边合作平台。联盟首批中外成员单位 113 家，来自中东欧国家的有 57 家，占比 50.9%，显现出双边的积极性。2023 年 11 月，中国（宁波）—匈牙利（布达佩斯）教育合作交流会暨中国—中东欧国家职业院校产教联盟校企合作论坛在埃杜图什大学召开，这也是联盟成立以来第一次在中东欧国家举办的会议。截至 2022 年底，教育部认定的运行中的中东欧国家合作办学项目和机构达到 30 个，这既是中国与中东欧国家合作深化的体现，也为因新冠疫情等原因难以前往美国交流学习的学生提供了更多选择。在海外校区建设方面，2021 年 4 月，复旦大学与匈牙利政府签署战略合作协议，共建复旦大学匈牙利校区。

在"一带一路"倡议下，中国—东盟教育深度合作逐渐展开，已形成高等教育集群、职业教育和语言教育联动发展的格局。2020 年 11 月，我国外交部在《落实中国—东盟面向和平与繁荣的战略伙伴关系联合宣言的行动计划（2021—2025）》中明确提出"推进技术和职业教育培训等教育机构的交流"。2022 年 8 月，第三届中国—东盟教育部长圆桌会议以视频方式举行，通过了成果文件《共建友好家园—中国东盟教育合作发展愿景与行动（2020—2030）》，明确了双方教育领域下阶段的重点合作方向。数据显示①，截至2022年底，中国已累计培训东盟国家技术和科技管理骨干1300多名，双方互派留学生人数超过20万人，中国高校开设了东盟10国官方语言专业，以深化与中盟国家的教育合作。

四是孔子学院经历波折后实现转型突破。孔子学院自成立以来一直是教育对外开放的一个重要窗口。截至2019年底，全球共有550所孔子学院。作为传播中国软实力的重要途径，美欧等国对孔子学院一直抱有偏见，近几年陆续关停了一些孔子学院。2020年，孔子学院进行了管理模式、运行机制的调整。2020年6月，国内27家高校、企业及社会组织联合发起的民间公益组织“中国国际中文教育基金会”正式成立，作为孔子学院、孔子课堂品牌的统筹管理和运营方，主要负责孔子学院、孔子课堂品牌的整体管理和运作，募集资金为全球孔子学院的发展提供支持和服务。主要受新冠疫情因素影响，全球孔子学院和课堂学员数在2020年和2021年连续下降，注册学员分别降至120万人和105万人。在线上线下融合教学以及多方努力下，2022年全球孔子学院和孔子课堂注册学员总数达到150万人，同比增长48.51%。根据孔子学院官网数据，截至2022年底，全球共有492所孔子学院和819个孔子课堂，分布在160个国家和地区。其中，欧洲、亚洲分别有184所、137所孔子学院，美洲、非洲和大洋洲分别有88所、64所和19所孔子学院。

（4）积极参与全球教育治理

党的十八大以来，我国在全球教育治理中的角色由被动的接受者和参与者向建设者和引领者转变，在全球教育治理中的影响力逐渐提升。近几年，我国与联合国教科文组织合作举办高级别国际会议，为世界教育、科学、文化、信息传播事业的发展注入生机活力。2019年，国际人工智能与教育大会在北京举办，来自全球100多个国家、10余个国际组织的约500位代表汇聚一堂，共同探讨全球教育的未来发展之路，并通过了成果文件《北京共识》。2021年，第44届世界遗产大会在福建福州举办，这是中国第二次承办世界遗产大会，也是中国在文化和自然遗产保护领域承办的最高规格的国际会议。

我国还深入参与联合国教科文组织重大倡议、重要议程、重点计划，深入参与《开放式教育资源建议书》《开放科学建议书》《人工智能伦理建议书》等重要国际规则的制定工作。截至2022年底，我国有13个城市入选联合国教科文组织创意城市网络，10个城市加入全球学习型城市网络，向世界展现了中国城市文化的创新活力。

2. 文化领域开放现状和特点

近几年，文化建设的战略高度进一步提升，国家也对文化对外开放和文化出海提

---

① 赵申洪．东博会20年带来什么［N］．学习时报，2023-09-22（2）．

出了更多要求。随着数字技术的快速发展和广泛应用，对外文化贸易这几年发展迅速，以网络文学、数字游戏等为代表的新型文化业态在海外市场表现出强劲的增长力，正在成为我国文化开放的重要力量和文化贸易发展的新增长点。

（1）文化对外开放政策支持力度加大

文化建设上升至国家战略发展的新布局，支持文化出海和文化开放的政策陆续出台。党的十九届五中全会强调，"十四五"期间要繁荣发展文化事业和文化产业，提高国家文化软实力，并提出到2035年建成文化强国的战略。党的二十大报告从国家发展、民族复兴的高度出发，提出了"推进文化自信自强，铸就社会主义文化新辉煌"的重大任务，就"繁荣发展文化事业和文化产业"作出部署安排。

2021年4月，国家发展改革委和商务部印发《关于支持海南自由贸易港建设放宽市场准入若干特别措施的意见》，强调促进文化领域准入放宽，推动全国、"一带一路"沿线国家乃至全球最优质的文化演艺行业的表演、创作、资本、科技等各类资源向海南聚集，将海南打造成社会主义文化强国开放、包容、自信的新窗口，还强调鼓励网络游戏产业发展，并探索将国产网络游戏试点审批权下放至海南。2021年10月，商务部、中央宣传部等17部门发布《关于支持国家文化出口基地高质量发展若干措施的通知》，积极推进国家文化出口基地的提质扩容增效工作。通过发挥基地的主动性和创造性，以及基地所在省市的统筹协调作用和部门合力，营造良好发展环境，推动文化出口基地建设和文化贸易的高质量发展。据《国家文化出口基地发展报告2022》显示，2021年29家国家文化出口基地的出口额超过167.7亿美元，占我国总体对外文化贸易出口额的11%以上。2022年7月，商务部等27部门联合印发《关于推进对外文化贸易高质量发展的意见》，围绕深化文化领域改革开放、激活创新发展新动能、激发市场主体发展活力、拓展合作渠道网络、加强组织保障等方面，提出了积极探索高水平开放路径、大力发展数字文化贸易、健全文化贸易合作机制、提升便利化水平等28项具体任务举措。

对外文化贸易步入提质升级阶段。近年来，我国文化产品进出口规模连续多年居世界第一，来自中国的出版物、电视剧、游戏、动漫以及各种设计、广告等受到越来越多国家大众的喜爱。自2016年开始，我国对外文化贸易额快速增长，在2021年首次突破2000亿美元大关，并在2022年超过2200亿美元，同比增长约11%。其中，文化产品进出口额增速明显，除2020年因新冠疫情影响增速略有下降外，近几年均保持较高增速。2022年，文化产品进出口额达到1803亿美元，同比增长15.7%，文化服务进出口额也达到414亿美元。自2016年以来，中国文化产品出口额在进出口总额中的占比保持在90%左右，相对较为稳定。从产品类别来看，文化产品进出口结构较为稳定。2021年文化产品进出口总额中，文化用品占比达到52.9%，工艺美术品及收藏品、文化专用设备、出版物分别占比31.38%、12.00%和3.69%（见图12-3）。

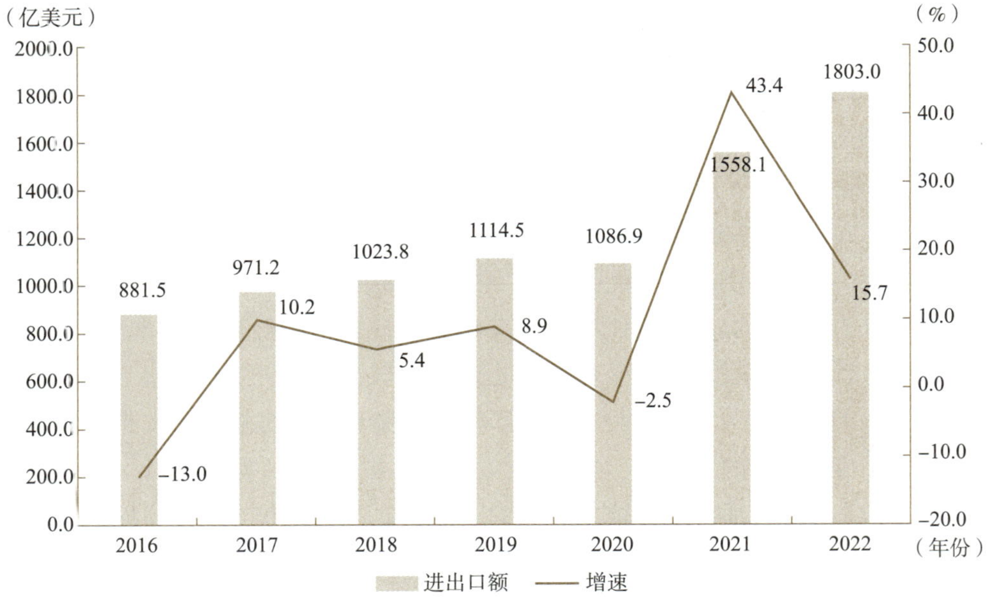

图 12-3　2016—2022 年中国文化产品进出口额及增速

数据来源：商务部。

2023 年是“一带一路”倡议提出的 10 周年，中国文化产品在“一带一路”的推动下积极走出国门。《文化贸易蓝皮书：中国国际文化贸易发展报告（2023）》指出，我国在全球市场文化创意产品进出口贸易额中的占比总体呈上升态势，出口总额接近 4 成。近年来，中国对非洲、大洋洲、拉丁美洲等其他地区的出口占比不断增加，其中对中东欧国家的文化进出口占文化贸易总额的份额从 2012 年的 1.34%升至 2021 年的 2.07%，增长明显。2023 年 12 月，中国沉浸式光影艺术展在加拿大开幕，这标志着中国出品已跻身世界级水准，并得到了海外市场的广泛认可。

（2）数字文化贸易成为对外开放的增长点

数字文化贸易成为“一带一路”合作的新亮点。近几年，可数字化的文化服务显现明显的增长趋势，影视剧、网络游戏、网络文学、短视频等数字产品成为数字文化贸易发展的新亮点。2023 年前三季度，数字文化服务进出口额达到 324.2 亿美元，同比增长 3.3%。

在影视剧方面，影视文化积极“出海”，拓展中国影响力。《2023 中国剧集发展报告》显示，2022 年我国电视剧出口达到 803 部次、14 万集，越来越多国剧走向世界荧屏。除登陆各国电视台外，中国影视剧传播还通过自建平台（如 iQIYI 和 WeTV 等）以及与国际主要互联网平台合作（如 YouTube、Viki、Netflix、Hulu）等方式进行海外传播。《山海情》在全球 50 多个国家和地区播放，《人世间》在摄制阶段就被迪士尼买入版权，国产原创综艺《声入人心》与美国 CAA 平台合作，为海外观众了解中国提供了窗口。《中国数字贸易发展报告 2022》显示，华语影视作品在东南亚市场的份额从

2019 年不足 4%已上升至 2022 年的 10%，超过日本，和美国、韩国的差距也在显著缩小。

中国以网络文学的方式向海外读者讲述中国文化故事。"一带一路"沿线国家对中国网络文学平台给予高度重视，中国网文"出海"版图涵括亚洲、非洲、北美洲、南美洲和大洋洲，多元化传播持续推进。中国网络文学海外传播的主要形式有实体书出版、IP 改编传播、在线翻译、海外本土化传播等，为中国文化海外传播积累了宝贵经验。据《2021 年中国网络文学出海报告》统计，2019 年中国网文"出海"市场规模达 4. 6 亿元，2020 年在商业模式稳定和新冠疫情期间居家模式的影响下，宅家经济兴起，网文"出海"市场规模达 11. 3 亿元，2021 年网文海外市场营收规模更是达到 29. 1 亿元，海外用户规模近 1. 8 亿。《中国网络文学亚洲传播报告》显示，2022 年中国网络文学出海市场规模突破 30 亿元，累计向海外输出网文作品 16000 余部，海外用户覆盖 200 多个国家。从区域分布看，2022 年中国网络文学在亚洲市场的规模约占全球市场的 55%，其中东南亚约占 38%。以起点国际为例，截至 2022 年底，起点国际已上线约 2900 部中国网络文学的翻译作品，网文"出海"吸引约 1. 7 亿访问用户，4 年间增长了 8. 5 倍。

在网络游戏领域，海外游戏市场以发达国家为主，正逐渐从蓝海转变为红海。在全球游戏市场移动化趋势明显的背景下，中国游戏公司在研发和运营上具有先发优势，推出大量头部移动游戏产品，"出海"收入规模持续增长，从 2019 年的 116 亿美元增至 2023 年的 163. 66 亿美元。然而，随着海外市场开始出现诸多有力竞争者，2023 年海外市场收入同比下降 5. 65%，继 2022 年后再次出现下降。我国自主研发游戏海外市场以发达国家为主，这些成熟市场的游戏用户基数庞大、用户付费能力相对较强，是中国游戏厂商出海的主要市场。《2023 年中国游戏出海研究报告》显示，2023 年中国移动游戏出海收入占比最高的三个国家分别是美国、日本和韩国，占比分别为 32. 51%、18. 87%和 8. 18%。中国音数协游戏工委开展的文化调研报告显示，84%的中国游戏企业在角色设计中借鉴了传统人物，98%的企业在设计中采用了中华传统文化要素。通过传统文化与游戏结合，传递了中华传统文化中的真善美，让全球玩家了解了中国人文、地理、历史乃至哲学文化内容。例如，上海米哈游网络科技股份有限公司制作的《原神》富含中国文化元素的场景、音乐和剧情，在多个海外市场销售稳居第一（见图 12-4）。

短视频平台成为传播好中国声音的"扩音器"，助力中国文化输出。在数字化媒体融合的浪潮下，新媒体平台在文化输出中的作用日益凸显。《关于支持国家文化出口基地高质量发展若干措施的通知》强调支持基地加强与海外新媒体平台合作，积极拓展企业出海新通道，鼓励开办专属频道、专属栏目，利用点播分成、保底分成等方式拓展销售渠道；鼓励有条件的企业建设覆盖全球的新媒体平台，助推优质文化内容"走出去"。字节跳动旗下的 Tik Tok 和快手的 Snack Video 等平台已相继进入海外市场，拥

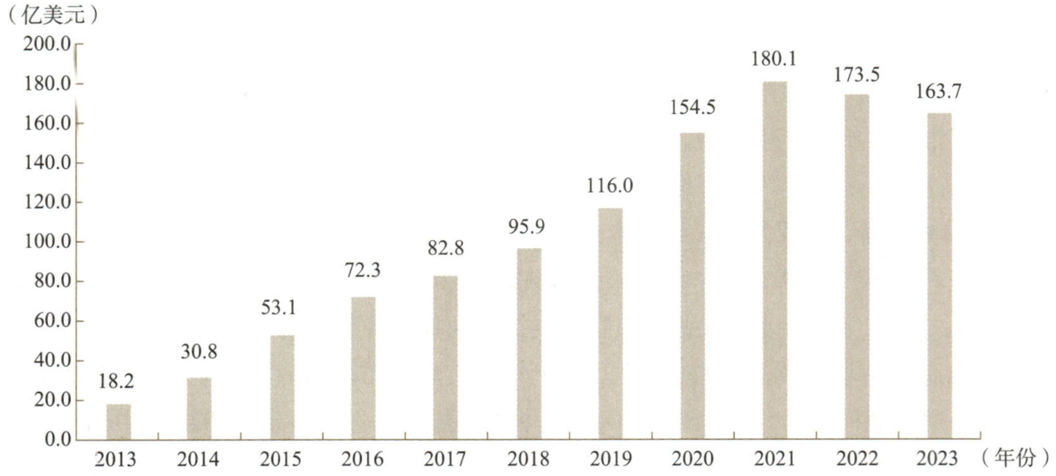

图 12-4　2013—2023 年中国自研游戏海外市场收入规模

数据来源：历年中国网络游戏市场年度报告。

有了一定的市场份额。中国时尚快装品牌 SHEIN 成为全美 2023 年增长最快的品牌之一，形成了新的竞争局面。目前 Tik Tok 的业务主要集中在东南亚、美国和英国，东南亚 GMV（总交易额）已超过 130 亿美元，东南亚市场正处在高速增长中。这些新媒体海外平台上有许多涵盖中国流行文化、风土人情、生活等方面的视频，让中国传统文化快速传播到世界各地，让海外大众看到了一个和他们在当地媒体电视、脸书和推特等平台上看到的完全不同的真实中国，帮助全球用户走出信息茧房，展现了中国的文化魅力，在讲好中国故事、传播好中国声音等方面起到了重要作用。

二、展望和政策建议

面对日趋多元、复杂与不确定的全球化时代，加快中国教育、文化与国际互动交往显得尤为重要。要充分利用“一带一路”沿线国家的合作基础和优势，把握数字化发展的大机遇，在对外开放互动中呈现教育和文化的多样性，在多样中推进国际合作。

1. 把握教育合作大势，促进沿线国家教育相通

一是把握合作大势，着眼“一带一路”沿线国家的长远布局。虽然中国与“一带一路”沿线国家的教育合作力度不断加大，但和很多沿线国家在高等教育合作方面还存在空白，中东欧国家参与的高校数量相对较少，如与捷克、斯洛伐克、斯洛文尼亚等高水平高等教育资源国家缺少有效合作机制。建议持续扩大“一带一路”国家高等教育相关主体参与的数量和规模，打造合作共同体。落实学科领域的合作项目，将教育合作落实到具体的机构、学术团体，提升参与主体的获得感。在推进高等教育学历学位互认等方面，建立合作项目的保障机制，促进中国与“一带一路”沿线国家高等教育合作的可持续发展。

二是做大"留学中国"品牌，做好来华留学提质增效工作。从规模发展向提质增效转变，推进"留学中国"品牌建设。以来华留学促进吸引、培养国际优秀人才，加快培养知华、友华，以及致力于中外友好事业的人才。加强中国教育的对外宣传，拓展外国学生对华了解渠道。发挥来华留学人员和外籍教师的宣介作用，增强国际对中华文化、中国模式的认同。发挥高等教育国际传播独特优势，讲好中国故事、传播中国经验、发出中国声音，增强我国教育的国际影响力和话语权。

2. 把握数字化新机遇，构筑文化强国竞争优势

一是积极利用数字技术赋能文化开放。近几年，人工智能技术（AI）在文化、体育、传媒、制造等领域广泛应用，取得了诸多突破。元宇宙、数字藏品、虚拟人等新兴文化消费市场已逐渐形成，对文化产业产生了颠覆性影响。文化产业数字化进程加快，依托"互联网+"的文化新业态不断出现并发展迅猛，已成为文化产业新的增长点。以冬奥冰墩墩为代表的国潮成为走向世界的文化顶流 IP，展现了新时期文化传播的生动范例。应引导文化产业和数字技术深度融合，以数字技术创新传播优秀传统文化，推动中国文化在不同文化语境中被喜爱、被接纳。

二是加强国际传播能力和传播平台建设。2023 年第十九届中国（深圳）国际文化产业博览交易会共有 50 个国家和地区、超 300 家海外展商线上线下参展，海外参展商的数量和质量已恢复至疫情前最好水平，展现出海外对我国文化市场仍有较大的需求。应巩固拓展交流品牌，持续推进中外文化的广泛交流工作，搭建更多国际文化交流平台，打造文化"引进来"样板平台。同时，还应拓展文化传播渠道，推进国际传播平台建设，培育壮大高水平国际传播主体，提升内容产品的国际影响力竞争力，实现国际传播和国际贸易的双丰收。

三是在开放中筑牢文化安全底线。文化越开放，越需要增强文化安全意识，筑牢文化发展的安全屏障。国家文化安全是国家安全的重要组成部分，是文化建设中不可忽略的一环。新技术的快速迭代和应用加大了文化治理的难度，同时也对维护国家文化安全带来了全新挑战。要处理好文化开放与文化安全的辩证关系，在文化开放中维护国家文化安全。

第十三章　中国医疗卫生开放：推动国际抗疫合作，构建人类卫生健康共同体

近年来，我国高度重视全球卫生合作，致力于推动构建人类卫生健康共同体，和世界卫生组织等国际组织保持着良好且务实的合作关系。新冠疫情期间，我国采取了一系列务实举措，包括及时发布新冠疫情信息、积极回应各方关切、加强与国际社会合作、向其他国家和地区提供援助等，为全球抗疫作出了巨大贡献。同时，我国持续向其他发展中国家大规模无偿派遣医疗队。此外，还陆续出台并实施一系列政策，旨在吸引和支持外资来华投资发展，进一步推进医疗健康领域的开放与发展。

一、积极参与全球医疗卫生治理

当前，和平、发展、合作、共赢的历史潮流不可阻挡，维护全球公共卫生安全、促进可持续发展已成为世界各国的共同追求。2020 年 3 月，习近平总书记首次提出“打造人类卫生健康共同体”，并积极采取措施全力推动，这充分体现了中国对于维护全球公共卫生安全、增进人类健康福祉以及维护世界繁荣发展的担当和决心。

（一）提出构建人类卫生健康共同体的重大倡议

2017 年，习近平总书记历史性访问世界卫生组织总部并会见陈冯富珍总干事，共同见证了《中华人民共和国政府和世界卫生组织关于“一带一路”卫生领域合作的谅解备忘录》等协议的签署。2019 年 6 月，习近平总书记在致博鳌亚洲论坛全球健康论坛大会开幕的贺信中说，人人享有健康是全人类的共同愿景，也是共建人类命运共同体的重要组成部分。2020 年 3 月，习近平总书记在就新冠疫情致法国总统的慰问电中首次提出“打造人类卫生健康共同体”的倡议。2020 年 5 月，习近平总书记出席第 73 届世界卫生大会并发表致辞，站在构建人类卫生健康共同体的高度，深刻阐述了中国主张，提出了构建人类卫生健康共同体的重大倡议。这一倡议对于提振全球抗疫信心、推进国际抗疫合作、完善全球治理体系具有重要的现实意义和深远的历史意义。2022 年 4 月，习近平总书记在向青蒿素问世 50 周年暨助力共建人类卫生健康共同体国际论坛致贺信时指出，中国积极向全球推广应用青蒿素，挽救了全球，特别是发展中国家数百万人的生命。对于中国为全球疟疾防治做出的贡献，美国盖茨基金会联席主

席比尔·盖茨评价道："中国持续开展科学研究改进疾病监测，维持资金投入，建立合作网络，使医生、科学家和政府官员协作取得战胜疟疾的最终胜利。因此，中国目前的本土疟疾病例数为零。中国已经向世界展示了，当一个国家决心改善其人民的健康时能够取得的成就。"

（二）和世界卫生组织等国际组织保持良好合作

党的十八大以来，我国大力支持世界卫生组织在全球卫生领域的领导与协调作用，积极参与全球卫生治理，与世界卫生组织开展了医改、疾病防控等领域合作，实施了数十个政策研究和试点项目，并支持人员参加世界卫生组织的全球卫生培训。目前，我国已与 160 多个国家和国际组织签署了卫生合作协议，并发起和参与中国—非洲国家、中国—阿拉伯国家卫生合作等 9 个国际和区域卫生合作机制，与共建国家持续加强传染性疾病的联防联控合作。我国还积极参与和主办了多场国际会议，如 2016 年与世界卫生组织共同成功举办的第九届全球健康促进大会，通过了《上海宣言》和《健康城市上海共识》，在健康促进领域留下了中国的深刻印记。我国还在世界卫生大会期间举办了卫生体系、健康扶贫、疟疾消除、人口与发展等多场主题边会，积极分享中国卫生健康发展的成效和经验。在世界卫生组织平台主推通过基本药物、传统医药、儿童安全用药、癫痫等多项决议，支持中方专家参加世界卫生组织技术会议，为全球卫生健康事业贡献中国智慧。

二、为全球抗疫贡献"中国方案"

近年来，世纪新冠疫情与百年变局相互交织，国际格局发生深刻调整。面对新冠疫情挑战，我国始终坚持人类命运共同体的理念，积极推动国际抗疫合作，为全球抗疫贡献中国智慧和力量。

（一）积极采取国际抗疫行动

2020 年 1 月，在中国国内新冠疫情严峻时刻，习近平总书记作出重要指示："要及时发布新冠疫情信息，深化国际合作。"之后，习近平总书记在多个场合、通过多种方式，提出"积极回应各方关切""加强与国际社会合作""向其他出现新冠疫情扩散的国家和地区提供力所能及的援助"等主张。中国以务实行动为全球抗疫作出了重大贡献，具体表现在以下几个方面：首先，作为世界上人口最多的国家，中国在新冠疫情暴发后迅速采取有力措施，有效控制了新冠疫情的传播，这一成就本身便具有重要意义。其次，作为全球重要的生产大国，中国在控制新冠疫情后迅速恢复生产，为全球抗疫提供了必要的物资和新冠疫苗。再次，中国还通过多种渠道与各方分享新冠疫情相关信息和抗疫经验，为其他国家提供了重要参考。最后，在世界卫生组织面临美国"退约""断供"威胁的困难时期，中国坚定支持世界卫生组织发挥积极作用，展现了负责任大国的担当。

“中国人民为全人类作出了贡献”。联合国秘书长古特雷斯由衷感叹。巴基斯坦总理伊姆兰·汗表示：“没有任何国家可以做得比中国更好。”2020年，我国向全球120多个国家和国际组织提供了超过21亿剂疫苗，为全球新冠疫情防控做出了巨大贡献，也为弥合各国之间的“免疫鸿沟”确保全球公共卫生安全采取了实际行动。全面落实二十国集团的“暂缓最贫困国家债务偿付倡议”，总额超过13亿美元，成为二十国集团成员中落实缓债金额最大的国家。这些举措充分体现了我国在全球新冠疫情防控和经济复苏中的责任担当。我国不仅与国际社会共同抗击新冠疫情，还在此过程中与世界各国结下了深厚情谊。

（二）促进全球卫生事业惠及更多人

面对新冠疫情，习近平总书记多次向世界阐明中国积极参与全球抗疫的立场，发出凝聚全球合力抗击新冠疫情的倡议：“新冠疫情没有国界，世界各国是休戚与共的命运共同体。”“国际社会必须树立人类命运共同体意识，守望相助，携手应对风险挑战，共建美好地球家园。”“让我们携起手来，让多边主义火炬照亮人类前行之路，向着构建人类命运共同体不断迈进！”我国应对现实挑战、着眼未来发展的正确路径和深邃思考，在世界范围内引发强烈认同和广泛共鸣。世界卫生组织总干事谭德塞表示：“中国正在做的事情是正确的。这就是我们要团结——团结，团结，还是团结。”美国库恩基金会主席罗伯特·劳伦斯·库恩说：“人类命运共同体理念富有远见、内涵深刻，在各国抗疫的当下，它为世界提供了急需的新思维方式，传达了希望。”

基于人类命运共同体理念，中国进一步倡导构建人类卫生健康命运共同体。在此框架下，“一带一路”合作更为突出健康、绿色和数字化元素，使相关理念在抗击新冠疫情中得到了具体和深入的落实。这充分展现了中国对国际社会理念性公共产品的贡献。中国坚决支持联合国和世界卫生组织等多边机构，与非盟、上合组织和东盟等区域性组织紧密合作，推动全球疫苗的公平合理分配，再次展现了其在制度性公共产品方面的支持。中国提出的构建人类卫生健康共同体的理念，强调各国医疗信息的共享和资源的公平分配，旨在推动各国均衡、普惠的发展，并建立互助互惠的互动模式，为国际秩序的平稳演进提供了有力支撑。此外，这一理念也为完善国际协调沟通机制提供了新的思路。作为惠及大多数国家的理念，它充分体现了中国对发展中国家利益的关注和重视。在抗击新冠疫情的国际合作中，中国理念逐渐成为国际共识，为全球治理增添了鲜明的底色。

三、积极开展医疗卫生对外帮扶

构建人类卫生健康共同体，援外医疗就是生动体现。我国是世界唯一长期无偿向其他发展中国家大规模派遣医疗队的国家，中国援外医疗队派遣是我国持续时间最长、派遣规模最大、实施效果最好的援助项目之一，在人类医疗卫生合作史上树立了典范。

同时，我国积极与其他国家开展信息共享、人才交流和项目合作，特别是“一带一路”沿线国家，通过制定相关政策与规划持续对接健康战略，加快推进医疗行业开放步伐。

（一）长期无偿向其他发展中国家大规模派遣医疗队

援外医疗是构建人类卫生健康共同体的生动体现。我国向发展中国家派遣医疗队，是毛泽东、周恩来等老一辈无产阶级革命家亲自开创的伟大事业，是一项具有中国特色的社会主义援助方式，是我国国际合作和外交的一块金字招牌，为推进人类和平与发展的崇高事业作出了巨大贡献，赢得国际社会的广泛赞誉。

2023 年 2 月 9 日，习近平总书记在给援中非中国医疗队队员的回信中，对援外医疗 60 年的工作成绩给予了充分肯定，并为新时代援外医疗工作指明了前进方向、提供了根本遵循。回信中写道：“你们在中非克服工作生活上的困难，用心服务当地民众，既是救死扶伤的白衣天使，也是传递情谊的友好使者。”当看到回信的内容后，许多仍在开展援助工作的中国医疗队队员热泪盈眶。“在工作当中经常会遇到一些困难。比如，停电是经常的事，停电以后只能靠应急电源和手电筒继续手术。为应对停水，就自备桶装水，在外部先清洁洗手，再用消毒液洗手后开展工作。医疗器械不足时，在保证安全和有效的情况下，用其他一些办法替代。”2022 年，北京积水潭医院副院长、第 27 批援几内亚中国医疗队队长赵兴山在新闻发布会上介绍援外经验时表示，医疗援助专业性比较强，每支医疗队离开时都会留下知识和医疗器械，以提高当地医疗水平。我国在海外的一些医疗队还利用针灸、拔罐、推拿等传统中医手段，充分发挥中医药“简便廉验”的优势，让受援国民众切实感受到良好的疗效，赢得了他们的信任。

据统计，开展援外医疗 60 年来，中国共派遣援外医疗队员 3 万人次，诊治患者 2.9 亿人次，极大提高了受援国的医疗技术水平，培养了当地医疗人员 10 万余人，留下了一支支“带不走的医疗队”。先后有 50 余名医疗队员牺牲在异国他乡，超过 2000 人次荣获受援国国家级荣誉。中国长期向其他发展中国家派遣医疗队，开展卫生援助，为医疗卫生国际合作作出贡献，深受受援国政府和民众的欢迎。

（二）加强医疗卫生国际合作与帮扶

在过去的 10 年里，我国与全球各国和国际组织进行了深入的务实合作，在周边国家实施了一系列疟疾、登革热防控和妇幼卫生等实际合作项目。同时，我国也不断向有需求国家派遣中国医疗队，与非洲 41 个国家的 46 家医院建立了对口合作关系。在超过 30 个国家，我国开展了白内障复明和心脏病手术的义诊活动，累计治疗了超过 2200 万名患者，成功挽救了无数生命，有 2000 余名医疗队员获得了国家级荣誉。

1. 努力维护全球卫生安全

我国建立了公共卫生合作网络、热带医学联盟、包虫病防治联盟等平台，加强了和有关国家在传染病防控方面的合作。我国还派遣了公共卫生专家赴西非、菲律宾、尼泊尔等国开展新冠疫情防控和自然灾害紧急医学救援，和有关国家携手共同抗击新冠疫情。在中国，疟疾已经被消除，然而疟疾仍是非洲面临的主要公共卫生问题。世界卫生组织发布的《2022年世界疟疾报告》显示，2021年，全球约95%的疟疾病例发生在非洲，造成约59.3万人死亡，占全球死亡病例数的96%。自2000年以来，世界卫生组织把青蒿素类药物作为首选抗疟药物。以屠呦呦为代表的中国科学家经过大量实验，从中草药中发现并提取出青蒿素，成功挽救了全球数千万名疟疾患者的生命，加速了全球疟疾控制和消除的进程。立足于自身的成功经验，中国积极支持非洲、亚洲等地的发展中国家开展疟疾防控，通过技术培训班和现场示范项目等方式，通过分享中国经验，推进国际抗疟合作。

2. 我国对接了各方卫生发展战略

中国建立医学人才培养联盟、医院合作联盟、卫生政策研究网络等，同时开展中国—东盟“健康丝绸之路”人才培养计划，为相关国家培养卫生专业人才。中国医疗队赴巴基斯坦、柬埔寨、苏丹、牙买加等国帮助治疗当地的白内障患者和先心病儿童，多次赴南太岛国开展义诊，与湄公河流域国家、中亚、蒙古等周边国家开展跨境医疗合作服务。在埃博拉、黄热病、寨卡病毒、鼠疫等新冠疫情暴发后，中国向有关国家提供紧急援助，帮助抗击新冠疫情。

3. 继续推动卫生创新合作

结合我国重大新药创制、艾滋病和病毒性肝炎等科技专项，深化与相关国家科研机构在重大新药创制和疾病防治等领域的联合研究和技术攻关；建立健康产业可持续发展联盟，提高相关国家健康服务的可及性和可负担性。新冠疫情暴露出各国在公共卫生体系建设中存在不足，我国积极推动全球医疗合作，加强公共卫生体系建设。我国积极与世界卫生组织开展合作，通过建立30个中非对口医院合作机制、加快建设非洲疾控中心总部等举措，帮助广大发展中国家，特别是非洲国家筑牢公共卫生防线，提高突发公共卫生事件应急响应速度和疾病防控能力。

（三）持续优化创新援外医疗服务

2018—2022年，中国援外医疗队5年累计派出近3600名队员，为956万人次患者开展医疗服务，疑难复杂、高水平手术明显增多，巡诊义诊次数不断增加。援外医疗队数量、质量持续提升，医疗队员高级职称占比近50%，36~45岁中青年队员占比超过50%。我国持续优化援外医疗队的管理，提升援外工作的能力和效率，援外医疗从输血式援助转向可持续造血式援助，逐渐形成以医疗队为基础，临床医疗和公共卫生双轮驱动，创新项目、医院物资、能力建设、人员与技术交流多点开花的全方位、立体式格局。

1. 持续提供医疗服务与医疗培训

我国向有需要的发展中国家派出医疗队，服务受援国患者千万人次，开展近千次巡诊义诊活动，有超过2000人次援外医疗队员荣获中外方国家级荣誉，多国国家元首和政府首脑亲自授勋，有的国家元首亲自到医疗队的驻地慰问我们医疗队员。加强交流培训，通过开展手术施教、专业培训讲座、疑难会诊，双方深度参与合作交流。通过邀请受援国医护人员以及管理人员、临床骨干来华学习进修，培养了一批具有良好的中文交流能力以及医疗技术能力专业突出的医护人员。

2. 推动中外医院对口合作，推进当地重点学科建设

目前，我国和41个国家的46家医院建立了对口合作的关系，支持心脏、重症医学等重点专科中心建设，帮助受援国提升医疗服务能力。比如，以前坦桑尼亚许多心脏病患者只能到海外就医，现在经过我们和坦方多年的合作努力，他们能够在当地的中方援建医院看病，甚至周边邻国的许多病患也慕名前来中国援建的医院看病。医疗队还通过推进重点学科建设，提升当地诊疗水平。医疗队在当地开展了一些新的手术，如人工髋关节置换术、断肢保肢手术、巨脾切除术等，还有心肌梗死溶栓等新的项目。几内亚新生儿和儿童脑积水发病率比较高，医疗队同当地医护人员一起优化手术流程，提高手术安全性，成功完成了100多例脑积水手术，其中最小的患儿仅两周大，受到了当地百姓的高度认可。我国还会依托远程医疗平台，进行协同会诊、远程手术指导、远程医学培训和远程新冠疫情应对指导等，以助力医院重点学科建设、人才培养和信息化水平提升。

3. 不断拓展公共卫生合作

从2014年起，我们援非抗击埃博拉，协助多国防控黄热病、鼠疫、寨卡等疫情。我们还支持非洲疾控中心建设，与坦桑尼亚、科摩罗等国和国际组织共同实施疟疾、血吸虫病等公共卫生合作项目，开展抗疫国际合作，为维护全球卫生安全做出贡献。西非埃博拉新冠疫情暴发后，中国第一时间向13个非洲国家提供了5轮、累计1.2亿美元的紧急人道主义物资援助，向几内亚等疫区国家派出近1200名医护人员和公共卫生专家，累计留观诊疗相关病例900多例，检测样本近9000份，培训医护人员1.3万人次。在最危难的时刻，中国医护人员和专家同非洲人民患难与共，谱写了中非患难与共的感人篇章。中国还为埃博拉疫区援建了实验室、治疗中心等10余个项目，其中利比里亚治疗中心从开工到竣工仅用了20余天，中国—塞拉利昂实验室被塞拉利昂卫生部指定为“病毒性出血热国家参比实验室”以及“国家生物安全培训基地”。

四、吸引国际资本投资医疗领域

我国医疗市场逐步扩大，近年来吸引了大批外国资本，特别是中东资本，投资我国医疗卫生领域。一方面，外资在二级市场买入医药股票，成为上市公司的重要股东，据Choice数据，截至2023年上半年，中东两大主权基金阿布达比投资局和科威特投资局共计出现在62家上市公司前10大流通股股东名单中，二者合计持股市值超过137亿元。另一方面，外资在一级市场与医药企业展开战略合作，共同开发新技术、新产品、

新市场。我国也出台了一系列政策举措，鼓励外资来华投资。

（一）保障医疗产品市场公平开放

促进市场开放和公平竞争，让外资企业看到更多市场机遇、坚定本土发展信心。保障进口产品依法依规参与医疗机构采购、招投标等，完善政府采购进口医疗产品审核流程、规则及标准。优化医疗产品采购政策，探索建立以满足患者多样化医疗需求、提高多层次医疗服务质量为导向，符合行业特点，平等向国产和进口产品开放的采购模式。2018 年，在改革开放 40 周年之际，首届中国国际进口博览会成功举办，这是中国为推动新一轮高水平对外开放作出的重大决策，也是中国主动向世界开放市场的重大举措。同年，中国开始全面铺开负面清单管理制度，不断缩减外资准入负面清单，呈现越来越开放的态势。举办 5 年来，中国国际进口博览会作为承载高水平开放的重要载体，每年吸引着更多跨国药企的汇聚，最新研发产品的亮相吸引了全球的目光，已成为构建更高水平开放型经济新体制的窗口。

（二）支持外资企业加大在华布局力度

开放吸引了更多跨国药企全方位加入中国市场跨国药企在中国的布局从最初的上海、天津、杭州、苏州、广州等沿海城市，深入到西部腹地的长沙、武汉、成都、西安等城市。在中国投资的领域也从以前的市场和生产，延伸到了研发环节。跨国药企的进入，为中国健康事业带来了技术、管理、人才、设备等全方位的新鲜血液。随着制药行业推行的 GMP 认证逐渐完善，中国制药行业准入标准提高，一大批设备落后、管理水平差的药企退出市场，中国药品生产进入规范化管理时代，公众用药安全越来越有保障。同时，随着药监和审评审批与国际标准的同步，中国开始具备服务全球医药市场的实力。此外，我国还鼓励外资企业开展数字化诊疗产品研发创新，支持个体化医疗发展。细化完善产业领域数据开放应用的相关管理规范和要求，便利外资企业合规使用数据资源开发创新产品及诊疗方案。建立和优化数字化诊疗产品的注册上市、专利审批、物价申报等流程，确保数字化产品能够快速上市和应用

（三）持续推进政策及监管的创新

我国致力于打造便利外资企业本土研发创新的监管政策环境。建立外资企业以生产流程监测为目的使用本土生物样本资源的申报审批程序，研究便利境外专利持有人加速专利申请的相关措施，继续优化进口药械注册管理办法，加速国外先进产品技术落地中国市场。积极推进创新政策在自贸试验区、海南自贸港等开放平台的先行先试，积极开展压力测试，允许在美、欧、日等国家和地区已经上市但未获中国批准注册的、少量临床急需的药品先行先用。依托乐城先行区真实世界数据应用试点工作的特殊通道，如今已有 8 个国际创新药械产品加速在华获批上市，引进使用的未在国内上市的创新药械已达 200 余种，基本实现医疗技术、装备、药品与国际先进水平的“三同

步”。世界排名前30强的药械企业均已与乐城先行区展开直接合作。

依托超大规模市场优势，通过深化开放创新合作的政策环境，促进高水平对外开放与合作，中国将进一步稳定外资在华投资经营积极性，以高水平利用外资推动生物医药产业创新及医疗行业的高质量发展。

第三部分

中国区域的开放

第十四章　长江三角洲开放：一体化开放合作新篇章

2019年12月，中共中央、国务院印发了《长江三角洲区域一体化发展规划纲要》，确定了长江三角洲区域范围为上海市、江苏省、浙江省、安徽省全域，总面积为35.8万平方千米，并以上海市，江苏省的南京、无锡、常州、苏州、南通、扬州、镇江、盐城、泰州，浙江省的杭州、宁波、温州、湖州、嘉兴、绍兴、金华、舟山、台州，安徽省的合肥、芜湖、马鞍山、铜陵、安庆、滁州、池州、宣城27个城市为中心区（面积为22.5万平方千米），辐射带动长三角地区高质量发展。长江三角洲（以下简称长三角）地区是我国经济发展最活跃、开放程度最高、创新能力最强的区域之一，在国家现代化建设全局和全方位开放格局中具有举足轻重的战略地位。在世界经济复苏乏力、全球贸易整体表现低迷、外需疲弱的背景下，2022—2023年我国的高水平对外开放虽然取得了一定的突破，但也面临较大的挑战和不确定性。如何增强对外开放新动能，通过高水平对外开放营造新的生产关系，促进新质生产力发展，长三角地区的实践对全国高水平开放意义重大。

一、数据：长三角地区开放型经济回暖显现

（一）外贸进出口规模保持增长，上海、江苏压力较大

面对多轮新冠疫情冲击，2022年长三角区域货物和服务进出口规模仍然保持增长态势，全年货物进出口总额为15.07万亿元，同比增长6.82%，增速较2021年同期（18.9%）有所回落，占全国比重为35.8%，较2021年同期占比（42.8%）有所下降。全年服务进出口总额超过2.5万亿元，占全国比重的42.8%。2022年长三角三省一市顶住了压力，进出口总值依然占全国的1/3，是全国外贸重要的压舱石。

表14-1　2017—2022年长江三角洲地区外贸依存度

年份	上海市	同比增长（%）	江苏省	同比增长（%）	浙江省	同比增长（%）	安徽省	同比增长（%）	长三角	同比增长（%）
2017	105.24	3.47	46.46	4.43	49.46	5.26	13.4	9.66	51.9	3.99
2018	104.07	-1.11	47.31	1.83	50.75	2.61	13.89	3.66	52.25	0.67

续表

年份	上海市	同比增长（%）	江苏省	同比增长（%）	浙江省	同比增长（%）	安徽省	同比增长（%）	长三角	同比增长（%）
2019	89. 23	-14. 26	43. 97	-7. 06	49. 37	-2. 72	12. 87	-7. 35	47. 86	-8. 40
2020	89. 99	0. 85	43. 29	-1. 56	52. 31	5. 95	22. 50	74. 86	49. 84	4. 13
2021	93. 97	4. 42	44. 80	3. 50	56. 34	7. 71	16. 26	-27. 75	51. 18	2. 69
2022	93. 84	-0. 14	44. 32	-1. 08	60. 24	6. 92	16. 72	2. 83	51. 91	1. 44

数据来源：根据江苏、浙江、安徽、上海等各省（直辖市）统计局相关数据汇总。

外贸依存度方面，2022 年长三角地区外贸依存度为 51. 91，在 2021 年基础上（51. 18）呈现小幅回升，但增速有所回落，显示出外贸进出口压力较大（见表 14-1）。从区域来看，上海市和江苏省外贸依存度双双下降，浙江和安徽两地情况相对较好，呈现一定的增长态势。自 2017 年以来，上海市、江苏省外贸依存度总体处于下降态势，浙江省处于明显的上升态势，安徽省则呈现缓慢的上升态势（见图 14-1）。

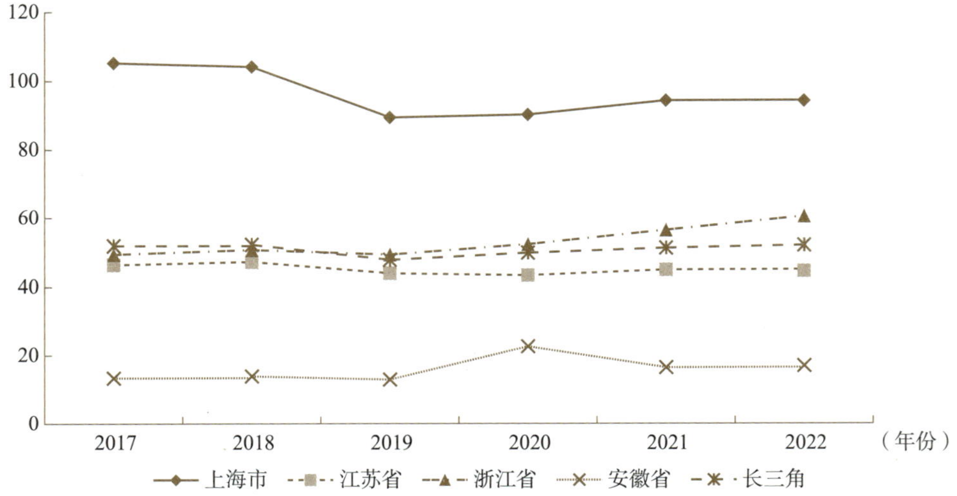

图 14-1　2017—2022 年长江三角洲地区外贸依存度

从货物进出口结构来看，出口方面，2022 年，长三角地区货物一般贸易总额增长较快，同比增长 12. 59%；机电产品和高新技术产品增长也很快，分别增长 9. 0% 和 10. 13%；出口贸易以私营企业为主导，私营企业出口总额占长三角地区出口贸易总额的一半以上。进口贸易方面，2022 年，长三角地区货物一般贸易同比增长 3. 96%；受美国科技制裁的影响，长三角地区的机电产品和高新技术产品均呈现小幅负增长，分别为-2. 01%和-1. 23%。进口贸易则以外商投资企业为主导，贸易总额占长三角地区进口贸易总额的 50. 3%（见表 14-2）。

表 14-2　2021 年和 2022 年长三角地区货物进出口贸易主要分类情况

指标	2021 年 总额（亿元）	同比增长（%）	2022 年 总额（亿元）	同比增长（%）
进出口总额	141079.87	15.89	150702.51	6.82
出口总额	82465.71	18.68	91033.32	10.39
一般贸易	53604.89	22.67	60352.58	12.59
加工贸易	17706.93	4.00	18526.1	4.63
机电产品	48715.66	18.72	53100.19	9.00
高新技术产品	21278.76	12.50	23433.69	10.13
国有企业	5652.12	17.85	5984.81	5.89
外商投资企业	28790.29	12.29	29627.66	2.91
私营企业	42827.50	21.58	49517.93	15.62
进口总额	58614.16	12.18	59669.19	1.80
一般贸易	36577.36	15.44	38024.15	3.96
加工贸易	10243.18	1.31	9795.87	-4.37
机电产品	24085.29	9.66	23600.87	-2.01
高新技术产品	16626.61	10.01	16422.42	-1.23
国有企业	6885.72	20.77	6399.86	-7.06
外商投资企业	30262.85	10.96	30002.33	-0.86
私营企业	17867.92	34.98	19842.93	11.05

数据来源：根据江苏、浙江、安徽、上海等各省（市）统计局相关数据汇总。

主要国家和地区货物出口贸易方面，2022 年长三角地区对亚洲国家的出口贸易比重相对于 2021 年有所提高，对亚洲国家的出口贸易优势依然明显，且在 2022 年和 2021 年均占当年出口贸易总额的 40%以上。此外，2022 年对欧洲国家的出口贸易比重也呈现缓慢提高，从 2021 年的 23.61%上升到 2022 年的 23.80%。主要国家和地区货物进口贸易方面，虽然长三角地区对亚洲、欧洲、欧盟进口贸易比重均呈现下降趋势，但对于亚洲国家的进口贸易比重仍然超过了 50%，且随着“一带一路”的持续推进，长三角地区对东盟国家的货物进口比重逐渐提高（见表 14-3）。

表 14-3　2021 年和 2022 年长三角地区对主要国家和地区货物进出口贸易情况

国家和地区	2021 年出口额（亿元）	占地区出口总额比重（%）	2021 年进口额（亿元）	占区域进口总额比重（%）	2022 年出口额（亿元）	占地区出口总额比重（%）	2022 年进口额（亿元）	占区域进口总额比重（%）
亚洲	33970	41.19	32192	54.92	37955	41.69	32680	54.77
中国香港	4569	5.54	118	0.20	3899	4.28	133	0.22
中国台湾	2354	2.86	5648	9.64	2461	2.70	5536	9.28
日本	4595	5.57	6081	10.37	4832	5.31	5780	9.69
韩国	3676	4.46	5826	9.94	4133	4.54	5723	9.59

续表

国家和地区	2021 年出口额（亿元）	占地区出口总额比重（%）	2021 年进口额（亿元）	占区域进口总额比重（%）	2022 年出口额（亿元）	占地区出口总额比重（%）	2022 年进口额（亿元）	占区域进口总额比重（%）
非洲	3794	4. 60	1474	2. 51	4393	4. 83	1877	3. 15
欧洲	19469	23. 61	11794	20. 12	21669	23. 80	11642	19. 51
德国	3057	3. 71	3436	5. 86	3348	3. 68	3197	5. 36
北美洲	17366	21. 06	6131	10. 46	18043	19. 82	6921	11. 60
美国	14880	18. 04	4427	7. 55	15617	17. 16	4398	7. 37
欧盟	13906	16. 86	8596	14. 66	15841	17. 40	8194	13. 73
东盟	9721	11. 79	8483	14. 47	11567	12. 71	8872	14. 87

数据来源：根据江苏、浙江、安徽、上海等各省（市）统计局相关数据汇总。

（二）区域利用外资存在差距，上海、江苏较为领先

从区域外资利用水平来看，2022 年，长三角区域实际利用外资 759 亿美元，比上年增长 4. 1%，占全国比重为 40. 1%。其中，上海全年实际使用外资 239. 56 亿美元，同比增长 0. 4%。江苏省实际使用外资率先在全国突破 300 亿美元大关（部统口径）、达到 305 亿美元，同比增长 5. 7%，规模连续 5 年保持全国第一；浙江省全年实际利用外资 193 亿美元，同比增长 5. 2%；安徽省全年实际利用外资 21. 6 亿美元，同比下降 88. 9%。

从外资依存度来看，2022 年，长三角地区外资依存度同比下降 15. 48%，呈现大幅回落态势。相较于 2021 年，安徽省实际利用外资数量出现断崖式下降（安徽省 2022 年实际利用外资数量仅为 2021 年的 11. 6%），导致外资依存度下降明显，虽然上海市、江苏省和浙江省的外资依存度均有显著增长，但在规模上影响了长三角地区整体外资依存度和增速（见图 14-2 和表 14-4）。

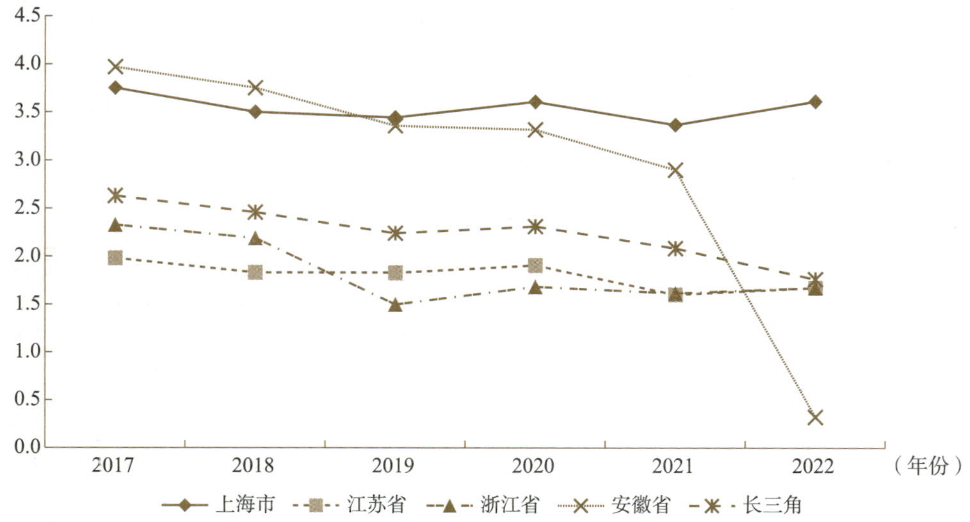

图 14-2　2017—2022 年长江三角洲地区外资依存度

表 14-4　2017—2022 年长江三角洲地区外资依存度统计

年份	上海市	同比增长（%）	江苏省	同比增长（%）	浙江省	同比增长（%）	安徽省	同比增长（%）	长三角	同比增长（%）
2017	3.75	-13.99	1.98	-6.16	2.33	-5.67	3.97	-2.46	2.63	-7.72
2018	3.5	-6.67	1.83	-7.58	2.19	-6.01	3.75	-5.54	2.46	-6.46
2019	3.44	-1.60	1.83	-0.18	1.50	-31.62	3.36	-10.45	2.24	-8.95
2020	3.61	4.71	1.90	4.25	1.68	12.39	3.32	-1.22	2.31	3.13
2021	3.37	-6.64	1.60	-16.00	1.61	-4.12	2.90	-12.64	2.08	-9.92
2022	3.61	7.19	1.67	4.36	1.67	3.51	0.32	-88.90	1.76	-15.48

数据来源：根据江苏、浙江、安徽、上海等各省（直辖市）统计局相关数据汇总。

长三角地区外商投资的行业方面，2022 年利用外资主要集中在制造业、科学研究和技术服务业、租赁和商务服务业；增速较快的行业集中在科学研究和技术服务业。总体来看，第二产业利用外资的比重在 2019 年达到峰值后持续下降，且制造业和建筑业方面的外商投资比重明显下降；第三产业实际利用外资的比重持续上升，且 2021 年和 2022 年外商直接投资明显上升，信息传输、软件和信息技术服务业，租赁和商务服务业，以及科学研究和技术服务业的增长幅度持续加大（见表 14-5）。

表 14-5　2018—2022 年长三角地区按行业分的外商投资情况（实际利用外资）

单位：亿元，%

指标	2018 年	占比	2019 年	占比	2020 年	占比	2021 年	占比	2022 年	占比
农、林、牧、渔、业	35.80	0.69	22.14	0.42	16.30	0.29	28.60	0.50	15.10	0.30
采矿业	9.00	0.17	5.90	0.11	2.80	0.05	10.70	0.19	0.30	0.01
制造业	1700.70	32.73	1799.00	34.02	1600.50	28.37	1366.80	23.79	1208.90	23.68
电力、热力、燃气及水的生产和供应业	159.80	3.08	144.00	2.72	135.90	2.41	110.60	1.93	64.00	1.25
建筑业	91.30	1.76	55.10	1.04	77.30	1.37	100.40	1.75	68.00	1.33
第二产业	2081.70	40.06	2123.90	40.16	1838.20	32.58	1653.60	28.79	1400.30	27.42
批发和零售业	271.90	5.23	222.40	4.20	316.40	5.61	379.40	6.60	258.10	5.06
交通运输、仓储及邮政业	116.50	2.24	86.00	1.63	96.00	1.70	96.60	1.68	131.40	2.57
住宿和餐饮业	29.10	0.56	20.10	0.38	17.90	0.32	9.60	0.17	2.50	0.05
信息传输、软件和信息技术服务业	193.30	3.72	243.50	4.60	227.70	4.04	316.70	5.51	322.00	6.31
金融业	120.20	2.31	65.30	1.24	106.80	1.89	47.90	0.83	72.10	1.41
房地产业	801.50	15.42	693.00	13.10	942.10	16.70	953.20	16.59	344.20	6.74
租赁和商务服务业	320.60	6.17	270.70	5.12	311.20	5.52	355.30	6.19	411.10	8.05

续表

指标	2018 年	占比	2019 年	占比	2020 年	占比	2021 年	占比	2022 年	占比
科学研究和技术服务业	156.20	3.00	268.20	5.07	372.30	6.60	449.90	7.83	570.10	11.17
水利、环境和公共设施管理业	17.30	0.33	18.00	0.34	31.70	0.56	28.60	0.50	10.10	0.20
居民服务、修理和其他服务业	14.50	0.28	8.90	0.17	12.80	0.23	8.50	0.15	1.30	0.02
教育	0.40	0.01	2.30	0.04	2.10	0.04	0.10	0.00	0.00	0.00
卫生、社会工作	3.60	0.07	8.20	0.16	10.70	0.19	9.60	0.17	8.10	0.16
文化、体育和娱乐业	9.50	0.18	21.70	0.41	19.40	0.34	17.10	0.30	7.60	0.15
第三产业	3079.10	59.25	3143.00	59.43	3787.70	67.13	4062.40	70.72	3690.70	72.29
总计	5196.80	—	5288.90	—	5642.30	—	5744.40	—	5105.80	—

数据来源：根据江苏、浙江、安徽、上海等各省（市）统计局相关数据汇总。

从外资来源国家和地区来看，长三角地区利用来自中国香港和新加坡地区的投资比重持续增长，2022 年中国香港在长三角地区的投资比重更是达到了地区实际利用外资总额的 73.31%（仅比 2021 年下降了 0.73 个百分点），除了来自中国香港、中国澳门和新加坡的投资比重为正增长，来自亚洲地区的中国台湾、日本、韩国和泰国的投资比重都出现小幅下跌。此外，2022 年，除来自美国的外商投资比重相较于 2021 年略有增长外，来自德国、英国、法国、意大利、加拿大和澳大利亚等的外商投资比重都呈现下降趋势（见表 14-6）。

表 14-6　2018—2022 年长三角地区按主要国家和地区分实际利用外资情况

单位：亿元，%

国家和地区	2018 年	占比	2019 年	占比	2020 年	占比	2021 年	占比	2022 年	占比
中国香港	3140.55	60.43	3332.53	63.01	3918.11	69.44	4252.96	74.04	3742.97	73.31
中国澳门	3.21	0.06	9.93	0.19	13.24	0.23	16.26	0.28	19.17	0.38
中国台湾	146.24	2.81	167.98	3.18	89.25	1.58	88.32	1.54	8.33	0.16
日本	144.19	2.77	168.88	3.19	177.20	3.14	153.74	2.68	94.37	1.85
韩国	96.88	1.86	123.55	2.34	112.98	2.00	99.74	1.74	147.97	2.90
新加坡	196.67	3.78	267.80	5.06	324.95	5.76	341.86	5.95	390.35	7.65
泰国	0.70	0.01	1.42	0.03	3.12	0.06	2.09	0.04	0.66	0.01
德国	183.83	3.54	73.54	1.39	73.74	1.31	59.16	1.03	35.95	0.70
英国	60.02	1.15	53.05	1.00	65.46	1.16	38.84	0.68	29.84	0.58
法国	66.57	1.28	46.22	0.87	29.45	0.52	36.00	0.63	18.55	0.36
意大利	11.20	0.22	20.39	0.39	14.48	0.26	10.39	0.18	6.59	0.13

续表

国家和地区	2018 年	占比	2019 年	占比	2020 年	占比	2021 年	占比	2022 年	占比
美国	100. 12	1. 93	164. 50	3. 11	150. 23	2. 66	99. 35	1. 73	106. 53	2. 09
加拿大	17. 19	0. 33	18. 06	0. 34	10. 90	0. 19	8. 58	0. 15	4. 90	0. 10
澳大利亚	13. 28	0. 26	8. 14	0. 15	12. 48	0. 22	9. 55	0. 17	6. 11	0. 12

数据来源：根据江苏、浙江、安徽、上海等各省（直辖市）统计局相关数据汇总。

（三）对外投资项目数与承包工程合同金额保持增长，资金与派出人员数呈现下降

商务部、国家统计局和国家外汇管理局数据显示，2022 年，中国对外直接投资流量为 1631. 2 亿美元，比上年下降 8. 8%。其中，中央企业和单位对外非金融类直接投资流量为 549. 5 亿美元，占非金融类流量的 39%。地方企业投资流量为 860. 5 亿美元，占比 61%。在地方省市中，上海市、浙江省、江苏省位列投资规模前十，长三角三省一市投资规模为 333 亿美元，占全国地方投资流量的比重为 38. 7%（见表 14-7）。

表 14-7　2022 年地方对外直接投资流量前十位的省市

排名	省市	规模（亿美元）	占地方比重（%）
1	浙江省	152. 8	17. 7
2	广东省	116. 7	13. 6
3	上海市	106. 6	12. 4
4	山东省	64. 6	7. 5
5	北京市	60. 0	7. 0
6	江苏省	57. 6	6. 7
7	天津市	33. 1	3. 8
8	四川省	31. 6	3. 7
9	江西省	28. 0	3. 2
10	河北省	27. 6	3. 2
合计		678. 6	78. 2

数据来源：商务部、国家统计局和国家外汇管理局《2022 年度中国对外直接投资统计公报》。

2022 年，长三角地区经备案和核准对外直接投资项目（或经备案和核准新批境外企业或机构）共计 2557 项（家），同比增长 4. 24%；对外直接投资中方投资额共计 2132. 40 亿元，同比下降 10. 21%；对外承包工程合同金额共计 1515. 46 亿元，同比增长 4. 55%；累计对外劳务合作派出人员（或对外承包工程和劳务合作年底在外人数）共 62276 人次（人），同比下降 14. 40%（见表 14-8）。

表 14-8　2022 年长江三角洲对外投资情况

省市	备案和核准对外直接投资项目（项）	对外直接投资中方投资额（亿元）	对外承包工程合同金额（亿元）	对外劳务合作派出人员（人次）
上海市	658	556.12	590.96	20648
浙江省	934	841.32	295.49	21706
江苏省	850	623.70	277.02	14592
安徽省	115	111.26	351.99	5330

注：备案和核准对外直接投资项目（项）——浙江、安徽两省对应为“经备案和核准新批境外企业或机构数（个）”。

数据来源：江苏、浙江、安徽、上海等各省（市）统计局相关数据。

二、实践：区域一体化背景下书写高质量发展

（一）加快建设上海自由贸易试验片区新片区

1. “增长极”和“动力源”作用初步显现

2018—2022 年，新片区着力深化特殊经济功能区与现代化新城建设，取得了明显成效。四年来，新片区地区生产总值年均增长 21.2%，规上工业总产值年均增长 37.8%，全社会固投年均增长 39.9%，限上商品销售总额年均增长 28.9%，税收年均增长 16.2%。2023 年上半年，新片区规上工业总产值同比增长 52%，全社会固投同比增长 57.2%，限上商品销售总额同比增长 55.2%，税收同比增长 47.5%。这几项指标的两年平均增速均在 30%以上，较好发挥了上海经济发展的“增长极”和“发动机”的作用。

2. 打造优质投资、营商环境

在投资自由方面，新片区对标国际上公认的竞争力最强的自由贸易园区，接轨国际商事通行规则，在全国率先试点强化公平竞争政策，率先实施了市场主体登记确认制，大幅降低市场主体准入的制度性成本。在人员从业自由方面，全面推进移民政策实践基地建设，率先探索口岸电子签证实施机制，先行先试更加便利、更加开放的外籍人才长期及永久居留政策，实行美英港台 4 地 14 种职业资格执业备案。在数据网络保障方面，成立国家（上海）新型互联网交换中心，建成数据跨境流动公共服务管理系统，实现首家企业通过数据跨境流动安全评估试点。

3. 进一步提升贸易便利化水平

在贸易自由方面，新片区在洋山特殊综合保税区构建全新的“六特”海关监管模式，首创以一线径予放行、二线单侧申报、区内不设账册等为代表的全新海关监管制度。在资金自由方面，率先试点取消外商直接投资人民币资本金专户、率先开展境内贸易融资资产跨境转让、一次性外债登记等，开展跨境贸易投资高水平开放外汇管理

改革试点，推动建设国际金融资产交易平台、场内全国性大宗商品仓单注册登记中心。在运输自由方面，实行“中国洋山港”籍国际船舶登记制度，推动法定检验开放，打造洋山保税船供公共服务平台，落地国内首单外资班轮船公司“沿海捎带”业务。

（二）强化政策推动企业“走出去”和“引进来”

1. 实施更大力度吸引和利用外资政策

2023 年，在国务院相关政策指引下，上海相继出台《上海市加大吸引和利用外资若干措施》《上海市促进外商投资全球伙伴计划实施办法》等文件，进一步加大对跨国公司地区总部和研发中心的支持力度，强化外资企业服务。安徽出台《进一步优化外商投资环境加大吸引外商投资力度若干措施》，涵盖提升重点领域引进外资力度、积极拓宽利用外资渠道、鼓励外商设立研发中心等，重点支持新能源汽车和智能网联汽车、新一代信息技术等十大新兴产业领域。浙江出台《关于更大力度吸引和利用外资工作若干措施》及实施细则，从提升利用外资质量、优化利用外资结构、加强外资企业和投资促进机构的服务和保障等方面提出了具体的政策措施。江苏继出台更大力度吸引和利用外资政策后，又实施了《关于鼓励支持外商投资设立和发展研发中心的若干措施》，以 22 项举措一体推进原始创新、集成创新、开放创新，鼓励外资融入本地创新体系。

2. 差异化推动服务贸易创新发展

2023 年，上海发布《上海市服务贸易促进指导目录（2023 年版）》，13 个深化服务贸易创新发展案例入选全国“最佳实践案例”，数量居试点城市首位。出台跨境电商高质量发展三年行动方案，上线海外仓综合服务平台。新增飞机及零部件、通信设备等高技术含量产品维修项目，推动新型贸易发展。浙江发挥浙江数字经济先行优势，制定《浙江省数字贸易先行示范区建设方案》，提出打造浙江数字贸易先行示范区，已建设一大批各类大数据中心，持续举办国际数据中心及云计算展和中国国际服务贸易交易会，通过服务外包形成数字服务贸易发展的“推进器”。江苏着力推动服务贸易创新发展，在全国率先出台《推进数字贸易加快发展的若干措施》，持续推进优质企业服务贸易外汇收支便利化增量扩面，优化知识产权金融服务等政策体系。

3. 立足优势促进“走出去”和对外投资

上海建立完善境外投资服务促进平台，组建上海市对外投资合作专业服务联盟，支持国家文化出口基地建设，加快数字文化内容“走出去”，加大中外数字创意、影视培训等合作力度。搭建境外数字贸易网络，联动“走出去”重点企业，建设具备“海外仓”、“体验店”、采购、仓储等功能的境外网络服务平台。浙江坚持高水平“走出去”，发展壮大海外浙江人经济，对浙企而言，在海外设厂是产业链延伸的重要环节。推动民营企业实施“领航行动”，鼓励民营企业开展全球布局，建设一批以浙商为主体的境外产业园区，通过一批丝路电商等“小而美”的项目，培育一批深耕国际市场的本土跨国公司。以德国为例，它是浙江省在欧洲投资额最大的国家。一批优秀龙头企业在德国也有大项目投资，全省 11 个设区市均有企业赴德投资。截至 2022 年底，浙江省累计在德设立企业和机构 447 家，对外投资备案额 72.03 亿美元，占浙江省对外投资比重的 6.43%；投资主要集中在批发业、汽车制造业和专用设备制造业等领域。

（三）持续共建共享长三角高水平开放平台

1. 协调联动推进虹桥国际开放枢纽建设

2021 年 2 月，国务院批复了《虹桥国际开放枢纽建设总体方案》。产业协同方面，两年来，虹桥国际开放枢纽构建了以“虹桥总部+腹地基地”“虹桥贸易+腹地物流”“虹桥商务+腹地休闲”等为特征的功能布局模式，形成了以协同开放引领长三角更高质量一体化发展的“虹桥经验”，为服务构建新发展格局探索了“虹桥路径”，为推动长三角一体化发展提供了“虹桥方案”，为推进区域高质量发展贡献了“虹桥力量”。推进机制框架更完善。合作机制方面，两年来，围绕 7000 平方千米全域、2100 平方千米上海联动区、151 平方千米核心区三个圈层，创新建立并在实践中探索完善三套工作机制，有效加强“大虹桥”各区域间协调联动。三省一市层面，建立“协调推进机制”，成员单位共 20 个。上海市域层面，上海市委、市政府设立“工作推进组”，成员单位共 34 个。

2. “以会促展”持续放大进博会综合效应

2023 年 11 月，第六届中国国际进口博览会成功举办。来自世界 154 个国家、地区和国际组织的政商学等各界代表约 1500 人出席开幕式，128 个国家和地区的 3486 家企业参展，其中，世界 500 强和行业龙头企业达 289 家，数量为历届之最。聚焦“携手促发展开放赢未来”这一主题，22 场分论坛围绕“开放发展”“开放合作”“开放创新”“开放共享”四个板块开展深入研讨，重磅发布旗舰报告《世界开放报告 2023》，公布最新世界开放指数。虹桥论坛参会人数超过 8000 人，为历届之最。

举办“投资中国年”系列活动，包括高峰会议暨上海城市推介大会、自贸试验区专场投资促进活动、外资企业圆桌会议，集中举办政策解读、对接签约、投资促进、研究发布、产品展示等各类配套活动 122 场。增设配套活动组团观展服务，吸引更多活动嘉宾到展台参观洽谈，进一步强化“以会促展”功能。

3. 全球数字贸易博览会推动全球数字贸易交流

全球数字贸易博览会（以下简称“数贸会”）是我国目前唯一以数字贸易为主题的国家级、国际性、专业型展会。2023 年 11 月 23 日至 27 日，第二届数贸会在浙江杭州国际博览中心举办。作为推动数字贸易发展的重要平台和促进全球数字经济合作的国际公共服务产品，本届数贸会以“数字贸易 商通全球”为主题，突出专业化、国际化、市场化三大特色。来自 25 个国家和地区的 1018 家企业线下参展，367 家企业通过数贸会云平台在线上参加展览。数字贸易正在为国际贸易提供高质量供给，为全球经济增长注入新的动力。数贸会正在成为引领全球数字贸易发展的风向标。

在本届数贸会上，开幕式、10 场主题论坛和 94 场配套活动累计发布《中国数字贸易发展报告》《“丝路电商”合作发展报告》《国家文化出口基地第三批创新实践案例》《数字贸易发展与合作杭州倡议》等各类行业报告、实践案例、规则标准和合作倡议等成果 120 项，推动形成更多数字贸易发展全球共识。

4. 省市共建推动国际合作园区建设

浦东新区围绕“吸引更多国际经济组织和企业总部在中国（上海）自由贸易试验区落户”，积极推进国际组织集聚区建设。2021 年 7 月，由上海自由贸易试验区管理委员会世博管理局与陆家嘴集团联手打造的前滩国际经济组织集聚区在浦东新区世博地区揭牌，吸引培育与浦东功能优势和产业特色相关的国际商会、行业协会、同业公会等高能级国际经济组织。中韩（盐城）产业园总体规划面积 50 平方千米，重点发展汽车、电子信息和新能源装备等五大合作产业，先后建成中日韩（江苏）产业合作示范区、国家外贸转型升级基地、中国（江苏）自贸试验区联动创新发展区等一批国家级、省级载体平台，致力打造“一带一路”合作创新的国家级标杆。中意宁波生态园位于浙江省宁波市，总规划面积 40 平方千米，采取内育外引、合资合作等方式，立足意大利，面向欧美引进先进的技术、资金、管理和人才，目前集聚了甬矽电子、晶源光电、瑞华康源等数字经济产业“独角兽”型制造企业，2024 年 1 月，特斯联华东总部落户中意宁波生态园，是园区进一步营造数字发展生态、打造数字产业集群的重要举措。

（四）努力营造全国一流的国际人才环境

上海牢牢把握集聚人才的大方向，率先实行更加开放、更加便利的人才引进政策。上海积极延揽高层次和紧缺急需人才，聚焦人工智能、生物医药、集成电路等有基础、有优势、能突破的若干重点领域，推出浦江人才、超级博士后等计划，培养引进青年拔尖人才，让更多青年科技人才挑起大梁。推进“以才引才”是上海全方位引进人才的又一创新模式。通过选聘国际知名科学家、企业家担任引才大使，借助世界顶尖科学家论坛、“海聚英才”全球创新创业峰会、中国国际进口博览会、浦江创新论坛和世界人工智能大会等重要活动搭建引才平台。

江苏省依托海外人才创新创业大赛和重点实验室、产业研究院等创新平台，打造引智引才高地。2023 年 12 月，首届江苏省海外人才创新创业大赛总决赛暨颁奖典礼在无锡宜兴举办。本次大赛共有全球 15 个国家（地区）211 个项目参加选拔赛。该活动旨在引进原创性、独创性、引领性的海外高科技创新创业项目，帮助广大海内外科技人才来江苏创新创业。作为网络通信领域国家战略科技力量，紫金山实验室实施灵活畅通的人才培养使用机制，面向全球招募海内外优秀科研人才，为高端学者专项提供了包含收入待遇、科研经费、团队支持、成果转化支持、住房保障、子女入学等全方位的“人才特区”政策集成。江苏省产业技术研究院推出“集萃研究员计划”，面向全球组织遴选高端科技人才。把各方面优秀人才集聚到江苏产业技术创新中去，在更多领域塑造了新动能新优势。

浙江省在引进海外工程师、支持外资研发中心、支持台湾优秀青年就业创业等方面优化国际人才环境。2013 年 7 月，浙江出台《浙江省引进海外工程师实施办法》，在 2017 年出台的《浙江省扩大海外工程师引进计划暂行办法》基础上，修订了界定海外工程师引进标准、重点产业领域、将外资企业纳入支持范围、调整省财政经费奖补方式等内容，进一步加大支持企业引进海外工程师的力度，支撑全球先进制造业基地建设。2023 年 7 月，浙江出台《关于鼓励设立和发展外资研发中心的指导意见》，提出从六个方面鼓励引进海外人才，包括提高在浙工作便利度、加大高层次人才引进及服务力度、鼓励海外人才申报专业人才职称、为跨境资金收付和跨境涉税事项提供便利。此外，2013 年 12 月，浙江省杭州市台办发布《关于支持和鼓励台湾优秀青年人才来杭就业创业的八项措施》，从加强人才引进、强化资金扶持、提升服务保障等多方面，支持和鼓励台湾青年人才来杭州就业创业，共享发展机遇。

三、展望：在深度开放合作中推进新质生产力发展

通过高水平对外开放营造新的生产关系，促进新质生产力发展，关键在于国际化营商环境建设，充分利用全球人才资源；关键在于不断扩大优质外资引进，提升优势产业和创新科技发展水平；关键在于深度嵌入全球产业链和市场需求，做大做优开放型经济。

（一）着力国际化营商环境营建，促进全球人才、技术自由流动

1. 加快构建制度化的市场监管环境

对标世界银行商业就绪（B-READY）项目关于服务贸易、数字贸易、环境可持续贸易等评估标准，检视投资环境中存在的薄弱领域，加强知识产权保护等制度化、法制化建设，持续优化“单一窗口”流程、深化功能、拓展领域，营造包括外资企业在内的各类企业依法平等获取资源要素的环境，不断提升市场监管的数字化、区域化和国际化建设水平。

2. 加快营造国际化的要素流动环境

依托头部城市，构建全方位的外资服务体系，提升资金、人才、要素跨境流动的便利程度。只有让商品与要素在国内市场自由流动，让中国成为一个全世界生产性要素（包括人才、资本、金融）都愿意流入的场所，才能形成国内国际双循环相互促进。

3. 加快构建一体化的产业空间环境

加快共建“轨道上的长三角”，加快打通省际待贯通公路，推动水上长三角建设，推进世界级机场群、世界级港口群建设，共同建立跨区域重大交通项目清单，促进跨

区域交通智能联网。

（二）着力外资引进导向与质量，提升优势产业和创新科技发展水平

1. 发挥重大战略平台外资辐射效应

依托长三角区域拥有的生态绿色一体化发展示范区、虹桥国际开放枢纽、中国（上海）自贸试验区临港新片区等发展平台的先行先试政策，吸引集聚更多跨国公司设立地区总部和研发、结算、贸易中心等功能性机构，推动单一生产基地实现向“生产+总部”“生产+研发”的转变，首先在区域内形成影响力，其次通过产业链、创新链在长三角整个区域内产生联动效应。

2. 建立境外招商引资工作的抱团机制

立足热点行业中我国和长三角地区的不足与劣势，面向外资龙头企业地区总部和研发、结算、贸易中心等功能性机构的布局需求，长三角三省一市可以利用已经建立起来的产业基础、分工体系协同作战，引导外资投资方向，扩大外资投资规模，力争形成某一产业链的长三角的整体实力。例如，在汽车领域，可以抱团和国际上各种头部企业或关键技术的核心企业沟通，争取吸引到一批高质量的投资，提升长三角在汽车领域的整体实力。

3. 扩大民间组织力量“以会引资”效应

充分发挥行业协会、产业联盟、学术机构等社会组织与其他国家相关机构开展交流合作的作用，支持企业利用好中国—中东欧博览会、浙洽会、进博会、数贸会等重点贸易交流平台，加强对其他国家的商务推介和招商引资工作。探索创新交易会模式，深化培育境外展会平台，支持企业抱团赴境外参展，积极打造境外区域品牌展，推动扩大区域品牌展规模。

（三）着力优势产品与服务创新，深度嵌入全球产业链和市场需求

1. 优化区域“走出去”战略导向

发挥长三角地区在5G、新能源、人工智能领域的高科技优势，围绕东盟、RCEP成员国及“一带一路”沿线国家制定战略导向图，有助于推进长三角地区向价值链上游攀附，逐渐实现地区产业的高端化。同时，推动低端产业向其他成员国转移，有利于实现成员间的互利互惠、共同发展。例如，上海鼓励企业在农业资源、生物医药、电信通信、绿色能源、基础设施等领域加大对外投资，进行“强链、固链、补链”的高效布局。浙江可以加强并购海外技术、品牌、渠道等优质资源，引导高端产业回归浙江，做强企业本土总部，以提升本土企业的创新力和影响力。

2. 深化企业“走出去”平台作用

发挥香港作为国内国际双循环之间的纽带作用，以浙江为样板，把香港作为长三

角企业“走出去”和把外资“引进来”的首选平台，促进两地之间优势互补、互利共赢。发挥长三角境外投资促进中心作用，用好国家级境外投资服务示范平台省级 ODI 审批权限优势，持续深化在企业境外投资方面的服务，为长三角及国内外企业在境内外多元投资发展提供服务，打造“走出去”和“引进来”双向投资促进新模式。

3. 差异化打造服务贸易新动能

作为数字服务贸易阿里集团所在地，浙江可以进一步发挥数字服务贸易平台的经济效应，推动数字经济与实体经济深度融合，进一步提高数贸会专业化和国际化水平。江苏可以立足工业基础，加快实现数字服务贸易与制造业的有机融合，大力发展在线办公、在线教育、远程医疗等新型服务供给方式，打响“苏新服务·智惠全球”品牌，扩大数字服务贸易总体规模和竞争力。安徽作为中部省份，与上海、浙江、江苏相比还存在一定差距，但可以导入海外和长江下游生产性服务业的比较优势，做大服务贸易。

第十五章　粤港澳大湾区：深入推进制度型开放

2023 年 4 月，习近平总书记在广东考察时指出，要“使粤港澳大湾区成为新发展格局的战略支点、高质量发展的示范地、中国式现代化的引领地”（以下简称“一点两地”）。这为粤港澳大湾区进一步建设明确了目标，指明了方向，也标志着粤港澳大湾区进入了高质量发展的新阶段。

进入新阶段，粤港澳大湾区最鲜明的特征是以制度型开放推动各领域高水平开放。制度型开放是指通过制度、惯例、政策等一揽子工具箱的多种组合式运用，加快规则、规制、管理、标准等对接和输出，促进深层次制度性变革与创新，形成高水平开放的制度型体系，推动形成“双循环”新发展格局，是更深层次、更高水平的开放。

作为我国开放程度最高、经济活力最强的区域之一，粤港澳大湾区在国家深入推进制度型开放、加快构建“双循环”新发展格局战略中承担着重要使命。同时，推动制度型开放，既是大湾区融入双循环新发展格局、构建开放型经济新体制的战略举措；又是大湾区顺应世界湾区开放发展趋势、强化开放竞争力的客观要求；也是大湾区强化开放经济先发优势、勇立改革开放潮头的重要抓手；还是大湾区提升产业链现代化水平、推进全方位高质量发展的重要实践。近年来，从中央到广东再到各市，一系列支持粤港澳大湾区建设的政策举措相继出台，特别是在推动大湾区内地城市与港澳及国际规则衔接、机制对接方面，不断探索新模式新路径，为国家制度型开放探索了有益经验。

一、粤港澳大湾区对外开放基本情况

2022—2023 年，粤港澳大湾区在经济金融、社会民生、重大平台等领域全面推进制度型开放，高水平开放制度体系加快构建与完善，取得了显著进展。

（一）经济领域

1. 进出口贸易总额大幅上涨

2023 年，粤港澳大湾区内地 9 市进出口总额为 7.95 万亿元，较 2022 年增长约 0.25%，占全国进出口总值的 19%，保持稳中有进。香港 2023 年前三个季度的贸易总值为 64053 亿港元，较上年同期下跌 11%，录得有形贸易逆差为 3543 亿港元，约为商品进口货值的 10. 5%。澳门 2023 年前三个季度的出口总额同比下跌 6. 1%至 95. 1 亿澳门元，进口总额同比上升 3. 5%至 1058 亿澳门元，贸易逆差为 962. 9 亿澳门元，同比增长 4. 5%。

自《粤港澳大湾区发展规划纲要》对外发布 4 年多以来，2019—2022 年粤港澳大湾区进出口贸易总额整体保持上涨。其中，内地 9 市进出口贸易总额从 68281. 91 亿元上涨至 79349. 34 亿元，香港从 84041. 26 亿港元上涨至 94561. 17 亿港元，澳门则从 1029. 22 亿澳门元上涨至 1533. 3 亿澳门元。具体来看，2022 年粤港澳大湾区整体（内地九市+香港和澳门）进出口总额达到 16. 19 万亿元，同比小幅下降 2. 2%。主要原因在于全球需求下降对大湾区进出口贸易形成较大冲击，同时 2021 年经历了外贸高增长致使基数较高。若与新冠疫情前的 2019 年相比，大湾区整体进出口总额则增长了 13. 1%。进一步细看，大湾区进出口贸易呈现“出口增长、进口回落，顺差高增长”的趋势。2022 年，大湾区整体出口额达 9. 00 万亿元，同比增长 0. 7%；进口额达 7. 19 万亿元，同比下降 5. 5%，实现贸易顺差 1. 81 万亿元，较 2021 年增长 36. 2%[①]（见图 15-1）。

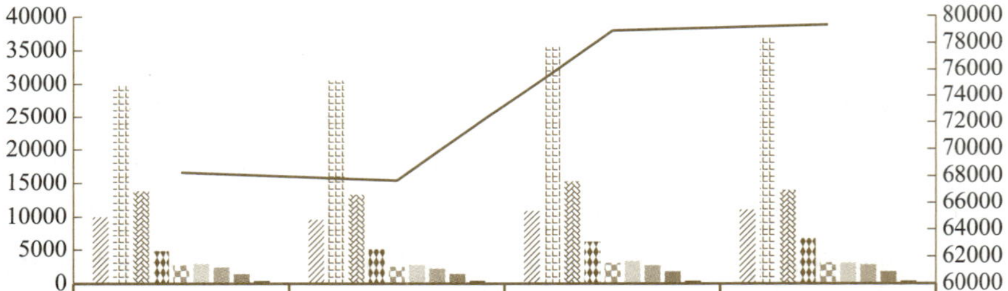

	2019年	2020年	2021年	2022年
广州	10003.51	9531.92	10825.09	10948.18
深圳	29780.61	30508.62	35436.74	36738.20
东莞	13834.31	13303.6	15246.57	13926.25
佛山	4828.40	5060.42	6161.24	6636.86
惠州	2709.65	2488.38	3055.05	3091.13
珠海	2908.54	2732.90	3319.57	3050.85
中山	2387.15	2208.91	2694.80	2798.53
江门	1425.36	1428.94	1789.31	1773.77
肇庆	404.38	413.15	405.45	385.57
大湾区九市	68281.91	67676.84	78933.82	79349.34

广州 深圳 东莞 佛山 惠州
珠海 中山 江门 肇庆 大湾区九市

图 15-1　2019—2022 年大湾区内地九市进出口贸易总额（亿元）

数据来源：历年《广东统计年鉴》。

① 湾区科技观察. 粤港澳大湾区蓝皮书正式发布——粤港澳大湾区 2022 年经济形势分析与 2023 年展望［EB/OL］.（2023-09-06）. https：//www. scholat. com/orgPost. ntml？ id=316&sid-for-share=95263_3.

2. 利用外资总额有所波动

2023 年 1—11 月，广东省实际使用外资金额 1498. 2 亿元，同比下降 9. 5%；新设外商投资企业 19666 个，同比增长 57. 3%。回顾来看，粤港澳大湾区 2019—2022 年利用外资总额总体保持增长，大湾区内地 9 市 FDI 总额从 2019 年的 1459. 98 亿元上升至 2022 年的 1720. 08 亿元（其中 2021 年出现峰值为 1747. 69 亿元），香港从 737. 1 亿美元增长至 1177. 3 亿美元（2020 年和 2021 年分别为 1347. 1 亿美元和 1401. 9 亿美元），澳门则从 66. 8 亿美元降至 40 亿美元。商务部发布的《中国外资统计公报 2023》数据显示，香港是内地最大的境外投资来源地，实际投资金额为 1372. 4 亿美元，占我国实际使用外资总额的 72. 6%，香港发挥了外资进入门户的重要通道作用；其中，2022 年广东省实际使用外资金额达到 278. 9 亿美元，占全国的 14. 7%，位居全国第二。值得一提的是，香港贸发局数据表明，香港是广东最大的 FDI 来源地，2021 年来自香港的资金达 1431 亿元，占广东省利用外资总额的 78%（见图 15-2）。

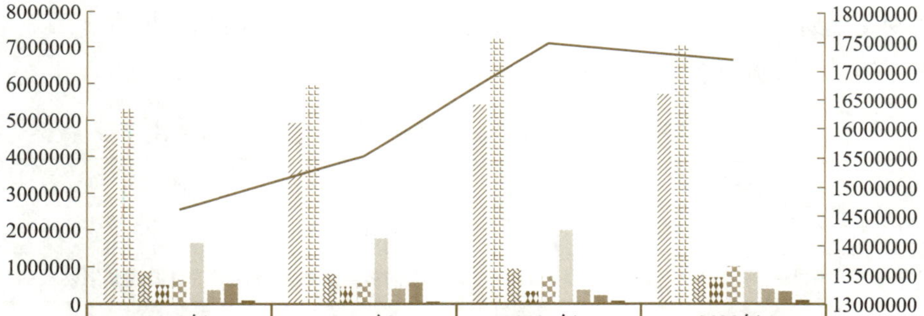

	2019年	2020年	2021年	2022年
广州	4593649	4937180	5432585	5741290
深圳	5323646	5954181	7300994	7143307
东莞	880307	796305	953237	788673
佛山	511300	459187	335367	731415
惠州	642549	556721	743862	1039938
珠海	1639012	1780516	2022408	877322
中山	369793	405449	377290	416276
江门	545425	566200	229831	352032
肇庆	94089	58464	81279	110570
大湾区九市	14599770	15514203	17476853	17200823

广州 深圳 东莞 佛山 惠州
珠海 中山 江门 肇庆 —— 大湾区九市

图 15-2 外商直接投资大湾区内地九市 FDI 总额（万元）

数据来源：历年《广东统计年鉴》。

3. OFDI 保持增长

根据广东省商务厅数据[①]，2023 年 1—11 月，广东省对外非金融类直接投资额达 199.8 亿美元，同比增长 2.7%；对外承包工程完成营业额 123.7 亿美元，劳务合作工程项下累计派出各类人员 34686 人。《广东统计年鉴 2022》数据显示，港澳仍是广东对外投资的主要地区，实际投资额占全省比重为 63.3%。广东对外投资集中在第二、第三产业，其中，流向制造业的实际投资为 20.36 亿美元，占全省对外实际投资的 12%；租赁和商务服务的实际投资为 46.95 亿美元，占全省对外实际投资的 27.7%；批发和零售业的实际投资为 39.22 亿美元，占全省对外实际投资的 23.1%。从港澳来看，2019—2022 年，香港 OFDI 总额从 532 亿美元增长至 1035.9 亿美元，澳门则从 10.4 亿美元增至 25 亿美元。

4. 资本市场互联互通全面提速

作为我国金融开放的最前沿，粤港澳大湾区拥有国际金融中心香港，以及区域金融中心深圳和广州，在金融对外开放方面做出了重要探索。自 2019 年 2 月《粤港澳大湾区发展规划纲要》发布以来，国家多个部委以及省市部门积极出台金融业对外开放政策文件，并取得显著成就（见表 15-1）。

表 15-1　粤港澳大湾区金融业对外开放主要政策文件

时间	部门	文件
2019 年 2 月	中共中央、国务院	《粤港澳大湾区发展规划纲要》
2019 年 7 月	中共广东省委、广东省人民政府	《关于贯彻落实〈粤港澳大湾区发展规划纲要〉的实施意见》
2019 年 7 月	广东省推进粤港澳大湾区建设领导小组	《广东省推进粤港澳大湾区建设三年行动计划（2018—2020 年）》
2020 年 4 月	中国人民银行、银保监会、证监会、外汇管理局	《关于金融支持粤港澳大湾区建设的意见》
2020 年 7 月	广东省地方金融监管局、中国人民银行广州分行	《关于贯彻落实金融支持粤港澳大湾区建设意见的实施方案》
2021 年 9 月	中共中央、国务院	《横琴粤澳深度合作区建设总体方案》
2021 年 9 月	中共中央、国务院	《全面深化前海深港现代服务业合作区改革开放方案》
2022 年 6 月	国务院	《广州南沙深化面向世界的粤港澳全面合作总体方案》
2023 年 2 月	中国人民银行、银保监会、证监会、外汇管理局、广东省人民政府	《关于金融支持前海深港现代服务业合作区全面深化改革开放的意见》 《关于金融支持横琴粤澳深度合作区建设的意见》

作为国家支持粤港澳大湾区建设、深化粤港澳金融合作、促进内地与港澳社会经济融合发展的重要举措，跨境理财通试点自开通以来蓬勃发展，2023 年参与“跨境理

① 由于各城市数据获取存在困难，本处分析以全省数据论述。

财通”的投资者数量和资金汇划规模均大幅增长。截至2023年9月10日，粤港澳大湾区参与“跨境理财通”的个人投资者已达6万人，办理资金跨境汇划金额达67亿元。其中，2023年以来，粤港澳大湾区新增参与“跨境理财通”的个人投资者1.9万人，同比增长40.1%；办理资金跨境汇划金额44.8亿元，同比增长4.1倍。

资本市场互联互通方面，截至2023年10月31日，沪股通和深股通2023年的日均成交额达到1084亿元，比上年同期上涨7%；港股通2023年的日均成交额达到315亿港元，比上年同期上涨9%。其中，北向沪港通和深港通（沪股通和深股通）九年累计总成交金额达111.8万亿元，累计有1.8万亿元净流入内地股票市场；南向港股通（包括沪港通下的港股通和深港通下的港股通）九年累计总成交金额达37.3万亿港元，累计有2.9万亿港元内地资金净流入港股市场。

（二）社会民生领域

1. 港澳专业人士赴内地执业更为便利

目前，我国在专业服务贸易领域存在国际通行资格证书数量不足、国际可比性和等效性不强等问题。2019年12月，广东省人社厅联合9部门发布了《关于推进粤港澳大湾区职称评价和职业资格认可的实施方案》，提出将从构建全面开放的粤港澳大湾区职称评价体系、推进粤港澳大湾区各领域职业资格认可入手，促进粤港澳大湾区人才自由流动。现今，香港注册建筑师、港澳医师、港澳税务师、港澳导游等37类专业人士备案（登记）后即可在前海执业。截至2023年4月，已有51家机构、618位港澳专业人士完成执业备案（登记）。截至2023年7月，香港建设领域已有50家专业机构、444位专业人士在前海备案，有10家香港专业企业独立承接项目，74名香港专业人士参与前海项目建设。截至2023年2月27日，有174名港澳医师取得《医师资格证书》并在深圳长期执业。开展港澳医师职称评价和职业资格认可，有37名港籍名医获评正高职称，4所中医机构试点招录6名港籍中医师，8名境外医师获聘卫生健康特聘岗位（见表15-2）。

表15-2 深圳市境外职业资格便利执业认可清单①

序号	境外职业资格证书名称	国家/地区	领域
1	香港税务师	香港	税务
2	会计师	澳门	税务
3	注册建筑师	香港	建筑
4	注册专业工程师（结构）	香港	建筑
5	注册专业工程师（岩土）	香港	建筑

① 深圳市人力资源和社会保障局．深圳市人力资源和社会保障局关于印发《深圳市境外职业资格便利执业认可清单（2.0版）》的通知［EB/OL］.（2023-12-29）．http：//hrss.sz.gov.cn/tzgg/content/post_11077638.html?sid_for_share=95263_3.

续表

序号	境外职业资格证书名称	国家/地区	领域
6	注册专业工程师（土木）	香港	建筑
7	注册专业工程师（电机）	香港	建筑
8	注册专业工程师（屋宇设备）	香港	建筑
9	注册专业工程师（建造）	香港	建筑
10	注册专业测量师（工料测量组）	香港	建筑
11	注册专业测量师（建筑测量组）	香港	建筑
12	注册专业测量师（产业测量组）	香港	建筑
13	注册承建商的获授权签署人	香港	建筑
14	注册专业规划师	香港	规划
15	城市规划师	澳门	规划
16	香港医师	香港	医疗
17	澳门医师	澳门	医疗
18	台湾医师	台湾	医疗
19	外国医师	外国	医疗
20	香港药剂师	香港	医疗
21	澳门药剂师、药房技术助理	澳门	医疗
22	其他香港医疗专业技术人员	香港	医疗
23	其他澳门医疗专业技术人员	澳门	医疗
24	高级船员	外国（与我国签署船员证书互认协议国家）	海事
25	香港导游或领队	香港	文化旅游
26	澳门导游	澳门	文化旅游
27	香港法律执业者	香港	法律
28	澳门执业律师	澳门	法律
29	具备境外证券相关从业资质	与中国证监会签署《证券期货监管合作谅解备忘录》的国家和地区	金融
30	具备境外期货相关从业资质	与中国证监会签署《证券期货监管合作谅解备忘录》的国家和地区	金融
31	具备境外基金相关从业资质	与中国证监会签署《证券期货监管合作谅解备忘录》的国家和地区	金融
32	香港会计师	香港	会计
33	澳门会计师	澳门	会计
34	香港注册安全主任	香港	安全
35	注册专业工程师（环境）	香港	环保
36	香港社工	香港	社会服务
37	澳门社工	澳门	社会服务

2. “港澳药械通”政策不断优化

自2020年11月“港澳药械通”政策实施以来，截至2023年底，已发布5批粤港澳大湾区内地临床急需进口港澳药品医疗器械目录，已批准共28个药品（共106个批次）和25个医疗器械（共49个批次），目前已惠及4282名患者。获批的指定医疗机构共19家，包括8家公立医院和11家民营医院，其中有10家三甲医院。获批医院分别位于广州、深圳、珠海、佛山、东莞、中山等地。2023年3月，粤港澳三地政府药品监管部门签署了《粤港澳大湾区药品医疗器械监管协作备忘录》，以强化粤港澳大湾区药械监管领域的交流与合作，推动构建粤港澳大湾区药品医疗器械监管协作联动机制，并于10月在横琴首次召开三地监管协作的会议，会上确定了4项协作原则和8项协作机制。

3. 教育合作持续深化

粤港澳三地合作办学不断走深走实。初等教育方面，目前在广州、深圳、东莞、佛山等地共设立港澳子弟学校9所，全省有29所中小学设有港澳子弟班，共招收港澳学生超8000人。最新成立的佛山暨大港澳子弟学校于2023年9月正式揭牌，同时还与香港浸会大学附属学校王锦辉中小学结成“伙伴学校”，与香港教育资源连接更深。高等教育方面，截至2023年上半年，内地与港澳已建成3所合办大学，分别是北京师范大学—香港浸会大学联合国际学院、香港中文大学（深圳）以及香港科技大学（广州）；在建及筹备中的还有香港城市大学（东莞）、香港理工大学（佛山）、香港公开大学（肇庆）、香港大学（深圳）、澳门科技大学珠海校区、澳门科技大学（中山）和澳门城市大学（广州）。职业教育方面，2023年3月，由深圳职业技术学院与香港职业训练局合作的首个实际落地的粤港澳大湾区特色职业教育园区在深圳南山区留仙洞总部基地开园，对湾区职业教育高质量对外开放合作具有里程碑意义。

（三）重大开放平台

1. 横琴：构建粤澳“共商共建共管共享”新体制

2021年9月，中共中央、国务院公开发布了《横琴粤澳深度合作区建设总体方案》，提出了横琴粤澳深度合作区四大定位——促进澳门经济适度多元发展的新平台、便利澳门居民生活就业的新空间、丰富“一国两制”实践的新示范和推动粤港澳大湾区建设的新高地；重点发展科技研发和高端制造、中医药等澳门品牌工业、文旅会展商贸以及现代金融等四大产业；构建与澳门一体化高水平开放的新体系，明确实施货物“一线”放开、“二线”管住、人员进出高度便利、跨境金融电子围网、高度便利市场准入制度和国际互联网数据跨境安全有序流动等举措。其中，在体制机制方面，首次提出了“粤澳共商共建共管共享”，涉及四大层面：一是国家层面，由中央政府成立的中央区域协调发展领导小组进行领导和统筹；二是决策层面，由粤澳双方联合组建合作区管理委员会，实行双主任制，由广东省省长和澳门特别行政区行政长官共同担任，澳门特别行政区委派一名常务副主任，粤澳双方协商确定其他副主任；三是执行层面，在合作区管理委员会下设执行委员会，负责九大职能，主要负责人由澳门特别行政区政府委派，广东省和珠海市政府委派人员担任副主任；四是属地管理层面，成立广东省委和省政府派出机构，履行属地管理职能（见图 15-3）。

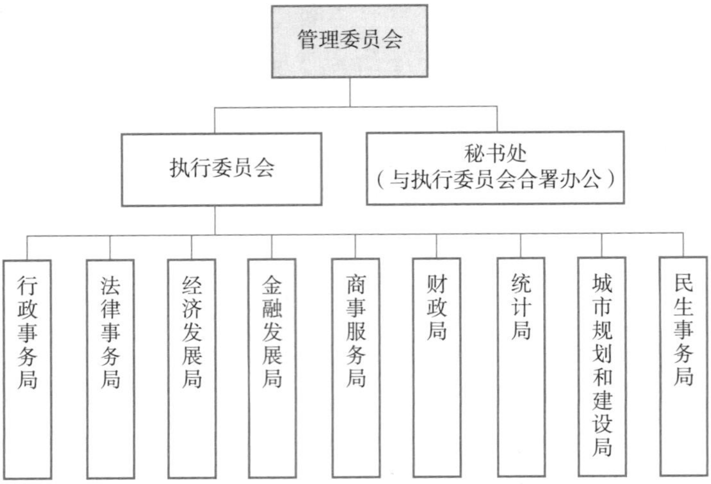

图 15-3　横琴粤澳深度合作区组织架构

2023 年 12 月，经国务院批复同意，国家发展改革委印发了《横琴粤澳深度合作区总体发展规划》，作为指导横琴粤澳深度合作区当前和今后一个时期建设发展的重要依据，规划期至 2035 年。该规划强调，到 2024 年澳门回归祖国 25 周年时，粤澳共商共建共管共享体制机制运作顺畅；到 2029 年澳门回归祖国 30 周年时，合作区与澳门经济高度协同、规则深度衔接的制度体系全面确立，市场准入制度、社会保障体系等高效衔接；到 2035 年，“一国两制”优越性全面彰显，合作区经济实力和科技竞争力大幅提升，成为广珠澳科技创新走廊的有力增长极。

2. 前海：打造改革开放“一平台一枢纽”

2021 年 9 月 6 日，中共中央、国务院印发了《全面深化前海深港现代服务业合作区改革开放方案》，明确前海合作区从 14.92 平方千米扩展至 120.56 平方千米，赋予前海打造全面深化改革创新试验平台、建设高水平对外开放门户枢纽的新使命。自《全面深化前海深港现代服务业合作区改革开放方案》发布以来，前海合作区牢牢抓住“扩区”和“改革开放”两项重点工作，深入推进制度创新，不断扩大对外开放。

2023 年以来，前海出台多项重磅制度及创新政策。2023 年 2 月，人民银行会同银保监会、证监会、外汇局、广东省人民政府联合印发了《关于金融支持前海深港现代服务业合作区全面深化改革开放的意见》（即“前海金融 30 条”），在深港金融市场和基础设施互联互通方面、扩大金融业对外开放方面，提出允许证券业金融机构在香港开展直接融资、扩大港资金融机构业务范围、支持深圳证券交易所设立粤港澳大湾区债券平台、有序探索深港私募通机制等多项创新举措。同日，《关于协同打造前海深港知识产权创新高地的十六条措施》正式发布实施，标志着深港两地在知识产权领域的合作迈上了新台阶。2023 年 4 月，《深圳前海深港现代服务业合作区支持金融业高质量发展专项资金管理办法》正式印发，修订后共计 45 条，主要内容包括鼓励持牌金融机构集聚和特色金融业务创新发展、支持深港金融合作创新发展、支持前海深港国际金融城及前海深港国际风投创投集聚区建设、营造良好金融生态等。2023 年 5 月，《关于支持前海深港现代服务业合作区涉税服务业创新发展的十八条措施》正式发布，聚焦产业发展、制度创新、对外开放。2023 年 12 月，国家发展改革委发布《前海深港现代服务业合作区总体发展规划》，将前海的战略定位更新为“一平台一枢纽一区一高地”（全面深化改革创新试验平台、高水平对外开放门户枢纽、深港深度融合发展引领区、现代服务业高质量发展高地），并提出到 2025 年、2030 年、2035 年的“三步走”路线图，以及深港合作、改革开放、现代服务业发展三方面共 14 项主要指标目标。

3. 南沙：打造面向世界的重大战略性平台

2022 年 6 月，国务院印发《广州南沙深化面向世界的粤港澳全面合作总体方案》，明确加快推动广州南沙深化面向世界的粤港澳全面合作，支持南沙打造成为立足湾区、协同港澳、面向世界的重大战略性平台，在粤港澳大湾区建设中更好发挥引领带动作用，聚焦科技创新产业合作基地、青年创业就业合作平台、高水平对外开放门户、规则衔接机制对接高地和高质量城市发展标杆五大重点任务，并于 2025 年和 2035 年分别实现一系列发展目标，其中到 2035 年要建成粤港澳全面合作的重要平台。在重点任务“共建高水平对外开放门户”方面，包括要建设中国企业“走出去”综合服务基地、增强国际航运物流枢纽功能、加强国际经济合作和构建国际交往新平台。

南沙“面向世界”有两大关键。一是与港澳协同开放，借助港澳在资源集聚、人文交流、国际治理等方面优势资源，依托广州特别是南沙产业和市场基础，携手港澳不断深化对外经贸合作；二是对接“一带一路”建设，高质量实施 RCEP，并对标 CPTPP、DEPA 等国际高水平自贸协定规则，加大压力测试力度，加强与欧盟和北美发达经济体的合作，推动在金融、科技创新等领域对接，进一步融入区域和世界经济，打造成为国际经济合作前沿地。

4. 河套：打造成为世界级的科研枢纽

2023 年 8 月，国务院出台《河套深港科技创新合作区深圳园区总体发展规划》，明确了深港科技创新开放合作先导区、国际先进科技创新规则试验区、粤港澳大湾区中试转化聚集区的发展定位，围绕这三个定位从协同香港推动国际科技创新、建设具有国际竞争力的产业中试转化基地、构建国际化的科技创新体制机制、打造汇聚全球智慧的科技合作平台四个方面部署了任务，创新了人员、物资、资金、信息等创新要素便捷流动的一系列制度安排，探索构建有利于科技创新的政策规则体系、建设国际领先的科研实验设施集群，以及建立更加完备的科技创新生态体系，从而推动深港在科技创新上的深度融合。

目前，河套合作区建设掀起热潮。一是园区开发扎实推进，内地首个由港方主导运营的“香港科学园深圳分园”已开园运营；二是制度创新加快实施，落地实施首个深港“联合政策包”，包括人员“白名单”“科汇通”试点等重大政策批量落地，深圳数交所交易规模、跨境交易额为全国“双第一”；三是高端科创资源集聚成势，实质推进和落地高端科研项目超过160个，聚焦生命科学、信息科学、材料科学三大领域，打造若干科创平台及产业集群，集聚了10余名海内外院士专家、1.5万余名科研人员，汇聚了星巴克中国创新科技中心等世界500强科创项目以及国际星闪联盟、世界无线局域网联盟等国际性产业与标准组织。

二、粤港澳大湾区推进制度型开放面临的挑战

近年来，经济全球化受阻，大国博弈、地缘政治等深度影响全球开放进程。粤港澳大湾区具有“一国两制”的特殊性，外部形势变化、港澳与内地城市之间制度差异等，对推进制度型开放带来一定程度的影响和挑战。

（一）国际政治经济形势变化对大湾区对外开放的冲击

1. 全球化转向区域化，对外开放国际格局转变

粤港澳大湾区对外开放面临的国际政治经济环境正在发生深刻转变。一方面，全球经济增长乏力致使各国贸易保护主义抬头，如美国退出《跨太平洋伙伴关系协定》并多次以国家安全为由，采取关税和非关税贸易壁垒对中国和欧盟等国家发起贸易战，导致WTO这一全球性的争端解决机制陷入瘫痪；英国脱欧和2020年各国政府受新冠疫情影响，纷纷出台出口管制措施和强化国内供应链等政策，造成全球供应链中断，加速向区域化和自主化发展。另一方面，大国博弈、地缘政治冲突将使经贸问题进一步泛政治化，由部分国家主导建立的区域贸易协定开始崭露头角，旨在强化区域内经贸联系的同时削弱与其他区域国家（竞争对手）的经贸关系。自2018年以来，由日本主导的CPTPP、日本—欧盟牵头的EPA以及USMCA等跨区域、超大规模、组团式的自贸区协定相继落地，并呈现高标准、全方位、多领域覆盖以及强排他性的特征，全球供应链的区域化特征进一步凸显。随着逆全球化思潮和全球范围内区域贸易协定的兴起，全球格局从全球化转向区域化的趋势难以逆转。

2. 美西方国家从“脱钩断链”到“去风险”围堵中国

自2018年中美爆发贸易摩擦之后，美国社会各界开始有意重提“脱钩”，并将其作为中美关系讨论的重要话题，提出了“有意图脱钩”（conscious decoupling）等观点，主张美中之间应该有意识地减少对彼此的经济依赖程度。2023年3月，欧盟委员会主席冯德莱恩在演讲中提出：“与中国脱钩既不可行，也不符合欧洲的利益。我们的关系

不是非黑即白的，我们的回应也不能是非黑即白的。这就是为什么我们需要专注于去风险，而不是脱钩。”从表面看，由“脱钩断链”到“去风险”看似语境更为温和，但毫无疑问，其实质均强调在核心技术和供应链关键领域降低与中国的紧密度，本质是在深层次谋划在高科技和关键产品中的“去中国化”。

近年来，美国在逐渐加大对华“技术”和“投资”封锁。早在2021年6月，美国总统拜登签署了第14032号总统行政令《应对为中国特定公司提供资金的证券投资所带来的威胁》，禁止美国主体投资与中国国防、监控科技相关的企业，同期还公布了包括华为、中芯国际、中国移动、中国电信和中国联通等59家所谓的中国军工复合企业清单。之后，2022年10月7日，拜登政府便通过加强出口管制措施限制中国获得先进制程半导体和芯片制造设备、技术及软件，同时限制了“美国人”促进中国先进半导体发展的活动。2023年8月，美国总统拜登签署对华投资限制政策令，限制美国主体投资中国半导体和微电子、量子信息技术和人工智能等三大领域，并授权美国财政部审查美国投资者的特定对外投资活动。2023年12月14日，美国国会参众两院通过《国防授权法案》，将中国及其香港与澳门列为“海外敌对势力”，与俄罗斯、朝鲜、伊朗、古巴及委内瑞拉同级。

（二）大湾区内地九市对港澳开放还存在诸多堵点

1. 市场准入隐性限制较多

2003年，内地与香港签署《内地与香港关于建立更紧密经贸关系的安排》（CEPA），旨在推动两地在贸易、投资等领域双向开放。但受到历史等多种因素影响，粤港澳大湾区最大的特殊性在于“一国两制三法域”，目前在准入方面还存在对港澳企业和居民“大门开、小门不开”的问题。比如，早在2014年，全国第一家香港与内地合伙联营律师事务所就落户在前海，联营律所本应利用内地法律服务市场需求以及港澳律师国际服务优势展业，但受规定约束，联营律所无法为客户提供我国刑事诉讼的法律服务，且大湾区执业的香港律师不能开展委托公证业务①。再如，在CEPA协议框架下，港澳在内地投资仍被视为外资，无法进入或者进入某些特定行业时资质要求较多，除了行业限制还面临着信息监管的问题。又如，持港人身份证在内地无法注册多种公司（如生物科技公司）；申请内地专利远比内地居民程序更复杂，成本也更高；此外，港人身份证也无法注册直播账号，更无法通过直播带货将香港商品销售到内地。

2. 要素跨境流动仍有较多障碍

自《粤港澳大湾区发展规划纲要》发布以来，粤港澳三地资源要素跨境已取得了一些进展，如科研项目资金可以跨境港澳使用、河套合作区的两所香港高校研究院成为首批内地人类遗传资源过境香港的试点单位；但仍存在一定的障碍，导致港澳居民

---

① 文雅靖，王万里．论粤港澳大湾区的规则衔接［J］．开放导报，2021（2）：71-79.

在大湾区内地九市学习、生活、工作时仍有不少痛点，有待突破。由于粤港澳的行政体制、法律体系、法律标准各不相同，三地之间生产要素的跨境流动不畅，例如，在金融服务方面，对港澳居民办理银行卡资质条件要求较多，若缺少在内地居住半年以上的证明，只能办理二类卡，收支受到限制；在支付方面，虽然数字支付开通了跨境服务，但大湾区城市接入该服务的店铺较少，导致支付受限，很多情况下无法享受网约车服务、共享单车、充电宝租用等便捷服务设施①。再如，在数据跨境方面，港澳居民的银行信贷资料和医疗记录无法与在内地传输互通；香港企业在港及内地同时经营业务时，账户、商业数据、销售渠道也难以相通。

三、粤港澳大湾区深入推进制度型开放的对策

粤港澳大湾区拥有香港和澳门两个国际自由港，特别是香港作为国际金融中心、贸易中心和航运中心，具有不可替代的国际化优势，是重要的战略通道。面向“一点两地”的全新定位和更高要求，粤港澳大湾区需要以重大平台为载体，进一步推进要素跨境有序自由流动，抢抓 DEPA、CPTPP 等国际经贸规则实施机遇，在“一带一路”高质量发展中开拓更大的国际市场。

（一）以重大平台为载体打造制度型开放高地

随着 2023 年 8 月《河套深港科技创新合作区深圳园区发展规划》的发布，粤港澳大湾区已有横琴、前海、南沙和河套 4 个国家级平台。从地理位置上看，四大平台处于“黄金内湾”核心地带，具有与港澳深度融合发展的得天独厚的区位优势；从战略定位上看，横琴着眼于衔接澳门，前海着眼于衔接香港，南沙突出粤港澳全面合作和面向世界，河套强调科创开放合作。应以四大平台为载体，携手港澳拓展双向开放，在规则、规制、管理、标准等制度型开放上大胆探索，积极对标港澳打造市场化、法治化、国际化营商环境，不断增强联通国内国际双循环的功能，在更高层次上参与国际经济合作和竞争，形成制度型开放高地和引领区域。

（二）以规则机制深度对接推动要素跨境有序自由流动

全面推动港澳与大湾区内地城市规则机制深度对接，促进货物、人员、资金、信息、技术、数据等要素跨境有序自由高效流动。在人员货物方面，优化粤港澳大湾区口岸通关管理机制，实行更加便利开放的人员出入境政策，促进货物通关便利化。在服务方面，推进落实 CEPA 服务贸易协议，进一步取消或放宽港澳资本进入大湾区内地城市的金融、文化出版、电信等服务市场的资质要求、持股比例和经营范围等准入限制，全面实行“负面清单”管理制度，非限制领域即可进入。在规则衔接方面，推

① 陈思宇，任珺，卢威．港澳居民在粤港澳大湾区城市发展面临的问题及对策［J］．特区实践与理论，2023（4）：104-112.

动与港澳行业标准和管理规则的衔接与对接，推进粤港澳营商规则互认和标准统一。

（三）全面对标国际高标准经贸规则体系

对标 DEPA、CPTPP 等国际高标准经贸规则体系，全力开展开放压力测试。梳理国有企业、数字贸易、知识产权、金融服务等重点领域与 DEPA、CPTPP 等规则的差异清单，利用我国加入 DEPA、CPTPP 的时间窗口提前布局准备，加快形成与 DEPA、CPTPP 规则标准趋同的开放制度体系。可以在前海、南沙、横琴等自贸试验区及其联动发展区，率先试点和推行 DEPA、CPTPP 中的数字贸易规则，尽快积累相关监管经验，形成符合中国数字市场要求的可行方案。

（四）以“一带一路”建设为契机深度融入国际市场

“一带一路”倡议已经进入高质量发展新阶段。《粤港澳大湾区发展规划纲要》明确了粤港澳大湾区要成为“一带一路”建设的重要支撑。粤港澳大湾区各城市要充分发挥自身优势，在“一带一路”高质量建设中找准“小切口”、做好“大市场”。比如，香港可以利用自身“八中心”优势，重点打造“一带一路”投融资中心，为沿线国家提供金融、法律、会计等专业服务；澳门则通过与葡语国家的纽带联系，在文旅会展商贸、翻译咨询、海洋经济等领域有所作为；大湾区内地九市则应积极深化与港澳合作，借助港澳对外经贸网络和渠道，发挥先进制造业基础和优势，推动先进制造产品、先进技术标准不断“走出去”，开拓更广阔的国际市场。

第十六章　海南自贸区建设：全面推进制度型开放，加快建设高水平自由贸易港

自 2018 年以来，凭借自贸区政策红利，海南已发展成为我国最开放、最具活力的地区之一。过去五年间，以“零关税、低税率、简税制”和“贸易投资自由化便利化”为核心的多项政策文件相继落地生效，海南自贸区正全面加速推进制度开放，朝着建设世界一流自由贸易港前行。

一、海南自贸区开发开放情况

（一）海南自贸区开发开放现状

1. 经济综合实力跨越发展

（1）经济持续健康发展

2022 年，海南全省生产总值达 6818.2 亿元，是 2018 年的 1.4 倍，年均增长 5.3%。2023 年前三季度，全省地区生产总值为 5274.9 亿元，按不变价格计算，同比增长 9.5%。2023 年上半年，海南市场经营主体同比增长 51.5%，增速连续 40 个月保持全国第一，高于全国 41.4 个百分点①，总量实现历史性突破，一批国际知名企业机构落户海南，发展的内生动力显著增强（见图 16-1）。

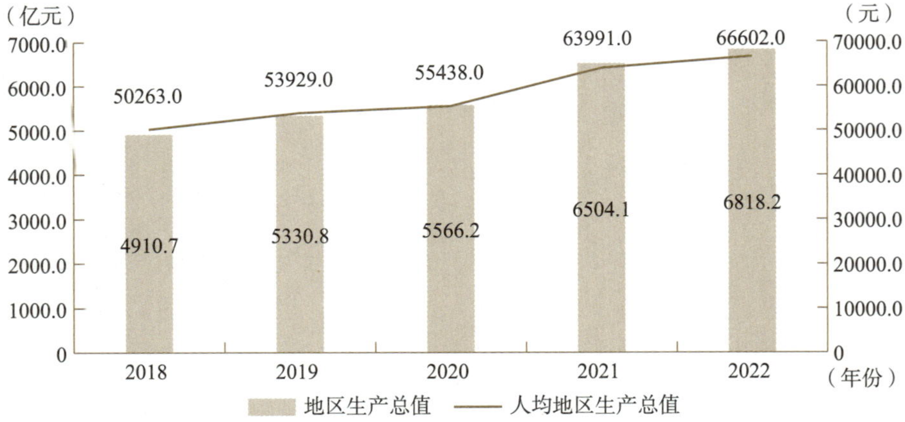

图 16-1　2018—2022 年海南省地区生产总值及人均地区生产总值情况

数据来源：国家统计局。

① 数据来源：海南省人民政府。

（2）对外贸易快速增长

2022 年，全省经营单位所在地货物进出口总额为 300.2 亿美元，是 2020 年的 2.2 倍，三年年均增长率为 48.6%。2023 年上半年，货物贸易规模首次突破千亿元。全省对外贸易伙伴涉及全球 177 个国家和地区，欧盟、东盟、澳大利亚为前三大贸易伙伴，占全省进出口贸易额的比例达到 40.4%（见图 16-2）。

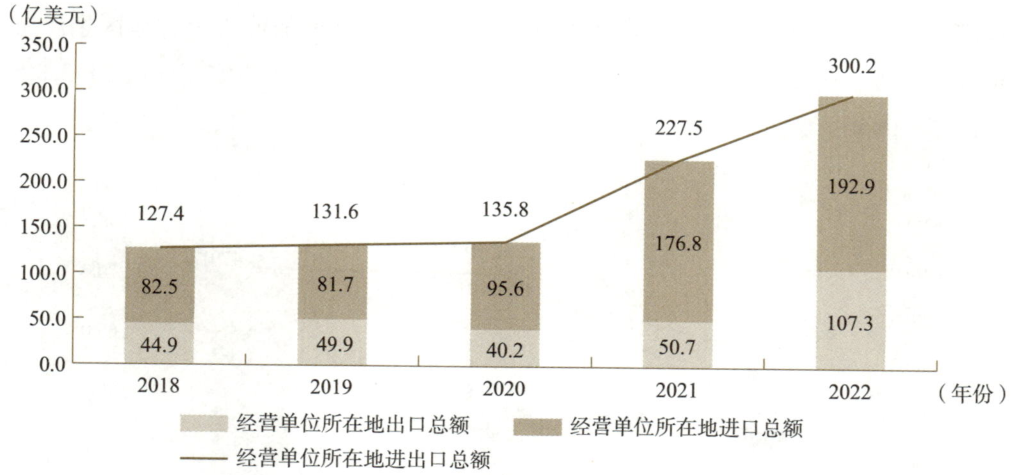

图 16-2　2018—2022 年海南进出口总额及增速情况

数据来源：国家统计局。

（3）实际利用外资保持增长态势

2023 年前三季度，海南实际利用外资继续保持增长态势，新设外商投资企业 1227 家，在高端消费、医疗健康、金融服务、数据服务等重点产业方面，吸引了美国雅诗兰黛集团、泰佩思琦集团、法国路威酩轩集团、美国晖致、艾昆纬、瑞士瑞联银行、美国邓白氏等一批外资企业落地设立贸易、投资和资本总部（见图 16-3）。

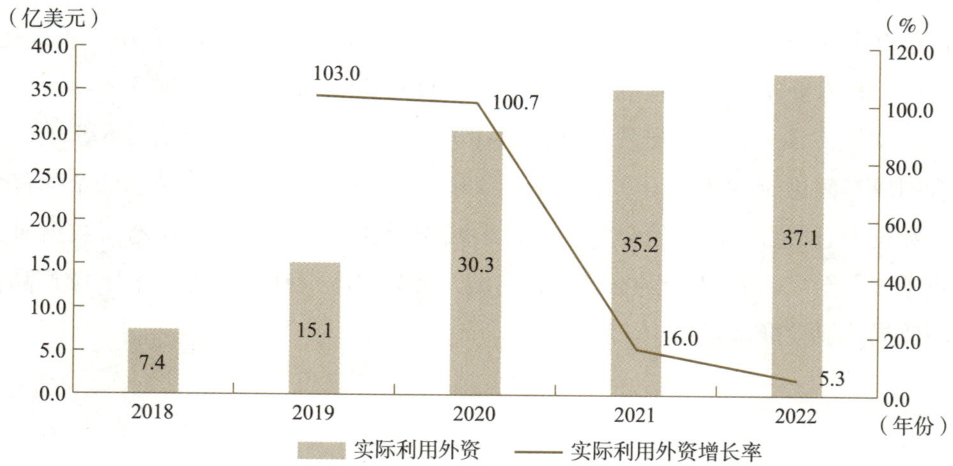

图 16-3　2018—2022 年海南实际利用外资金额及增速情况

数据来源：海南省统计局。

2. 产业结构不断优化

（1）主导产业发展壮大

2022 年，四大主导产业增加值占 GDP 的比重达到 70.3%。全省大宗商品交易、远洋运输等现代服务产业增加值较上年分别增长 8.4%和 10.2%。热带特色高效农业增势良好，增加值规模预期突破千亿元。高新技术产业投资增长 42.3%，占全省投资的比重提高 0.5 个百分点。2023 年上半年，四大主导产业实现增加值占全省地区生产总值比重达 73.3%，较 2018 年提高 20 个百分点①，全省高新技术产业实现营收 2143 亿元，同比增长 14%②（见图 16-4）。

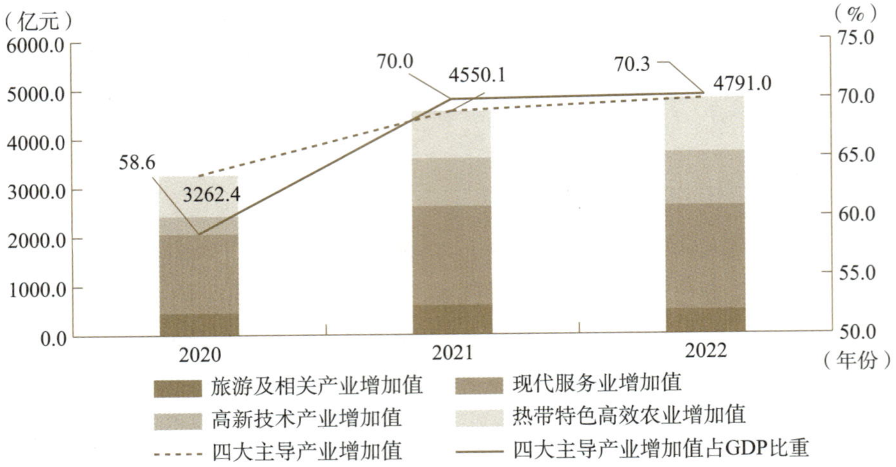

图 16-4　2020—2022 年海南四大主导产业增加值及占 GDP 比重情况

数据来源：海南省统计局。

（2）科技创新加快突破

2022 年，海南省本级科技投入首次突破 10 亿元，全省高新技术企业超过 1500 家，增速位居全国前列。崖州湾实验室挂牌运行，国家耐盐碱水稻技术创新中心正式运作，海南省航天技术创新中心挂牌成立。获得国家自然科学基金项目立项 339 项，组织实施“陆海空”专项、省重点研发计划项目 351 项、省自然科学基金项目 879 项，全省技术合同成交额达 36.4 亿元，同比增长近 28%。2023 年，位于海南陵水的全球首个商用海底数据中心项目一期工程全面竣工；乐城先行区在全国率先启动药械数据研究应用试点工作，至今已有 31 个药械产品在乐城开展数据应用研究，其中有 13 款产品获得国家药监局注册批准（见图 16-5）。

① 数据来源：海南省委深改办。
② 数据来源：国务院新闻办公室。

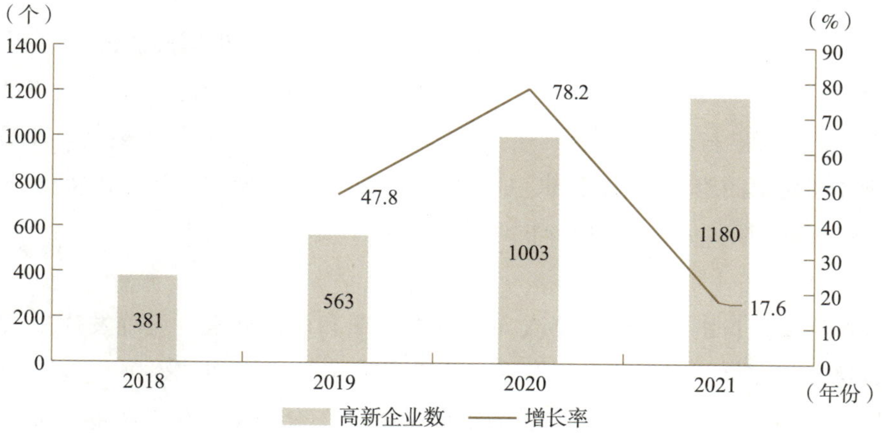

图 16-5　2018—2021 年海南高新企业个数及增速

数据来源：中华人民共和国科学技术部。

（二）海南自贸区开放实践和特点

1. 开放实践

（1）教育开放

2022 年 3 月，《海南国际教育创新岛制度集成创新方案》正式印发，自贸区将围绕独立办学、制度体系、教育消费回流新机制等 6 个方面开展制度集成创新。2023 年 4 月，国内首家大健康辅助医疗领域中外合作办学机构——海南医学院西英格兰学院揭牌成立。同时，引进瑞士洛桑酒店管理学院、俄罗斯莫斯科动力学院等知名高校，中国境内首个境外高水平大学独立办学项目——德国比勒费尔德应用技术大学（海南）的筹备建设已获教育部批准。

（2）金融开放

陆续出台取消特殊退汇业务登记、简化进口付汇核验、取消非金融企业外债逐笔登记等一批便利化政策，推行跨境资金池、合格境内有限合伙人（Qualified Domestic Limited Partner，QDLP）、合格境外有限合伙人（Qualified Foreign Limited Partner，QFLP）等新机制，为自贸港跨境贸易结算和金融市场互联互通释放持续稳定的红利效能。截至 2023 年上半年，全省共落地 QFLP 基金 98 只、QFLP 基金管理企业 23 家，实现跨国企业集团内部资金余缺调剂和归集，有效支持了海南发展总部经济。

（3）医疗开放

依托博鳌乐城国际医疗旅游先行区建设，以特许医疗、特许研究、特许经营、特许国际医疗交流等“4 个特许”政策优惠，实现自贸区医疗技术、设备、药品与国际先进水平“三同步”，建成全国唯一医疗领域对外开放的“医疗特区”。2018—2022 年，乐城接待医疗旅游人数共 45.57 万人，逐步成为医疗健康消费回流的主要目的地。

（4）旅游开放

2023年1—10月，海南共接待入境游客64.88万人，实现国际旅游（外汇）收入1.21亿美元。截至2023年12月，自贸区已累计恢复及新开国际及地区客运航线38条，包括海南首条第五航权客运航线——柬埔寨航空金边—三亚—新加坡航线。2023年1—11月，海南机场集团旗下11家机场完成运输航班起降34万架次、旅客吞吐量4811万人次、货邮吞吐量27万吨，比2019年同期分别增长8.1%、4.3%、0.5%。

（5）人才开放

积极制定海南自由贸易港高层次人才分类标准和认定办法，充分发挥用人单位在人才引进培养、评价使用中的主体作用。开展"南海育才"和"南海新星"项目，作为遴选培养本土人才和支持人才发展的重要举措。在全国率先出台外籍"高精尖缺"人才认定标准，开放境外人员参加职业资格考试47项，单向认可境外职业资格219项，数量和开放度均位居全国前列。

2. 开放特点

（1）高标准的战略定位

坚持以习近平总书记关于海南工作的系列重要讲话和指示批示为根本遵循，以《中共中央、国务院关于支持海南全面深化改革开放的指导意见》《海南自由贸易港建设总体方案》《中华人民共和国海南自由贸易港法》为制度基石，以全面深化改革开放试验区、国家生态文明试验区、国际旅游消费中心、国家重大战略服务保障区为目标定位，以政策环境、法治环境、营商环境、生态环境、经济发展体系、社会治理体系、风险防控体系、组织领导体系为稳固支撑，建立"一本三基四梁八柱"的战略框架，推动自贸港建设实现从"顺利开局""蓬勃展开""进展明显"到"蓬勃兴起"的重大变化。

（2）创新性的制度突破

《海南自由贸易港跨境服务贸易特别管理措施（负面清单）（2021年版）》是我国跨境服务贸易领域首张负面清单，推动以服务为载体的技术、资本、数据等生产要素资源自由便利流动。《负面清单》放宽了服务贸易领域准入限制，在专业服务、交通运输、金融等领域作出了水平较高的开放安排，围绕更好发挥海南自由贸易港在构建新发展格局中的重要作用，制定了放开外籍游艇进出海南自由贸易港申请引航限制等一系列开放措施，有助于加快培育具有海南特色的合作竞争新优势，促进海南自由贸易港高质量发展。

（3）因地制宜的产业发展模式

形成以旅游业、现代服务业、高新技术产业、热带特色高效农业为主导，种业、深海、航天产业为未来发展方向的"4+3+X"产业结构。种业科技创新体系逐步完善，崖州湾种子实验室挂牌运行，三亚崖州湾科技城知识产权公共服务平台建成。南繁育种科技服务中心、国家耐盐碱水稻技术创新合作平台等种业创新项目已开工建设。推动深海技术创新，成立三亚海洋实验室。文昌国际航天城商业发射项目开工，航天技术创新中心挂牌成立。2022 年，自贸区在商务部发布的《鼓励外商投资产业目录（2022 年版）》基础上增加 72 条鼓励条目，鼓励外资投向先进制造、信息技术服务、商务服务、教育医疗等行业，将有利于吸引更多全球优质企业落户海南。

二、面临的问题与挑战

（一）自贸法规与政策体系有待健全

《海南自由贸易港法》建立了以贸易、投资、产业发展、生态环境保护、财政税收制度等为内容的法规体系，但依然存在需要完善的地方，主要体现在以下三个方面。

1. 数据要素市场与金融制度供给不足①

在数据要素市场制度方面，海南自由贸易港法规体系中尚未涉及有关跨境数据安全有序流动方面的规则，也未充分关注数字营商环境的构建，不足以激发自贸港释放数字经济潜能。在金融制度方面，目前海南作为自由贸易港适用的是中国大陆的金融法律，而世界上主要的自由贸易港基本是离岸金融中心，如新加坡在金融立法层面积极推动金融开放和金融创新，通过立法手段支持离岸金融发展、扩大融资服务开放度，相较之下，海南的金融立法还存在一定的提升空间（见表 16–1）。②

表 16–1 海南自贸港和新加坡自贸港金融立法对比梳理

立法内容	海南自贸港	新加坡自贸港
金融开放	推动金融机构开展跨境资产管理业务试点；鼓励海南自由贸易港内符合条件的法人机构率先开展试点，研发资产管理产品，面向境外投资者发行销售	推动各领域市场主体开放；外资银行可设立特准全面银行；证券行业取消外资机构为新加坡投资者处理交易的最低限额；全面放开直接保险业，撤销外国投资者股权的限制，准许合格申请人进场从事保险经纪，开放再保险和特殊保险市场等
	推动开展合格境内有限合伙人试点；允许取得 QDLP 试点资格的企业开展符合国家政策规定的对外股权投资、证券投资等投资活动	推动融资服务开放；外国企业可以在新加坡发行股票、债券，创业板对上市企业不设定任何财务指标限制
	探索适应市场需求新形态的跨境投资外汇管理；适时扩大贸易外汇收支便利化试点银行范围，简化合格境外有限合伙人（QFLP）外汇登记手续，充分满足企业跨境融资合理需求	立法保障外汇自由开放；新加坡实行完全自由的外汇制度，放开了对资金进出的管制，资金可自由流入流出

①② 资料来源：上海国际航运研究中心航运信息工程研究所。

续表

立法内容	海南自贸港	新加坡自贸港
金融创新	支持符合条件的自贸港分行开展离岸银行业务；鼓励与港澳地区保险公司加强跨境合作	支持离岸金融发展；对离岸金融创新给予政策制度优惠保障，发展了亚洲美元市场
	提升金融服务产业能力。以“绿色”“科技”为导向，着眼于海南国家生态文明试验区定位，加快绿色信贷、绿色保险产品与服务创新；强化金融科技应用创新，构建金融科技产业，打造数据化、自动化、智能化金融服务模式	支持金融服务创新；建立具有单独资产和负债组合的多个子基金组成的伞形结构 VCC 新型基金，增加在新加坡开展基金管理业务的吸引力；在金融衍生品交易中不再区分内外资机构，实行统一的交易证制度，刺激本国金融体制进步和金融交易技术的提高
	优化金融法治环境；充分发挥金融司法审判功能对金融市场的指引和规制作用	支持金融监管创新；建立了金融科技监管沙盒制度，对具有预先确定性的、标准化且可以合理控制风险的金融服务或产品，允许金融科技创新业务快速落地运营

数据来源：课题组根据公开资料整理。

2. 商事纠纷解决机制欠缺系统性与国际性

一方面，多元纠纷解决机制的立法保障还不充分。《海南省多元化解纠纷条例》缺乏系统、全面且具有可操作性的调解规则和仲裁规则。相较之下，中国香港设立了包括《调解条例》《2017 年仲裁及调解法例（第三者资助）（修订）条例》在内的多部调解法例①，形成了较为完备的纠纷解决法律体系。新加坡也专门推出了《新加坡公约调解法》以适配《新加坡调解公约》。另一方面，非诉讼纠纷解决机制尚不成熟②。尚未建立较为完善的司法确认制度、第三方调处化解机制、诉调对接机制等，在程序衔接上，诉讼与非诉讼纠纷解决方式之间还存在脱节现象。而新加坡依托“麦克斯韦多元纠纷解决中心”提供“融合化”的国际商事争端解决方案，为当事人提供“一站式”非诉讼解决方案，已在全球实现示范效应、规模效应以及带动效应（见表 16-2）。

表 16-2　海南自贸港与国际先进商事纠纷立法对比

序号	国家/地区	法律名称	要点介绍
1	海南自贸港	《海南省多元化解纠纷条例》	构建多元衔接联动的化解纠纷机制和多元化商事纠纷解决机制，畅通公众参与化解纠纷渠道，建立一站式纠纷解决服务平台
2	美国纽约	《ADR 法案》	从国家层面将 ADR③ 纳入法治轨道，成为世界上首部有关 ADR 的特别立法

① 修订《仲裁条例》（第 609 章）和《调解条例》（第 620 章）的《2017 年仲裁及调解法例（第三者资助）（修订）条例》在 2017 年 6 月 14 日获得通过，以厘清中国香港法律准许第三者资助仲裁、调解及相关法律程序的相关规定。

② 资料来源：上海国际航运研究中心航运信息工程研究所。

③ ADR 起源于美国的争议解决方式，一般译为“非诉讼纠纷解决程序”。主要的 ADR 方式包括调解、调停、仲裁、模拟法庭、专家裁定等。

续表

序号	国家/地区	法律名称	要点介绍
3	迪拜	《9 号迪拜法》、《12 号迪拜法》以及修正案	建立迪拜国际金融中心的法律体系和司法体系，并决定在迪拜国际金融中心独立的司法体制之下再设纠纷解决管理局（DRA），统一规划、规范与管理迪拜诉讼与非诉讼纠纷解决服务
4	新加坡	《新加坡国际商事法庭规则》	对新加坡国际商事法庭的程序进行了改革；该规则旨在为国际商事诉讼提供便利，加入了来自诸多争议解决机制和法系的国际最佳实践
5	中国香港	《香港仲裁条例》	新的《香港仲裁条例》确立了机构仲裁与临时仲裁两种不同的仲裁程序，将原有较为分散的仲裁实体立法予以集中；中国香港通过立法方式对临时仲裁制度做出系统性规定，构建起临时仲裁制度的基本法律框架，保证了临时仲裁制度的依法规范有序实施

数据来源：课题组根据公开资料整理。

3. 税收优势较国际一流自贸港差距明显

自贸区实施的税收优惠范围相对较窄，与具备国际竞争力的税收优惠政策存在差距。如海南自贸港封关前以落实我国现有税收优惠政策为主，在促进投资、引进人才、对标产业方面政策相对不足。而作为国际一流自贸港区，迪拜自贸港内企业可免除公司所得税、公司营业税和资本收益税 50 年，期满后还可再延长 15 年；无个人所得税、进出口关税和再出口关税；自贸港内存储、贸易、加工制造均不征收任何税款。与迪拜类似，新加坡自贸港区几乎所有货物都可以零关税进入新加坡，对从自由贸易园区转运到保税仓库进行储存的货物并不征收消费税，只有在离开保税仓库进入国内市场时，才征收消费税，为跨国公司和物流运营商提供了极大的便利（见表 16-3）。

表 16-3　海南自贸港和国（境）外自贸区税制对比梳理

企业所得税	
迪拜	规定 50 年内免除公司所得税
新加坡	从 2010 年起适用 17%的企业所得税税率，并采取阶梯式免税征收方式；前 1 万新加坡元按 75%免税，之后的 29 万新加坡元按 50%免税；符合法定条件的企业前 10 万新加坡元全部免税；投资鼓励行业的外资企业可享受 15 年减免企业所得税，企业亏损可以无限期结转
中国香港	对企业利润不超过 200 万港元的，按 8.25%税率征收，企业利润在 200 万港元及以上的，税率为 16.5%
纽约	自贸港的企业所得税税率为 21%，企业可以在 10 年内享受一系列的税收抵免政策
海南	2025 年前，仅对注册在海南自由贸易港并实质性运营的鼓励类产业企业，减按 15%征收企业所得税
个人所得税	
迪拜	不征收个人所得税
纽约	免除州层级的个人所得税
中国香港	实行 2%~17%的超额累进税率
新加坡	实行 2%~22%的超额累进税率
海南	2025 年后，一个纳税年度内在海南自由贸易港累计居住满 183 天的个人，其取得来源于海南自由贸易港范围内的综合所得和经营所得，均按照 3%、10%、15%三档超额累进税率征收个人所得税

续表

间接税	
中国香港	不征收增值税
迪拜	只对酒类等少数商品开征销售税
新加坡	消费税税率为 7%
纽约	销售税税率为 8%
海南	在 2025 年前全岛封关运作的同时，依法将现行增值税、消费税、车辆购置税、城市维护建设税及教育费附加等税费进行简并，不再征收增值税（目前税费简并还未真正实现）

数据来源：课题组根据公开资料整理。

（二）贸易投资便利化程度仍需升级

1. “贸易单一窗口”制度需要创新升级

在数据联通方面，自贸区“单一窗口”本身并不能通过链接进行进一步的数据查询，同时也存在数据过时的问题，与国内其他省市的数据交互尚未建立。相较而言，新加坡的“单一窗口”不仅可以实现国内所有口岸数据的共享和交互，还能接入其他国家的“单一窗口”或物流公共平台，实现了数据的跨国链接。在技术手段方面，海南国际贸易“单一窗口”在数据后期处理、存储及反馈方面的发展路径还不清晰。相较而言，新加坡“单一窗口”注重结合当下新兴技术，试点基于区块链的电子提单、推进跨境数字贸易的模拟测试，有效缩短运输单据的提交和转让流程（见图 16-6）。①

2. 跨境资金流动自由便利水平有待提升

首先，海南自贸港金融机构发展规模总体较弱，岛内金融业态主要集中于银行机构和保险公司，多数跨机构类型的综合金融业务在海南无法开展，业务协同效应不足。其次，自贸港金融监管机构对离岸金融、离岸贸易等离岸业务的监管体制机制尚不完善，海南自由贸易港信息交流及共享的渠道机制尚未建立健全，相关外资金融机构及其跨境交易对手的信用信息较难获得，防控压力较大。最后，与世界一流自贸港口还存在较大资金流动便利性差距。据统计，自 2011 年以来，香港离岸贸易额常年保持在 6000 亿美元以上，而 2022 年海南自贸港新型离岸国际贸易涉外收支为 184.5 亿美元。总体来看，海南自贸港的金融机构对于高水平贸易投资自由化便利化的需求的支撑性相对不足，资金结算、贸易融资、套期保值等金融服务的灵活性、时效性与国内外同行还存在一定差距。

① 资料来源：上海国际航运研究中心航运信息工程研究所。

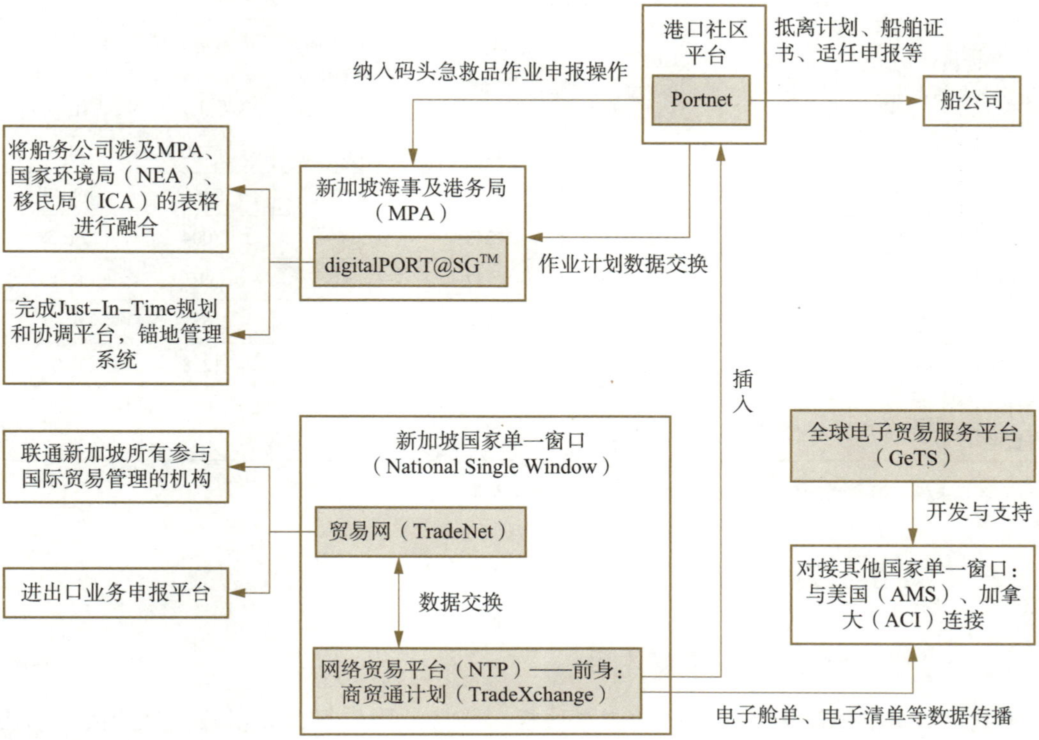

图 16-6　新加坡口岸平台

资料来源：课题组根据公开资料整理。

（三）与粤港澳大湾区的联动性有待加强

海南自贸区与粤港澳大湾区经济发展水平和基础设施建设存在较大差距，两地区域经济联动发展成效尚未充分显现。一方面，两地空间衔接还不充分。琼州海峡跨海海底隧道尚未建成，两地之间只能通过船运或航空运输①，一定程度上造成了区域合作成本增加。另一方面，两地产业协同发展条件还不成熟②。海南自贸区产业结构相对单一，工业基础薄弱，而粤港澳大湾区产业结构相对完备，制造业规模较大。粤港澳大湾区较早融入国际市场，现已步入成熟阶段，而海南自贸港由于开放时间较晚，处于成长阶段，三大产业发展能级对比粤港澳大湾区还存在一定差距，导致两地参与合作分工的难度加大，进而导致产业链合作不顺畅的情况普遍存在（见表16-4）。

①② 资料来源：上海国际航运研究中心航运信息工程研究所。

表 16-4　2022 年粤港澳大湾区与海南自贸港主要经济指标

粤港澳相关市区与海南省		GDP（亿元）	GDP 增速（%）	港口货物吞吐量（万吨）	港口货物吞吐量全国占比（%）	港口集装箱吞吐量（万 TEU）	港口集装箱吞吐量全国占比（%）
粤港澳大湾区	大湾区整体	130431	3.52	146269	14.4	6500	24.93
	广州	28839	3.52	62960	6.21	2460	9.43
	深圳	32387	5.62	27243	2.69	3004	11.52
	珠海	4045	9.32	10237	1.01	110	0.42
	香港	24280	2.27	19210	1.90	1657	0.42
	澳门	1470	-38.6	15.6	0.002	12.8	0.05
海南自贸港	海南省	6818	0.2	18806	1.86	392	1.50

数据来源：国家统计局、交通运输部、澳门统计暨普查局。

三、展望与政策建议

（一）健全自贸港法规制度体系

立足自贸港建设实践，用好地方立法权。坚持急用先行，分步骤、分阶段，加快建立健全自贸港法规体系，突出“小切口”，在贸易投资规则、负面清单制度、免税购物消费者权益保障、金融战略、数据传输与共享、风险防控等领域率先开展立法，以重点突破带动整体立法工作推进。加强区域国际法治合作，重视自贸港法规体系建设与国际经贸规则衔接的深度和广度，以形成与国际化相符、兼具海南特色的自贸港法规体系，打造自贸港开放型经济新体制的法治保障。

（二）提升自贸制度集成创新水平

1. 构建海南自贸港特殊税收制度

借鉴国际经验，有序推进销售税制度设计，建立与高水平自由贸易港相适应的、具有国际竞争力的销售税制度，完成销售税对于增值税及其附加、车辆购置税等税种的有效替代①，并在短期内实现销售税与增值税的有序衔接。探索引入“市场协调人”机制，防范海南自贸区内外的税收侵蚀风险。有序探索销售税向其他国家级自贸区拓展覆盖，形成以海南自贸港为引领的全国自贸试验区高度市场化、国际化的税收制度体系。

2. 建立更高开放水平下的金融制度

构建自贸港双重账户体系，对在岸账户采取现行监管制度，尽快将自由贸易账户升级并转型为离岸账户。对标中国香港、新加坡建立新的金融监管制度②，推动海南自贸港在跨境资金流动管理上实现与中国香港、新加坡等基本相同水平的自由便利。推

①② 资料来源：上海国际航运研究中心航运信息工程研究所。

动本外币一体化跨境资金池试点，建立在岸账户和离岸账户联通的特殊通道。全面开展跨境金融创新“沙盒监管”管理模式，加强与中国香港、新加坡在金融科技、监管科技等领域的交流合作，提升跨境金融风险预警与防范能力。

3. 创新要素自由安全流动机制

创新人员进出自由便利、数据安全流动、药品通关便利机制，建立吸引外国高技术人才的管理制度，探索对符合条件的外籍专业人士颁发“高科技人才绿卡”，为外籍和港澳台地区高层次技术人才在自贸港就业、科研创新、永久居留提供便利。支持自由贸易港探索建设数字自由港，积极筹建以海南自贸港为起点的国际海底光缆，强化自贸港与国际网络直联，按照“特定区域、特定对象、特殊授权、特殊监管”思路，探索建设国际数据中心试点，打造“境内关外”数据实验区①，主动参与数据流动和数据安全等国际规则和数字技术标准制定。建成与海南自贸港相适应的药品安全治理体系与药品监管能力，提升药品通关便利化水平。积极争取特定范围的医保药品特殊调整权限，逐步探索将乐城先行区已成熟使用、治疗效果好的国外已上市而国内未注册的新特药纳入省级医保药品目录，为自贸港建设释放医保红利。

（三）强化“自贸港—大湾区”联动发展

释放海南自由贸易港地缘优势与增值货物免关税政策等开放优势，充分利用广东产业优势与港澳的国际化网络，推进海南自贸港与粤港澳大湾区联动发展，将粤港澳大湾区作为海南自贸港的产业链供应链腹地，同时将海南自贸港制度创新成果向粤港澳大湾区复制推广，形成港湾联动、互为补充、相互支撑的高水平对外开放格局（见表 16-5）。充分发挥香港“超级联系人”优势，强化香港—海南自贸港金融合作，完善跨境金融资产交易体系，拓宽跨境金融资产交易范围，率先探索琼港金融机构“单一通行证”制度。加快推进琼州海峡港航一体化，建设琼州海峡一体化发展示范区，打通琼州海峡两岸经济联通的堵点，实现广东海南间资源要素联结、产业协同联动、市场互联互通的重要突破。

表 16-5 粤港澳大湾区与海南自贸港制度政策②

序号	制度设计	粤港澳大湾区	海南自贸港
1	贸易自由便利	紧密合作共同参与“一带一路”建设：加快国际贸易单一窗口建设，研究优化相关管理措施，落实内地与香港、澳门 CEPA 服务贸易协定等	对货物贸易，实行“零关税”；对服务贸易，实行“既准入又准营”；“一线”放开，“二线”管住，岛内自由，推进服务贸易便利自由
2	投资自由便利	更好落实 CEPA 框架下对港澳开放措施，进一步取消或者放宽对港澳投资者的限制	实施市场准入承诺即入制：“非禁即入”；创新完善投资自由制：“有事必应”“无事不扰”

①② 资料来源：上海国际航运研究中心航运信息工程研究所。

续表

序号	制度设计	粤港澳大湾区	海南自贸港
3	跨境资金流动自由便利	建设国际金融枢纽：发挥香港引领带动作用，打造服务“一带一路”建设的投融资平台；研究探索建设澳门—珠海跨境金融合作示范区；支持澳门发展租赁等特色金融服务，建立以人民币计价结算的证券市场；支持珠海等市发展特色金融服务业	构建多功能自由贸易账户体系；便利跨境贸易投资资金流动，扩大金融业对内对外开放，支持建设国际能源、航运、产权、股权等交易场所
4	人员进出自由便利	研究粤港澳大湾区内人员和外国人便利通行政策和优化管理措施	实行更加开放的人才和停居留政策，打造人才聚集高地
5	运输来往自由便利	构建现代化的综合交通运输体系；提升珠三角港口群国际竞争力，建设世界级机场群，构筑大湾区快速交通网络等	建立更加自由开放的航运制度；开展船舶登记，放宽航路航权限制，建设“中国洋浦港”船籍港
6	数据安全有序流动	—	培育发展数字经济
7	现代产业体系	加快发展先进制造业和现代服务业；珠海建设珠江西岸先进装备制造产业带；以航运物流为重点，推进粤港澳物流合作发展，建设国际物流枢纽	大力发展旅游业、现代服务业和高新技术产业
8	税收制度	—	零关税、低税率、简税制
9	共建粤港澳合作发展平台	推进深圳前海、广州南沙、珠海横琴等重大平台开发建设	—

资料来源：课题组根据公开资料整理。

（四）对接高标准国际规则扩大开放

积极对接区域性国际高水平经贸规则，加速海南自贸港融入全球高标准自由贸易网络，同时发挥为国家试验国际经贸规则的战略功能，为中国主导国际经贸规则重塑总结经验和创造条件。自贸港应发挥自贸港立法权优势，在封关运作前积极对标CPTPP经贸规则，尤其是电子商务、知识产权、国有企业竞争政策、投资争端解决、数据跨境流动等方面的规则，探索对标实施CPTPP高水平国际经贸规则的综合性压力测试，指导企业参加对接试点。加快对接DEPA规则，重点围绕贸易自由化和便利化、电子商务和电子支付生态、跨境数据有序流动、数字身份互联互通合作等方面开展探索。

第十七章　中国边境地区的开放：复苏中迎来新机遇

一、边境地区开放情况

我国的边境地区包括新疆、西藏、内蒙古、甘肃、辽宁、吉林、黑龙江、广西、云南九个省区。本章着重分析在新冠疫情冲击与复苏进程中，我国边境地区对外开放现状，以及边境地区开放的影响与进展，并提出相应的政策建议。

（一）边境地区开放概况

1. 边境地区人口下降形势严峻

过去五年，边境地区人口总体呈现逐年下降趋势。截至 2022 年底，我国 9 个边境省份的常住人口约有 27228 万人，较 2017 年同期减少了 1270 万人；合计人口占全国比重为 19.29%，较 2017 年同期下降了 1.2 个百分点。边境地区人口自然增长率均出现持续下降情况，其中 8 个地区近五年累计降幅高于全国平均水平，且指标值由正转负的地区数量由五年前的 2 个扩大到最新的 6 个，仅新疆、西藏和广西暂时维持正增长水平。

表 17-1　2018—2022 年我国边境地区常住人口及增长率和人口自然增长率

指标	年份	黑龙江	辽宁	吉林	内蒙古	甘肃	新疆	西藏	广西	云南	全国
常住人口（万人）	2018	3327	4359	2484	2422	2515	2520	354	4947	4703	140541
	2019	3255	4277	2448	2415	2509	2559	361	4982	4714	141008
	2020	3171	4259	2399	2403	2501	2590	366	5019	4722	141212
	2021	3125	4229	2375	2400	2490	2589	366	5037	4690	141260
	2022	3099	4197	2348	2401	2492	2587	364	5047	4693	141175
常住人口增长率（%）	2018	-2.12	-0.21	-1.66	-0.45	-0.28	1.61	1.43	0.82	0.21	0.38
	2019	-2.16	-1.88	-1.45	-0.29	-0.24	1.55	1.98	0.71	0.23	0.33
	2020	-2.58	-0.42	-2.00	-0.50	-0.32	1.21	1.39	0.74	0.17	0.14
	2021	-1.45	-0.70	-1.00	-0.12	-0.44	-0.04	0.00	0.36	-0.68	0.03
	2022	-0.83	-0.76	-1.14	0.04	0.08	-0.08	-0.55	0.20	0.06	-0.06

续表

指标	年份	黑龙江	辽宁	吉林	内蒙古	甘肃	新疆	西藏	广西	云南	全国
人口自然增长率（‰）	2018	-0.69	-1.00	0.36	2.40	4.42	6.13	10.64	8.16	6.13	3.78
	2019	-1.01	-0.80	-0.85	2.57	3.85	3.69	10.14	7.17	6.43	3.32
	2020	-4.48	-5.70	-0.30	-0.10	2.64	1.50	8.60	4.90	3.00	1.45
	2021	-5.11	-4.18	-3.38	-1.28	1.42	0.56	8.70	2.88	1.23	0.34
	2022	-5.75	-4.96	-4.07	-2.25	-0.04	0.77	8.76	1.43	-0.07	-0.60

数据来源：《中国统计年鉴》。

不同区域的人口增长分化明显。东北边境地区常住与自然人口均为负增长，且自然增长率远低于全国平均，人口增长各项指标仍处于其近十年最低水平；东北三省的人口自然增长率在边境地区中排名垫底，其中黑龙江 2022 年更是降至-5.75‰。西北边境地区常住人口增长率与全国平均值较为接近，人口自然增长率指标均出现大幅下滑，其中新疆该项指标五年下降了 1 个百分点，降幅是边境地区最大的。西南边境地区人口基本保持正增长，自然人口增长率高于全国平均，但增速也在放缓，仅西藏仍然维持着较高的人口自然增长率（见表 17-1）。

2. 边境地区经济复苏进程缓慢

边境地区经济总量占全国比重由降转升。2015—2019 年，我国边境九省的 GDP 总和占全国比重持续降低，连续下降超过 4 个百分点。新冠疫情发生之后，边境地区经济反而展现出了较强的发展韧性，经济发展受影响的程度较全国平均水平要更低，此前 GDP 总和占全国比重指标逐年下降趋势得到了遏制并呈现企稳回升态势，2022 年该项指标较新冠疫情发生前低值回升了 0.18 个百分点（见图 17-1）。

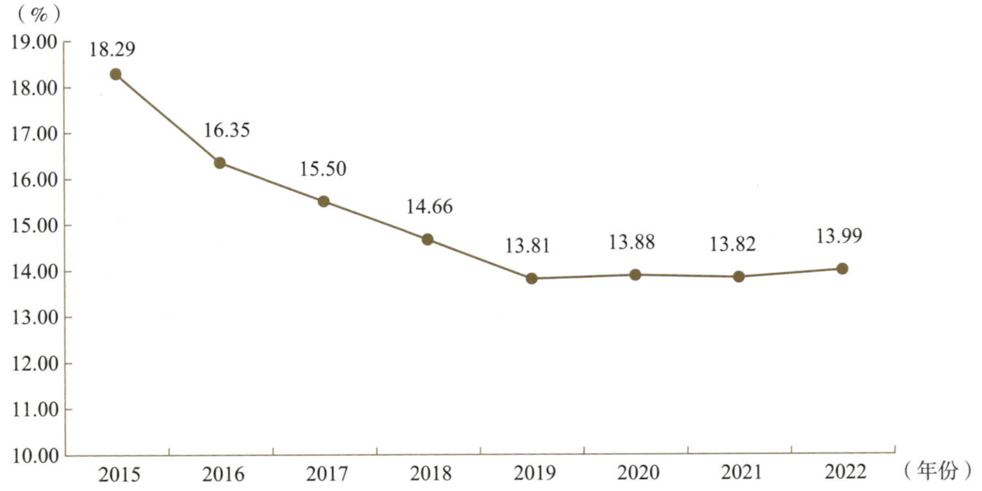

图 17-1　2015—2022 年我国边境 9 省地区 GDP 总量占全国比重

数据来源：《中国统计年鉴》。

边境各地区在新冠疫情冲击与复苏中的经济发展存在较大内部差异性。东北边境地区经济发展颓势未改，经济增速在新冠疫情前后均低于全国均值水平，地区经济总量占全国经济比重持续下降，其中吉林省在2022年更是出现了边境地区中唯一GDP负增长的情况。西北边境地区经济增速在新冠疫情前接近或略低于全国平均水平，而在新冠疫情后普遍超过了全国平均经济增长率，甚至接近翻倍，在全国经济中的比重也略有增加。西南边境地区经济增速在新冠疫情前高于全国平均水平，而在新冠疫情后除云南外都低于全国平均水平，增速缩水50%~80%（见表17-2）。

表17-2 2018—2022年我国边境地区GDP及增速

单位：亿元

省份	2018年		2019年		2020年		2021年		2022年	
	GDP	增速（%）	GDP	增速（%）	GDP	增速（%）	GDP	增速（%）	GDP	增速（%）
黑龙江	16362	4.70	13544	5.43	13633	0.66	14858	8.98	15901	7.02
辽宁	25315	5.70	24855	5.72	25011	0.63	27570	10.23	28975	5.10
吉林	15075	4.50	11727	4.20	12256	4.51	13164	7.41	13070	-0.71
内蒙古	17289	5.30	17213	6.64	17258	0.26	21166	22.64	23159	9.41
甘肃	8246	6.30	8718	7.58	8980	3.00	10226	13.87	11202	9.55
新疆	12199	6.10	13597	6.15	13801	1.50	16312	18.19	17741	8.76
西藏	1478	9.10	1698	9.65	1903	12.07	2080	9.33	2133	2.52
广西	20353	6.80	21237	8.20	22121	4.16	25209	13.96	26301	4.33
云南	17881	8.90	23224	11.22	24556	5.74	27162	10.61	28954	6.60

数据来源：《中国统计年鉴》。

3. 边境地区进出口贸易展现韧性

尽管边境地区直接与外国陆上接壤，但远非中国进出口贸易的主要通路和经营人。过去五年，边境九省按照地域范围统计的进出口贸易总额仅占全国总额的十分之一，而按照经营单位所在地统计的份额则不到7%。不过，在过去三年抗疫期间，边境地区的进出口贸易展现出了较强的韧性。2022年，我国边境九省进出口贸易总额为26398亿元（按经营单位所在地），占全国总量的6.32%，较上一年提升0.27个百分点。在9个边境地区省份中，仅辽宁、吉林和云南的进出口增速低于当年全国平均水平，其余省份均实现了大幅增长。边境地区对外贸易总额在全国的占比缓慢提升，彻底扭转了过去几年剧烈负增长的趋势。从2019年低于全国对外贸易增速平均值，到2021—2022年远高于全国对外贸易增速平均值，边境地区成为对外贸易的新增长点（见表17-3）。

表 17-3　2018—2022 年我国边境地区进出口贸易总额及增速　　单位：亿元

省份	2018 年		2019 年		2020 年		2021 年		2022 年	
	进出口贸易总额	增速（%）	进出口贸易总额	增速（%）	进出口贸易总额	增速（%）	进出口贸易总额	增速（%）	进出口贸易总额	增速（%）
辽宁	7557.7	11.98	7259.2	-3.95	6569.2	-9.51	7722.8	17.56	7900.9	2.31
吉林	1363.1	8.61	1302.8	-4.42	1282.3	-1.57	1505	17.37	1559.4	3.61
黑龙江	1749.5	36.50	1866.9	6.71	1539.2	-17.55	1993	29.48	2651.5	33.04
内蒙古	1034.7	9.97	1097.5	6.07	1054.2	-3.95	1236.5	17.29	1506.6	21.84
甘肃	395.4	21.25	380.4	-3.79	382.4	0.53	491.9	28.63	567.9	15.45
新疆	1325.5	-4.80	1640.8	23.79	1483.4	-9.59	1569.2	5.78	2457.5	56.61
西藏	47.5	-19.08	48.8	2.74	21.3	-56.35	40.2	88.73	46.1	14.68
广西	4104.4	4.91	4696	14.41	4869.8	3.70	5931.7	21.81	6464.2	8.98
云南	1970.6	24.52	2323.7	17.92	2692.8	15.88	3145.3	16.80	3244	3.14
全国	305008.1	9.68	315627.3	3.48	322215.2	2.09	390921.7	21.32	418011.6	6.93
边境九省占全国比重（%）	6.41	—	6.53	—	6.17	—	6.05	—	6.32	—

数据来源：国家统计局分省年度数据。

值得注意的是，边境小额贸易遭受了严重冲击。边境小额贸易是国家为利好边境地区而设立的一种特色贸易，其数额不大，形式特殊。在新冠疫情发生前，它常年占全国进出口比重的 1%左右。本轮边境小额贸易受新冠疫情冲击格外明显，自 2019 年起，多边境省区在统计年鉴中已逐渐不再单独统计边境小额贸易。

4. 边境地区口岸开放水平不断提升

边境口岸作为我国对外开放的前沿窗口，近年来其开放总数和开放水平均不断提升。截至 2023 年底，我国边境九省累计开放的口岸数量达到了 140 个，较 2017 年增加了 4 个。这些口岸包括 69 个公路口岸、13 个铁路口岸、19 个河港口岸、12 个海运口岸和 26 个空运口岸，以及 1 个步行口岸。其中，黑龙江省拥有 27 个开放口岸，位列边境九省第一（见表 17-4）。

就全国而言，货运量最大的是海运口岸，而出入境人员最多的是公路口岸；边境省区的趋势与全国相同。与此同时，受新冠疫情影响，往年运量最大的两个公路口岸——霍尔果斯、阿拉山口，其运量受到严重影响，导致 2023 年内蒙古超越新疆成为最重要的陆运省区（见表 17-5、表 17-6 和表 17-7）。

表 17-4　截至 2023 年底我国各边境地区开放口岸数量

省区	边境一类口岸数目（个）							边境线长度（千米）	接壤国家
	公路口岸	铁路口岸	河港口岸	海运口岸	空运口岸	步行口岸	合计		
辽宁	1	1	—	9	2	—	13	306	朝鲜
吉林	11	3	—	—	2	—	16	1439	朝鲜、俄罗斯

续表

省区	边境一类口岸数目（个）							边境线长度（千米）	接壤国家
	公路口岸	铁路口岸	河港口岸	海运口岸	空运口岸	步行口岸	合计		
黑龙江	6	3	13	—	4	1	27	2981	俄罗斯
新疆	14	2	—	—	3	—	19	5600	俄罗斯、哈萨克斯坦、吉尔吉斯斯坦、塔吉克斯坦、巴基斯坦、蒙古、印度、阿富汗
内蒙古	12	2	—	—	5	—	19	4200	蒙古、俄罗斯
甘肃	1	—	—	—	2	—	3	66	蒙古
西藏	4	—	—	—	1	—	5	3842	尼泊尔、印度、缅甸、不丹
广西	8	1	3	3	3	—	18	637	越南
云南	12	1	3	—	4	—	20	4060	缅甸、老挝、越南
合计	69	13	19	12	26	1	140	23768	

数据来源：中国口岸协会。

表 17-5 2022 年我国边境省区五大海运口岸

省级行政区	口岸名称	进出口货物吞吐量（万吨）
辽宁	大连	13062
广西	防城港	9822
辽宁	营口	7455
广西	钦州	5343
广西	北海	1591

数据来源：中华人民共和国交通运输部。

表 17-6 2023 年我国边境省区五大公路口岸

省级行政区	口岸名称	进出口货物吞吐量（万吨）
内蒙古	甘其毛都	3785.7
新疆	霍尔果斯	3138.8
内蒙古	策克	1913.2
内蒙古	满都拉	528.4
云南	腾冲	416.9

数据来源：各省政府官网。

表 17-7 2023 年我国边境省区五大铁路口岸

省级行政区	口岸名称	进出口货物吞吐量（万吨）
内蒙古	满洲里	2107.0
内蒙古	二连浩特	1901.2
新疆	阿拉山口	1407.1
新疆	霍尔果斯	1039.6
黑龙江	绥芬河	855.9

数据来源：各省政府官网。

（二）边境地区开放新气象

1. 边境地区国家开放合作关系进一步升级

我国与周边接壤国家双边合作关系进一步升级。截至 2023 年底，14 个周边接壤国家中，除不丹未建交外，其余国家基本接近或高于全面战略合作伙伴关系，多数国家与我国签订了共建“一带一路”合作文件或备忘录。其中，与越南、老挝、缅甸、哈萨克斯坦、吉尔吉斯斯坦、塔吉克斯坦等国家的双边关系在近期得到进一步深化拓展，相继提出了构建命运共同体的愿景和目标（见表 17-8）。

表 17-8　截至 2023 年底我国与 14 个周边接壤国家的双边关系

周边国家	与中国目前的关系	是否签订共建“一带一路”合作文件或备忘录
俄罗斯	中俄新时代全面战略协作伙伴关系	是
蒙古	全面战略伙伴关系	是
印度	更加紧密的发展伙伴关系	否
巴基斯坦	全天候战略合作伙伴关系	是
尼泊尔	面向发展与繁荣的世代友好的战略合作伙伴关系	是
朝鲜	传统友好合作关系	否
越南	全面战略合作伙伴关系、中越命运共同体	是
老挝	全面战略合作伙伴关系、中老命运共同体	是
缅甸	全面战略合作伙伴关系、中缅命运共同体	是
哈萨克斯坦	永久全面战略伙伴关系、中哈命运共同体	是
吉尔吉斯斯坦	新时代全面战略伙伴关系、中吉命运共同体	是
塔吉克斯坦	全面战略伙伴关系、中塔命运共同体	是
阿富汗	战略合作伙伴关系	是
不丹	未建交，但保持友好关系	是

数据来源：中华人民共和国外交部官网。

我国与周边接壤国家的经贸合作关系进一步升温。截至 2022 年底，我国与周边接壤国家的进出口贸易总额基本保持持续增长态势，屡创历史新高。其中，我国已成为越南的最大贸易伙伴、第二大出口市场和第一大进口市场，连续 11 年成为俄罗斯第一大贸易伙伴，是巴基斯坦第一大进口来源国和第二大出口目的国，是哈萨克斯坦第二大贸易伙伴和第一大出口目的国，是吉尔吉斯斯坦第一大贸易伙伴和第一大投资来源国（见表 17-9）。

表 17-9　2018—2022 年我国对周边接壤国家进出口总额　　单位：亿美元

排序	国家	2018 年	2019 年	2020 年	2021 年	2022 年
1	越南	1478.33	1619.86	1922.90	2302.14	2318.18
2	俄罗斯	1071.07	1109.40	1081.89	1471.60	1900.21

续表

排序	国家	2018 年	2019 年	2020 年	2021 年	2022 年
3	印度	955.09	928.11	876.97	1256.53	1346.86
4	哈萨克斯坦	198.78	220.03	215.08	252.50	310.90
5	巴基斯坦	191.05	179.73	174.83	278.25	262.67
6	缅甸	152.32	186.99	188.94	186.46	247.82
7	吉尔吉斯斯坦	56.11	63.47	29.00	75.54	154.24
8	蒙古	79.89	81.61	67.43	91.32	121.98
9	老挝	34.72	39.19	35.80	43.42	56.18
10	塔吉克斯坦	15.06	16.75	10.62	18.59	25.71
11	尼泊尔	10.99	15.16	11.84	19.76	16.60
12	朝鲜	24.30	27.89	5.39	3.16	9.73
13	阿富汗	6.92	6.29	5.55	5.24	5.92

2. 边境经济“双区”政策开放升级

2015 年出台的《国务院关于支持沿边重点地区开发开放若干政策措施的意见》提出，边境经济合作区和跨境经济合作区是我国深化与周边国家和地区合作的重要平台，正在成为实施“一带一路”战略的先手棋和排头兵，在全国改革发展大局中具有十分重要的地位。

我国边境经济“双区”概况

边境经济合作区是中国沿边开放城市发展边境贸易和加工出口的区域。1992 年，我国成立了首批 14 个边境经济合作区。2011 年，中国国务院又批准设立了吉木乃边境经济合作区。2013 年 9 月，国务院正式批准设立临沧边境经济合作区，实行现行边境经济合作区的政策，这是我国第 16 个边境经济合作区。2014 年，国家批准成立百色边境经济合作区，此为第 17 个。2015 年国家再度批准一个新的边境经济合作区，位于吉林的和龙。2020 年，因为广西百色边境经济合作区受到格外重视，被改组为广西百色重点开发开放试验区，边境经济合作区数量重新变回 17 个。百色试验区连接着龙邦、岳圩两个口岸，作为中国对东盟开放合作的重要前沿，这次改组是推进共建“一带一路”、加快沿边开发开放步伐、构建全面开放新格局的重要举措。

跨境经济合作区是指在沿边地区，由两国或两国以上政府间共同推动的享有出口加工区、保税区、自由贸易区等优惠政策的次区域经济合作区。跨境经济合作区在两国边境附近划定特定区域，赋予该区域特殊的财政税收、投资贸易以及配套的产业政策，并对区内部分地区进行跨境海关特殊监管，吸引人流、物流、资金流、技术流、信息流等各种生产要素在此聚集，实现该区域加快发展，进而通过辐射效应带动周边地区发展。2004 年，根据《中华人民共和国政府和哈萨克斯坦共和国政府关于建立霍尔果斯国际边境合作中心的框架协议》，第一个跨境经济合作区——中哈霍尔果斯国际边境合作中心开始建设。2012 年，中哈霍尔果斯国际边境合作中心正式封关运营。中哈合作中心是世界上首个跨境自由贸易区，中哈两国公民和第三国公民，无须签证即可凭护照或出入境通行证等有效证件出入，实现面对面商贸洽谈和商品交易。

边境经济“双区”已成为我国沿边开放的重要平台、沿边地区经济社会发展的重要支撑。截至 2023 年底，我国已在 7 个沿边省区设立了 17 家边合区、2 家跨合区。根据商务部公布的统计数据，“十三五”期间，我国边（跨）合区共实现进出口总额近 6300 亿元，年均增长 9.2%；工业总产值 3600 亿元，年均增长 1.6%；实现就业 18.5 万人。其中，新疆和云南是设立边境经济合作区最多的边境省区。截至 2023 年底，除甘肃和西藏外，我国边境省区均已设立边境经济合作区。广西于 2014 年获批了其第三个边境经济合作区——百色边境经济合作区，并于 2020 年将其改组为重点开发开放试验区（见表 17-10）。

表 17-10　2023 年我国边境经济合作区的情况

省份	合作区名称	成立年份	附近口岸	毗邻国家
吉林	珲春边境经济合作区	1992	珲春	俄罗斯
	和龙边境经济合作区	2015	南坪	俄罗斯
辽宁	丹东边境经济合作区	1992	丹东	朝鲜
黑龙江	黑河边境经济合作区	1992	黑河	俄罗斯
	绥芬河边境经济合作区	1992	绥芬河	俄罗斯
内蒙古	二连浩特边境经济合作区	1992	二连浩特	蒙古
	满洲里边境经济合作区	1992	满洲里	俄罗斯
新疆	博乐边境经济合作区	1992	阿拉山口	哈萨克斯坦
	伊宁边境经济合作区	1992	霍尔果斯	哈萨克斯坦
	塔城边境经济合作区	1992	巴克图	哈萨克斯坦
	吉木乃边境经济合作区	2011	吉木乃	哈萨克斯坦
广西	东兴边境经济合作区	1992	东兴	越南
	凭祥边境经济合作区	1992	凭祥	越南
	百色重点开发开放试验区	2014	龙邦、岳圩	越南

续表

省份	合作区名称	成立年份	附近口岸	毗邻国家
云南	河口边境经济合作区	1992	河口	越南
	畹町边境经济合作区	1992	畹町	缅甸
	瑞丽边境经济合作区	1992	瑞丽	缅甸
	临沧边境经济合作区	2013	孟定	缅甸

数据来源：商务部外国投资管理司。

截至2023年，我国共有6个已审批的跨境经济合作区，其中2个跨境合作区已经正式开放运作（见表17-11）。此外，尚有多个跨境经济合作区正在审批或建设过程中，包括中越河口—老街、中缅瑞丽—木姐、澜沧江—湄公河地区创新走廊、中俄绥芬河—波格拉尼奇内、中俄“两国一岛”黑瞎子岛等。

表17-11　2023年我国跨境经济合作区的情况

省份	合作区名称	开放年份	附近口岸	毗邻国家
新疆	中哈霍尔果斯国际边境合作中心	2012	霍尔果斯	哈萨克斯坦
广西	中越东兴—芒街跨境经济合作区	—	东兴	越南
	中越凭祥—同登跨境经济合作区	—	凭祥	越南
云南	中老磨憨—磨丁跨境经济合作区	2016	磨憨	老挝
黑龙江	中蒙二连浩特—扎门乌德跨境经济合作区	—	二连浩特	蒙古
	中蒙俄满洲里跨境经济合作区	—	满洲里	俄罗斯、蒙古

3. 边境旅游“双区”政策重点升级

2016年出台的《国务院关于支持沿边重点地区开发开放若干政策措施的意见》，首次在国家层面明确要求建设边境旅游试验区、发展跨境旅游合作区，即边境旅游的“双区”。在2017年全国旅游工作会议上，旅游“双区”建设工作再次纳入重点工作领域。

我国边境旅游“双区”概况

边境旅游试验区指的是中国在边境区域内设立的、依托边境口岸城市、强化政策集成和制度创新、以旅游业为主导的发展区域。设立边境旅游试验区坚持“分批实施，成熟一个推出一个”的原则，首先选择旅游资源丰富、旅游产业发展较为成熟、口岸通关综合条件较好、与毗邻国家旅游合作相对成熟的边境城市率先开展改革探索，并在实践中积累经验，之后再逐步推广。2018年，国务院同意设立内蒙古满洲里、广西防城港边境旅游试验区，这是我国首批设立的两个边境旅游试验区。在内蒙古满洲里、广西防城港开展试点试验的基础上，将根据改革举措落实情况和试验任务需要，适时选择不同类型、具有代表性的边境地区开展试验，对试点效果好、风险可控且可复制可推广的成果，及时复制推广，推动建设一批边境旅游目的地。

跨境旅游合作区指的是相邻两个国家在边境地区共同划定一定国土范围开展旅游合作，实施特殊旅游政策，以旅游服务为主导功能，旅游产品要素可以自由流动，形成跨越两个或两个以上国界的特色区域。2015 年，我国与越南签订《中华人民共和国政府和越南社会主义共和国政府关于合作保护和开发德天（板约）瀑布旅游资源的协定》，开启了首个跨境旅游合作区——中越德天（板约）瀑布跨境旅游合作区的实践。2023 年 9 月，中越德天（板约）瀑布跨境旅游合作区建设完成，正式启动为期一年的试运营。中越德天（板约）瀑布跨境旅游合作区不仅是广西文旅跨境合作方面的重要探索，其提供的建设经验、管理模式、运营方式等具有开创性意义，对全国其他边境省（区）也具有可复制、可推广、可示范作用。与此同时，中越凭祥（文朗）跨境旅游合作区也在加紧推进，有助于中越跨境旅游合作多点开花、持续升温。

边境旅游的“双区”已经成为支持边境地区开发开放的重大举措，是推进高水平对外开放、推动共建“一带一路”高质量发展的重要内容。已有新疆、西藏、云南、广西、内蒙古、辽宁、吉林、黑龙江等 8 个省区开启相关探索建设工作。其中，内蒙古满洲里、广西防城港完成首批边境旅游试验区建设开放（见表 17-12），广西则获批完成首个跨境旅游合作区建设运营（见表 17-13）。满洲里试验区实施的主要任务包括探索旅游扩大开放政策、构建产业发展政策体系、探索旅游产业促进新模式、探索完善旅游服务管理体系等 4 个方面共 13 项具体任务；防城港试验区实施的主要任务包括探索旅游便利通关新举措、探索全域旅游发展新路径、探索产业发展引导新机制、探索边境旅游转型升级新动能、探索扩大边境旅游合作新模式等 5 个方面的 15 项具体任务。

表 17-12　2023 年我国边境旅游试验区情况

省份	合作区名称	开放年份	附近口岸	毗邻国家
内蒙古	满洲里边境旅游试验区	2018	满洲里	俄罗斯
广西	防城港边境旅游试验区	2018	东兴	越南

表 17-13　2023 年我国各边境省区设计跨境旅游试验区的情况

省份	合作区名称	开放年份	附近口岸	毗邻国家
广西	中越德天（板约）跨境旅游合作区	2023	东兴	越南
广西	中越凭祥（文朗）跨境旅游合作区	—	凭祥	越南

二、边境地区开放政策评估

（一）"一带一路"中的沿边开放情况

"一带一路"倡议和六大经济走廊建设的深入推进，对促进沿边地区与沿线各国、各区域根据各自情况开展务实经济合作，促进自身产业升级、城市转型、扩大出口提供了新一轮机遇。

1. 国际经济合作走廊和通道建设提速

主要经济走廊相关项目建设不断提速，沿线地区积极探索创新合作发展模式，持续为走廊沿线地区的经济发展注入了新的活力。总体来说，新亚欧大陆桥经济走廊沿线国家间贸易规模持续扩大，中欧班列已形成品牌效应；中巴经济走廊进展迅速，能源合作成果显著，多数早期项目已完工；中蒙俄经济走廊则凭借早期的顶层设计和不断增强的政治互信，以口岸和能源合作为特色，逐步迈向规则统一；中国—中亚—西亚地区则在产业园区建设合作方面颇具亮点；而孟中印缅经济走廊虽进展稍缓，但中缅经济走廊的发展势头正逐渐显现（见表 17-14）。

表 17-14 "一带一路"中的"六廊"合作建设项目

走廊名称	涉及范围	项目内容	项目文件
新亚欧大陆桥经济走廊	由中国东部沿海向西延伸，经中国西北地区和中亚、俄罗斯抵达中东欧	中国西部—西欧国际公路（中国西部—哈萨克斯坦—俄罗斯—西欧）、中欧班列	《中国—中东欧国家合作布达佩斯纲要》《中国—中东欧国家合作索非亚纲要》
中蒙俄经济走廊	将"丝绸之路经济带"同"欧亚经济联盟"、蒙古国"草原之路"倡议对接	中俄同江—列宁斯阔耶界河铁路桥、黑河—布拉戈维申斯克界河公路桥、莫喀高铁项目、中蒙俄（二连浩特）跨境陆缆系统	《关于建立中蒙俄经济走廊联合推进机制的谅解备忘录》《建设中蒙俄经济走廊规划纲要》《关于沿亚洲公路网国际道路运输政府间协定》
中国—中亚—西亚经济走廊	由中国西北地区出境，向西经中亚至波斯湾、阿拉伯半岛和地中海沿岸，辐射中亚、西亚和北非有关国家	中哈、中乌、中土双边国际道路运输协定，中巴哈吉、中哈俄、中吉乌多边国际道路运输协议，中国—沙特投资合作论坛	《中哈丝绸之路经济带建设和"光明之路"新经济政策对接合作规划》 与塔吉克斯坦、吉尔吉斯斯坦、乌兹别克斯坦等国签署了共建丝绸之路经济带的合作文件，与土耳其、伊朗、沙特、卡塔尔、科威特等国签署了共建"一带一路"合作备忘录
中国—中南半岛经济走廊	以中国西南为起点，连接中国和中南半岛各国，是中国与东盟扩大合作领域、提升合作层次的重要载体	中越陆上基础设施合作、中老铁路、中泰铁路、昆（明）曼（谷）公路、中老磨憨—磨丁经济合作区、澜沧江—湄公河航道二期整治工程、对接"一带一路"与泰国"东部经济走廊"	《中国—中南半岛经济走廊倡议书》 中国与老挝、柬埔寨等国签署共建"一带一路"合作备忘录 中国与柬老缅越泰经济合作（CLMVT） 中国—东盟（10+1）合作机制、澜湄合作机制、大湄公河次区域经济合作（GMS）

续表

走廊名称	涉及范围	项目内容	项目文件
中巴经济走廊	共建“一带一路”的旗舰项目，两国政府高度重视	瓜达尔港疏港公路、瓜达尔港自由区、白沙瓦至卡拉奇高速公路、喀喇昆仑公路升级改造二期、拉合尔轨道交通橙线、卡西姆港1320兆瓦电站	中巴经济走廊联合合作委员会定期会晤机制
孟中印缅经济走廊	连接东亚、南亚、东南亚三大次区域，沟通太平洋、印度洋两大海域	—	《关于共建中缅经济走廊的谅解备忘录》《木姐—曼德勒铁路项目可行性研究文件》《皎漂经济特区深水港项目建设框架和协议》

数据来源：中国“一带一路”网。

2. 基础设施互联互通水平有效提升

“六路”指铁路、公路、航运、航空、管道和空间综合信息网络，其中多数与沿边地区发展直接相关。近三年来，边境地区在推进基础设施互联互通、促进沿线国家经济发展等方面都取得了重要成果。随着“六路”项目的不断深入推进，未来将为“一带一路”倡议的实施提供更加坚实的基础（见表 17-15）。

表 17-15 “一带一路”中基础设施的部分重点项目推进情况

基础设施类别	重点基建项目	最新成果
铁路	中老铁路	2021 年 12 月已经完工通车，截至 2023 年底累计开行国际货物列车突破 9000 列，跨境货物运输达 795 万吨，货物运输服务已经辐射老挝、泰国、越南、缅甸等 12 个“一带一路”共建国家以及国内 31 个省（区、市）的主要城市
	中泰铁路	中泰铁路工程共分为两期，一期工程已于 2017 年 12 月正式开工，预计 2027 年竣工；二期工程将于 2024 年底前开始建设，预计 2029 年底投入运营
	中吉乌铁路	2024 年初，中国、吉尔吉斯斯坦、乌兹别克斯坦有关部门签署了《关于中吉乌铁路建设项目（吉境内段）合作的谅解备忘录》，吉方表示该铁路项目的筹备工作已完成，项目建设工程预计于 2024 年启动
公路	中蒙俄国际道路	2023 年 9 月，中蒙俄三方组成车队成功完成中蒙俄沿亚洲公路网 4 号线（AH4）国际道路运输试运行活动，该线路也成为继 AH3 号线路后开通的第二条连接中蒙俄三国的国际道路运输通道
	中越国际道路	截至 2023 年，广西经中越双方共同确认的国际道路运输线路包含客运线路 17 条（已开通 11 条），货运线路 13 条（已开通 6 条）
	中吉乌国际公路	2018 年 2 月，中吉乌国际公路货运正式运行，将此前的陆运物流时间由 8~10 天缩短至 2 天

续表

基础设施类别	重点基建项目	最新成果
能源管道	中俄原油管道	中俄原油管道一线工程于 2011 年正式投产运营，二线工程于 2018 年建成投产，管道年进境原油总量增至 3000 万吨
	中国—中亚天然气管道	中国—中亚天然气管道 A、B、C 线已相继建成投产，D 线于 2020 年 1 月完成 1 号隧道贯通，后续工程加快推进中
	中俄东线天然气管道	2022 年 12 月，中俄东线泰安—泰兴段正式建成投产，标志着中俄东线天然气管道全面贯通。管道全长 5111 千米，是继中亚管道、中缅管道后，向中国供气的第三条跨国境天然气长输管道

数据来源：中国“一带一路”网。

（二）产业经济政策中的边境地区开放

2018—2023 年，国务院及下属各部门颁布了多项涉及边境地区开放的政策，涵盖“小组团”滚动开发、有效利用外资、区域协调发展、扩大进口、优化口岸营商环境等方面（见表 17-16）。

表 17-16　关于国务院边境地区开放政策的情况

主题	文件	有关重点内容	年份	发布主体
“小组团”滚动开发	《关于推动边境经济合作区探索“小组团”滚动开发的通知》	“小组团”滚动开发是边合区充分发挥沿边区位优势，依托资源、市场特点构建产业链，对产业进行较小规模的组团和单元布局，制定精准招商计划，引入龙头企业，完善产业链配套，市场化运营，分片、分期进行滚动开发的模式	2019	商务部、自然资源部
有效利用外资	《国务院关于积极有效利用外资推动经济高质量发展若干措施的通知》	优化区域开放布局，引导外资投向中西部等地区加快沿边引资重点地区建设；鼓励地方统筹中央有关补助资金和自有财力，支持边境经济合作区、跨境经济合作区、边境旅游试验区建设；鼓励政策性、开发性金融机构在业务范围内加大对边境经济合作区、跨境经济合作区企业的信贷支持力度	2018	国务院
	《鼓励外商投资产业目录（征求意见稿）》	积极支持中西部地区、东北地区承接国际、东部地区外资产业转移，促进沿边开发开放，加强与“一带一路”沿线国家投资合作，发展外向型产业集群，推动开放型经济发展	2019	国家发展改革委、商务部
区域协调发展	《中共中央国务院关于建立更加有效的区域协调发展新机制的意见》	支持沿边地区利用国际合作平台，积极开展国际区域合作；推进重点开发开放试验区建设，支持边境经济合作区发展，稳步建设跨境经济合作区，更好地发挥境外产能合作园区、经贸合作区的带动作用	2018	中共中央、国务院

续表

主题	文件	有关重点内容	年份	发布主体
扩大进口	《国务院办公厅转发商务部等部门关于扩大进口促进对外贸易平衡发展意见的通知》	充分发挥多双边经贸合作机制的作用，将“一带一路”相关国家作为重点开拓的进口来源地，加强战略对接，适度增加适应国内消费升级需求的特色优质产品进口，扩大贸易规模；加快实施自贸区战略；引导企业充分利用自贸协定优惠安排，积极扩大进口，加大促贸援助力度，创新进口贸易方式；加快出台跨境电子商务零售进口过渡期后监管具体方案，统筹调整跨境电子商务零售进口正面清单；加快复制推广跨境电子商务综合试验区成熟经验做法，研究扩大试点范围。支持边境贸易发展	2018	国务院转发商务部等部门
优化口岸营商环境	《国务院关于印发优化口岸营商环境促进跨境贸易便利化工作方案的通知》	优化口岸营商环境，实施更高水平跨境贸易便利化措施，能够促进外贸稳定健康发展。创新边境口岸通关管理模式；推进与毗邻国家和地区共同监管设施的建设和共用，推动工作制度和通关模式的协调，支持陆路边境口岸创新通关管理模式	2018	国务院

（三）自贸试验区政策与边境地区开放

截至2023年，我国已有21个自贸试验区，其中5个在边境省区，分别是中国（辽宁）自由贸易试验区、中国（广西）自由贸易试验区、中国（云南）自由贸易试验区、中国（黑龙江）自由贸易试验区和中国（新疆）自由贸易试验区（见表17-17）。在2019—2023年新增设的10个自贸试验区中，4个位于边境省区。由此可见，边境省区在新时代和“一带一路”背景下，战略重要性大幅提升。

表 17-17　截至 2023 年位于边境省区的自贸试验区建设概况

名称	设立年份	片区	发展重点
中国（辽宁）自由贸易试验区	2016	大连片区	东北亚国际航运中心、国际物流中心
		沈阳片区	新型工业化示范城市、东北地区科技创新中心、具有国际竞争力的先进装备制造业基地
		营口片区	国际海铁联运大通道的重要枢纽
中国（广西）自由贸易试验区	2019	南宁片区	面向东盟的金融开放门户核心区、国际陆海贸易新通道重要节点
		钦州港片区	国际陆海贸易新通道门户港、向海经济集聚区
		崇左片区	跨境产业合作示范区、国际陆海贸易新通道陆路门户
中国（云南）自由贸易试验区	2019	昆明片区	面向南亚东南亚的互联互通枢纽、信息物流中心和文化教育中心
		德宏片区	沿边开放先行区、中缅经济走廊门户枢纽
		红河片区	面向东盟的加工制造基地、商贸物流中心和中越经济走廊创新合作示范区

续表

名称	设立年份	片区	发展重点
中国（黑龙江）自由贸易试验区	2019	哈尔滨片区	对俄罗斯及东北亚全面合作的承载高地、联通国内辐射欧亚的国家物流枢纽、东北全面振兴全方位振兴的增长极和示范区
		黑河片区	跨境产业集聚区、边境城市合作示范区、沿边口岸物流枢纽、中俄交流合作重要基地
		绥芬河片区	商品进出口储运加工集散中心、面向国际陆海通道的陆上边境口岸型国家物流枢纽、中俄战略合作及东北亚开放合作重要平台
中国（新疆）自由贸易试验区	2023	乌鲁木齐片区	与中亚等周边国家交流合作的重要平台
		喀什片区	联通中亚、南亚等市场的商品加工集散基地
		霍尔果斯片区	跨境经贸投资合作新样板

三、政策建议

受限于自身产业基础相对薄弱、腹地经济联系不密切、对外经济合作方式较单一等原因，尽管边境地区坐拥各种对外开放政策红利，但在抓住新一轮对外开放机遇的能力上是欠缺的。与此同时，受周边地区国家内外部环境的影响，沿边地区对外开放所面临的挑战也并不轻松，如地缘政治博弈的影响、设施联通能力的提升空间以及沿线国家经济结构的问题等。为了更好把握新时代对外开放机遇、应对新形势下的内外部挑战，需要在深化政策沟通、加强人文交流、推动设施联通、创新合作机制等方面下功夫。

（一）强化沿边地区跨境产业合作，在合作双赢中拓展国际市场

我国正依托“一带一路”倡议积极构建多元化的合作格局，通过重点打造“六廊、六路、多国、多港”的联通体系，强化沿边地区与周边国家的联系，进一步拓展至东亚、中亚、南亚乃至欧洲的市场空间，从而显著扩大我国的国际市场影响力。沿边地区应该强化同周边国家和地区间的跨境产业合作，进一步加深地区间的经济联系与依赖，实现生产要素的优化配置与高效协作，积极探索跨境产业联盟、跨境策略联盟等新型合作模式，共同打造具有国际竞争力的产业集群，共同进军更广阔的国际市场，实现互利共赢、共同发展的目标。

（二）积极参与国内统一大市场建设，在互利共赢中融入国内大市场

2022 年，中央提出要从全局和战略高度加快建设全国统一大市场的构想，国内超大规模的市场优势和内需潜力得到进一步提升，对国内国际投资主体均有巨大的吸引力。沿边地区在对外开放发展中，应充分利用国内超大规模市场优势，通过满足内需、优化产业链、吸引创新资源、加强国际合作等方式，与周边国家和地区的产业主体一同开拓广阔的国内市场，在互利共赢中构建形成新的区域竞争力。

（三）抓住边境经济“双区”建设机遇，提升沿边地区经贸合作深度

在现行“一带一路”倡议合作框架背景之下，边境经济合作区、跨境经济合作区已是我国深化与周边国家和地区合作、推进高质量共建“一带一路”的重要平台和载体。鼓励支持各地结合自身资源禀赋和对外合作特长，从完善功能布局、拓展国际合作、支持产业创新发展、优化要素供给、完善体制机制等方面优化顶层设计，突出发展自身原有的贸易、产业优势，持续转向生态环保、文化旅游、健康医疗、国际产能、金融创新、人才交流等领域的全面合作，实现自身边（跨）境合作区的高质量发展。聚焦畅通跨境物流和资金流、高质量实施 RCEP、支持地方参与国际经贸合作等新时期我国对外开放战略重点，集中资源推动打造一批优质的跨边“双区”合作示范样板，引领深化我国与周边国家和地区的合作。

（四）抓住边境旅游“双区”试点机遇，提升沿边地区国际影响力

积极引导沿边地区与周边国家开展旅游合作，鼓励和支持边境地区开发具有地方特色的旅游产品，通过举办旅游文化节、旅游论坛等活动，加强边境地区与国内外旅游市场的交流与合作，通过建设边境旅游试验区、跨境旅游合作区等形式共同开发旅游资源，推动旅游市场一体化，提升边境旅游的国际影响力。同时，要加强沿边地区旅游业专业人才培育，积极引进国内外优秀的旅游管理和服务人才，为边境旅游的发展提供有力的人才保障。

（五）抓住人民币国际化深入推进机遇，完善沿边地区金融合作机制

沿边地区应充分利用人民币国际化的政策机遇，举办金融论坛、研讨会等活动，促进沿边地区与国内外金融界的交流与合作，建立与周边国家的金融合作机制，加强政策沟通、信息共享和人员往来。加强与第三国和各类国际多边金融机构的合作，广泛吸引私人资本参与沿边地区及周边跨境合作项目建设，构建长期稳定的多元化融资支持体系。推动沿边地区金融机构与周边国家金融机构建立战略合作关系，共同开发跨境金融产品和服务。扩大人民币在跨境贸易和投资中的使用范围，在与走廊沿线国家贸易投资中提高使用本币计价结算比例，扩大人民币跨境支付系统在走廊沿线国家的应用范围。

第十八章　自由贸易试验区的开放：提升战略下的再出发

建设自贸试验区是党中央在新时代推进改革开放的重要战略举措。2023 年是中国自贸试验区建设十周年，十年来，对接国际通行规则，主动服务国家战略，先后分 7 次设立 22 个自贸试验区，涉及 22 个省份的 52 个城市和海南岛全岛，从东部沿海到内陆、沿边地区，形成了覆盖东西南北中的布局；在转变政府职能、服务业扩大开放、投资贸易便利化自由化、金融创新与开放、培育市场化法治化国际化的营商环境等方面进行大胆探索，持续推出基础性、开创性、获得感强的改革开放举措，不断“为国家试制度、为地方谋发展、为经济创活力、为民生加福利”，形成了一批可复制可推广的重要经验。2022 年 10 月，党的二十大提出“加快实施自由贸易试验区提升战略”。2023 年 9 月，习近平总书记指出，“建设自由贸易试验区是党中央在新时代推进改革开放的重要战略举措”；“新征程上，要在全面总结十年建设经验基础上，深入实施自贸试验区提升战略，勇做开拓进取、攻坚克难的先锋，在更广领域、更深层次开展探索，努力建设更高水平自贸试验区”。

一、2022—2023 年中国自贸试验区开放成效

（一）自贸试验区区域布局不断完善

自贸试验区建设以来，我国先后 7 轮在全国范围内部署设立了 22 个自贸试验区，涉及 22 个省份的 52 个城市和海南岛全岛，共计 70 个片区，呈现“由点到线，由线及面”全方位布局特点，形成了覆盖东西南北中、辐射全国、面向全球的改革开放创新格局。22 个自贸试验区不断优化布局，形成沿海（10 个，包括上海、广东、天津、福建、浙江、海南、山东、江苏、河北、辽宁）、内陆（8 个，包括北京、河南、湖北、重庆、四川、陕西、湖南和安徽）、沿边（4 个，包括黑龙江、广西、云南和新疆）等三种类型自贸试验区，各自贸试验区改革的广度不断拓展，围绕国家开放和区域发展战略，立足总体方案赋予的战略定位，结合区位条件和产业基础，因地制宜开展了一系列各具特色的差别化探索。

（二）自贸试验区开放型经济发展卓有成效

1. 外贸外资方面

一是规模不断攀升。2022 年，21 家自贸试验区实际利用外资 2225.2 亿元，较 2021 年增长 4.5%；进出口总额 7.5 万亿元，同比增长 14.5%，增速高于全国平均水平 6.8 个百分点。2023 年上半年，21 家自贸试验区以不到全国 4%的面积贡献了 18.4%的利用外资额和 18.6%的货物进出口额占比。2023 年 1—8 月，21 家自贸试验区外资外贸规模增速分别高于全国 5.7 个和 4.8 个百分点。二是结构不断优化。2022 年，21 家自贸试验区高新技术产业实际利用外资 863.4 亿元，同比增长 53.2%，增速远超全国平均水平（28.2%）；2023 年上半年，知识密集型服务进出口额 90.87 亿元，占服务进出口总额的 42.38%，占跨境服务贸易总额的 41.54%。三是积极探索离岸贸易、易货贸易等新业态新模式。例如，山东自贸试验区青岛片区发挥口岸优势，搭建“离岸达”平台，通过汇集国内外多方数据，开展离岸贸易真实性辅助核验。2023 年 1—8 月，青岛自贸片区离岸贸易额同比增长 58%，占青岛市的 90%、山东省的 80%；易货贸易进出口额占山东省的 95%。湖南自贸试验区推出了中非易货贸易服务平台，试验了现有海关系统下易货贸易的申报、审价、通关等全部程序，已经与非洲四个国家开展易货贸易。

2. 产业发展方面

积极探索破除阻碍产业发展的制度梗阻，初步建成了一批具有较强竞争力的产业集群，如上海的集成电路产业、广东的现代金融服务、天津的融资租赁业、福建的航空维修业、浙江的油气产业、江苏的生物医药产业、湖南的工程机械产业等。一是推动产业规模不断扩大。如福建自贸试验区厦门片区已建成国内最大的“一站式”航空维修基地，在全国乃至亚太地区居领先地位；截至 2022 年底，天津自贸试验区飞机、船舶、海工产品租赁量占全国的 80%，飞机租赁稳居全球第二。二是推动全产业链发展。例如，江苏自贸试验区聚焦生物医药“医药研发—药品生产—药品上市”全产业链环节，开展政策创新，苏州已集聚生物医药企业超 3800 家，2022 年规模以上产值达 2188 亿元。三是推动产业链合理布局。如北京自贸试验区与河北探索出“北京重点布局产业链研发环节、河北重点布局产业科技成果转化环节”的模式；湖南自贸试验区探索“全链条承接粤港澳产业转移新机制”，台达集团等一批在粤港澳的世界 500 强企业纷纷投资郴州片区，仅 2023 年 1—8 月，郴州片区就吸引粤港澳大湾区投资额 76.9 亿元。同时，一些沿边自贸试验区充分发挥毗邻其他国家的区位优势，积极推动产业链跨境布局。例如，黑龙江自贸试验区绥芬河片区与俄罗斯共同打造形成了“头外尾内、粮头食尾、农头工尾”的农业跨境合作产业链条，其份额占据当地俄罗斯市场的 30%左右。

（三）自贸试验区制度创新成果不断涌现

自贸试验区以制度创新为核心，在投资、贸易、金融、监管等领域取得了重要突破，形成了一大批制度创新成果。截至 2023 年 9 月，自贸试验区累计在国家层面复制推广 302 项制度创新成果，地方自主推广 2800 余项制度创新成果，充分发挥了改革开放“试验田”的作用。

1. 投资领域

放宽市场准入，推进“区内事情区内办”，加快政务服务标准化、信息化改革，包括 2022 年版自贸试验区外商直接投资的负面清单已缩减至 27 项，其中制造业条目已归零。截至 2022 年底，各省、自治区、直辖市已经累计向自贸试验区下放超过 5400 项的省级管理权限。还有，推动工程建设项目审批的标准化、信息化，如山东自贸试验区的住建资质“智慧审批”模式，将自动办理的市政公用服务范围拓展至通信、有线电视；广东自贸试验区的琴澳商事登记“跨境通办、一地两注”服务机制创新。

2. 贸易领域

探索拓展国际贸易“单一窗口”功能，当前国际贸易“单一窗口”已由地方版升级为国家版，截至 2023 年 6 月，已实现与 25 个部委的“总对总”系统对接和信息共享，建设完成包括货物申报、舱单申报、口岸物流等在内的 22 个功能模块，提供企业服务事项达 823 项。优化货物贸易通关与服务模式，进一步提升通关智慧化、便利化水平，如天津自贸试验区对进口冻品实现自动查验分类，重庆自贸试验区实施“以航空公司为单元”保税航材监管新模式。探索灵活高效的物流运输模式，如探索建立航空货运电子信息标准体系，河南探索以航空单号为唯一识别码的空公联运电子运单，江苏自贸试验区的中欧班列在中转环节首次实行“船车直取”模式，广西自贸试验区的集装箱跨境物流“全生命周期”管理服务改革，陕西自贸试验区率先落地“铁路快速通关”模式等。积极探索贸易新业态新模式，破解跨境电商出口退货难题、推动跨境电商仓库联动、解决海外仓退税问题、完善市场采购贸易溯源链条，探索新型易货贸易模式，以推动贸易新业态新模式的发展。

3. 金融领域

积极创新融资模式，如推广动产质押融资业务模式、科创企业票据融资新模式、知识产权质押融资模式创新，如湖南自贸试验区的以供应链为核心的融资担保新模式，四川自贸试验区创新的陆路运输“一单制+银担联合”全程货押融资模式等。促进跨境结算便利化，包括以物权凭证推动保税货物转卖结算便利化，以数据联通推动境内运费支付结算便利化，以事前备案推动跨境电商出口结算便利化，推行跨境人民币全程电子缴税，对外承包工程类优质诚信企业提供跨境人民币结算业务便利化，广东自贸试验区建立了以人民币计价的大宗商品跨境交易机制，以及跨境贷、跨境债、跨境投资、跨境资金池、跨境资产转让和自由贸易账户等创新业务。促进跨境金融开放，上海自贸试验区临港新片区开展了跨境金融开放创新试点，在全国率先取消外商直接投资人民币资本金专用账户，推动基于自由贸易账户的全功能可兑换跨境资金池落地。创新金融纠纷解决机制，例如，重庆自贸试验区打造了数字金融纠纷银企易诉平台，北京自贸试验区打造了“双轨双平台”以优化群体性金融纠纷解决机制。

4. 创新要素

加强知识产权保护、应用与转化，包括建立知识产权纠纷调解优先机制、知识产权类案件推行“简案快办”、专利侵权纠纷采用“先行裁驳、另行请求”裁决模式，推广知识产权海外侵权责任险，探索在通关过程中形成知识产权保护新模式；在特定领域加强知识产权保护，例如，河北自贸试验区的积极探索生物医药知识产权全链条保护服务，江苏自贸试验区的知识产权大数据共享服务，北京自贸试验区的知识产权“先使用后付费”新模式。创新科研管理机制包括允许科技成果所有权完全由科研团队拥有，如安徽自贸试验区探索的“赋权+转让+约定收益”的职务科技成果所有权改革新模式等。

5. 人才要素

优化境外人员管理和服务，例如，浙江自贸试验区实现“境外人员身份电子证照互通互认”，江苏自贸试验区建立了聘用外国人单位“红白灰”三色信用管理制度，湖南自贸试验区实现外国人才来华国际旅行健康检查证明书、工作许可证、居留许可证“三窗合一”“一站一次”办理。拓展职业资格认可范围，例如，广东自贸试验区加强专业服务资质互认，实现香港税务、建筑、规划、文旅等18类人才通过执业登记或执业备案后即可在区内执业；福建自贸试验区统一对台资格采认标准，北京自贸试验区将境外职业资格认可和考试开放项目分别拓展到110项和40项。完善人才培养和评价体系，例如，江苏自贸试验区建立了生物医药专业技术人才职称评价体系。

6. 数据要素

数据跨境流动，如上海自贸试验区新方案中的跨境数据流动创新。积极开展数据确权实践，如浙江自贸试验区依托数据公共平台化“知产”为“资产”，推动数据知识产权制度建设。探索数据产业链发展，北京自贸试验区的四大体系致力于打造数据要素基础制度改革样板，在数据确权、数据资产管理、数据资产评估等方面不断突破，探索贯通数据要素开放—登记—确权—评估—交易全链条。

7. 法治建设

自贸试验区积极推进法治建设，打造了“国家授权—部委支持—地方立法”的法律制度体系格局。截至2023年6月，共形成自贸试验区中央法规52项，地方性法规569项，相关规制形成了制度创新集成，充分发挥了立法对政府治理体系变革的引领和推动作用。优化执法及纠纷处理手段，包括设立自贸试验区法院、仲裁、调解等，开展制度创新，如重庆自贸试验区建立的“自助式在线证据交换”审判模式，广东自贸试验区探索实现的“港资港法港仲裁”和联营律师事务所等。

二、2022—2023 年中国自贸试验区开放问题与挑战

（一）发展不平衡有待破解，区内外联动有待加强

全国 22 个自贸试验区因禀赋差异，难免存在发展不平衡的问题，但是囿于行政区经济的路径依赖，跨区协同联动发展不足。就产业基础而言，长三角、京津冀、珠三角自贸试验区产业基础扎实，能够吸引各类优质要素，推动全产业链发展。就产业空间而言，我国西部地区涵盖 12 个省份，面积约占全国的 72%，与 13 个国家接壤，作为我国向西扩大开放的重要地区，自贸试验区分布稀疏且开放平台有限，难以承担较多的开放试验任务；而东部沿海地区自贸试验区总体数量虽多但空间有限，部分片区分布较为分散，整体规划性还需提高。此外，自贸试验区区间以及区内外联动不足。当前，自贸试验区区间、片区间以及区内外联动多为政府主导行为，例如京津冀自贸试验区联席会议制度及协调工作小组、长三角自由贸易试验区联盟等，主要做法为经验复制推广、公共服务一体化、区域合作机制等。虽然有些自贸试验区已尝试进行产业跨区域协同发展，如重庆、四川自贸试验区制定的汽车产业协同发展、电子信息产业协同方案，但总体来看，区间以及区内外企业产业联动发展缺乏系统性政策支撑。

（二）对接国际高标准经贸规则有待加大压力测试，更高水平开放型经济新体制构建有待加快

从国际经贸规则演化趋势看，尽管我国自贸试验区积极开展制度创新，但与先进国际规则标准仍存在一定差距，还有许多新的内容需要进一步探索和实践。CPTPP 与 DEPA 分别为自贸试验区提供了国际高标准经贸规则与数字规则的风向标。CPTPP 作为全球具有约束力的高标准区域自由贸易安排之一，约 1/3 的内容是覆盖市场准入、国民待遇、最惠国待遇、政策透明度等方面的国际高标准服务贸易规则。我国自贸试验区本身存在重货物贸易、轻服务贸易的短板，虽然自贸试验区外资准入负面清单已经实现制造业“清零”，但对通信、教育、娱乐等现代高端服务业的外资准入限制较高，影响了高级生产要素的流入，服务业开放的广度和深度仍需进一步提升。DEPA 是支持数字经济和数字贸易全面发展的协定文本，内容涵盖电子商务便利化、数据转移自由化、个人信息安全化。当前我国自贸试验区内与数字贸易相匹配的法律法规尚未健全，我国在跨境数字贸易、规则体系中的话语权较弱，与数字贸易发展相匹配的服务贸易开放度较低。此外，受开放安全、责任意识等因素影响，我国自贸试验区在竞争中性、环境保护、跨境数据流动、战略性新兴产业等敏感领域的开放试验仍过于保守。

（三）制度创新的引领性、集成性、精准性有待加强，保障机制有待进一步突破

当前自贸试验区制度创新存在“六多六少”的行动困境，即“碎片化”改革趋

多，集成性、系统性改革趋少；同质化、重复化改革趋多，原创性、精准性改革趋少；“小修小补”式改革趋多，重大突破性改革趋少；改革方案及规划趋多，落地的操作性改革趋少；“单打独斗”式的创新或项目趋多，一般性、联动性的制度化创新趋少；地方竞争性的产业补贴政策趋多，对标国际高标准经贸规则的压力测试制度创新趋少。究其根源，一是自贸试验区改革自主权受限。在单一制国家体制和“条块体制”结构下，自贸试验区虽然强调制度创新为核心、“大胆试，大胆闯，自主改”，但是涉及较多的中央事权，如金融、海关、税制等，授权和最高立法保障不足，改革自主权不足，需要突破各项法律法规及部门规章的刚性约束，较多事项需经中央各部委逐项逐条审批许可。二是制度创新保障机制不充分。自贸试验区的制度创新是政策主导型的渐进式改革，即先政策试点，再法律规范的经验式模式，自贸试验区存在制度配置、政策主导、立法滞后的情况，缺少最高立法，导致自贸试验区立法缺乏稳定性，出现“法律跟在政策后面跑”等现象；同时，自贸试验区制度创新的容错机制不健全，改革风险与收益不成比例或存在外部性问题，对地方官员激励不足，导致地方层面推进难度大，技术性、相互模仿性、跟随性创新趋多，而战略性、引领性、突破性创新少。

三、关于中国自贸试验区提升战略的建议

深入实施自贸试验区提升战略，在更大范围、更宽领域、更深层次开展制度创新和开放探索，努力建设更高水平的自贸试验区，打造连接国内国际双循环的重要载体、制度型开放高地和全面深化改革的试验田。加大自贸试验区创新探索的同时，完善配套组织协调、法治、容错等保障措施，并完善风险管控相关制度安排，做到“放得开、管得住”，统筹好经济发展和安全的问题。

（一）在更大范围优化自贸试验区布局，打造连接国内国际双循环的重要载体

一是加快推动自贸试验区扩容。对现有自贸试验区进行扩容，并可考虑新设一批自贸试验区齐头并进，扩大试验范围，不断优化布局，进一步打造“雁阵引领、东中西协调、陆海统筹”的对外开放新格局，推动形成全方位、多层次、多元化的开放合作格局。同时，考虑依托自贸试验区升级设立数字经济自由区，在数字经济和数字贸易快速发展的新阶段，发展数字贸易须设立适应数字经济开放发展需要的数字经济自由区，主要围绕集聚和配置数字要素开展改革开放探索，为带动全国数字经济和数字贸易发展探索新路径，积累新经验。二是提升内外协调联动效能。积极推动自贸试验区与 RCEP、中国—东盟等多双边自由贸易协定对接，积极服务“一带一路”建设，主动承担起联结国内国际双循环重要载体平台的角色。加强自贸试验区战略与国家区域协调发展战略、本省发展战略相衔接，推进自贸试验区与高质量发展方向同向、开发开放功能相近、产业链条契合度较高、要素集聚程度较深的特定经济功能区域的协同创新发展，推动自贸试验区建设纵深发展。同时，坚持问需于企、问计于企、问效于

企，多维有效协同，研究企业跨区域合作的保障和支持政策，鼓励区间及区内外企业产业跨区域协同创新、供应链协作，努力跨越物理区域限制构建行业进步的技术协作网，最大限度地发挥自贸试验区外溢效应。三是积极复制推广。将自贸试验区行之有效的制度创新尽快转化成体制性、常态化的区域规则，甚至国家规则，建立健全自贸试验区制度创新快速复制推广、区域合作发展及利益共享、区域联动发展机制，引领全国统一大市场建设。复制推广的内容应从单项试验举措、最佳实践案例向改革开放模式、接轨国际规则、立法转化等更高层面、更一般性转变，在全国范围内采取多种方式复制推广，加快释放和共享自贸试验区的制度创新红利。

（二）在更深层次对标国际高标准经贸规则，打造制度型开放高地

对标高标准国际经贸规则，尤其是服务业开放、资本流动、数字贸易、知识产权、竞争中立、环境保护等焦点内容、境内规则，各自贸试验区应充分发挥改革开放综合试验平台作用，立足自身战略定位和区位特色优势，及时研判，紧跟规则的最新动向，适时调整自贸试验区现有规则，更深层次推进规则、规制、管理、标准的制度型开放，打破“开放的玻璃门、弹簧门”，全面构建高水平开放制度体系，打造开放引领性高地。一是加强对标试错。进一步发挥自贸试验区的国际高标准经贸规则压力测试区功能，不断加大金融等服务业领域开放力度，深化投资管理体制改革，先行先试最新的多边、双边经贸协定中的贸易投资规则，探索建设更加符合国际惯例的高标准制度规则体系。二是推动对接转化。按照先易后难、求同存异的原则，依托我国的超大市场规模场景优势，加强与 CPTPP、DEPA 等国际高标准经贸规则对接的同时，更要将之转化或内化成国内规则，把场景优势、实践优势转变成规则优势。三是整体谋划与差异化探索并行。围绕深入实施自贸试验区提升战略，赋予更大的改革自主权，研究制定综合性指导文件，明确未来发展的目标定位，在贸易、投资、金融、数据跨境流动等重点领域实施改革举措，建设高水平开放自贸试验区。同时，各自贸试验区需立足自身战略定位、区位条件、资源禀赋、区域特色等，推进制度创新与产业发展联动，走差异化发展之路。推动自贸试验区因地制宜形成更具有辐射带动作用的特色产业集群。特别是在支撑中西部地区承接产业转移和引领区域经济发展等方面作出更大贡献，更好服务构建新发展格局，培育开放竞争新优势。

（三）在更宽领域探索自贸试验区制度创新，打造全面深化改革的试验田

全面深化改革是推进中国式现代化的根本动力，依托我国超大规模市场优势，自贸试验区应开展新一轮改革创新，打造全面深化改革的试验田。从“事物发展的全过程、产业发展的全链条、企业发展的全生命周期”出发，结合企业和社会的实际需求，顺应当前新产业、新模式、新业态不断涌现的态势，不断拓宽开放领域，深化货物贸易、服务贸易、资本、人才、科技、数据等领域的开放。选择若干重点领域和焦点难点问题，开展高水平的压力测试和风险测试，吸引更多的资金、信息、技术、人才等

全球优质资源要素，更好地发展和积聚经济新动能。在货物贸易开放方面，提高货物贸易便利化水平，推进单一窗口、简化通关流程等“软件”的进一步提升，同时加强“海陆空铁”立体多式联运、国际综合物流大通道等“硬件”的发展。在服务贸易开放方面，有序扩大教育、文化等生活性服务业领域的开放，稳步推进金融、物流等生产性服务业领域的扩大开放，加快服务外包的转型升级。在资本开放方面，探索进一步放宽金融市场准入门槛，推进跨境资金流动便利化和外商投资服务便利化等。在人才开放方面，创新境内外人才便利流动机制、平台和模式，推动更多境外职业资格在境内得到认可，建立与国际接轨的高层次人才招聘、薪酬、评价、考核、科研资助和管理制度等。在科技开放方面，探索“科研人员+科研物资+科研资金”等自由流动，完善与国际高标准接轨的科研项目管理机制等。在数据开放方面，探索科研数据自由流动，开展数字贸易创新试点，积极争取下一阶段数字经济规则升级中的话语权。

（四）统筹安全和创新，强化可持续性创新的保障机制建设

1. 设立高能级的制度创新行动主体

进一步理顺更高位阶集中归口管理和部门协调推进的关系，探索设立更具能级的高位阶制度创新主体，并配置相关权限。可借鉴早年国家设立国务院特区办公室的经验，加强跨部门、跨领域、跨行业的统筹协调。探索设立自由贸易试验区办公室作为党中央、国务院的办事机构，统筹管理自贸试验区建设工作。鉴于自贸试验区与其他经济功能区（如经济技术开发区、高新技术产业园区、海关特殊监管区等）的嵌套叠加，以及各类经济功能区归口管理部门事权不能满足综合改革需求的情况，如经开区归口商务部门、高新区归口工信部门，而改革事项却涉及金融、科技、教育、公安、财政、税务、人力等多个大部门事权，出现了一定程度上的政出多门乱象。未来可在中央专职办事机构的基础上，进一步拓展其职能，统筹各类开发区工作，对开发区进行统一管控。

2. 进一步明确中央与地方的权责配置

自贸试验区作为国家改革开放的重要试验场，大多数改革涉及中央事权，如财税、金融、海事、海关等，相应责任应避免地方化，进一步明确中央与地方在自贸试验区制度创新场景的权责配置，“大胆试、大胆闯、自主改”的责任主体须对应事权归属主体，涉及谁的事权，谁就应该“大胆试、大胆闯”，强化自贸试验区改革事权归属主体（包括中央部委）的责任主体意识和担当。同时，要明确具体改革事项归属部门的牵头责任，推进贸易、投资、金融、数字、知识产权等领域的相关改革事务，加强各部委、司局间的充分对接和协同，构建信息共享机制，从而便于中央直接对接各自贸试验区制度创新与改革，减少层层上报和审批的协调成本。

3. 加强自贸试验区立法保障

自贸试验区的先行先试需在法律框架下进行。目前，自贸试验区适用的制度结构

以政策为主导并依托地方立法，但缺乏专门的最高立法支撑。因此，亟须建立一套“中央+地方”“立法+政策”上下联动、专门统一、结构完善的自贸试验区制度体系，涵盖中央立法、部门规章、地方性法规规章、相关配套政策，以及区域诚信文化和自治性行业规则等惯例。这将强化法律赋权增能，发挥立法在自贸试验区建设发展中的驱动作用。中央层面要加快制定《中国自贸试验区法》，进行自贸试验区的统一立法，提高自贸试验区的整体立法位阶。该法应规定自贸试验区的共性事项，如法律地位、变通法律适用、准入变更退出条件、对标最高标准的基本运行规则、责任主体、容错机制等。各部门应据此制定和完善部门规章。地方层面，各地应上承自贸试验区统一立法，下接地方特色，行使地方立法权（尤其是深圳等特区立法权），制定或修订完善地方性法规、规章，并在此基础上不断出台和完善配套政策，对新问题、新情况进行规范和调整，在法治框架下构建支撑自贸试验区开发开放的政策体系。

4. 完善容错和考核机制的制度安排

一方面，建立制度创新的容错机制。中央可加大政策支持力度，出台具有操作性的容错指导意见，并鼓励各自贸试验区进一步明确制度创新失误犯错等具体情形和政策界限，对相关责任人的制度创新和复制推广失败结果减轻或免除责任，并将评价体系和容错机制标准化和法定化，建立鼓励创新、宽容失误、容错纠错的机制。另一方面，聚焦制度创新功能，建立多元考核评估机制。对自贸试验区的考核评价应脱离开发区的管理模式，弱化自贸试验区招商引资等短期经济增长功能，以制度创新为导向设计完善的自贸片区评价体系。这将引导自贸试验区真正做到以制度创新为核心任务，打造最优质的营商环境，释放制度创新红利，进而为全国形成可复制可推广的制度创新经验。同时，应发挥企业和社会的多元力量，加大政社和政企协同监督力度，引入多元批评机制，将企业和群众感受作为自贸试验区考核评价的重要依据。

5. 完善创新收益和风险管控制度安排

在加大自贸试验区制度创新自主权的同时，应完善配套保障措施，根据自贸试验区的急难所需进行重质量而非数量的放权，并合理配置相应资源。针对加大制度创新和授权力度可能带来的风险，要平衡开放与安全的关系，做好风险防控。对重大敏感事项，要在试验任务实施过程中充分评估其风险，深入开展差别化探索。对于文化、教育、金融、数字等敏感领域，在自贸试验区加快压力测试和风险测试的同时，也需要提高政府的监管能力和水平，完善事中事后审慎监管机制，做到“放得开、管得住”，切实把好监管关口，统筹好经济发展和安全的关系。

参考文献

[1] 廖佳，黄建忠，宾建成．自贸试验区网络化体系建设的战略提升[J]．开放导

报，2023(5).

[2] 孔庆峰.中国自贸试验区十周年：成就、挑战与机遇[J].人民论坛·学术前沿，2023(19).

[3] 桑百川，王殿杰.自贸试验区制度创新：成效、路径与发展思路[J].国际贸易，2023(9).

[4] 彭磊.我国自贸试验区建设成就、经验与提升战略[J].国际贸易，2023(9).

[5] 崔卫杰.中国自贸试验区十年创新发展之路[J].中国外汇，2023(15).

[6] 商务部国际贸易经济合作研究院.商务部研究院发布《中国自由贸易试验区发展报告(2023)》[EB/OL].(2023-10-31).https：//www.caitec.org.cn/n6/sy_xsyj_yjbg/json/6489.html？sid_for_share=95263_3.

第十九章　京津冀对外开放：探索推进更高层次的协同开放发展

一、京津冀对外开放面临新形势

京津冀协同发展战略提出以来，京津冀三地立足各自资源禀赋，不断探索协同创新模式，在贸易投资、国际合作、开放平台建设、创新政策协同等方面取得了积极进展。

（一）对外贸易呈波动增长，贸易结构逐步优化

从 2018 年到 2022 年的五年间，京津冀地区的进出口贸易呈现波动向上的态势。2019 年，京津冀进出口规模首次超过 4 万亿元，彰显了良好的贸易势头。然而，2020 年受新冠疫情影响，全球贸易波动，北京和天津进出口总额有所下降，但河北同比增长 10.2%。2021 年，京津冀区域货物进出口总额再度强劲增长，达到了 6874 亿美元，较上年增长 35.5%。2022 年尽管增速略有下降，但整体保持稳定增长态势，进出口总额达 7575.8 亿美元。与此同时，京津冀三大地区的贸易结构持续优化和改善（见图 19-1）。

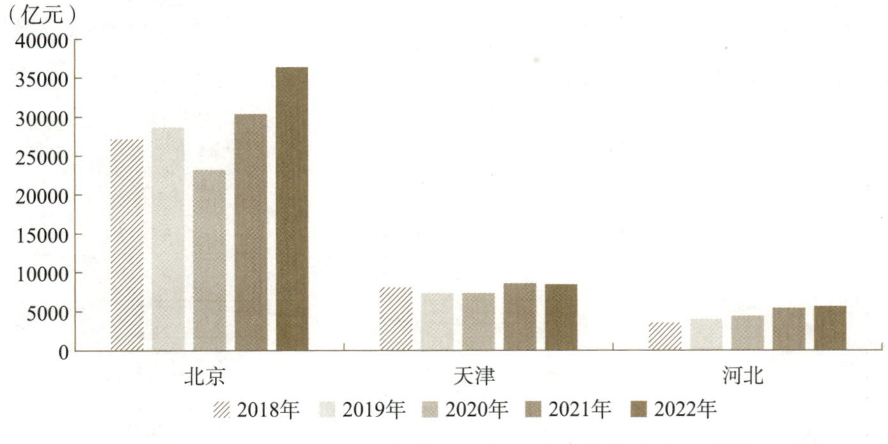

图 19-1　2018—2022 年我国三省（市）外贸进出口总额

数据来源：国家统计局及三省（市）年度国民经济和社会发展统计公报。

一是贸易方式更加多样化。其中，一般贸易占据主导地位，2022 年京津冀地区一般贸易方式进出口比 2021 年同期增长 14.4%，占同期京津冀进出口总值的 82.2%。同

时，保税物流和加工贸易也在持续发展。2022 年，保税物流方式的进出口比 2021 年同期增长了 15. 6%，占比 8. 9%；加工贸易方式的进出口比 2021 年同期增长了 2. 7%，占比 7. 6%，均呈现稳步增长态势。

二是进出口产品规模持续扩大。出口方面，自 2018 年以来，京津冀持续调整产品结构，优化产业发展。截至 2022 年 12 月数据显示，机电产品出口发挥支柱作用，与高新技术产品、成品油、钢材、电子元件位列商品出口前 5 位。进口方面，京津冀进口总值从 2018 年的 4318. 7 亿美元增至 2020 年的 5611. 6 亿美元，原油进口增速领跑，2022 年原油进口额达 10074 亿元，比 2021 年同期增长 52. 3%。机电产品、高新技术产品进口也排名前列。

三是贸易伙伴呈现多元共进的趋势。自"一带一路"倡议提出以来，京津冀积极扩大贸易伙伴圈，尤其对部分中东国家进出口增长显著。2022 年，京津冀对沙特阿拉伯、阿曼的进出口分别为 1751. 4 亿元和 1189. 4 亿元，分别增长 43. 2% 和 79. 2%。2023 年 1—11 月，欧盟成为京津冀地区最大贸易伙伴。据统计数据显示，2023 年前 11 个月，京津冀地区对欧盟进出口金额为 5747. 5 亿元，同比增长 1. 1%。对澳大利亚进出口金额为 2740. 5 亿元，同比增长 8%。对巴西进出口金额为 2715. 9 亿元，同比增长 43%。

（二）利用外资经历起伏，引资潜力有待开发

2018—2022 年，京津冀地区的外资利用经历了起伏与调整。2018 年，京津冀地区的实际利用外资总额达 319. 6 亿美元，尽管外资利用总额较高，但在地区生产总值中的占比各不相同，分别为 3. 78%、1. 71% 和 1. 78%。受新冠疫情影响，2020 年京津冀地区对外资利用小幅下滑，2021 年才逐步回升，实际使用 FDI 额较 2020 年增长 9. 6%。到了 2022 年，再次出现略微下降，总额为 250. 2 亿美元。但长期趋势显示，该区域在扩大开放和增强外贸能力方面依然具有潜力（见图 19-2）。

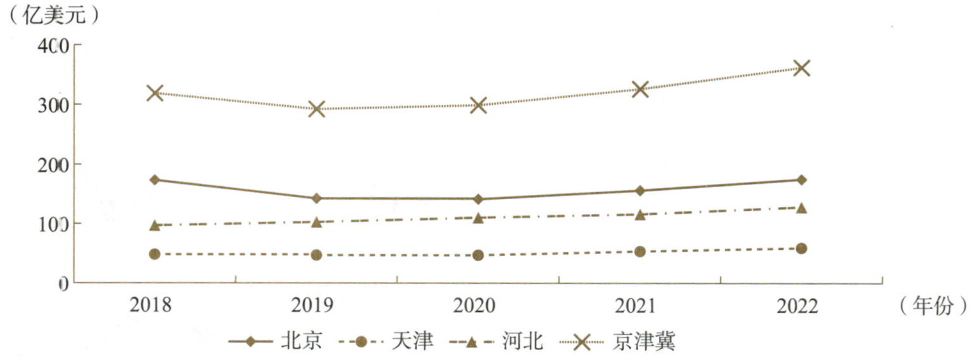

图 19-2　2018—2022 年三省（市）实际直接利用外资

数据来源：国家统计局及三省（市）年度国民经济和社会发展统计公报。

京津冀三省（市）在吸引外资方面也表现各异。就各地具体情况而言，作为区域

内外资利用的主要驱动力，北京在 2018—2022 年累计实际利用外资超过了 750 亿美元，是前五年的 1.2 倍，且不同行业对外资的需求和利用有所不同，科技服务业、信息技术等行业成为吸引外资的主要领域。此外，信息传输、软件、租赁和商务服务业等领域均有外资投入增长。

天津在 2018—2022 年的外资利用水平也持续稳步提升，尤其是制造业和服务业的吸引力逐渐增强，2021—2022 年，天津利用外资呈现两位数增长，2022 年全年实际使用外资 59.5 亿美元。

相比之下，河北省在这段时间内外资利用额有所下降。2018—2021 年稳步增长，从 97.0 亿美元增长至 116.1 亿美元，但 2022 年却下降至 16.6 亿美元。不过，从新设立外商投资企业的数量和合同外资额的增长趋势来看，河北省仍然保持着一定的吸引力和潜力。

（三）对外投资呈多元发展，国际合作稳中有进

自 2018 年以来，京津冀地区的对外投资表现出显著增长和结构上的多样化，尤其在 OFDI 和国际合作方面呈现积极态势。在“一带一路”倡议的推动下，京津冀地区与沿线国家的投资和贸易合作不断加强，如 2019 年非金融类 OFDI 额比上年增长 20.6%。然而，2020 年受全球经济形势和新冠疫情的影响，对外非金融类直接投资下降 30.5%。尽管如此，对外承包工程业务仍呈现增长态势，完成营业额 838.0 亿元。到 2022 年，京津冀在调整策略后成功恢复了对外投资活力，对外非金融类直接投资显著回升至 120.7 亿美元，其中北京 60.0 亿美元、天津 33.1 亿美元、河北 27.6 亿美元。

具体来看，北京、天津和河北三地在对外投资方面呈现各自的特点和重点领域。北京的对外投资主要集中在“一带一路”沿线国家和地区。依托亚洲基础设施投资银行、丝路基金、中国进出口银行等金融机构总部集聚优势，北京已成为“一带一路”金融合作中的关键枢纽平台。同时，相关企业积极参与肯尼亚蒙内铁路、马尔代夫机场修建、非洲“万村通”工程、巴基斯坦旁遮普光伏电站、俄罗斯莫斯科地铁换乘环线等一批重点项目建设。

天津则聚焦于与“一带一路”沿线国家的产业合作。2021 年，通过发挥海铁联运功能作用，天津新港全力支持中欧班列高质量发展，全年天津口岸共发运中欧班列近 500 列，中欧班列货物共计 53132 标箱，同比分别增长 25.5%和 24.4%。中埃苏伊士经贸合作区已成为中国企业布局“一带一路”和“苏伊士运河走廊经济带”的新平台。

河北省的投资重点在于国际产能合作，特别是在工业、钢铁、建材等行业。其中，亚洲是河北省对外投资企业聚集度最高的地区，非洲是投资增长较快的区域。同时，河北在塞尔维亚投资的斯梅代雷沃钢厂项目，成为“一带一路”中国与中东欧国际产能合作的样板工程。河钢公司在 2018—2020 年连续 3 年成为塞尔维亚最大出口企业。

二、京津冀构建开放新格局面临的挑战

随着京津冀协同发展战略实施取得新的进展并进入新的阶段，新的问题和挑战也逐渐显现出来，距离实现京津冀构建开放新格局的目标要求还有一定差距，以下几个层面问题值得注意。

（一）京津冀城市群占全国经济份额下降

京津冀协同发展已上升为国家战略，是全国创新驱动经济增长的新引擎，在构建新发展格局中发挥关键作用。然而，自京津冀协同发展战略实施以来，相比其他重要城市群，京津冀地区的生产总值占全国比重持续下降，由 2018 年的 8.59% 下降至 2022 年的 8.29%。同期，江浙沪地区的生产总值占全国比重始终保持在 20% 以上，广东省的地区生产总值占全国比重也居于 11% 左右。这说明京津冀地区的经济总量、经济承载力和发展势头与其他领先的城市群相比都存在差距，区域经济地位面临严峻挑战。2023 年前三季度，京津冀地区的生产总值约为 75753 亿元，占全国 GDP 的 8.3%，比重上升了 0.01 个百分点，而同期江浙沪则上升了 0.04 个百分点，占全国 GDP 的 20.3%（见图 19-3）。

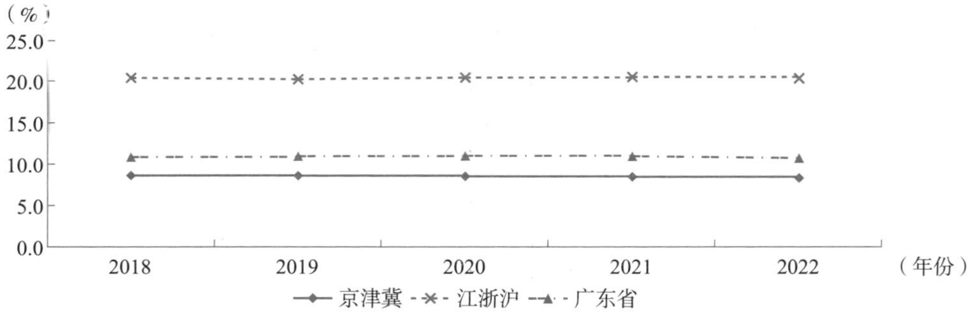

图 19-3　2018—2022 年京津冀、江浙沪、广东省生产总值占全国 GDP 比重

数据来源：三省（市）年度国民经济和社会发展统计公报。

（二）区域产业开放式协同发展局面尚未形成

鉴于京津冀三地在发展阶段、产业基础和对外开放水平等方面存在差异，三者“走出去”和“引进来”的侧重领域明显不同。

一是北京在“十四五”时期更关注从国家宏观层面积极配合“一带一路”建设，站位高、指导性强，但对重点合作领域及推进路径的具体规划体现不足。例如，北京服务业对外扩大开放的方向和领域与“一带一路”沿线经济体的关联性不强，制约了区域产业开放式协同发展新优势的形成。北京科创、现代服务业等特色优势产业“走出去”相对较少，与“一带一路”沿线经济体的实际需求结合不够紧密。

二是天津与河北的产业转型升级进展缓慢，不利于打造协同创新高地。河北的优

势产业依然是传统钢铁行业，其生铁、粗钢、钢材产量占全国总产量的比重均高达20%以上，但高附加值的技术产品发展尚未形成气候。近年来，虽然天津在智能制造和高新技术制造业投资比重较高，但在该领域的产量和产值优势还不明显，石化、钢铁、汽车产业仍处于主导地位，且与河北高度重合。由于创新链与产业链对接不畅，企业自主创新动力不足，导致北京的创新供给与河北、天津的技术需求无法有效对接，阻碍了区域产业协同发展生态的形成。

（三）城市与地区间的创新资源协同互动仍需完善

京津冀城市群是我国科技资源较为丰富的区域，但是创新资源分布不均匀，主要集中于北京和天津。同时，创新要素分布不均、产业结构失衡也导致创新资源区际共享、创新主体协同存在障碍。

一方面，京津冀地区涉及科技创新领域的跨部门协作机制尚不完善，政府之间尚未形成较为稳定的合作机制。同时，政策缺乏有效衔接、市场一体化进程缓慢等原因限制了区域协同创新体系的发展，使得京津冀在创新分工和优势互补方面尚未形成平衡的区域协同创新体系。

另一方面，京津冀三地在构建区域创新体系的过程中，在创新要素流动、空间组合方式和效率等方面存在差异。此外，各主体间的合作稳定性也会影响区域协同创新体系的紧密程度。京津冀三地尚未形成基于主导产业及其产业链的顶层设计，导致各城市产业定位表现出较为相似的趋势，产业协作创新模式和有序分工协作有待加强。

三、“十四五”时期京津冀推进更高层次协同开放的建议

京津冀地区是我国科技资源最富集的区域之一，是我国自主创新的重要源头和原始创新的主要策源地。“十四五”时期，京津冀协同发展应通过创新驱动，形成京津冀协同创新共同体，并结合各自产业特色，联合制定重点领域产业链布局和配套政策，鼓励三地有效参与“一带一路”建设，携手打造具有国际竞争力的世界级先进产业集群。

（一）充分发挥京津冀在促进“双循环”中的作用

一是在加强京津冀内部高水平合作方面，应推动建立区域统一市场，加快要素自由流动，构建优势互补、联动发展的分工协作体系。同时，应进一步提升产业优化布局，推动产业链、创新链和供应链协调联动，实现优势产能“走出去”和产业转型升级。

二是在推动建立全方位对外开放新格局方面，应发挥京津冀各自比较优势，进一步推进全产业链开放发展，以开放活力激发转型动力。通过互补互促构建协同开放，实现京津冀产业链、创新链和供应链在国际合作如“一带一路”沿线的统筹布局，形成综合竞争新优势。

三是在构建内外联动互促新优势方面，应在服务国家新发展格局构建目标下，通过京津冀贸易效能提升、产业势能增强、规则主导优势显现的高水平开放，同时要加强国际规则与国内规制的协调性，以及自贸试验区制度型开放的一致性，加强制度创新与技术创新的兼容性。

（二）以共建“一带一路”为契机推动区域产业联动发展

一是加快区域内产业有效“走出去”。在把握北京非首都功能疏解的基础上，应进一步促进生产要素的合理流动和区域产业的专业化分工。在承接产业的同时，天津和河北两地要立足自身产业比较优势，积极借力北京科技创新成果的溢出效应，加快产业转型升级步伐，推动产业链在“一带一路”沿线区域的拓展延伸，不断提升特色优势产业竞争力，为京津冀企业高效“走出去”赋能。

二是在加快构建新发展格局的大背景下，应积极依托各自特色产业优势，推动区域创新链、产业链、供应链布局取得突破性进展，推动在协同发展示范区内形成基于“中间品”的“链式”协作，探索形成“北京高新技术产业与现代服务业+天津先进制造与港口贸易+河北传统加工制造与货物贸易”的产业协同融合发展新格局。

三是加快优势产业集聚区建设。以打造区域特优产业集群发展为导向，依托京津冀协同发展示范区等功能平台，加快建设一批产业链、创新链、供应链协调联动发展示范区，结合区域创新链、产业链、供应链联动发展的新态势新趋向，加快研究与制定产业集聚区支持政策，切实为产业高质量协同发展提供制度保障。

（三）优化协同创新空间格局，减少区域封闭性壁垒

构建开放式区域协同创新体系在侧重于国内层面的开放式协同的同时，也应扩展国际层面的开放式协同。全球知识寻求过程更加注重协作，应从全球和开放视野来审视、考察区域创新体系，打破局限于区域层面的封闭性壁垒。当前，我国面临着产业链供应链稳定安全威胁、核心技术“卡脖子”难题。在我国开放式区域协同创新体系的建设过程中，需要充分利用国内和国际的双重创新资源与市场。

因此，加强区域创新协同是直面未来全球科技与产业竞争，提升国家创新体系整体效能的关键举措。在国家层面，建立跨国、跨区域和跨部门的协同创新机制显得尤为必要。这一机制可帮助不同区域创新体系之间相互连接、支持和资源共享，促进创新成果的传播和应用，加快经济发展步伐。基于此，京津冀应思考如何降低城市间科技创新合作的成本和风险，提高创新效率和水平。为了更好对接国际创新资源，还需进一步完善城市间的科技合作体制机制，营造良好的科研环境，让京津冀的科技创新充分与国际社会接轨。

（四）以推动数字转型发展提升协同发展水平

当前，世界正加速迈入数字文明时代，数字转型发展也成为国家创新能力的重要

体现。国家创新能力和创新体系整体效能提升是国家创新发展的战略目标，事关国家科学价值、技术价值、经济价值、社会价值和文化价值创造能力的提升，需要产学研协同创新、大中小企业融通创新。新一轮数字科技革命正在重塑全球产业格局和跨区域经济布局，从而带动新一轮城市格局的变革。

面向数字经济大潮与未来产业，京津冀可考虑将最新的数字科技与城市发展紧密结合，通过数字技术布局，场景需求引导，强调多方参与、开放、共享、协同等连接未来的精细化、精准化和高效城市运行。找准每个城市发展的数字比较优势，依托信息、物联、创新基础设施等先进技术，助推京津冀提升内部的协同发展水平，致力于打造具有国际竞争力的数字产业集群。

参考文献

[1] 国家统计局．京津冀五年发展成效显著区域发展指数持续提升[EB/OL].(2019-11-05). https://www.stats.gov.cn/xxgk/sjfb/zxfb2020/201911/t20191105_1767537.html.

[2] 中国海关总署：http://www.customs.gov.cn/.

[3] 北京市统计局国家统计局北京调查总队．北京市2022年国民经济和社会发展统计公报[EB/OL].(2023-03-21). https://tjj.beijing.gov.cn/tjsj_31433/tjgb_31445/ndgb_31446/202303/t20230321_2940951.html.

[4] 天津市统计局．2022年天津市国民经济和社会发展统计公报[EB/OL].(2023-03-17). https://stats.tj.gov.cn/tjsj_52032/tjgb/202303/t20230317_6142668.html.

[5] 河北省统计局 国家统计局河北调查总队．河北省2022年国民经济和社会发展统计公报[EB/OL].(2023-02-25). http://tjj.hebei.gov.cn/hbstjj/sj/tjgb/101702088631023.html.